理解
适用

《自然资源行政复议规定》《自然资源行政应诉规定》理解与适用

魏莉华　何平◎主编

法律出版社
LAW PRESS · CHINA

图书在版编目(CIP)数据

《自然资源行政复议规定》《自然资源行政应诉规定》理解与适用 / 魏莉华，何平主编. -- 北京 : 法律出版社，2020

ISBN 978 -7 -5197 -4142 -6

Ⅰ. ①自… Ⅱ. ①魏… ②何… Ⅲ. ①自然资源－行政复议－研究－中国②自然资源－行政诉讼－研究－中国 Ⅳ. ①D922.604

中国版本图书馆 CIP 数据核字(2019)第 293596 号

《自然资源行政复议规定》《自然资源行政应诉规定》理解与适用
《ZIRAN ZIYUAN XINGZHENG FUYI GUIDING》
《ZIRAN ZIYUAN XINGZHENG YINGSU GUIDING》
LIJIE YU SHIYONG

魏莉华 何 平 主编

责任编辑 张发靖 陶玉霞
装帧设计 李 瞻

出版 法律出版社
总发行 中国法律图书有限公司
经销 新华书店
印刷 永清县金鑫印刷有限公司
责任印制 吕亚莉

编辑统筹 法规出版分社
开本 710 毫米×1000 毫米 1/16
印张 24.75
字数 380 千
版本 2020 年 2 月第 1 版
印次 2020 年 2 月第 1 次印刷

法律出版社/北京市丰台区莲花池西里 7 号(100073)
网址/www. lawpress. com. cn
投稿邮箱/info@ lawpress. com. cn
举报维权邮箱/jbwq@ lawpress. com. cn
销售热线/400 -660 -8393
咨询电话/010 -63939796

中国法律图书有限公司/北京市丰台区莲花池西里 7 号(100073)
全国各地中法图分、子公司销售电话:
统一销售客服/400 -660 -8393/6393
第一法律书店/010 -83938432/8433 西安分公司/029 -85330678 重庆分公司/023 -67453036
上海分公司/021 -62071639/1636 深圳分公司/0755 -83072995

书号:ISBN 978 -7 -5197 -4142 -6 **定价**:68.00 元
(如有缺页或倒装,中国法律图书有限公司负责退换)

编 委 会

主　　编　魏莉华　何　平

副 主 编　李维兵　迟恒伟　李　炜

执行编委　常　江　莫晓辉　马　琳　胡卉明

编写人员（以姓氏笔画为序）

于银杰　马　琳　冯　丽　朱征铮
朱根民　刘　敏　杨慧娟　吴　涤
张　颖　陈江华　尚晓萍　周　玥
胡卉明　莫晓辉　常　江　潘彦成

前　言

建设生态文明，是中华民族永续发展的千年大计。必须树立和践行绿水青山就是金山银山的理念，统筹山水林田湖草系统治理。为统一行使全民所有自然资源资产所有者职责，统一行使所有国土空间用途管制和生态保护修复职责，着力解决自然资源所有者不到位、空间规划重叠等问题，党的十九届三中全会审议通过的《深化党和国家机构改革方案》和第十三届全国人民代表大会第一次会议审议批准的国务院机构改革方案，决定组建自然资源部，作为国务院组成部门之一。新组建的自然资源部整合了国土资源部的职责，国家发展和改革委员会的组织编制主体功能区规划职责，住房和城乡建设部的城乡规划管理职责，水利部的水资源调查和确权登记管理职责，农业部的草原资源调查和确权登记管理职责，国家林业局的森林、湿地等资源调查和确权登记管理职责，国家海洋局的职责，国家测绘地理信息局的职责。自然资源部的主要职责是，对自然资源开发利用和保护进行监管，建立空间规划体系并监督实施，履行全民所有各类自然资源资产所有者职责，统一调查和确权登记，建立自然资源有偿使用制度，负责测绘和地质勘查行业管理等。

自然资源是人民群众最重要、最有价值的财产，社会高度关注。行政复议和行政诉讼制度符合现代行政理念，是权利救济的法定渠道，在完善矛盾纠纷的多元化解机制、构建共建共治共享的社会治理格局中居于重要地位。原国土资源部、原国家海洋局、原国家测绘地理信息局曾经出台过行政复议、行政诉讼方面的规定，在规范行政复议和行政诉讼工作方面发挥了非常重要的作用。但是，也存在相关规定不一致、要求不统一的问题，已不能满足自然资源部组建后行政复议、行政应诉工作的需要，亟须进行重构和优化。因此，抓紧出台了《自然资源行政复议规定》和《自然资源行政应诉规定》（以下简称“两部《规定》”）。

这两部部门规章最大的特色就是立足实践需要，抓住当前复议和应诉中的主要矛盾作出了有针对性的制度设计，形成了规范全系统行政复议和行政应诉工作的基本规则。

为了便于这两部部门规章得到正确理解和严格执行，帮助广大公众特别是相关领域行政复议申请人及代理人理解和适用，努力让人民群众在每一起行政复议和行政应诉中感受到公平正义，我们起草了两部《规定》的理解与适用，在逐条解释条款含义的同时，介绍了起草过程和征求意见情况，梳理了法律、法规、规章、规范性文件以及司法解释的相关规定，对于两部《规定》中可操作性强的条款，还通过案例评析的方式进行深度解读，通过法律文书格式示例的方式进行直观示范，以增强本书的可读性和实用性。

本书由自然资源部法规司、法律中心、经济研究院等单位直接参与两部《规定》起草和具有丰富行政复议、行政应诉经验的专业人员撰写，适合作为培训教材、工作手册、研究资料、普法宣传材料和工具书，供各级自然资源主管部门从事行政执法、行政复议、行政应诉的领导及工作人员，相关领域行政复议和行政诉讼案件的当事人及代理律师或者法律工作者阅读参考，亦可供行政复议和行政诉讼制度的立法者、研究者和实践者，以及关心自然资源管理的各界人士阅读参考。

目　　录

《自然资源行政复议规定》理解与适用

《自然资源行政应诉规定》理解与适用

附　　录

参考资料

文书示例索引

案例索引

《自然资源行政复议规定》理解与适用

第一条 为规范自然资源行政复议工作，及时高效化解自然资源行政争议，保护公民、法人和其他组织的合法权益，推进自然资源法治建设，根据《中华人民共和国行政复议法》和《中华人民共和国行政复议法实施条例》，制定本规定。

【释义】 本条是关于《自然资源行政复议规定》（以下简称《复议规定》）立法目的和立法依据的规定。

2018年3月17日，第十三届全国人民代表大会第一次会议批准国务院机构改革方案，决定组建自然资源部，统一行使全民所有自然资源资产所有者职责，统一行使所有国土空间用途管制和生态保护修复职责。组建自然资源部是我国自然资源管理体制的重大变革，更是一场系统性、整体性、重构性的变革，将国土资源部的职责，国家发展和改革委员会的组织编制主体功能区规划职责，住房和城乡建设部的城乡规划管理职责，水利部的水资源调查和确权登记管理职责，农业部的草原资源调查和确权登记管理职责，国家林业局的森林、湿地等资源调查和确权登记管理职责，国家海洋局的职责，国家测绘地理信息局的职责整合，作为国务院组成部门，对自然资源法治工作提出了新的更高要求。

近年来，随着社会主要矛盾的变化，自然资源行政复议案件数量激增，案件类型复杂多样，重大疑难案件多发，为充分发挥行政复议制度化解行政争议的主渠道作用，从源头上预防和化解自然资源行政争议，2018年8月22日，自然资源部印发了《关于进一步改进和加强行政复议行政应诉工作的通知》（自然资发〔2018〕78号，以下简称78号《通知》），从“充分认识新时代做好自然资源行政复议行政应诉工作的重要意义”“坚持依法行政，自觉维护群众合法权益”

“完善自然资源管理制度，推动矛盾纠纷源头治理”“严格落实行政复议行政应诉责任，加强考核监督”四个方面作出了系统部署，对于通过行政复议反映出的自然资源管理工作中的突出问题，提出了针对性措施。《复议规定》严格落实78号《通知》精神，将立法目的表述为“规范自然资源行政复议工作，及时高效化解自然资源行政争议，保护公民、法人和其他组织的合法权益，推进自然资源法治建设”，强调了行政复议在及时高效化解自然资源行政争议方面的作用，既是对《行政复议法》和《行政复议法实施条例》立法宗旨的贯彻和落实，又是为了更好地适应《行政诉讼法》修改后行政机关面临全新局面、适应新时代自然资源法治建设新要求作出的制度选择，具体体现在以下四个方面：

（1）规范自然资源行政复议工作。自《行政复议法》施行以来，已有20年之久，《行政复议法实施条例》实施以来，也走过了12个年头，一直未作修订。本次制定《复议规定》，就是在系统梳理新形势下自然资源领域行政复议经验、特点和问题的基础上，去除不必要的繁文缛节和程序冗余，同时将实践中一些行之有效且与司法机关取得共识的相关做法经验上升到规章中，从而进一步规范自然资源行政复议工作，提高工作效率和质量。

（2）及时高效化解自然资源行政争议。自改革开放以来，我国经济社会发展日新月异，社会主要矛盾也随之发生改变。2013年2月23日，习近平总书记在中共中央政治局全面推进依法治国进行第四次集体学习时指出：“努力让人民群众在每一个司法案件中都感受到公平正义。”2017年10月18日，在中国共产党第十九次全国代表大会上，习近平总书记作出了新论断：进入中国特色社会主义新时代，我国社会主要矛盾已经转化为“人民日益增长的美好生活需要和不平衡不充分的发展之间的矛盾”。自此，我国社会的主要矛盾已发生根本性转变，经济体制、社会结构、思想文化等领域的深层次矛盾和问题发生重大变化，在这一历史背景下，行政复议工作面临新的形势。具体到自然资源领域，由于涉及土地征收、矿产资源管理、自然资源确权登记、空间规划管理、海域海岛管理、测绘管理等重点、热点领域，行政争议面广量大，并且逐年增长，因情况复杂多样，争议化解难度较大，甚至影响国家安全和社会稳定的大局。《复议规定》是自然资源部基于便民高效、公平正义、实质性化解矛盾纠纷的基本原则，主动适应新时代、新形势，在总结近年来自然资源行政复议工作经验上制定的，旨在进一步发挥行政复议制度在及时高效解决社会突出矛盾、化解自然资源行政争议的主渠道作用。

(3)保护公民、法人和其他组织的合法权益。自然资源行政复议机关应当切实发挥行政复议制度的权利救济功能,强化法治思维、运用法治方式,保护公民、法人和其他组织的合法权益。自然资源行政复议工作,必须以党的十九大精神为指引,坚持以人民为中心的发展思想,把保护人民群众合法权益作为制度设计、谋划工作、依法办案的出发点和落脚点。

(4)推进自然资源法治建设。自然资源法治工作以习近平生态文明思想和全面依法治国新理念新思想新战略为指导,紧紧围绕中共自然资源部党组重大决策部署,把法治理念、法治思维和法治原则贯彻到自然资源管理的全过程,不断发挥法治对自然资源管理改革的引领和保障作用。行政复议作为保障和监督行政机关依法行使职权、防止和纠正违法或不当行政行为的制度,对推进自然资源法治建设具有重要作用,《复议规定》将推进自然资源法治建设作为立法目的,既是切实贯彻落实全面依法治国重大战略部署的体现,也是全面贯彻落实 78 号《通知》精神的要求。

本《复议规定》是《行政复议法》和《行政复议法实施条例》的配套部门规章,其制定依据是《行政复议法》和《行政复议法实施条例》。《行政复议法》对行政复议的范围、申请、受理以及行政复议决定等作出了规定,因规定内容较为原则,《行政复议法实施条例》对此作了进一步规定,补充并完善了申请、受理、审理方式、决定等程序规定,但仍不能满足实践发展的需要。本次《复议规定》的制定,专门就自然资源领域存在的亟待解决的问题作出了具体规定。

【相关条款】

1.《行政复议法》第 1 条

2.《行政复议法实施条例》第 1 条

3.《行政诉讼法》第 1 条

第二条 县级以上自然资源主管部门依法办理行政复议案件,履行行政复议决定,指导和监督行政复议工作,适用本规定。

【释义】 本条是关于《复议规定》适用范围的规定。

依据《立法法》和《规章制定程序条例》的规定，国务院各部门根据自身行政管理领域的工作实际，可以出台专门规范其领域内行政复议工作的部门规章。自然资源部按照法定权限和程序，制定《复议规定》，旨在指导和规范自然资源系统的行政复议工作，适用于县级以上自然资源主管部门。

一、自然资源行政复议的内涵

自然资源行政复议，是指行政相对人，即公民、法人或者其他组织不服自然资源主管部门作出的行政行为，依据《行政复议法》《行政复议法实施条例》等法律法规的规定，向行政复议机关提出申请，请求重新审查并纠正原行政行为，行政复议机关据此对自然资源主管部门的行政行为是否合法、适当进行审查并作出决定的法律制度。需要说明的是，在现行《行政复议法》《行政复议法实施条例》中，使用的是“具体行政行为”的概念。2014 年，《行政诉讼法》作了修改，将“具体行政行为”修改为“行政行为”，使其适用范围具有更大的包容性，《复议规定》在制定过程中，也对具体条文中的相关表述作了规范，明确为“行政行为”，以更好地与《行政诉讼法》进行衔接。

二、不同级别自然资源主管部门的行政复议职责划分

依据《行政复议法》等法律法规的规定，自然资源主管部门实行条块结合的复议管辖制度，对县级、市级和省级自然资源主管部门而言，既受同级人民政府的管辖，又受上一级自然资源主管部门的管辖。但是，对于部分相对集中行使行政复议权的自然资源主管部门而言，根据试点方案规定内容的不同，行政复议机关也不同。

总体而言，各级自然资源主管部门的行政复议职责为：自然资源部作为省级自然资源主管部门的复议机关，办理行政复议案件、作出行政复议决定并对地方自然资源主管部门的工作进行指导和监督。同时，依据《行政复议法》第十四条的规定，自然资源部还是原级复议机关，可以对自身作出的行政行为进行复议；省级和市级自然资源主管部门既作为下一级自然资源主管部门的复议机关，办理行政复议案件、作出行政复议决定并对下级自然资源主管部门的行政复议工作进行指导和监督，又作为行政复议的被申请人负责办理行政复议答复、履行复议机关作出的行政复议决定并接受上级自然资源主管部门的指导和监督；县级自然资源主管部门作为行政复议的被申请人负责办理行政复议答复、履行复议机关作出的行政复议决定并接受上级自然资源主管部门的指导和监督。

鉴于山东、浙江等地根据原国务院法制办公室的总体部署和要求，正在开展相对集中行使行政复议权的试点，行政复议管辖体制与现行《行政复议法》和《行政复议法实施条例》的规定有较大区别，因此，在起草《复议规定》过程中，曾经打算对相对集中行使行政复议权的省市作出例外规定，请这些地方的自然资源主管部门按照有关规定执行。但是考虑到相对集中行使行政复议权试点地区的自然资源主管部门虽然不行使行政复议管辖权，但仍可以作为行政复议被申请人进行行政复议答复，也应当依据《复议规定》履行行政复议答复等职责，属于《复议规定》调整的范围。

【相关条款】

1.《行政复议法》第2条、第3条、第12条、第14条、第15条、第17~43条

2.《行政复议法实施条例》第2条、第3条、第11~65条

3.《行政诉讼法》第2条

第三条　自然资源部对全国自然资源行政复议工作进行指导和监督。

上级自然资源主管部门对下级自然资源主管部门的行政复议工作进行指导和监督。

【释义】　本条是关于自然资源行政复议机关履行指导和监督职责的规定。

行政机关的设立，是为了履行对国家公共事务的管理职责。我国行政体系构建之初，即赋予了上级行政机关指导、监督下级行政机关依法行政的职责，上级行政机关可以撤销、改变下级行政机关违法、不当的行政行为。行政复议的本质就是上级行政机关基于行政职权上的领导关系保障和监督下级行政机关依法行使职权而制定的一项制度。基于此，自然资源部作为国务院依法设立的主管全国自然资源领域工作的政府部门，有权对全国自然资源行政复议工作进行指导和监督。同时，鉴于县级自然资源主管部门是承担行政复议工作的最基层的一级行政机关，只作为被申请人进行行政复议答复，并没有行政复议的职能，也没有行政复议机构，并不承担指导监督的职能，因此只有市级以上地方自然资源主管部门有权对该行政区域内下级自然资源主管部门的行政复议工作

进行指导和监督。具体而言，上级自然资源主管部门可以通过发布规章或者规范性文件对该行政区域内普遍存在的问题予以规范，通过发出行政复议意见书、行政复议建议书对下级自然资源主管部门工作中存在的不规范行为进行监督，对违纪违规行为通报批评，建议有关行政机关给予处分、警告等。

《行政复议法》规定了上级行政复议机关对下级行政复议机关受理行政复议申请、限期作出行政复议决定等方面的工作进行监督。《行政复议法》第二十条规定："公民、法人或者其他组织依法提出行政复议申请，行政复议机关无正当理由不予受理的，上级行政机关应当责令受理；必要时，上级行政机关也可以直接受理。"第三十八条规定："行政复议机关负责法制工作的机构发现有无正当理由不予受理行政复议申请、不按照规定期限作出行政复议决定、徇私舞弊、对申请人打击报复或者不履行行政复议决定等情形的，应当向有关行政机关提出建议，有关行政机关应当依照本法和有关法律、行政法规的规定作出处理。"《行政复议法实施条例》第五十三条至第六十一条规定，行政复议机构的督促指导职责，包括健全行政复议工作责任制，检查、抽查，制发行政复议意见书、行政复议建议书，对行政复议工作进行分析报告，重大行政复议决定向上级行政复议机关备案，开展专业培训，表彰奖励等。

【相关条款】

1.《行政复议法》第 20 条、第 32 ~ 38 条

2.《行政复议法实施条例》第 31 条、第 53 ~ 65 条

第四条　本规定所称行政复议机关，是指依据法律法规规定履行行政复议职责的自然资源主管部门。

本规定所称行政复议机构，是指自然资源主管部门的法治工作机构。

行政复议机关可以委托所属事业单位承担有关行政复议的事务性工作。

【释义】　本条是关于自然资源行政复议机关、行政复议机构以及委托事业单位承担行政复议事务性工作的规定。

一、关于行政复议机关

按照《行政复议法》的规定，履行行政复议职责的机关是行政复议机关，主

要包括四类:一是县级以上人民政府;二是县级(不含县级)以上人民政府所属部门;三是县级(不含县级)以上地方人民政府的派出机关;四是法律、法规授权的派出机构的县级以上人民政府所属部门。自然资源主管部门作为行政复议机关主要是指其中第二类。具体来说,包括以下两种情形:

一是对于作出行政行为的市县级以上地方自然资源主管部门,当事人可以作出选择,可以向该部门的本级人民政府申请行政复议,也可以向上一级自然资源主管部门申请行政复议。例如,对县自然资源局的决定申请行政复议,当事人可以向县人民政府提起,也可以向其上一级自然资源主管部门提起。

二是对自然资源部的行政行为不服的,应该向自然资源部提起行政复议,即通常所说的"原级复议"。同时,对自然资源部作出的行政复议决定不服的,当事人可以作出选择,可以依法向人民法院提起行政诉讼;也可以向司法部申请裁决,由司法部依法作出最终裁决。

另外,《行政复议法》还对以下几种情况作出了特别规定:对法律、法规授权的组织的行政行为不服的,分别向直接管理该组织的地方人民政府、地方人民政府工作部门或者国务院部门申请行政复议;对两个以上行政机关以共同的名义作出的行政行为不服的,向其共同上一级行政机关申请行政复议;对被撤销的行政机关在撤销前所作出的行政行为不服的,向继续行使其职权的行政机关的上一级行政机关申请行政复议等。

本条强调行政复议机关履行行政复议职责,主要包括以下含义:一是具有行政管理功能,行政复议机关作为行政机关,它负责履行组织、指导、协调、监督等多种行政管理职能。二是具有准司法功能,行政复议这一行政行为的特殊性在于行政复议机关运用类似司法程序的法定的行政复议程序解决行政争议,对申请复议双方的争议进行审查并作出复议决定,达到行政救济和行政监督的目的,从而使行政复议机关具有了准司法功能。

二、关于行政复议机构

本规定所称行政复议机构,是指自然资源主管部门的法治工作机构。受理行政复议申请、作出行政复议决定,是复议机关的职责。为了保证行政复议工作的正常进行,需要有相应的工作机构具体办理复议事项。《行政复议法实施条例》第二条规定:各级行政复议机关应当认真履行行政复议职责,领导并支持本机关负责法制工作的机构(以下简称行政复议机构)依法办理行政复议事项,并依照有关规定配备、充实、调剂专职行政复议人员，保证行政复议机构的办案能力与工作任务相适应。行政复议机构是保证行政复议制度能否建立的关键。《行政复议法》明确规定了行政复议机构的职责：

一是受理行政复议申请，审查行政复议申请是否符合法定条件。审查的主要内容是：申请人是否具备申请资格；申请理由是否正当；被申请人是否明确；是否超过申请复议期限；申请复议的案件是否属本机关管辖；申请复议的其他要求是否符合。符合法定条件的，应予受理；不符合法定条件的，应请申请人提供或者补充有关材料；属于不予受理的，应当由行政复议机关作出不予受理的决定，并书面通知申请人。依照本法规定，行政复议机构收到申请人的行政复议申请之日即为受理之日，如有不予受理情形的，应当在行政复议机关收到复议申请之日起 5 个工作日内作出不予受理的决定。

二是向有关组织和人员调查取证，查阅文件和资料。调查取证是保证行政复议机关作出的复议决定正确的必备条件。在调查取证时，行政复议机构应当着重调取被申请人最初作出行政行为时的事实根据和规范性文件依据，听取有关组织和个人对行政机关作出的行政行为的意见和证言。由于行政复议机构的调查取证属于法定职责，因此，行政复议机构在履行这一职责时，有关组织和个人应当予以配合和协助。

三是审查申请行政复议的行政行为是否合法与适当，拟订行政复议决定。行政复议机构受理行政复议申请后，应当依据事实与法律，对行政机关作出的行政行为进行审查，审查行政行为是否合法，除此之外，还要审查行政行为是否适当。依照法定的审查决定程序，行政复议机构经审查后提出处理意见，拟订行政复议决定，报经行政复议机关负责人同意后，作出行政复议决定。

四是处理或者转送《行政复议法》第七条所列有关规定的审查申请。依照《行政复议法》的规定，公民、法人或者其他组织在申请对行政机关的行政行为进行行政复议时，提出对作出该行政行为所依据的行政机关规定的审查申请的，如果本行政复议机关有权处理的，申请审查的规定是本级政府的工作部门或者是下级政府作出的，如其不合法，依法可以予以撤销的，就应当按照本行政复议机关的职责分工，由承担对规范性文件备案审查的工作机构对申请审查的规定进行审查。如果申请审查的有关规定是本行政复议机关无权处理的，则应当在 7 日内转送有权处理的国家机关依法处理。

五是依照规定的权限和程序提出处理建议。《行政复议法》第三十八条规定："行政复议机关负责法制工作的机构发现有无正当理由不予受理行政复议申请、不按照规定期限作出行政复议决定、徇私舞弊、对申请人打击报复或者不履行行政复议决定等情形的，应当向有关行政机关提出建议，有关行政机关应当依照本法和有关法律、行政法规的规定作出处理。"这是《行政复议法》赋予行政复议机构的一项重要的监督职能。行政复议机构属于综合性工作机构，一般不承担具体的行政许可、行政处罚等业务工作，较为超脱，可以相对公正的立场和角度作出衡量与判断。同时，行政复议机构是法治工作机构，有责任组织、协调、指导和监督行政机关依法行政工作。《行政复议法》对被申请人、行政复议机关违反本法规定的行为应当承担的法律责任作出规定，其中大部分法律责任是行政处分。行政处分的实施需要按照有关规定的权限与程序进行。实际工作中由于职责不清，往往导致事实上监督制度流于形式。《行政复议法》明确规定行政复议机构有处理建议权，就从法律制度上完善了行政处分的实施机制，保障了行政监督的有效性，也使行政复议机构在履行职责时有了法律依据。

六是办理因不服行政复议决定提起行政诉讼的应诉事项以及办理或者组织办理未经行政复议直接提起行政诉讼的行政应诉事项。这一职责规定在《自然资源行政应诉规定》中得到贯彻落实，《自然资源行政应诉规定》第四条规定："自然资源主管部门的法治工作机构负责组织、协调和指导本部门的行政应诉工作。自然资源主管部门作出被诉行政行为的工作机构为应诉承办机构，负责承办相应的行政应诉工作。"即自然资源法治工作机构（行政复议机构）是行政应诉事项的组织协调和指导机构，如果行政复议行为被诉，则行政复议机构为办理机构（行政复议机关因维持原行政行为作共同被告时，行政复议机构与原行政行为的承办机构按分工共同办理）；如果行政行为未经复议，直接被诉，则考虑到核心诉求是基于对行政行为的不服，案件审理的重点也是行政行为，应当以行政行为的作出机构为应诉承办机构，复议机构负责组织协调和指导相关工作。

七是《行政复议法》中规定的法律、法规规定的其他职责，《行政复议法实施条例》在制定时给予了更为明确详细的解释和扩充规定，包括：转送有关行政复议申请；办理《行政复议法》第二十九条规定的行政赔偿事项；督促行政复议申请的受理和行政复议决定的履行；办理复议应诉统计和重大行政复议决定备案事项以及行政复议理论研究等。由于其他法律、法规可以根据行政复议具体案件的不同情况，为行政复议机构规定其他的具体职责，《行政复议法》在这里作出原则规定。凡是遇有法律、法规对行政复议机构特别设定的权利、义务，行政复议机构都应当坚决执行与遵守。

三、关于委托事业单位承担有关行政复议的事务性工作

自然资源行政复议案件一直处于量大多发态势，自然资源部复议案件总量在国务院各部门中排名靠前，2016 年以来三年复议案件数量分别为 1133 件、1545 件和 1118 件。为解决系统内人案矛盾尖锐问题，提高复议办案质量和水平，需要统筹调配各方面力量，对行政复议工作进行流程再造。为此，《复议规定》规定“行政复议机关可以委托所属事业单位承担有关行政复议的事务性工作”。明确限定了行政委托的范围以及主体，即受托人仅限于行政复议机关所属事业单位，受托范围仅限于自然资源行政复议工作中的事务性工作。旨在打造行政机关法治机构复议职能处室主要承担组织协调、建章立制、重点审核、对外沟通、对下指导等工作，行政复议案件具体办理等的事务性工作委托有关事业单位等法治服务力量承担的模式。由于行政委托不发生职权职责、法律后果及行政主体资格转移的效果，受委托单位的行为最终仍应由委托机关，即复议机关对外承担法律责任。

原国土资源部对行政复议工作进行职能疏解和流程再造，委托事业单位承担有关行政复议事务性工作，并逐步形成了行政机关—事业单位—外聘律所等各方高效协同合作的全新格局，工作取得了明显成效。目前，根据《国土资源部办公厅关于印发国土资源部不动产登记中心（国土资源部法律事务中心）“三定”方案的通知》（国土资厅函〔2015〕371 号），自然资源部不动产登记中心（法律中心）设立了复议事务处，并明确其主要工作任务为“开展国土资源行政复议制度研究；承担部行政复议及行政应诉相关事务性工作”。多年来，自然资源部不动产登记中心（法律中心）承担了行政复议案件办理过程中大量事务性工作，为自然资源部履行行政复议职责提供了有力支撑。在原国土资源部的示范引领下，不少地方也积极探索和实践，例如，山东省自然资源厅在三个厅直属事业单位设立“法治工作室”，培养梯次型法治人才，采取“以干代训”的方式，由法治工作室派专人驻厅，协助处理行政争议案件及其他工作，现已能够独立承办案件；河南省自然资源厅依托煤田地质局组建了河南省自然资源政策法规咨询研究中心，开展复议应诉事务性工作实践；江苏省自然资源厅在省厅直属事业单位不动产登记中心下设法律事务部，支撑省厅复议应诉等法治工作，等等。通过以上方式，在很大程度上缓解了行政复议“案多人少”的突出矛盾，系统内行政复议水平和能力得到了促进和提高。

【相关条款】

1.《行政复议法》第3条

2.《行政复议法实施条例》第3条

第五条 行政复议机关可以根据工作需要设立行政复议委员会，审议重大、复杂、疑难的行政复议案件，研究行政复议工作中的重大问题。

【释义】 本条是关于行政复议委员会的规定。

一、国务院在部分省、直辖市开展行政复议委员会试点工作

2008年9月，为了进一步完善行政复议体制和工作机制，提高行政复议解决行政争议的质量和效率，增强行政复议制度的公信力，充分发挥行政复议制度在解决行政争议、建设法治政府、构建社会主义和谐社会中的重要作用，根据党中央、国务院关于“完善行政复议制度”“健全行政复议体制”的要求，原国务院法制办公室出台《国务院法制办公室关于在部分省、直辖市开展行政复议委员会试点工作的通知》（国法〔2008〕71号），决定在部分省、直辖市开展行政复议委员会试点工作。这项工作是进一步健全和完善行政复议体制和工作机制，落实党中央、国务院一系列要求的重要举措。关于行政复议委员会制度的构建，自然资源系统一直是先行先试。建立行政复议委员会有利于进一步完善行政复议案件审理机制，充分发挥专家学者等社会力量的作用，有利于提高行政复议案件办理质量和效率，有利于进一步消除人民群众对行政复议案件审理可能产生的疑虑，进一步提高行政复议制度的社会公信力。

该试点结合地方实际，在北京市、黑龙江省、江苏省、山东省、河南省、广东省、海南省、贵州省8个省、直辖市开展行政复议委员会试点工作。同时，其他有条件的省、自治区、直辖市，也可以结合本地区行政复议工作的实际情况，探索开展相关工作。试点工作重点围绕行政复议委员会的功能定位、职责范围、组织形式、运行机制、工作规则等进行积极探索。积极探索完善行政复议体制，通过试点积极探索相对集中行政复议审理权;积极探索完善行政复议组织,探索建立政府主导、社会专家学者参与的行政复议工作机制;积极探索完善行政复议运行机制,提高复议案件办理质量和效率,施行区别轻重缓急探索不同案件的不同运行模式。

二、自然资源部行政复议委员会的设立

2003年,原国土资源部出台《关于印发〈国土资源部行政复议委员会工作规则〉的通知》(国土资厅发〔2003〕92号)。2013年,原国土资源部出台《国土资源部办公厅关于印发〈国土资源部行政复议委员会工作规则〉和〈国土资源部行政复议案件会审制度〉的通知》(国土资厅发〔2013〕26号),对《国土资源部行政复议委员会工作规则》进行了修订,并决定建立行政复议案件会审会制度。2018年,自然资源部出台《自然资源部办公厅关于成立自然资源部行政复议委员会的通知》(自然资办发〔2018〕52号),成立自然资源部行政复议委员会。自然资源部行政复议委员会的主要职责包括:一是贯彻实施行政复议法律法规,审定自然资源行政复议相关制度;二是审定重大、复杂、疑难的行政复议案件及因行政复议决定引起的重大行政诉讼案件;三是审定自然资源行政复议行政应诉工作情况报告;四是研究议定行政复议行政应诉工作中反映的重大问题,审定行政复议行政应诉约谈、通报工作;五是审定行政复议工作的其他重要事项。

为加快推进自然资源法治建设,进一步加强自然资源行政复议工作,适应修订后《行政诉讼法》的实施,落实自然资源领域行政复议案件审理责任,扎实推进行政复议案件的审理工作,细化责任分工,结合自然资源行政复议工作面临的新形势和新情况,各级自然资源主管部门可以根据本辖区行政复议案件受理情况和办案人员情况,设立自然资源行政复议委员会。

三、自然资源行政复议委员会的主要职责

自然资源领域重大、复杂、疑难的行政复议案件需要提交行政复议委员会审议。自然资源重大、复杂、疑难行政复议案件,是指案情重大、涉及面广,具有重大影响的案件。一般考虑以下几个因素:一是标的金额较大。比如,行政处罚数额较大的。当然,标的金额是否较大在不同经济发展水平的地区会有不同的判断标准,需要各地的自然资源主管部门根据本地区实际情况判断。二是社会影响较大。如自然资源领域涉及重大公共利益的行政许可案件,判断是否具有较大的社会影响,可以考虑当地人民群众对案件是否关注、是否涉及群体性利益、涉案的人数是否众多、当事人双方矛盾是否尖锐以及是否涉及重大事项等因素。同时，对于法律关系复杂、涉及面较广和一些案件类型较新、需要统一审理标准、在本辖区具有普遍法律适用意义以及可能对自然资源行政执法标准产生重大影响的行政复议案件，也可以根据行政复议案件审理实践的需要，由行政复议委员会审议。

在起草过程中，有的单位建议，将自然资源行政复议委员会的议事规则、工作机制、责任分工等事项予以明确，将实践中一些前沿性的探索上升为法律制度，但考虑到全国范围内行政复议委员会制度存在不同的模式和做法，尚不成熟，需要在深入调研的基础上，结合自然资源管理实际，进一步探索符合自然资源管理特色的行政复议委员会制度。

四、自然资源行政复议委员会下设办公室，负责日常工作

自然资源行政复议委员会下设办公室，负责统筹协调本级行政复议和行政应诉工作，组织办理行政复议和行政应诉案件，定期组织对重大疑难复杂案件和普遍性规律性问题进行研究，规范行政复议和行政应诉工作，加强制度建设，协调保障行政复议行政应诉工作经费和条件。自然资源行政复议委员会办公室，一般设在自然资源主管部门的法治工作机构。行政复议委员会办公室的主要职责是：组织实施行政复议法律法规，起草自然资源行政复议相关制度；组织办理行政复议和行政应诉案件，对重大、复杂、疑难的行政复议案件及因行政复议决定引起的重大行政诉讼案件提出处理建议；组织起草自然资源行政复议行政应诉工作情况报告；定期组织对普遍性规律性问题进行研究，提出行政复议行政应诉约谈、通报建议；监督部复议委员会议定事项的落实情况；承办部复议委员会交办的其他事项。同时，为进一步发挥行政复议委员会的作用，夯实行政复议委员会办公室的职责，应当刻印行政复议委员会办公室专用章；办公室成员统一配发工作证件，必要时，办公室可以根据工作需要统一调配办公室成员出庭应诉；如因为工作变动或其他实际情况需要调整办公室成员的，应请示本级自然资源主管部门负责同志同意后，作相应调整。

案例链接

珠海市行政复议委员会实行议决制等有益探索

珠海市开展行政复议综合改革，集中行使复议权。一是设立规格高、社会人士参与度高、纠错率高和议决结果拘束力强的“三高一强”的行政复议委员会；二是采取公开透明的审理方式，对重大、复杂或者争议较大的案件实行开庭审理制度；三是推进行政复议决定公开发布，在珠海市法制局门户网站上全面公布年度行政复议统计分析数据及分析报告；四是注重从实质上化解矛盾纠纷，注重以更加灵活的方式办理复议案件，对行政赔偿、补偿以及涉及自由裁量权的案件，充分运用法律赋予的调解权以调解决定书的形式结案；五是全力加强行政复议保障，出台《珠海市人民政府行政复议规则》《珠海市行政复议委员会工作规则》等7部配套制度。同时，珠海市还开发了“行政复议综合管理系统”，便于掌握案件动态，提高工作效率。

第六条　行政复议工作人员应当具备与履行职责相适应的政治素质、法治素养和业务能力，忠于宪法和法律，清正廉洁，恪尽职守。

初次从事行政复议的人员，应当通过国家统一法律职业资格考试取得法律职业资格。

【释义】　本条是关于自然资源行政复议工作人员资格条件的规定。

《中共中央关于全面推进依法治国若干重大问题的决定》要求，全面推进依法治国，要着力建设一支忠于党、忠于国家、忠于人民、忠于法律的社会主义法治工作队伍。行政复议制度作为行政机关内部自我纠错的重要法律制度，对全面推进依法治国，推进法治政府建设，密切行政机关与人民群众的关系，维护人民群众合法权益具有重要意义。因此，本条规定要加强行政复议队伍建设，培养一支高素质的行政复议队伍，为自然资源法治建设提供强有力的组织和人才保障。

第一，行政复议队伍建设必须把思想政治建设摆在首位。坚持以习近平新时代中国特色社会主义思想为指导，增强“四个意识”，坚定“四个自信”，做到

"两个维护"。用习近平新时代中国特色社会主义思想武装头脑、指导实践、推动工作，是做好一切工作的重要前提。行政复议工作具有鲜明的政治性和人民性，因此，本条首先要求行政复议工作人员应当具备与履行职责相适应的政治素质，清正廉洁，恪尽职守，坚持以人民为中心，努力让人民群众在每一件行政复议案件中都感受到公平正义。

第二，行政复议队伍必须忠于宪法和法律。习近平总书记指出，"依法治国，首先是依宪治国；依法执政，关键是依宪执政"。宪法具有最高的法律地位、法律权威、法律效力。因此，本条明确要求行政复议工作人员应当具备与履行职责相适应的法治素养，忠于宪法和法律，以宪法为根本活动准则，坚决维护宪法权威。

第三，行政复议队伍建设必须要有专业化的人才保障。2017 年 9 月 1 日，根据第十二届全国人民代表大会常务委员会第二十九次会议通过的《关于修改〈中华人民共和国法官法〉等八部法律的决定》，《行政复议法》进行了第二次修正，在第三条中增加一款，作为第二款："行政机关中初次从事行政复议的人员，应当通过国家统一法律职业资格考试取得法律职业资格。"本规定严格落实了上述规定精神，明确要求自然资源行政复议工作人员应当具备与履行职责相适应的业务能力，并且按照"老人老办法、新人新办法"的原则，要求初次从事行政复议的人员，应当通过国家统一法律职业资格考试取得法律职业资格。这一规定的实施，有利于不断提高行政复议队伍的知识水平、法治思维和法治能力，同时还可以进一步提升自然资源行政复议工作人员的专业素养和业务能力，为做好自然资源行政复议工作提供强有力的人才保障。

【相关条款】

1.《行政复议法》第 3 条

2.《关于修改〈中华人民共和国法官法〉等八部法律的决定》

3.《行政复议法实施条例》第 2 条、第 4 条

第七条 行政复议机关应当依照有关规定配备专职行政复议人员，并定期组织培训，保障其每年参加专业培训的时间不少于三十六个学时。

行政复议机关应当保障行政复议工作经费、装备和其他必要的工作条件。

【释义】 本条是关于配备专职行政复议人员，并定期开展业务培训学习的规定。

一、行政复议机关应当配备专职行政复议人员

行政复议工作要求行政复议机关熟悉本部门或者本领域行政管理工作，作为从事自然资源行政复议工作的人员，必须熟悉掌握自然资源管理业务知识，这样便于准确处理和解决专业性、技术性较强的行政争议。行政复议的优势就在于通过发挥业务优势，迅速查清案件情况，及时解决矛盾争议，为相对人提供直接、及时和高效的救济。面对越来越多、越来越复杂的涉及较强专业性、技术性的行政争议，行政机关处理涉及本领域的行政争议显然比司法机关更加得心应手，有利于保护行政相对人的合法权益。为充分发挥我国行政复议制度的这个优势，就必然要求各级行政复议机关配备专职的行政复议工作人员，专门从事行政复议案件的审理工作。

二、专职行政复议工作人员应当定期开展专业培训

行政复议能力建设是各级自然资源主管部门加强行政复议工作的重要任务，也是一项长期坚持的工作原则。面对新形势，充实各级自然资源主管部门行政复议工作力量，合理安排工作人员，才能确保行政复议工作力量与工作任务相适应。为保证自然资源主管部门专职从事行政复议工作的人员熟悉掌握自然资源管理知识和新规定新要求，必须定期组织业务知识等的专业培训，要利用各种形式，做好各个层次的学习培训和交流，为行政复议人员的成长提供良好平台和机会，把行政复议和行政应诉人员培养成既熟悉行政法律法规，又精通自然资源管理法律法规；既能准确把握党和国家的路线方针，又精通法律政策；既有很强的业务能力，又具备高尚品格的高素质人才，成为新时代优秀的“法律人”。

同时，培训的内容、形式和课时要求，必须保障每年参加专业培训的时间不少于 36 个学时。学习的形式可以多样化、灵活化，不仅仅局限于业务培训，还可以结合工作需要开展 1 ~2 次集中培训、旁听庭审和案例研讨等活动，也可以与高校、法院等选取复议工作中存在的热点、难点问题联合开展学习研讨，进一步提高行政机关负责人、行政执法人员等相关人员的复议应诉能力。

三、行政复议机关应当提供必要的工作保障条件

《行政诉讼法》全面修正后，共同被告制度的实施使复议机关面临空前压力，人员、经费、设施条件等均出现不适应的情况。尤其是自然资源领域行政复议案件呈现出“量大、激增”的特点，人案矛盾突出，供需失衡，现有的工作模式和人员条件已不能适应自然资源领域行政复议工作形势的深刻变化。各级自然资源主管部门应当提供行政复议工作必要的工作保障条件，包括工作经费、工作设备、工作环境和其他必要的工作条件。工作经费是指满足当前复议工作需要的费用，有条件的地区可以设立行政复议行政应诉专项经费，主要用于行政复议行政诉讼工作的日常开支，如出庭交通费、调查用车费用等；工作装备，是指满足办案工作的硬件条件，如办公条件、办公设备、必要的车辆等。

【相关条款】

《行政复议法实施条例》第 2 条、第 4 条、第 32 条

第八条　行政复议机关应当定期对行政复议工作情况、行政复议决定履行情况以及典型案例等进行统计、分析、通报，并将有关情况向上一级自然资源主管部门报告。

行政复议机关应当建立行政复议信息管理系统，提高案件办理、卷宗管理、统计分析、便民服务的信息化水平。

【释义】　本条是关于自然资源行政复议统计分析制度以及信息化建设的规定。

行政复议是有效化解行政争议、维护人民群众合法权益、监督权力公开规范运行、建设法治政府的重要法律制度。加强自然资源行政复议分析通报和考核评价工作，是全面履行行政复议法定职责的必然要求，是维护人民群众合法权益的重要措施，也是强化行政机关上下级监督和倒逼行政机关依法行政的重要手段。自然资源部以及系统内高度重视行政复议行政应诉通报和考核评价制度建设。

一、关于自然资源行政复议情况分析通报制度

2012 年、2013 年原国土资源部连续发文，就建立和规范行政复议统计分析工作进行部署，要求“按时上报统计报表和分析报告，保证统计数据的准确性、时效性，确保行政复议统计数据能够准确反映行政复议案件和行政复议工作的现状”。行政复议统计分析报告，一般对季度、半年和全年的行政复议案件数据进行汇总分析；报告内容主要包括行政复议案件数量情况和简要分析；复议案件数量情况包括对案件数量、案件类型、申请人情况、被申请人情况、案件地域分布情况和案件办理方式等数据进行统计分析。简要分析是从行政复议案件中发现自然资源管理工作中存在的不足和问题，针对重大疑难问题和普遍性、规律性问题进行具体分析，指出现行自然资源管理政策法律和行政管理方面存在的问题等，结合实际提出明确具体的政策建议，更好地为自然资源监管和决策提供支撑保障。2019 年 7 月 17 日，自然资源部办公厅印发了自然资源统计调查制度（自然资办函〔2019〕1235 号），规定了自然资源行政复议案件的统计范围、统计内容等。目前，大部分地方自然资源主管部门已经建立行政复议情况统计分析和通报制度，并开展了相关工作。

二、关于自然资源行政复议信息化管理

开展自然资源行政复议信息化建设，是新形势下提高行政复议工作效率与质量，充分发挥行政复议制度功能的必然要求。运用大数据技术通过对行政复议、行政诉讼案件的数量、类型、诉求等指标进行综合分析与运用，能够更好地为自然资源管理提供技术支持与服务保障。同时，各级自然资源主管部门应当建立行政复议信息管理系统，实现统一上报、统一管理，定期将本机关行政复议情况报送上级自然资源主管部门。有条件的地方还可以建立行政复议案件办理系统，开展行政复议案件案卷电子化档案管理，实现行政复议数据的统计分析功能以及实时数据更新、实时在线统计功能。探索运用微信平台等新技术手段，拓展便民利民的服务方式，减少公民、法人和其他组织通过行政复议渠道解决行政争议的经济成本，降低行政成本，节省行政资源。

目前，自然资源部已经建立了行政复议行政应诉统计直报系统、行政复议办案系统，并每周通过“自然资源法治”公众微信号向社会公布部行政复议立案情况。2020 年，自然资源部将委托相关事业单位开展“自然资源智慧法治数据服务平台”建设，探索运用大数据技术，推动自然资源法治建设的智能化和信息化,特别是要实现行政复议在线申请和受理。

三、关于自然资源行政复议典型案例通报制度

党的十八大以来,原国土资源部党组高度重视加强行政复议工作,通过推动源头治理和流程再造,发挥行政复议解决纠纷的主渠道作用,加强行政复议的内部纠错功能。2017 年 12 月,原国土资源部通过对 2016 年以来办理的行政复议案件进行梳理和归纳,筛选出 10 件与人民群众利益密切相关、在自然资源管理重点领域具有示范指导意义的案件,作为典型案例向社会公开发布。希望通过公开发布行政复议典型案例的形式,明确疑难案件的办理标准,示范法律适用,统一自然资源系统审理尺度,积极引导和服务人民群众采取更加有效的方式维护自身合法权益,充分发挥行政复议制度在化解行政争议,推动法治建设中的重要作用。发布的 10 个典型案例,紧密围绕自然资源法治建设的目标,对提高自然资源管理法治化水平有明显促进作用;兼顾了自然资源行政复议案件的主要类型;对自然资源行政复议中有争议的问题作出了明确具体的处理意见,并得到了司法机关或者国务院裁决机关的支持;部分案件由于现行法律、法规、规章和规范性文件的规定尚不明确,通过行政复议确立了办案标准,进而影响相关执法标准、原则。同时,这些典型案件以纠错类案件为主,主要涉及土地和矿产资源管理两大领域,覆盖了信息公开、投诉举报、不动产登记、土地预审、行政许可等原国土资源部行政复议案件的主要类型,且已生效的行政复议决定,均已履行到位。

通过发布国土资源十大典型案例,传递了以人民为中心的理念,坚持法治、追求公平正义的坚定信念,反映了自然资源主管部门勇于自我革命的勇气担当;主动接受全社会监督,彰显了自然资源主管部门依法办案、有错必纠的态度;始终坚持刀刃向内,展现了行政复议机关在引导示范、定分止争和完善社会治理结构新格局中的积极作为,地方各级自然资源主管部门也要充分利用好案例通报制度的作用,指导好相关工作。

第九条 **县级以上自然资源主管部门应当将行政复议工作情况纳入本部门考核内容,考核结果作为评价领导班子、评先表彰、干部使用的重要依据。**

【释义】 本条是关于行政复议工作考核的规定。

依据《行政复议法实施条例》第六十一条的规定，各级行政复议机关应当定期总结行政复议工作，对在行政复议工作中做出显著成绩的单位和个人，依照有关规定给予表彰和奖励。78号《通知》明确要求地方各级自然资源主管部门党政主要负责人要切实履行推进法治建设第一责任人职责，统筹谋划业务工作和行政复议工作，做到同部署同检查同考核。要按照“谁行为、谁负责”的原则，全面落实业务承办机构行政复议答复职责。发生群体性复议案件的，省级自然资源主管部门和案件所在地市、县自然资源主管部门要主动担当作为，协调处理的情况经主要负责人同意，逐级报告上级自然资源主管部门。强化行政复议反馈机制，对反映出的制度性问题，要通过制定修订或废止规范性文件等予以整改。对行政复议案件审理中发现具有滥用职权、徇私舞弊等渎职、失职行为的，应当依照规定实施追责问责。对逾期不履行行政复议决定、不反馈行政复议意见书和建议书、对行政复议通报或复议意见书提出的问题拒不整改，情节严重的，依照规定向有关监察委员会移送处理。部和省、市级自然资源主管部门应当定期向下一级自然资源管理部门通报行政复议工作中发现的普遍性问题和重点案件，推动以案说法，实现“办理一案、带动一片”。建立行政复议约谈制度，对不履行法定职责、故意上交矛盾，履职不力造成群体性复议问题，或者同类案件反复发生且未采取措施解决的，由上级自然资源主管部门对有关自然资源主管部门负责人进行约谈，提出限期整改要求，必要时向有关地方人民政府发函通报。各级自然资源主管部门要将行政复议工作纳入年度综合考核评价，并将干部的法治素质作为干部考核和选拔使用的重要参考。

本条从规章的层面进一步规定县级以上自然资源主管部门应当将行政复议工作情况纳入本部门考核内容，考核结果作为评价领导班子、评先表彰、干部使用的重要依据。这体现了自然资源管理系统推进依法行政的坚强决心，坚决用制度管人、管权、管事，把权力关进笼子，将法治思维和法治方式融入自然资源管理的全过程。

【相关条款】

1.《行政复议法》第34～38条

2.《行政复议法实施条例》第61～65条

第十条 行政复议机构统一受理行政复议申请。

行政复议机关的其他机构收到行政复议申请的，应当自收到之日起1个工作日内将申请材料转送行政复议机构。

行政复议机构应当对收到的行政复议申请进行登记。

【释义】 本条是关于行政复议申请的登记和受理的规定。

一、行政复议机构统一受理行政复议申请

公民、法人和其他组织认为行政机关作出的行政行为侵犯其合法权益，按照法定程序和条件，可以向作出该行为的上一级行政机关或者同级人民政府以及其他法律、法规规定的行政机关提出行政复议申请，由该行政机关的行政复议机构统一受理，依照法定程序和权限，对引起争议的原行政行为的合法性和适当性进行全面审查并作出决定。依据《行政复议法》第三条的规定，"依照本法履行行政复议职责的行政机关是行政复议机关。行政复议机关负责法制工作的机构具体办理行政复议事项，履行下列职责：(一)受理行政复议申请……"一方面，统一受理行政复议是行政复议机构的职责所在；另一方面，行政复议工作是一项专业性、时效性很强的工作，为有效解决行政争议，完善制度建设，加强对行政复议工作的指导，行政复议工作必须统一受理。

二、其他机构收到行政复议申请的转办程序

实践中，我们常常碰到行政复议机关收到公民、法人和其他组织通过邮寄方式提交的行政复议申请材料，由于申请材料信封上未载明是"行政复议申请书"，信件的收发机构通常情况下会根据工作经验进行判断后转办至相关部门处理，当接到转办行政复议申请信件的机构不是行政复议机构时，应当自收到该行政复议申请材料之日起1个工作日内将申请材料转送行政复议机构，最大限度地避免出现延误。实践中，有的自然资源主管部门曾经因为工作失误导致行政复议申请材料被搁置或者转至下级行政机关，以致行政复议机关面临行政不作为的风险和尴尬境地。为了解决这个突出问题，自然资源主管部门应当加强对工作人员的培训，并制定相应的信件运转规范，避免产生败诉风险。从另一个角度看，建议公民、法人和其他组织选择通过信件等方式提交行政复议申请时，在信封上注明邮寄内容为行政复议申请书及有关材料，否则将承担由此导致的不利后果。

三、行政复议机构应当对收到的行政复议申请进行登记

行政复议机构在收到行政复议申请后，应当对公民、法人和其他组织提出行政复议申请事项按照复议对象、复议请求、复议事项、复议事实和理由、审理期限等要素进行登记，按规定要求进行立案审查。对行政复议申请进行登记的主要目的在于：通过对复议申请关键要素的登记，可以发现案件的苗头性、规律性、普遍性问题，保障每件行政复议申请及时进入审查程序，并通过对数据、类型的汇总统计分析，总结自然资源领域行政复议案件的特点、趋势和存在问题，有针对性地提出对策建议，为强化自然资源监管与服务提供参考。在当前的大数据时代，通过信息化手段解决登记、统计、分析等问题已经迫在眉睫，各级自然资源主管部门可以探索建立行政复议案件办理系统，提高登记、统计、分析的效率和质量。

案例链接

王某不服原国土资源部行政复议决定案

2016 年 8 月 10 日，申请人王某向原国土资源部提交行政复议申请，请求撤销原 H 省国土资源厅作出的《政府信息公开告知书》。随后，原国土资源部因王某提交的行政复议申请材料不齐全，向其作出了《行政复议通知书》，要求王某在接到本通知书后 15 日内补正提交与《政府信息公开告知书》相对应的向原 H 省国土资源厅提交的《政府信息公开申请书》。2016 年 8 月 15 日，王某收到原国土资源部作出的《行政复议通知书》，并按照要求邮寄了一封《政府信息公开申请书》。随后，行政复议机构在补正期限 15 日届满后发现未收到王某提交的《政府信息公开申请书》，向王某去电询问有关情况时，得知“邮件查询系统显示，原国土资源部于 2016 年 8 月 18 日收到了王某提交的补正材料”。经查，因王某的补正材料标注不清，被公文收发部门转至其他部门处理，随后行政复议机构将该补正材料追回时，已超过复议审理期限，但仍然审理后作出行政复议决定。

2017 年 4 月，王某因不服该行政复议决定诉至人民法院。2017 年 7 月，人民法院判决行政复议决定超过法定期限，存在程序违法。

第十一条　行政复议机构收到申请人提出的批评、意见、建议、控告、检举、投诉等信访请求的，应当将相关材料转交信访纪检等工作机构处理，告知申请人并做好记录。

【释义】　本条是关于行政复议机构收到申请人提交的检举、投诉、控告等信访请求的处理规定。

一、行政复议机构收到非行政复议材料应当予以转送

依据《行政复议法》第六条的规定，公民、法人或其他组织认为行政机关的行政行为侵犯其合法权益的，可以依法向行政复议机关申请行政复议。《信访条例》第二条规定，信访是指公民、法人或者其他组织向各级人民政府、县级以上人民政府工作部门反映情况，提出建议、意见或者投诉请求。申请人向自然资源行政复议机关提交的批评、意见、建议、控告、检举、投诉的事项，属于信访事项，不属于行政复议的受理范围。为落实以人民为中心的发展思想，从源头上化解矛盾纠纷，各级自然资源行政复议机关应当将收到的批评、意见、建议、控告、检举、投诉的申请事项，按照《信访条例》的规定转交信访工作机构处理。但是，以下情形应当依照行政复议相关法律法规作出处理：一是材料不符合行政复议申请形式要求，但实质上属于行政复议范围的，可以依照行政复议有关法律法规作出决定；二是材料不符合行政复议申请形式要求，实质上也不属于行政复议范围，转送其他有关机构，并告知申请人；三是材料符合行政复议形式要求，应当依照行政复议法律法规作出处理。

二、行政复议机构将申请人提交的信访事项作转办处理的，应当告知申请人并做好记录

行政复议机构在收到申请人提交的批评、意见、建议、控告、检举、投诉的申请事项后，经甄别确实属于信访事项予以转送信访机构处理的，行政复议机构应当主动告知申请人转送情况，并告知被转送机构的联系方式。在实践中，行政复议机构常常遇到申请人提出的行政复议申请材料中夹带投诉举报请求事项、信息公开申请的情况，行政机关在收到这类申请材料后，应当先行与申请人沟通，请申请人明确复议请求，对不属于行政复议范围和不属于本行政复议机构职责范围的请求事项，复议机构可以经申请人确认后将该部分请求事项的有关材料及时转送至相关机构，避免超期作出处理引发败诉的风险。

【相关条款】

1.《行政复议法》第6条

2.《信访条例》第2条、第21条

第十二条　行政复议机构认为行政复议申请材料不齐全、表述不清楚或者不符合法定形式的，应当自收到该行政复议申请书之日起5个工作日内，一次性书面通知申请人补正。

补正通知书应当载明下列事项：

（一）需要更改、补充的具体内容；

（二）需要补正的材料、证据；

（三）合理的补正期限；

（四）无正当理由逾期未补正的法律后果。

无正当理由逾期未提交补正材料的，视为申请人放弃行政复议申请。补正申请材料所用时间不计入复议审理期限。

【释义】　本条是关于行政复议补正的规定。

依据《行政复议法实施条例》第二十九条规定，行政复议申请材料不齐全或者表述不清楚的，行政复议机构可以自收到该行政复议申请之日起5日内书面通知申请人补正。在行政复议案件审理中，行政复议机构可以要求申请人补正材料，但是为了避免行政复议机构滥用补正权，以补正的形式拒绝履行行政复议职责等，本条对补正的内容、期限和方式等作出了明确的规定：

一是关于补正的内容。主要是指行政复议材料不齐全或者表述不清楚，导致行政复议机构无法判断是否符合行政复议受理条件。申请人提起行政复议申请必须符合法定形式要件、法定条件，并提交必备的材料。例如，判断行政复议主体资格方面，有些群体性行政复议申请中，申请人可能超过5个人，按照《行政复议法实施条例》第八条"同一行政复议案件申请人超过5人的，推选1至5名代表参加行政复议"的规定，申请人应当提交推选代表人的授权委托书，而申请人在提起行政复议申请时可能未提交有关材料，需要通过申请人予以补正；又如，行政不作为类复议案件中，依据《行政复议法实施条例》第二十一条规定，申请人认为被申请人不履行法定职责的，应当提供曾经要求被申请人履行法定职责而被申请人未履行的证明材料，而行政相对人申请行政复议时未提交这些材料，需要申请人予以补正；再如，行政复议机构可以要求申请人对其行政复议申请符合法定期限作出补正。依据《行政复议法》第九条的规定，公民、法人或者其他组织认为具体行政行为侵犯其合法权益的，可以自知道该具体行政行为之日起60日内提出行政复议申请；但是法律规定的申请期限超过60日的除外。因不可抗力或者其他正当理由耽误法定申请期限的，申请期限自障碍消除之日起继续计算。行政复议机构可以在发现申请人可能超期申请行政复议，但又无法准确判断的情形下要求申请人补正相关材料。此外，错列被申请人或者复议请求不明确的情形，行政复议机构也可以要求申请人补正。

二是关于补正的期限。根据《行政复议法实施条例》第二十九条规定，补正通知应当载明合理的补正期限。之所以法律法规只规定了“合理期限”，是因为每个案件需要补正的事项有所不同，有的简单、有的复杂，不能一概而论。行政复议机构对此具有一定的裁量权，但要限定在“合理”限度之内。

三是关于补正告知的要求。行政复议机关要求申请人补正行政复议申请，如果申请材料存在可以当场更正的错误的，应当允许申请人当场更正。无法当场更正的也可以一次性书面告知申请人补正。这里的“一次性”告知是对行政复议机关的要求。行政复议机关应当认真审查行政复议申请材料是否完备、符合要求，提高补正效率，减少程序浪费，秉承便民原则，一次性告知申请人需要补正的材料和相关要求。

四是关于申请人逾期不予补正的法律后果。实践中，行政复议机关会遇到经补正后，申请人提交的补正材料仍不能足以证明相关案件事实的，或者提交的证据材料不符合补正要求，甚至是逾期不予提交补正材料的，这对行政复议机构审理案件造成了很大困难和阻力，导致无法查明案件事实，案件久拖不决。面对这种情形，行政复议机关应当作出什么处理，法律并无明确规定。对此，我们认为，补正不合格和无正当理由逾期未补正实际包含两层含义：一是申请人因未能提供符合法律规定的复议申请，不符合受理条件；二是申请人怠于依法积极履行其复议权利。对此，本条规定无正当理由逾期未提交补正材料的，视为申请人放弃行政复议申请，行政复议机关可以不作处理。

五是经补正程序后行政复议审理期限的起算。《行政复议法实施条例》第二十九条规定，补正申请材料所用时间不计入行政复议审理期限。实践中，关于补正材料时间的起算存在不同认识，主要包括两种：一种观点认为，行政复议案件审理期限的起算点始于行政机关收到申请人根据其补正通知要求第二次提交行政复议补正材料之日；另一种观点认为，行政复议案件审理期限的起算点始于行政机关第一次收到申请人行政复议申请之日，但对该材料审查后需要作出补正的，审理期限的起算应当将作出补正通知之日至收到申请人第二次提交补正材料之日的这段自然日扣除。本条采纳了第二种观点，这也是严格按照实施条例的规定，将行政机关第一次收到申请人行政复议申请之日确定为审理期限的起算点，严格扣除补正期限，这鲜明地体现了自然资源部坚持“刀刃向内”，坚持以人民为中心的发展理念。

【相关条款】

1.《行政复议法》第17条、第29条

2.《行政复议法实施条例》第8条、第21条、第29条

文书示例

1.行政复议请求证据不齐全的补正通知

中华人民共和国自然资源部

行政复议通知书

自然资复议〔年份〕　号(补)

×××：

我部于××年　月　日收到你不服G省自然资源厅作出的《××建设项目用地的批复》提出的行政复议申请及有关材料，被申请人为G省自然资源厅。

经审查，我部认为：依据《行政复议法实施条例》第二十一条“有下列情形之一的，申请人应当提供证明材料：……(三)法律、法规规定需要申请人提供证据材料的其他情形”、第二十九条“行政复议申请材料不齐全或者表述不清楚的，行政复议机构可以自收到该行政复议申请之日起5日内书面通知申请人补正”的规定，请接到本通知书后15日内补正下列材料：……

依据《行政复议法实施条例》第二十九条的规定，补正申请材料所用时间不计入行政复议审理期限。无正当理由逾期不补正的，视为放弃行政复议申请。

（自然资源部行政复议专用章）
年　月　日

2. 行政复议请求不明确的补正通知

中华人民共和国自然资源部

行政复议通知书

自然资复议〔年份〕　号（补）

×××公司：

我部于××年　月　日收到你的行政复议申请及有关材料，被申请人为“Q省自然资源厅”。经审查发现，你的行政复议申请存在复议请求表述不清楚不明确的情况，依据《行政复议法实施条例》第二十九条“行政复议申请材料不齐全或者表述不清楚的，行政复议机构可以自收到该行政复议申请之日起5日内书面通知申请人补正”的规定，请接到本通知书后15日内进行如下补正：1. 请明确具体的复议请求及相关证据材料；2. 请提供××的证明材料。

依据《行政复议法实施条例》第二十九条的规定，补正申请材料所用时间不计入行政复议审理期限。无正当理由逾期不补正的，视为放弃行政复议申请。

（自然资源部行政复议专用章）
年　月　日

第十三条 有下列情形之一的，行政复议机关不予受理：

（一）未按照本规定第十二条规定的补正通知要求提供补正材料的；

（二）对下级自然资源主管部门作出的行政复议决定或者行政复议告知不服，申请行政复议的；

（三）其他不符合法定受理条件的。

对同一申请人以基本相同的事实和理由重复提出同一行政复议申请的，行政复议机关不再重复受理。

【释义】 本条是关于行政复议不予受理和不再重复受理情形的规定。

行政复议申请只要符合《行政复议法》以及《行政复议法实施条例》关于法定受理条件的规定，行政复议机关都应当受理。为充分发挥复议的行政救济以及监督纠错功能，原则上，可受理可不受理的案件，行政复议机关都应当尽可能受理。但在复议实践中，我们经常碰到程序或者实体上无法受理，或者受理后无法处理、丧失处理的实际意义的情形，在对实践工作经验进行总结的基础上，《复议规定》对自然资源行政复议不予受理以及不再重复受理的情形作了解释规定。

一、不予受理的情形

（一）未按照规定提供补正材料的

《行政复议法实施条例》第二十九条以及《复议规定》第十二条都规定了行政复议申请材料不齐全、表述不清楚或者不符合法定形式的情形下，行政复议机构通知申请人补正的情形。如果申请人无正当理由逾期不补正的，视为申请人放弃行政复议申请。对此，行政复议机关是否就可以不再作出任何处理？为了充分保障申请人合法权益和积极回应申请人复议申请，引导其正确维权或者避免因为复议机关长时间未下结论性意见，申请人在等待观望复议机关的处理意见耽误其在法定期限内正确维权，我们要求行政复议机关应当在补正期限到期后，及时作出不予受理决定。这里建议复议机构在具体办理时，可以先与申请人通过电话等方式充分沟通，明确申请人拒绝按要求补正并留下相应证据后再作出不予受理决定。

（二）对下级自然资源主管部门作出的行政复议决定或者行政复议告知不服，申请行政复议的

日常收到的行政复议申请中，经常会出现申请人对各级自然资源主管部门

作出的行政复议决定或者行政复议告知不服的申请，对于这类申请：

一是《行政复议法》第五条已经明确规定，公民、法人或者其他组织对行政复议决定不服的，可以依照《行政诉讼法》的规定向人民法院提起行政诉讼，但是法律规定行政复议决定为最终裁决的除外。也即对包括不予受理决定在内的行政复议决定或者行政复议告知不服的，应当向法院提起行政诉讼，而不是对复议决定提起行政复议申请。此类申请不属于行政复议范围。

二是依据《行政复议法》第二十条规定，公民、法人或者其他组织依法提出行政复议申请，行政复议机关无正当理由不予受理的，上级行政机关应当责令其受理；必要时，上级行政机关也可以直接受理。《行政复议法实施条例》第五十四条规定，县级以上各级人民政府应当加强对所属工作部门和下级人民政府履行行政复议职责的监督。行政复议机关应当加强对其行政复议机构履行行政复议职责的监督。对下级自然资源行政主管部门复议决定或告知不服再次向上级行政复议机关申请复议，实质上是要求上级复议机关履行对下级机关履职情况监督的请求，属于行政监督范畴，不属于复议范围。

三是如果对不属于本复议机关管辖的自然资源主管部门的复议决定或者复议告知不服的，根据《行政复议法》第十七条的规定，以不属于本机关受理的行政复议申请为由作出行政复议告知。

因此，针对下级自然资源行政主管部门行政复议决定或行政复议告知不服申请复议的，复议机关可以以不同的理由和依据作出不予受理决定或告知，存在处理结论五花八门和不统一的情形。为规范和统一自然资源管理系统内关于此类复议申请的处理方式，我们在《复议规定》中对这类可以多理由、多依据不予受理或者告知的行政复议申请明确规定，可以依据本《复议规定》直接在法定期限内作出不予受理决定。

（三）其他不符合法定受理条件的

本项是关于不符合法定受理条件的复议申请情形的兜底条款。

二、不再重复受理的情形

对于重复申请应该如何处理？《行政复议法》以及《行政复议法实施条例》没有相关规定，但这是一种行政复议工作实践中经常遇到的情形，为规范对于此类复议申请的处理方式，《复议规定》明确规定，行政复议机关可以不再重复受理，也即可以不处理，相关复议申请材料做好登记并与原案卷合并归档即可。

关于这一款的理解主要从以下三个方面掌握：

一是基本相同的事实和理由，包括完全相同和基本相同两层含义，有的复议申请人对申请的事实和理由会进行一定修改，但是实质事实和理由是基本相同的，这种情形下，复议机构需要对复议申请进行认真甄别，避免重复受理。

二是重复提出，意即申请人已基于基本相同的事实和理由提出过行政复议申请，并且复议机关已经依法作出了相关处理或者正在依法处理的过程中。

三是同一行政复议申请，这是行政复议机构需要仔细研究和甄别的情形，如果复议申请事实和理由基本相同，但复议请求迥异，如针对同一行政行为，申请人分别提出要求撤销行政行为或者追究作出行政行为当事人的责任的两次复议请求时，就不属于此种情形。

【相关条款】

1.《行政复议法》第5条、第17条、第20条

2.《行政复议法实施条例》第28条、第29条、第54条

案例链接

李某不服H省自然资源厅行政复议不予受理决定书案

申请人李某不服H省自然资源厅作出的《行政复议不予受理决定书》向我部提出行政复议申请，经审查，我部认为：该决定书是H省自然资源厅对李某的行政复议申请作出的行政复议处理决定。依据《自然资源行政复议规定》第十三条第一款第二项的规定，决定不予受理。

第十四条 对政府信息公开答复不服申请行政复议，有下列情形之一，被申请人已经履行法定告知义务或者说明理由的，行政复议机关可以驳回行政复议申请：

（一）要求提供已经主动公开的政府信息，或者要求公开申请人已经知晓的政府信息，自然资源主管部门依法作出处理、答复的；

（二）要求自然资源主管部门制作、搜集政府信息和对已有政府信息进行汇总、分析、加工等，自然资源主管部门依法作出处理、答复的；

（三）申请人以政府信息公开申请的形式进行信访、投诉、举报等活动，自然资源主管部门告知申请人不作为政府信息公开申请处理的；

（四）申请人的政府信息公开申请符合《中华人民共和国政府信息公开条例》第三十六条第三、五、六、七项规定，自然资源主管部门依法作出处理、答复的；

（五）法律法规规定的其他情形。

符合前款规定情形的，行政复议机关可以不要求被申请人提供书面答复及证据、依据。

【释义】 本条是关于政府信息公开类行政复议案件审查标准及简化审查程序的规定。

近年来，自然资源部受理的行政复议案件中信息公开类的案件数量“井喷式”增长，并持续高位运行，给各级自然资源行政复议机关带来极大困扰。自然资源系统政府信息公开类行政复议案件约占案件总数的50%。当前，“信息公开—行政复议—行政诉讼”“一条龙”维权方式日益增多，信息公开“信访化”“工具化”倾向明显，亟待通过明确信息公开类行政复议案件审查标准解决信息公开“异化”问题，向行政相对人释明维权的正确途径。尤其是，为贯彻落实新颁布实施的《政府信息公开条例》（国务院令第711号），本条对自然资源部审理部分信息公开类行政复议案件的审查标准及简化审查程序进行了最新规定。

一、起草的背景

在起草过程中，对这条内容反复征求意见和调研论证。主要考虑以下几个方面：

一是本条规定依据充分，结合行政复议和司法审判实践经验，吸收已经较为成熟的裁判标准，经过认真梳理和归纳总结，得到了司法实践检验。

二是鼓励行政机关积极履行政府信息公开答复义务，维护人民群众知情权。行政机关在作出信息公开答复的时候，应当依法依规，该公开的公开，不该公开的不予公开。但是在遇到法律法规不强制要求公开，但公开也不违反《政府信息公开条例》（国务院令第711号）限制性规定的情形下，行政机关就要本着有利于行政相对人的政策取向，认真评估一下，究竟是公开申请人需要的政府信息更为简便,还是“千方百计”不予公开导致后续的行政复议和行政应诉案件更为划算。结果不言自明,还是主动公开更好。当然,这并不是对于滥用信息公开权行为的一种迁就,而是因为信息公开本身就是服务行政行为,是一种授益性行政行为,本着为人民服务的精神,能公开尽可能公开。

三是充分发挥行政复议机关上下级监督、推进依法行政的重要作用,这充分体现了行政复议制度的优势。作为行政法上的两种重要的救济制度之一,行政复议制度中裁判者与被审查者是上下级关系,有着天然的管理权威和特别的权力关系,可能比行政诉讼制度在化解行政纠纷中的作用更为便捷、难以抗拒。依据《最高人民法院关于审理政府信息公开行政案件若干问题的规定》(法释〔2011〕17 号)和《最高人民法院关于进一步保护和规范当事人依法行使行政诉权的若干意见》(法发〔2017〕25 号)的规定,本条第一款规定的五种信息公开申请情形,因为这些信息本身不应当通过政府信息公开途径获得,行政机关不论处理与否、怎样处理,都不影响申请人的权利义务,所谓“没有权利就没有救济”,所以人民法院没有将这些信息公开行为纳入行政诉讼审查范围,直接不予立案,如立案,则裁定驳回起诉。一般来说,复议机关也应当作出不予受理决定。这是否意味着,自然资源主管部门对于符合这五种情形的信息公开申请可以不予答复了呢?当然不是,从服务群众、源头上化解矛盾纠纷的角度,对于政府信息公开申请,还是要依据《政府信息公开条例》(国务院令第 711 号)规定的程序和要求进行答复,即“有申请要答复,不答复必审查”。

二、适用本条应当把握的三个关键

一是适用本条的一个重要前提是被申请人已经依据信息公开的法律法规等作出答复或者说明了理由。二是申请人的政府信息公开申请必须符合本条规定的五种情形之一即可。三是该类行政复议案件,复议机关也可以受理并进行实体审查,但是复议机关勇于担当,在受理审查阶段即依法作出判断,事实认定清楚,被申请人已经依法履行信息公开义务或者明显不属于复议范围的,“可以”免除被申请人进行行政复议答复等义务。需要注意的是,这里是“可以”而不是“应当”,当复议机关工作人员自行审查后如仍事实不清,则需要被申请人配合作出行政复议答复。如果完全符合上述三个条件(上述三个条件缺一不可),那么复议机关应当作出驳回的复议决定。这里的“驳回”依据是《行政复议法实施条例》第四十八条第一款第二项,即“有下列情形之一的,行政复议机关应当决定驳回行政复议申请:……(二)受理行政复议申请后,发现该行政复议申请不符合行政复议法和本条例规定的受理条件的”。

三、具体情形的适用

(一)关于申请人申请公开被申请人已经主动公开或者申请人已经知晓的政府信息的情形

一是对于被申请人已经主动公开的政府信息,被申请人告知申请人获取该政府信息的方式或途径的,属于已经履行了法定告知义务,复议机关可以依法作出驳回的行政复议决定;如申请人按照被申请人告知的方式未能获取该政府信息的,复议机关应当依法受理该复议申请,并要求被申请人作出行政复议答复。

二是关于要求公开申请人已经知晓的政府信息。实践中,个别申请人基于扰乱行政秩序的目的,组织多人重复申请同一政府信息;也有个别申请人希望通过政府信息公开途径获取某项政府信息,“制造”其知道行政行为的时间,以规避诉讼时效,重启权利救济程序;更有个别申请人出于对某些地方行政机关的不信任,拿着已经申请到的政府信息到上级行政机关再次申请政府信息公开,要求核实政府信息的真伪。实践中,确实出现过不同行政机关公开的同一政府信息不完全一致的情况,这其中既有行政机关工作人员不严谨、不细致导致的工作瑕疵,也有其他行政相对人造假,提供虚假文件的情形。需要指出的是,这种类型政府信息公开申请并不符合《政府信息公开条例》(国务院令第711号)关于“保障公民、法人和其他组织依法获取政府信息”的立法本意,也不应当得到鼓励,否则将造成政府信息公开制度的严重异化,结果是满足了极个别行政相对人的政府信息公开请求权却浪费了公共资源,损害了社会公益的利益。《最高人民法院关于审理政府信息公开行政案件若干问题的规定》第十二条规定,“有下列情形之一,被告已经履行法定告知或者说明理由义务的,人民法院应当判决驳回原告的诉讼请求:……(二)申请公开的政府信息已经向公众公开,被告已经告知申请人获取该政府信息的方式和途径的;……”《最高人民法院关于进一步保护和规范当事人依法行使行政诉权的若干意见》(法发〔2017〕25号)中规定,“16. ……公民、法人或者其他组织申请公开已经公布或其已经知晓的政府信息……不服行政机关作出的处理、答复或者未作处理等行为提起诉讼的,人民法院依法不予立案”。参照上述规定，本条明确针对这类政府信息公开申请，如果被申请人已经作出处理，行政复议机关可以简化行政复议答复程序，作出驳回的行政复议决定。这条规定的意图在于，鼓励信息公开答复义务机关积极履行政府信息公开职责，同时减少不必要的消耗。

（二）关于申请人要求自然资源主管部门制作、搜集政府信息和对已有政府信息进行汇总、分析、加工等的情形

《政府信息公开条例》（国务院令第711号）所指的政府信息，应当是已经制作或者获取的政府信息，行政机关没有职责或者义务根据申请人的要求“创制”政府信息。因此，对于此类政府信息公开申请，如被申请人已经依据《政府信息公开条例》作出答复，则复议机关可以依法作出驳回的行政复议决定。需要注意的是，适用本项规定，还要正确把握何为对政府信息的“汇总、分析、加工”，不能将行政机关在查找政府信息方面一些简单、必要的操作以及对政府信息作区分处理的行为视为“汇总、分析、加工”。

这种类型的政府信息公开申请不在少数。比如，我们经常遇到的，要求行政机关提供“某年度违法案件查处情况”“土地整治项目的所有报批材料”等。行政机关没有职责或者义务根据申请人的要求“创制”政府信息。《政府信息公开条例》（国务院令第711号）所指的政府信息，仅包括公民提出申请时业已“生成”，并以一定形式记录、保存的信息，无论其来源属于行政机关制作，还是属于行政机关从公民、法人或者其他组织获取。行政机关公开的政府信息应当是现有的，不需要另行制作、搜集、加工、汇总、分析。《政府信息公开条例》（国务院令第711号）第三十八条规定：“行政机关向申请人提供的信息，应当是已制作或者获取的政府信息。除依照本条例第三十七条的规定能够作区分处理的外，需要行政机关对现有政府信息进行加工、分析的，行政机关可以不予提供。”因此，申请人只能申请行政机关的现有材料或文件。政府机关没有义务为申请者收集信息，也没有义务为申请者研究或分析数据。同时，这种需要“创制”的政府信息难以完全满足申请人的需要。例如，申请人的表述中“违法案件查处情况”“所有报批材料”的具体内容均没有明确的标准。由于加工、汇总、分析是没有一定标准的，即使给行政机关增加了此项义务，提供的政府信息也很难满足申请人的需要，容易引发不必要的争议。国务院办公厅和最高人民法院也对此有过明确规定。《国务院办公厅关于做好政府信息依申请公开工

作的意见》(国办发〔2010〕5号)规定,行政机关向申请人提供的政府信息,应当是现有的,一般不需要行政机关汇总、加工或重新制作(作区分处理的除外)。根据《政府信息公开条例》的立法精神,行政机关一般不承担为申请人汇总、加工或重新制作政府信息,以及向其他行政机关和公民、法人或者其他组织搜集信息的义务;《最高人民法院关于进一步保护和规范当事人依法行使行政诉权的若干意见》(法发〔2017〕25号)中也进行了规定,"16. ……或者请求行政机关制作、搜集政府信息或对已有政府信息进行汇总、分析、加工等,不服行政机关作出的处理、答复或者未作处理等行为提起诉讼的,人民法院依法不予立案"。

一般来说,行政复议机关只需审查信息公开义务机关根据《政府信息公开条例》作出答复即可。但在实践中,有些情况下,判断政府信息是否需要"自然资源主管部门汇总、分析、加工"也有一定难度,因此,除非特别明显的属于需要"自然资源主管部门汇总、分析、加工"的政府信息,为了查清事实,复议机关还是需要请被申请人作出行政复议答复后进行实体审查。需要注意的是,适用本项规定,也要正确把握何为对政府信息的"汇总、分析、加工",不能将行政机关在查找政府信息方面一些简单、必要的操作也予以混同。例如,有些政府信息因为涉及商业秘密或者个人隐私等,需要做区分处理后予以公开的,这种必要的"加工"与本项规定的"加工"有本质的区别。

案例链接

周某不服原国土资源部信息公开案

2017年6月2日,原国土资源部收到周某邮寄的政府信息公开申请表,申请内容为:"根据《土地管理法实施条例》第二十五条'征用土地方案经依法批准后,由被征用土地所在地的市、县人民政府组织实施,并将批准征地机关、批准文号、征用土地的用途、范围、面积以及征地补偿标准、农业人员安置办法和办理征地补偿的期限等,在被征用土地所在地的乡(镇)、村予以公告'的决定。现将国土厅提供的公开信息寄给你们,请国土资源部核实,并给予答复。"2017年6月5日,原国土资源部再次收到周某提交的政府信息公开申请表,其所需信息内容描述为“补充材料,请核实后予以答复”,所附材料为:1.《常州市国土资源局政府信息公开申请告知书》(常国土(依)〔2016〕223 号);2.《关于常州市 2002 年度第一批次(原常州市 2001 年度第 10、11 批次)城市建设农用地转用和土地征用的通知》(苏国土资地函〔2003〕799 号);3.《关于常州市 2002 年度第一批次城市建设农用地转用和土地征用的批复》(国土资函〔2002〕232 号);4.《常州市国土资源局政府信息公开申请告知书》(常国土(依)〔2016〕217 号)。2017 年 6 月 15 日,原国土资源部作出告知书,告知周某:其所申请公开的事项属于需分析、加工的信息,不属于《政府信息公开条例》所指政府信息。周某不服,提起行政复议。行政复议机关认为,依据《政府信息公开条例》第二十一条“对申请公开的政府信息,行政机关根据下列情况分别作出答复:……(二)属于不予公开范围的,应当告知申请人并说明理由……”及《国务院办公厅关于做好政府信息依申请公开工作的意见》(国办发〔2010〕5 号)“行政机关向申请人提供的政府信息,应当是现有的,一般不需要行政机关汇总、加工或重新制作(作区分处理的除外)。依据《条例》精神,行政机关一般不承担为申请人汇总、加工或重新制作政府信息,以及向其他行政机关和公民、法人或者其他组织搜集信息的义务”的规定,申请人请求被申请人对其提交的补充材料内容进行核实,该申请事项没有与其相对应的现有的政府信息,需经被申请人汇总、加工或重新制作,申请人的申请内容不属于政府信息公开范围,被申请人已告知申请人,履行了告知义务。行政复议机关依法维持了该政府信息公开告知书。

【相关条款】

《最高人民法院关于审理政府信息公开行政案件若干问题的规定》(法释〔2011〕17 号)第 2 条、第 12 条

(三)关于申请人以政府信息公开申请的形式进行信访、投诉、举报等活动的情形

依据《政府信息公开条例》(国务院令第 711 号)第三十九条第一款的规定,“申请人以政府信息公开申请的形式进行信访、投诉、举报等活动,行政机关应当告知申请人不作为政府信息公开申请处理并可以告知通过相应渠道提出。”由此可见,申请人通过以信息公开的方式提起实质为信访、投诉、举报等事项

的，明显不属于政府信息公开的调整范畴。但需要注意的是，对于此类明显不属于政府信息公开调整范围的信息，行政机关不能不进行处理，而是应该明确告知申请人原因和理由，并且示明反映该诉求的正确途径和渠道。作为行政复议机构，审查此类行政复议案件时，如果通过申请人提交的行政复议证据材料能够准确判断出申请人所申请的政府信息属于信访、投诉、举报的，且被申请人已经对该申请事项作出书面答复且说明理由的，行政复议机构可以免除被申请人的行政复议答复职责，直接作出驳回的行政复议决定；但是，如果从申请人提供证据材料难以判断其申请公开事项的具体性质的，复议机构应当立案后要求被申请人作出书面答复，待查清案件事实后再作出行政复议决定书。

（四）对于申请人的政府信息公开申请符合《政府信息公开条例》第三十六条第三、五、六、七项规定的情形

《政府信息公开条例》（国务院令第 711 号）第三十六条规定："对政府信息公开申请，行政机关根据下列情况分别作出答复：……（三）行政机关依据本条例的规定决定不予公开的，告知申请人不予公开并说明理由；……（五）所申请公开信息不属于本行政机关负责公开的，告知申请人并说明理由；能够确定负责公开该政府信息的行政机关的，告知申请人该行政机关的名称、联系方式；（六）行政机关已就申请人提出的政府信息公开申请作出答复、申请人重复申请公开相同政府信息的，告知申请人不予重复处理；（七）所申请公开信息属于工商、不动产登记资料等信息，有关法律、行政法规对信息的获取有特别规定的，告知申请人依照有关法律、行政法规的规定办理。"这条主要涵盖了以下四种情形：

一是行政机关决定不予公开的，主要是指不能公开的政府信息，比如涉及国家秘密、行政执法案卷信息等，此类应当明确告知申请人不予公开的原因和理由，并向申请人作出书面答复。

二是申请人申请公开的政府信息不属于被申请人负责公开范围的，即不属于被申请人公开范畴，也就是说，该信息属于政府信息范畴，但不属于被申请人公开范畴，应当向其他部门申请公开的。这类情况在实践中较为常见，但是否属于本机关公开范畴是判断能否适用本条的关键。比如，申请人向某省级自然资源主管部门申请公开某个征地批复文件报批材料的，省级自然资源主管部门

认为不属于其负责公开范畴，告知申请人向市县级自然资源主管部门申请公开，这就是典型的属于判断错误，该申请事项属于被申请人公开职责范畴；再如，申请人向某省级自然资源主管部门申请公开征地情况调查表、征地补偿发放情况等信息，由于此信息属于市县级自然资源主管部门的公开范畴，因此省级自然资源主管部门书面答复申请人不属于其负责公开范畴，且告知了负责公开该政府信息的行政机关的联系方式，上述做法符合前述规定的要求。所以，对于明显不属于本机关公开范围的，行政机关应当告知申请人原因和理由，对于能够确定负责公开该政府信息的行政机关的，被申请人还应当在书面答复中告知申请人该行政机关的名称、联系方式，以便于申请人进一步申请公开。

三是对于部分申请人已经提出过相同信息公开申请事项且行政机关已作出过书面答复的重复申请事项，被申请人应当告知申请人不予处理。适用本条的关键是对重复申请的判断，条例明确规定了“相同政府信息”，即申请人多次申请公开的事项是相同的，行政机关对该申请事项公开的结果也是相同的。对于此类申请，由于已经公开了申请人所需政府信息，多次公开的实质是浪费行政资源，不应得到支持和鼓励，所以行政机关应当告知申请人所申请公开事项属于重复申请，不再予以处理。

四是申请人申请公开的信息属于工商、不动产登记资料等，有法律、行政法规对信息的获取有特别规定的，行政机关应当告知申请人正确的公开途径。适用本条与自然资源领域密切相关的是不动产登记资料的公开问题。不动产登记信息查询，是典型的业务查询事项的信息公开。为确保物权安全和交易秩序，有关法律法规规章对不动产登记信息的查询主体范围、查询条件、办理程序等，都作了限制性规定。《物权法》第十八条规定：“权利人、利害关系人可以申请查询、复制登记资料，登记机构应当提供。”不动产登记是不动产公示、公信的重要手段，也是保护不动产交易安全的重要途径，其尤其重要的使命是保护不动产权利人的合法权益，一般只有权利人、利害关系人及有关国家机关可以查询。依据《不动产登记暂行条例》第二十七条、第二十八条的规定，“权利人、利害关系人可以依法查询、复制不动产登记资料，不动产登记机构应当提供。有关国家机关可以依照法律、行政法规的规定查询、复制与调查处理事项有关的不动产登记资料。查询不动产登记资料的单位、个人应当向不动产登记机构说明查询目的,不得将查询获得的不动产登记资料用于其他目的;未经权利人同意,不得泄露查询获得的不动产登记资料。"《不动产登记暂行条例实施细则》第九十七条规定:"国家实行不动产登记资料依法查询制度。权利人、利害关系人按照《条例》第二十七条规定依法查询、复制不动产登记资料的,应当到具体办理不动产登记的不动产登记机构申请。权利人可以查询、复制其不动产登记资料。因不动产交易、继承、诉讼等涉及的利害关系人可以查询、复制不动产自然状况、权利人及其不动产查封、抵押、预告登记、异议登记等状况。人民法院、人民检察院、国家安全机关、监察机关等可以依法查询、复制与调查和处理事项有关的不动产登记资料。其他有关国家机关执行公务依法查询、复制不动产登记资料的,依照本条规定办理。涉及国家秘密的不动产登记资料的查询,按照保守国家秘密法的有关规定执行。"泄露不动产登记资料的单位和人员还要承担法律责任。

实践中,随着不动产交易活跃及权属纠纷日益增多,查询不动产登记信息的需求日益迫切,有的人采取申请政府信息公开的方式索取不动产登记信息。为解决此类困扰,保护不动产权利人的合法权益,2016 年,原国土资源部起草了《关于不动产登记资料依申请公开问题的函》(国土资厅函〔2016〕363 号)请示国务院办公厅政府信息与政务公开办公室。同年 9 月,国务院办公厅政府信息与政务公开办公室征求原国务院法制办公室、最高人民法院的意见后,答复(国办公开办函〔2016〕206 号)如下:不动产登记资料查询,以及户籍信息查询、工商登记资料查询等,属于特定行政管理领域的业务查询事项,其法律依据、办理程序、法律后果等,与《政府信息公开条例》所调整的政府信息公开行为存在根本性差别。当事人依据《政府信息公开条例》申请这类业务查询的,告知其依据相应的法律法规规定办理。国务院办公厅政府信息与政务公开办公室作出的法规性解释,明确了行政相对人不能通过政府信息公开方式获取不动产登记资料。2018 年 3 月,我部为进一步规范不动产登记资料查询工作,发布了《不动产登记资料查询暂行办法》(国土资源部令第 80 号),明确不动产登记资料不是面向全社会开放的、随意查询的制度,而是专门针对不动产的权利人、利害关系人、有关国家机关设立的。司法实践应当予以支持,积极转化为立法意见,因此新颁布实施的《政府信息公开条例》将不动产登记资料的查询进行了限制性规定,应当依照相关规定进行办理。但是,对于这条的适用,切不可任意扩大适用范围,不是所有不动产登记资料中的信息都不能通过政府信息公开途径获取。不动产登记资料包括不动产登记簿等不动产登记结果、不动产登记原始资料,通常只能通过不动产登记查询途径获得,但是作为不动产权利来源的各类信息是否免于公开,需要进行具体甄别,比如土地出让合同可能包含在不动产登记资料中,但就不能以此为由而拒绝信息公开。

综上所述,上述四种情形适用的前提是行政复议机构能够从申请人提交的证据依据材料判断出其申请公开事项的性质符合上述规定,但是由于申请人提交证据材料的完整性、局限性及真实性等,复议机关无法完全进行准确判断的,还是应当要求被申请人进行书面行政复议答复。

第十五条　对投诉、举报、检举和反映问题等事项的处理不服申请行政复议的,属于下列情形之一,自然资源主管部门已经将处理情况予以告知,且告知行为未对申请人的实体权利义务产生不利影响的,行政复议机关可以不予受理或者受理审查后驳回行政复议申请:

(一)信访处理意见、复查意见、复核意见,或者未履行信访法定职责的行为;

(二)履行内部层级监督职责作出的处理、答复,或者未履行该职责的行为;

(三)对明显不具有事务、地域或者级别管辖权的投诉举报事项作出的处理、答复,或者未作处理、答复的行为;

(四)未设定申请人权利义务的重复处理行为、说明性告知行为及过程性行为。

【释义】　本条是关于投诉举报类行政复议案件的审查标准的规定。

近年来,投诉举报类案件数量大幅增加,可谓"异军突起",一方面,立案登记制改革实施以来,大幅降低了立案门槛,司法保护力度加大,投诉举报成为行政相对人进入司法程序的"零成本跳板";另一方面,通过法定途径分类处理信访事项等因素也在一定程度上导致申请人通过复议诉讼渠道反映投诉举报问题增多。投诉举报内涵丰富、外延不明,其中,违法查处、信访、履职申请多种诉求交织、容易混淆,处理难度大、标准不清晰,此类案件已经成为继信息公开类案件后，自然资源行政复议案件的新的增长点。

2015年新《行政诉讼法》实施后，立案登记制正式运行，司法审查的大门一打开，投诉举报类行政复议案件也“一哄而上”，而行政复议机关和司法机关对此认识不完全一致，审查标准也不统一。2015年6月以来，原国土资源部为研究确定管辖层级和行政复议案件审理标准，中止了投诉举报类行政复议案件的审查。其间，原国土资源部与各省级国土资源主管部门多次召开会议进行专题研究，并征求原国务院法制办公室、最高人民法院行政庭、北京市有关人民法院、知名高校和大型律所专家学者的意见，探索形成投诉举报类案件审查标准，不断加以完善。经过认真研究，根据最高人民法院印发的《关于进一步保护和规范当事人依法行使行政诉权的若干意见》（法发〔2017〕25号）文件精神，在征求原国务院法制办、最高人民法院行政庭意见的基础上，在本《复议规定》中明确信访、内部层级监督等4种情形不属于行政复议范围，被申请人只要对投诉举报事项作出答复（告知），行政复议机关可以不予受理或者受理后驳回行政复议申请。

投诉举报不是一个严格意义上的法律概念，实践中众说纷纭、观点不一。有的认为：投诉举报是个大概念，其中包括信访、履责申请；有的认为：投诉举报是履责申请的一种，有利害关系的人提起的是“投诉”，无利害关系的人提起的是“举报”。从现有规定上看，《宪法》第四十一条第一、二款规定：“中华人民共和国公民对于任何国家机关和国家工作人员，有提出批评和建议的权利；对于任何国家机关和国家工作人员的违法失职行为，有向有关国家机关提出申诉、控告或者检举的权利，但是不得捏造或者歪曲事实进行诬告陷害。对于公民的申诉、控告或者检举，有关国家机关必须查清事实，负责处理。任何人不得压制和打击报复。”其他很多法律法规也都对公民投诉举报的权利作出了规定。例如，《信访条例》第二条第一款规定：“本条例所称信访，是指公民、法人或者其他组织采用书信、电子邮件、传真、电话、走访等形式，向各级人民政府、县级以上人民政府工作部门反映情况，提出建议、意见或者投诉请求，依法由有关行政机关处理的活动。”又如，《土地管理法》第六条规定：“任何单位和个人都有遵守土地管理法律、法规的义务，并有权对违反土地管理法律、法规的行为提出检举和控告。”但是，明确以“投诉举报”概念对这类行为进行规范的，在国务院各部委办局中，只有原国家食品药品监督管理总局以部门规章的形式对此作出规定。2015年12月，原国家食品药品监督管理总局出台了《食品药品投诉举报管理办法》，第二条规定："食品药品投诉举报是指公民、法人或者其他组织向各级食品药品监督管理部门反映生产者、经营者等主体在食品（含食品添加剂）生产、经营环节中有关食品安全方面，药品、医疗器械、化妆品研制、生产、经营、使用等环节中有关产品质量安全方面存在的涉嫌违法行为。"

实践中，我们审理复议案件着重判断的是，投诉举报事项是否构成行政法意义上的履责申请，是否对申请人的实体权利义务产生不利影响。争议焦点主要集中在原告资格判断和履责主体法定职权之确定问题上。在这两个问题上，都有过误区。在主体资格判断上，曾经奉行简单的"相对人理论"，即只要提起一个履责申请，不论其与投诉举报事项是否有利害关系，均具备了行政复议或者诉讼主体资格。在大量的滥用复议权和诉权案件涌现后，随着理论研究的深化，已经摒弃了这种理论，对原告资格的判断主要根据复议或者诉讼的利益——为保护申请人自身利益进行的投诉举报且行政机关的积极作为能够维护其合法权益来考量。在履责主体法定职责判断上，需要符合事务、地域、级别管辖的规定，其中争议较大的是级别管辖，对于级别管辖的判断经历了由"没有明确职责划分各级均有管辖权"原则到"没有明确职责划分则属地管辖"原则的转变。

理解适用本条规定，关键在于：一是这些投诉举报处理行为是否对申请人的实体权利义务产生不利影响。根据《行政复议法》的规定，只要行政机关对投诉举报事项的处理侵犯了申请人的合法权益，对其实体权利义务产生不利影响，该投诉举报处理即纳入行政复议审查范围。二是收到投诉举报事项的行政机关是否须对投诉举报人进行告知。根据现代服务行政理念和"以人民为中心"的发展思想，从推进法治建设的需要出发，自然资源部对投诉举报类行政复议案件设定了比司法审查更为严格的审查标准，要求收到投诉举报事项的行政机关必须要对投诉举报人进行告知，避免泥牛入海，导致行政相对人误解，引发不必要的矛盾和纠纷。既可以由收到投诉举报信件的行政机关作出告知，也可以由最终接到转办通知并负责办理该投诉举报事项的行政机关作出告知，只要有一个行政机关作出告知即可。告知要进行"双告知"，既要告知转办情况，也要告知处理结果。告知可以有效避免群众产生行政机关互相推诿或者不作为的误解，从而有效减少行政机关应对行政复议和行政诉讼的工作量，从总体上看，并没有给行政机关增加过多的“负担”。需要指出的是，各级自然资源主管部门不能因为这些投诉举报行为不进入行政复议审理环节就不作为或者乱作为，而要以对人民群众负责的高度责任感对投诉举报行为加以甄别，审查是否实质性影响申请人的权利，依法作出处理，不能不加以区别全部归入信访、内部层级监督等情形。即使不受理投诉举报，也要以适当形式告知申请人投诉举报事项处理情况。下面分项予以说明：

一、信访处理意见、复查意见、复核意见，或者未履行信访法定职责的行为

信访制度和行政复议、行政诉讼制度有很大的不同。从功能目的上来说，《信访条例》第一条规定“为了保持各级人民政府同人民群众的密切联系，保护信访人的合法权益，维护信访秩序，制定本条例”，由此可见，信访制度除了化解矛盾纠纷之外，更重要的是党密切联系群众的政治纽带，而行政复议和行政诉讼制度更着重于权利救济；从权利救济广度来说，信访处理只能对个案作出救济，而行政复议和行政诉讼可对规范性文件进行附带性审查，能够使行政相对人得到更为全面的救济；从效果上来说，信访处理往往是针对已经作出的行政决定作出解释说明，不对信访人的权利义务进行处分，而行政复议和行政诉讼则需要对行政争议作出裁判，具有确定力和约束力，法律关系相对明确。

一般来说，信访答复意见、复查意见或者复核意见不能纳入复议诉讼审查范围，这种分离制度的设计主要基于以下考虑：一是构建多元化矛盾纠纷解决机制，各种矛盾纠纷解决机制都有其完整体系和程序，各司其职、各展其能，合理的制度衔接是必要的，如果产生交叉，则会使权利救济的期限过于冗长，造成法律关系的紊乱。二是信访制度在实践中更多地发挥着解决矛盾纠纷的兜底功能。信访制度最初的制度设计是密切党和人民群众的血肉联系，并不具备权利救济的功能。但随着社会主义法治体系的发展，行政救济制度日趋完善，行政复议、行政诉讼、仲裁等多种行政救济制度的认知度、实效性不断提高。信访作为人民群众利益诉求的表达机制，并非法定的权利救济制度。从现行法定途径分类处理信访事项的制度设计看，能够通过行政复议、行政诉讼或者其他法定途径处理的事项都依法分类处理，其他无法通过法定途径处理的事项最终由信访“兜底”。近几年，信访案件量逐年下降，行政复议和行政诉讼案件大幅攀升。三是信访处理结果对信访人的实体权利不产生实质影响。这也是信访事项不纳入复议诉讼范围的最为根本的原因。《最高人民法院关于不服县级以上人民政府信访行政管理部门、负责受理信访事项的行政管理机关以及镇（乡）人民政府作出的处理意见或者不再受理决定而提起的行政诉讼人民法院是否受理的批复》[（2005）行立他字第4号]认为："一、信访工作机构是各级政府或政府工作部门授权负责信访工作的专门机构，其依据《信访条例》作出的登记、受理、交办、转送、承办、协调处理、监督检查、指导信访事项等行为，对信访人不具有强制力，对信访人的实体权利义务不产生实质影响。信访人对信访工作机构依据《信访条例》处理信访事项的行为或者不履行《信访条例》规定的职责不服提起行政诉讼的，人民法院不予受理。二、对信访事项有权处理的行政机关依据《信访条例》作出的处理意见、复查意见、复核意见和不再受理决定，信访人不服提起行政诉讼的，人民法院不予受理。"2018年2月6日，《最高人民法院关于适用〈中华人民共和国行政诉讼法〉的解释》（法释〔2018〕1号）第一条进一步明确：行政机关针对信访事项作出的登记、受理、交办、转送、复查、复核意见等行为，不属于人民法院行政诉讼受案范围。这表明，只要申请人提起的是信访事项，那么不论行政机关是否处理、怎么处理，是过程中的处理表现还是最终的处理结果，都不纳入行政诉讼审查范围。实践中，根据行政法原理，行政复议也一直参照这个标准。例如，《住房城乡建设行政复议办法》第十条规定："有下列情形之一的，申请人提出行政复议申请，行政复议机关不予受理：……（二）不服县级以上人民政府住房城乡建设主管部门对有权处理的信访事项，根据《信访条例》作出的处理意见、复查意见、复核意见和不再受理决定的；……"。

但是，特殊情况下，信访答复意见、复查意见或者复核意见改变了既往处理意见，对当事人的权利义务产生了新的实际影响，则属于一个新的可复议可诉讼的行为。《最高人民法院关于进一步保护和规范当事人依法行使行政诉权的若干意见》规定："要正确区分当事人请求保护合法权益和进行信访之间的区别，防止将当事人请求行政机关履行法定职责当作信访行为对待。当事人因不服信访工作机构依据《信访条例》作出的处理意见、复查意见、复核意见或者不履行《信访条例》规定的职责提起诉讼的，人民法院依法不予立案。但信访答复行为重新设定了当事人的权利义务或者对当事人权利义务产生实际影响的，人民法院应当予以立案。"司法审查实践中，人民法院不论行政机关是否通过信访途径处理投诉举报事项,均会对该投诉举报事项是否是履责申请进行判断后再作出裁判,而不是简单以行政机关通过信访途径处理投诉举报事项即不予立案或裁定驳回起诉。

另外,需要提醒的是:行政机关如果认定投诉举报事项属于信访事项,那么在作出信访处理或者信访复查、复核意见时,注意不要告知复议权和诉权。实践当中,有的行政机关为避免未告知复议权和诉权导致行政复议期限或者行政诉讼期限被动延长,在所有的信访处理意见中均告知复议权和诉权,给行政相对人造成了困扰,也给行政复议机关和司法机关带来了不必要的负担,严重影响了行政机关和司法机关的权威和形象。

案例链接

姜某不服A省原国土资源厅信访答复案

2017年1月,姜某向A省原国土资源厅信访部门邮寄了一封信访信件,要求查处地方人民政府违法批地行为,A省原国土资源厅作出信访答复,告知其此事已经处理过。姜某不服该信访答复,向原国土资源部提起行政复议申请。处理结果:原国土资源部认为A省原国土资源厅对姜某的信访事项作出信访处理意见,未对申请人的实体权利义务产生不利影响,且已经进行了告知。申请人提出的行政复议申请不属于行政复议范围,不符合行政复议受理条件。

杨某不服A政府不予受理其就信访事项提起的行政复议案

杨某父亲1960年下放农村,私房被政府代管后被拆迁一直未给予补偿,杨某通过信访途径要求A政府解决两间门面房和两套单元房。A地住房保障局受理后,因未发现产权登记信息,也未发现房产被政府代管和拆迁的相关资料,因此对其信访要求不予支持,并作出书面答复,同时告知其复查权利。但杨某一直怠于行使权力,直至复查期限过后才向A政府提出行政复议申请,A政府以超过法定复议期限为由不予受理。杨某遂以不服行政复议不予受理决定为由诉至法院。处理结果:经过一审、二审及再审,杨某的诉讼请求均未获支持。

最高院裁判意见：信访制度是与行政复议和行政诉讼制度相互独立、相互分离的权利救济制度。对于能够通过诉讼、仲裁、行政复议等法定途径解决的事项，信访途径是排斥的；基于同样理由，对于信访工作机构处理信访事项的行为、不履行《信访条例》规定的职责的行为，或者行政机关依据《信访条例》作出的处理意见、复查意见、复核意见和不再受理决定，行政复议和诉讼途径亦是排斥的。《信访条例》对不服信访答复意见提供了充足的救济途径，信访人穷尽救济途径或者自愿放弃救济，信访事项即告终结。

马某不服某县政府不履行信访复核意见案

村民马某系A村村民，因修建水利工程需要，2003年与接受地B政府签订了安置协议书，协议按照当时国家批准的3.36倍土地补偿标准，将安置补偿费汇至接收地政府，该款已支付到位。2006年，国家发改委作出批复，将移民的安置补偿费提高至10倍。移民办将调整增加的安置补偿费全额拨付给了A村。马某认为：增加的安置补偿费应当拨付给B村而非A村，为此多次去移民办讨要均未果。后马某信访投诉，乡政府作出答复，称没有剩余款项可以支付给B村，马某申请复查，县政府复查结果维持乡政府信访答复。马某再向市政府申请复核，市政府作出复核意见，撤销了县政府的复查意见，要求县政府协调将调整后增加的6.64倍安置补偿款交给移民接受地。县政府一直没有履行。马某以县政府不履职为由提起行政诉讼。处理结果：一审法院认为，超过诉讼时效，裁定驳回；二审法院认为，要求行政机关履行信访复核意见不属于行政诉讼受案范围，一审法院适用法律依据错误，裁定维持一审驳回起诉结果，裁判理由不能成立，予以纠正。最高院再审意见：一是市政府的信访复核意见，是对马某的申诉事项作出了新的处理，对马某的权利义务作出了新的安排，已经对其权利义务产生了新的实际影响，应当属于行政诉讼受案范围。二是县政府必须执行市政府的信访复核意见，县政府不履行发放移民补偿款法定职责的行为，侵犯了马某的财产权，依法属于行政诉讼受案范围。最终撤销二审判决，指令一审法院继续审理。

二、履行内部层级监督职责作出的处理、答复，或者未履行该职责的行为

内部监督和层级监督有着千丝万缕的联系，不太容易区分。大体来说，内部监督是由行政系统内的各级政府及其所属的各个工作部门之间，以及专门的行政监察机关、审计机关对行政行为的实施所进行的监察和督促。层级监督，是基于行政隶属关系，上级行政机关对下级行政机关、行政首长对公务员的行政行为实施的监督，包括依法享有行政复议权的本级政府或上级主管机关依行政复议程序实施的监督，如下级机关对上级机关报告工作，上级机关对下级机关工作人员的考核惩戒，复议机关依相对人的申请进行的行政复议等。内部层级监督为什么不属于复议诉讼范围？主要是考虑复议或诉讼的利益。公民、法人或者其他组织可以向行政机关隶属的上级行政机关提出申诉、控告，但与以直接救济行政相对人权利为目的的复议和诉讼制度有所不同，申诉或控告可以成为启动行政机关之间内部层级监督的线索，不直接和必然启动内部层级监督程序。是否启动监督程序以及程序启动后如何作出处理，属于行政机关管理范畴，该行政机关是否行使监督权，对当事人的权利、义务不产生实际影响，不损害当事人的合法权益。行政相对人坚持复议或者起诉上级行政机关不履行内部监督职责，不具有权利保护的必要性和实效性，不具有复议或者诉的利益，原则上不属于行政复议和行政诉讼受理范围。只有在行政机关撤销或者改变原行政行为以及作出新的影响当事人权利义务关系的行政行为时，这种内部层级监督行为才外化为可复议和诉讼的行政行为。上级行政机关不改变或者不撤销下级行政机关决定、命令的，一般并不直接设定当事人新的权利义务，当事人可以通过直接起诉下级行政机关作出的行政行为来维护合法权益。在存在更为有效便捷的救济方式的情况下，当事人坚持复议或者起诉上级行政机关不履行层级监督职责，不具有权利保护的必要性和实效性，也不利于纠纷的及时解决。根据《最高人民法院关于适用〈中华人民共和国行政诉讼法〉的解释》(法释〔2018〕1 号)第一条规定，上级行政机关基于内部层级监督关系对下级行政机关作出的听取报告、执法检查、督促履责等行为，不属于行政诉讼受案范围。

案例链接

侯某等人不服C省原国土资源厅层级监督行为案

2017年6月,侯某等人向C省原国土资源厅举报B市原国土资源局违法查处结果错误,C省原国土资源厅作出告知,告知其可以直接对B市原国土资源局的违法查处结果提起行政复议和行政诉讼。侯某等人不服该告知提起行政复议。复议机关认为,上级国土资源主管部门不改变或者不撤销下级国土资源主管部门的,一般并不直接设定当事人新的权利义务,当事人可以通过直接复议或者起诉下级国土资源主管部门作出的行政行为来维护合法权益。在存在更为有效便捷的救济方式的情况下,当事人坚持复议上级国土资源主管部门不履行层级监督职责,不具有权利保护的必要性和实效性,也不利于纠纷的及时解决。C省原国土资源厅针对侯某举报B市原国土资源局违法查处不作为的事项,属于层级监督事项,未对申请人的实体权利义务产生不利影响,且已经作出告知。申请人提出的行政复议申请不属于行政复议范围,行政复议机关作出不予受理决定。

三、对明显不具有事务、地域或者级别管辖权的投诉举报事项作出的处理、答复,或者未作处理、答复的行为

行政机关对于明显不具有事务、地域、级别管辖权的投诉举报事项没有查处的法定职责,该投诉举报不构成行政法意义上的履责申请。是否属于地域管辖很好判断,关键在于事务和级别管辖的区分。第一,关于事务管辖权,虽然法律规定行政机关对某领域或者行业具有监督管理职权,但对于具体事项的管辖,明确规定属于该行政机关的法定职责的,应以特别规定为准。例如,根据《土地管理法实施条例》第二十五条第三款、《征收土地公告办法》第十五条规定,在农用地征地过程中,对补偿标准存在争议的,由县级以上地方人民政府协调,协调不成的,由批准征用土地的人民政府裁决。据此,虽然《土地管理法》第五条第一款规定国务院土地行政主管部门统一负责全国土地的管理和监督工作。但依据前述具体规定,自然资源主管部门并不具有对因补偿安置标准产生争议,或因未按照补偿安置方案进行补偿、安置引发的争议进行处理的法定职

责。如果申请人以自然资源主管部门在征地补偿标准方面乱作为、不作为提起行政复议或者行政诉讼,行政复议机关是可以不予受理或者驳回行政复议申请的。第二,关于级别管辖,如果有法律法规规章甚至规范性文件明确规定了行政机关关于投诉举报事项的管辖级别的,申请人向没有管辖级别的机关提交投诉举报申请,则可以认为收到举报的机关没有管辖的职责。如自然资源部本级已通过部令的方式明确了部本级违法案件管辖范围,超出其规定范围的投诉举报即可认为自然资源部没有直接管辖的职责。省以下自然资源主管部门也要尽快明确权力清单和责任清单,通过各种方式明确本级自然资源主管部门的职责权限。

案例链接

张某等2人不服H省原国土资源厅违法查处不作为案

2017年1月,张某等2人向H省原国土资源厅邮寄《查处土地违法行为申请书》,请求H省原国土资源厅对Y城区人民政府违法批准征收集体土地的行为进行查处。H省原国土资源厅作出《关于调查处理土地问题的函》,将张某等2人反映的问题转交L市原国土资源局调查核实,要求L市原国土资源局要依法依规处理,并通过适当方式与申请人进行情况反馈及沟通解释。因未收到任何回复,张某等2人以H省厅未履行法定查处职责为由向原国土资源部提起行政复议,请求责令H省厅就其举报事项履行查处职责。复议机关认为,依据《土地管理法》第六十六条“县级以上人民政府土地行政主管部门对违反土地管理法律、法规的行为进行监督检查”、《国土资源行政处罚办法》第五条“国土资源违法案件由土地、矿产资源所在地的县级国土资源主管部门管辖,但法律法规以及本办法另有规定的除外”和《H省土地监察条例》第十三条“省土地管理部门管辖下列土地违法案件:(一)市人民政府、地区行政公署超越批准权限非法批准占用土地或非法改变基本农田用途的;(二)跨市、地行政区域的;(三)在全省范围内有重大影响的;(四)上级交办的”规定,张某等2人请求H省原国土资源厅查处Y城区人民政府违法批准征收集体土地行为的申请不属于H省国土资源厅的管辖范围,H省原国土资源厅没有直接查处的法定职责,已经将申请书转送L市原国土资源局办理。但H省原国土资源厅作为接到申请书的行政机关,将申请书作转交处理的,应当及时将相关情况告知张某等2人,对于没有及时将相关情况告知张某等2人的这一瑕疵,应当予以重视并加以规范完善。据此,复议机关作出驳回申请人复议申请的决定,并在行政复议决定书中,将未予告知的问题予以指正。考虑到此类问题具有一定的普遍性,复议机关向H省原国土资源厅等省级国土资源主管部门下发行政复议意见书,要求省级国土资源主管部门完善违法查处案件的答复程序,切实维护人民群众合法权利,从源头上避免和减少行政争议。

卞某等人不服E省原国土资源厅违法查处不作为案

2015年9月,卞某等人向E省原国土资源厅邮寄举报信,举报当地政府"以租代征"违法行为。E省原国土资源厅转交下级国土资源主管部门办理,但并未告知卞某等人。卞某等人遂以违法查处不作为为由向E省人民政府申请行政复议。E省人民政府认为省原国土资源厅已经履行了法定职责,作出维持的行政复议决定。后卞某等人诉至法院。经过一审、二审、再审,最高人民法院作出裁定,认为,E省原国土资源厅收到举报信后应当判断应该由本部门查处或者交由下级行政机关处理还是上报原国土资源部处理,但无论自己处理还是转交办理或上报处理,都可以视为处理举报的履职行为。同时,接到举报的行政机关应当将转办或者上报处理的相关情况告知举报人。E省原国土资源厅没有将批准情况告知举报人属于程序瑕疵,E省原国土资源厅应当予以重视并加以完善。

四、未设定申请人权利义务的重复处理行为、说明性告知行为及过程性行为

重复处理行为或者说明性告知行为,一般认为是指行政机关所作出的没有改变原有行政法律关系、没有对当事人的权利义务产生新的影响的行为。过程性行为是行政机关为作出行政行为而实施的准备、论证、研究、层报、咨询等行为,尚未形成行政法律关系,尚未对当事人的权利义务产生影响,属于尚未完成的行政行为。这三类行政行为之所以不可复议是基于以下三点考虑:一是这类行为没有对当事人的权利义务产生新的影响,没有形成新的行政法律关系。二是如果对这类行政行为可以提起行政复议，就是在事实上取消复议的期间，这也就意味着任何一个当事人在任何时候都可以通过申诉的方式重新将任何一个行政行为提交行政机关进行重新审查，有悖于行政复议期限设定的目的。三是如果将这类行为纳入行政复议范围，不仅不利于行政法律关系的稳定，而且有损于一级行政机关的权威。

案例链接

喻某不服 H 省原国土资源厅投诉举报处理案

2014 年 8 月 31 日，喻某向 H 省原国土资源厅提交举报信，反映“外国语实验小学项目用地和废旧物资市场用地，采用瞒上欺下，多种手段，强征、强行侵占，永久性毁坏我们赖以生存的基本农田，转让倒卖基本农田，从中谋取暴利”的情况，2014 年 11 月 25 日，被申请人向申请人作出《回复》，告知申请人“据核查，你于 2013 年 12 月 24 日已对该问题进行了举报，我厅转 C 市原国土资源局进行处理，C 市原国土资源执法监察支队于 2014 年 3 月 27 日进行了回复。你于 2014 年 8 月 31 日的举报属于重复举报，不再受理。对于该问题，请参阅 C 市原国土资源执法监察支队的回复意见”。处理结果：依据《行政复议法》第六条、《行政复议法实施条例》第二十八条“行政复议申请符合下列规定的，应当予以受理：……（五）属于行政复议法规定的行政复议范围……”以及《复议规定》第十七条第一款第五项的规定，《回复》是被申请人告知申请人其反映的事项为重复举报的解释说明行为，不直接就申请人的权利义务产生实质影响，申请人就《回复》提出的行政复议申请不属于行政复议范围，不符合行政复议受理条件，行政复议机关作出不予受理决定。

【相关条款】

《最高人民法院关于适用〈中华人民共和国行政诉讼法〉的解释》（法释〔2018〕1 号）第 1 条

第十六条　行政复议机构应当自受理行政复议申请之日起7个工作日内，向被申请人发出答复通知书，并将行政复议申请书副本或者申请笔录复印件一并发送被申请人。

【释义】 本条是关于行政复议机构向被申请人发出答复通知程序的规定。

行政复议机构收到公民、法人或其他组织的行政复议申请，经审查属于行政复议受案范围、符合行政复议受理条件的，应当自受理行政复议申请之日起7个工作日内，向作出原行政行为的行政机关作出行政复议答复通知书，并寄送申请人提交的行政复议申请书、证据材料等材料。作为收到行政复议答复通知的自然资源主管部门应当自收到行政复议机关发出的行政复议答复通知后在10日内提交针对申请人复议行政行为的书面答复材料和相关证据。

【相关条款】

1.《行政复议法》第23条

2.《行政复议法实施条例》第36条

文书示例

1. 行政复议答复通知书(被申请人为省级自然资源管理部门)

中华人民共和国自然资源部

行政复议通知书

自然资复议〔年份〕　号(答)

××省自然资源厅：

×××不服你厅提出的行政复议申请，我部已依法予以受理。依据《行政复议法》第二十三条的规定，现将行政复议申请书副本发送你厅，请你厅收到行政复议申请书副本之日起10日内，对该行政复议申请提出书面答复(一式五份)，制作证据目录，并提交当初作出该具体行政行为的证据、依据和其他有关材料。

逾期未提交书面答复，未提交当初作出具体行政行为的证据、依据和其他有关材料，依据《行政复议法》第二十八条的规定，视为该具体行政行为没有证据、依据，我部将依法予以撤销。

联系人及电话：办案人员姓名，办公电话。

附件：1. 行政复议申请书副本1份
2. 空白授权委托书1份
3. 空白主要负责人身份证明书1份

（自然资源部行政复议专用章）
年 月 日

2. 行政复议答复通知书（被申请人为自然资源部）

中华人民共和国自然资源部

行政复议通知书

自然资复议〔年份〕 号（答）

××司（局、厅）：

×××不服你司（局、厅）作出的××提出的行政复议申请，我部已依法予以受理。依据《行政复议法》第二十三条以及《自然资源行政复议规定》第十八条第一款的规定，现将行政复议申请书副本发送你司（局、厅），请你司（局、厅）收到行政复议申请书副本之日起10日内，对该行政复议申请提出书面答复（一式五份），制作证据目录，并提交当初作出该具体行政行为的证据、依据和其他有关材料。相关答复经分管部领导审定后，请将签报复印件及上述材料送我办。

逾期未提交书面答复，未提交当初作出具体行政行为的证据、依据和其他有关材料，依据《行政复议法》第二十八条的规定，视为该具体行政行为没有证据、依据，部将依法予以撤销。

联系人及电话：办案人员姓名，办公电话。

附件：1. 行政复议申请书副本 1 份

2. 空白授权委托书 1 份

3. 空白主要负责人身份证明书 1 份

（自然资源部行政复议专用章）

年　　月　　日

第十七条　行政复议机构认为申请人以外的公民、法人或者其他组织与被复议的行政行为有利害关系的，可以通知其作为第三人参加行政复议。

申请人以外的公民、法人或者其他组织也可以向行政复议机构提出申请，并提交有利害关系的证明材料，经审查同意后作为第三人参加行政复议。

【释义】　本条是关于追加行政复议第三人的规定。

一、关于行政复议第三人

为了达到解决纠纷的主要目的，应当通知行政复议第三人参加行政复议的审理过程。行政复议第三人是指申请人、被申请人之外，同被复议行政行为有利害关系，或者同一案件处理结果有利害关系，为维护自己的合法权益，参加到已开始的复议程序中的公民、法人或者其他组织。除公民、法人或者其他组织外，行政机关也可以作为第三人。如果应当追加被申请人，而申请人不愿意追加的，行政复议机构应当通知其以第三人身份参加复议。通知第三人参加行政复议，通知的方式可以根据案件情况和紧急程度自行决定采取口头或者书面方式，采取电话通知方式的要注意采用录音电话做好相关证据的收集工作。

二、关于第三人参加行政复议的程序

申请人以外的公民、法人或者其他组织，认为自己的合法权利受到侵犯，可以提交有利害关系的证明材料向行政复议机构提出参与行政复议的申请，经行政复议机构审查同意后，可以作为第三人参加行政复议。在行政复议中，第三人享有申请人的地位。具体而言：一是同被复议的行政行为有利害关系。一般来说，就是具有申请人资格，可以以自己名义提出行政复议；如果没有提出行政复议，其他利害关系人提起复议的，可以作为第三人参加诉讼。第三人参加行政复议，有利于查清案件事实，实现公正办案，也有利于避免同一问题引起的新的争议，做到案结事了，提高行政复议效率。二是同案件处理结果有利害关系。有些公民、法人或者其他组织虽然与被复议行政行为没有利害关系，但同案件的审理结果有利害关系，为维护自身的合法权益，可以作为第三人，参加到已经开始的行政复议程序中。例如，在矿产资源行政许可的案件中，由于采矿权范围的重叠导致的纠纷，通常情况下就涉及第三人的利益，行政复议机关是否撤销某一采矿权的行政许可，都将对其产生直接影响。这时候，该重叠采矿权范围的矿业权人应当作为案件第三人参加行政复议程序。三是决定第三人承担义务或者减损第三人权益的，第三人有权依法对行政复议决定不服提起行政诉讼。第三人参加已经开始的行政复议程序，就是为了维护自己的合法权益，无论是同被复议行政行为有利害关系，还是同案件处理结果有利害关系，只要行政复议机关决定其承担义务或者减损其权益，都有权以自己的名义，提起行政复议。根据《最高人民法院关于适用〈中华人民共和国行政诉讼法〉的解释》（法释〔2018〕1号）第十二条规定，在行政复议等程序中被追加为第三人的，属于《行政诉讼法》第二十五条第一款规定的"与行政行为有利害关系"。

【相关条款】

1.《行政复议法实施条例》第9条

2.《最高人民法院关于适用〈中华人民共和国行政诉讼法〉的解释》（法释〔2018〕1号）第12条

第十八条 自然资源部为被申请人的，由行政行为的承办机构提出书面答复，报分管部领导审定。

地方自然资源主管部门为被申请人的，由行政行为的承办机构提出书面答复，报本部门负责人签发，并加盖本部门印章。

难以确定行政复议答复承办机构的，由本部门行政复议机构确定。承办机构有异议的，由行政复议机构报本部门负责人确定。

行政行为的承办机构应当指定1至2名代理人参加行政复议。

【释义】 本条是关于行政复议承办机构的职责和承办程序的规定。

自然资源行政复议答复工作遵循行政机关内部“谁行为、谁负责”的原则开展，即被复议的行政行为是由行政机关哪个业务机构或部门作出的，就由谁负责履行书面答复职责。《自然资源部关于进一步改进和加强行政复议行政应诉工作的通知》（自然资发〔2018〕78 号）对此也明确要求“要按照‘谁行为、谁负责’的原则，全面落实业务承办机构行政复议答复和行政诉讼出庭应诉职责”。主要包括：

一是以自然资源部为被申请人的，由被复议的行政行为原承办机构承担书面答复职责。拟订答复后，按报批程序报分管部领导审定后送复议机构。这里需要注意的是，因为这种情况属于原级复议，复议机构和原承办机构属于同一机关，二者之间通常是通过电子办公系统（OA）发送行政复议答复通知书、报送行政复议答复，行政复议答复签批流程已有电子留痕，复议机构和承办机构都可以随时查询办理流程，掌握办理期限和结果。为简化程序、提高效率，《复议规定》明确行政复议答复经分管部领导审批通过后，承办机构即可直接将其连同签报等材料送达复议机构，不必加盖自然资源部印章。

二是地方自然资源主管部门为被申请人的，也由行政行为的原承办机构提出书面答复，报本部门负责人签发。被申请人作出的行政复议答复需要加盖其印章后再通过邮寄或以其他方式送达复议机关。

三是难以确定行政复议答复承办机构情形，主要是指被复议的行政行为由 2 个或 2 个以上承办机构作出，两个机构之间对于承担行政复议答复职责的主体存在争议的情形。对于这种情形，为保证行政复议按期审理，由本部门行政复议机构根据被复议行为的性质，结合申请人的复议请求来确定牵头机构和配合机构。承办机构如果对此持不同意见，并且难以落实答复职责的，由行政复议机构报本部门负责人确定。

四是行政行为的原承办机构应当指定 1 至 2 名代理人参加行政复议。这一规定主要是要求承办机构在作出行政复议答复后，要确定 1 至 2 人作为代理人参加行政复议，便于复议机构在审理过程中沟通联系，以查清事实。

这里有一个延伸问题可以讨论，即如果行政复议决定作出的内部工作程序没有遵守行政复议法律法规的要求，复议申请人能否以复议机关作出的复议决定程序违法为由提起行政诉讼。实际上，行政复议决定是复议机关针对当事人的行政复议申请作出的意思表示,行政复议的程序,既包括复议机关与申请人之间的外部法律程序,也包括复议机关法治工作机构和其他内部工作机构以及案件具体承办人、内部机构负责人和复议机关负责人之间的一系列内部法律程序。前者属于对当事人权利义务有实际影响且属于行政诉讼审查范围,后者一般对当事人的权利义务并不产生实际影响。在没有证据证明该程序存在滥用情形导致当事人的权利义务受到不利影响的情况下,一般没有纳入行政诉讼审查范围的必要。若当事人仅以未完全履行行政复议内部程序为由主张行政复议程序违法,人民法院一般不予支持。当然,按照依法行政的原则和精神,即使不纳入行政诉讼审查范围,行政复议机关仍应当严格依照法定程序全面履行行政复议职责。

【相关条款】

1.《行政复议法》第 23 条

2.《行政复议法实施条例》第 36 条

第十九条　被申请人应当提交行政复议答复书及作出原行政行为的证据、依据和其他有关材料,并对其提交的证据材料分类编号,对证据材料的来源、证明对象和内容作简要说明。涉及国家秘密的,应当作出明确标识。

被申请人未按期提交行政复议答复书及证据材料的,视为原行政行为没有证据、依据,行政复议机关应当作出撤销该行政行为的行政复议决定。

【释义】　本条是关于被申请人提交行政复议答复书及证据材料的规定。

被申请人应当积极配合行政复议机关审理行政复议案件,提供当初作出原行政行为的证据、依据和其他有关材料,证明其合法性。需要注意的是,本条规定的关键词是“当初”,被申请人应当在作出原行政行为时即做好证据的留存,事后收集的证据不能作为原行政行为的事实基础。同时,依据《立法法》第九十三条“法律、行政法规、地方性法规、自治条例和单行条例、规章不溯及既往,但为了更好地保护公民、法人和其他组织的权利和利益而作的特别规定除外”的规定,被申请人提交的依据应当是当初作出原行政行为时有法律效力的规定。

此外,被申请人作为行使国家行政管理职权的行政机关,天然具有公权力基础,因此,为防止被申请人利用职权收集对其有利的证据,或指使他人作伪证,《行政复议法》第二十四条明确规定,在行政复议过程中,被申请人不得自行向申请人和其他有关组织或者个人收集证据。同时,因证据是行政行为合法的基石,被申请人向行政复议机关提交时应当注意以下三个方面:一是证据材料应当真实有效,被申请人不得伪造、隐匿、毁灭证据,也不得提交与行政复议案件的审理无关的其他材料;二是证据材料的证明目的要明确,对于待证实的对象和内容作出简要说明,应当做到思路清晰,逻辑缜密,需要强调的是,被申请人不仅要证明行政行为实体内容上的合法性,还要证明作出该行政行为的程序的合法性,如提交标明邮件品名的邮寄单据和邮件跟踪查询记录等作为证据;三是对于涉及国家秘密的证据,应当严格按照保密规定予以提交。

被申请人的委托代理人,应当在法定期限内向行政复议机关提交行政复议答复书以及作出原行政行为的证据、依据和其他有关材料。否则,依据《行政复议法》第二十八条"行政复议机关负责法制工作的机构应当对被申请人作出的具体行政行为进行审查,提出意见,经行政复议机关的负责人同意或者集体讨论通过后,按照下列规定作出行政复议决定:……(四)被申请人不按照本法第二十三条的规定提出书面答复、提交当初作出具体行政行为的证据、依据和其他有关材料的,视为该具体行政行为没有证据、依据,决定撤销该具体行政行为……"的规定,被申请人逾期未提交书面答复,未提交作出该行政行为的证据、依据和其他有关材料,视为该行政行为没有证据、依据,行政复议机关有权依法予以撤销。

【相关条款】

1.《行政复议法》第 23 条、第 24 条、第 28 条

2.《行政复议法实施条例》第 36 条、第 46 条

3.《立法法》第 93 条

文书示例

行政复议案件证据目录

证据目录[行政复议通知书(文号)]

________不服________作出的________。

序号	证据名称	形成时间	形成主体	证明目的	页码

案例链接

黄某不服×省自然资源厅信息公开答复案

黄某不服×省自然资源厅作出的信息公开答复,向自然资源部提出行政复议申请,请求撤销该答复,并责令×省自然资源厅公开勘测定界图。自然资源部受理后,于2019年4月10日发出行政复议答复通知书,要求×省自然资源厅自收到该答复通知书之日起10日内,提出书面答复,并提交当初作出具体行政行为的证据、依据和其他有关材料。4月11日,×省自然资源厅收到该答复通知书,并于5月26日向自然资源部邮寄提交行政复议答复书以及所附的证据材料。自然资源部认为,依据《行政复议法》第二十三条第一款"……被申请人应当自收到申请书副本或者申请笔录复印件之日起十日内,提出书面答复,并提交当初作出具体行政行为的证据、依据和其他有关材料"、第二十八条"行政复议机关负责法制工作的机构应当对被申请人作出的具体行政行为进行审查,提出意见,经行政复议机关的负责人同意或者集体讨论通过后,按照下列规定作出行政复议决定:……(四)被申请人不按照本法第二十三条的规定提出书面答复、提交当初作出具体行政行为的证据、依据和其他有关材料的,视为该具体行政行为没有证据、依据，决定撤销该具体行政行为”的规定，被申请人作出行政复议答复书并提交证据材料的行为已经超出法定期限，视为该具体行政行为没有证据和依据。因此，自然资源部作出复议决定，撤销了×省自然资源厅作出的信息公开答复。

第二十条 **被申请人应当自收到答复通知书之日起10日内，提交行政复议答复书。**

行政复议答复书应当载明下列事项：

（一）被申请人的名称、地址、法定代表人的姓名、职务；

（二）委托代理人的姓名、单位、职务、联系方式；

（三）作出行政行为的事实和有关证据；

（四）作出行政行为所依据的法律、法规、规章和规范性文件的具体条款和内容；

（五）对申请人复议请求的意见和理由；

（六）作出答复的日期。

【释义】 本条是关于行政复议答复程序和内容的规定。

依据《行政复议法》第二十二条的规定，行政复议原则上采取书面审查的办法，这种审查方式下，行政复议答复书的重要性不言而喻。

本条第一款是关于自然资源行政复议案件的被申请人在收到复议机关作出的行政复议答复通知书后提交行政复议答复书的时限要求。《行政复议法》第二十三条第一款明确规定，行政复议机关负责法制工作的机构应当自行政复议申请受理之日起七日内，将行政复议申请书副本或者行政复议申请笔录复印件发送被申请人。被申请人应当自收到申请书副本或者申请笔录复印件之日起10日内，提出书面答复，并提交当初作出具体行政行为的证据、依据和其他有关材料。《行政复议法》第四十条规定，行政复议期间的计算和行政复议文书的送达，依照《民事诉讼法》关于期间、送达的规定执行。本法关于行政复议期间有关“五日”“七日”的规定是指工作日，不含节假日。因此，被申请人应当自收到行政复议答复通知书之日起10个自然日内向行政复议机关提交行政复议答复书。需要注意的是，10个自然日的起算日期应当为被申请人签收行政复议答复通知书的次日，以邮寄为例，自作为专营国家公文投递业务的国家邮政机构向被申请人投递并由被申请人签收的次日（具体以中国邮政官方网站邮件查询记录显示的签收日期为准）开始10个自然日内，被申请人应当作出行政复议答复书，如第10个自然日为节假日（包括法定休息日，如星期六、星期日、元旦、春节、清明节、劳动节、端午节、中秋节和国庆节等），以节假日后的第一日为期间届满的日期。

本条第二款是关于行政复议答复书内容的要求。在行政复议答复书中应当载明：

（一）被申请人的名称、地址、法定代表人的姓名、职务。这是为了体现被申请人准确的基本信息。被申请人应当另行出具法定代表人身份证明，用以确认其法定代表人的姓名和职务。

（二）被申请人的委托代理人的姓名、单位、职务、联系方式。因行政复议案件的审理期限一般为60个自然日，为了方便行政复议案件的审理，提供委托代理人的相关信息后，可以节约时间成本，从而更加便捷、高效地处理行政争议，保护人民群众的合法权益。被申请人应当另行出具授权委托书，用以明确委托代理人的委托代理权限。

（三）作出行政行为的事实和有关证据。行政复议案件的审理应当以事实为根据，被申请人必须提交足以证明其行政行为合法性的证据，由行政复议机关进行审查并最终决定能否作为定案的证据材料。

（四）作出行政行为依据的法律、法规、规章和规范性文件的具体条款和内容。被申请人作出行政行为，应当有法律、法规、规章和规范性文件的授权，且该授权文件不得与上位法相悖。《行政复议法》第七条规定："公民、法人或者其他组织认为行政机关的具体行政行为所依据的下列规定不合法，在对具体行政行为申请行政复议时，可以一并向行政复议机关提出对该规定的审查申请：（一）国务院部门的规定；（二）县级以上地方各级人民政府及其工作部门的规定；（三）乡、镇人民政府的规定。前款所列规定不含国务院部、委员会规章和地方人民政府规章。规章的审查依照法律、行政法规办理。"因此，行政复议机关有权审查被申请人作出行政行为时所依据的规范性文件是否合法。

（五）对申请人复议请求的意见和理由。被申请人应当对申请人的复议请求是否合法、合理作出判断，并在行政复议答复书中阐明作出该判断的理由，以供行政复议机关在全面审查案件时参考。

（六）作出答复的日期。行政复议答复书的落款日期，应当是行政机关负责人的签批日期。

【相关条款】

1.《行政复议法》第23条、第28条

2.《行政复议法实施条例》第36条、第46条

文书示例

1. 行政复议答复书

行政复议答复书

被 申 请 人：（名称）__________ 地址________________

法定代表人：（姓名）__________ 职务________________

委托代理人：（姓名）__________ 职务________________

单位________________

联系方式______________

（申请人）不服被申请人于________年____月____日作出的（行政行为）提出行政复议申请，根据行政复议通知书（文号）的要求，现答复如下：（针对申请人提出的问题作出答复，同时说明作出该行政行为的事实和有关证据，所依据的法律、法规、规章和规范性文件的具体条款和内容，对申请人复议请求的意见和理由）。

此致

（行政复议机关）

附件：1. 被申请人答复书一式____份

2. 证据目录及相关证据一式____份

3. 法定代表人身份证明

4. 授权委托书

被申请人:(印章)

年　　月　　日

2. 法定代表人身份证明书

法定代表人身份证明书

________同志在我单位担任________职务,为我单位法定代表人。

特此证明。

被申请人:(印章)

年　　月　　日

3. 授权委托书

授权委托书

委　托　人:(名称)____________地址____________

法定代表人:(姓名)____________职务____________

受　托　人:(姓名)____________职务____________

工 作 单 位:____________________

联 系 方 式:____________________

委托人因__________不服__________一案,现委托受托人作为委托人的代理人。

受托人代理权限为:__________。

委托期限:__________。

被申请人:(印章)

年　　月　　日

第二十一条　行政复议机关应当为申请人、第三人及其代理人查阅行政复议案卷材料提供必要的便利条件。

申请人、第三人申请查阅行政复议案卷材料的，应当出示身份证件；代理人申请查阅行政复议案卷材料的，应当出示身份证件及授权委托书。申请人、第三人及其代理人查阅行政复议案卷材料时，行政复议机构工作人员应当在场。

【释义】　本条是关于行政复议阅卷的一般性规定。

行政复议一般采取书面审查的方式进行审理，遵循合法、公正、公开、及时、便民原则，《行政复议法》和《行政复议法实施条例》赋予了申请人、第三人阅卷权。这一权利的行使，对保障申请人、第三人的合法权益，充分发挥行政复议监督功能，保证行政复议公开、透明，发挥着重要的作用。《行政复议法》第二十三条第二款规定，申请人、第三人可以查阅被申请人提出的书面答复、作出具体行政行为的证据、依据和其他有关材料，除涉及国家秘密、商业秘密或者个人隐私外，行政复议机关不得拒绝。《行政复议法实施条例》第三十五条规定："行政复议机关应当为申请人、第三人查阅有关材料提供必要条件。"同时，申请人、第三人可以依据《行政复议法》第十条的规定委托代理人代为参加行政复议。依据前述规定，《复议规定》进一步明确申请人、第三人的代理人也有权查阅案卷材料。依据《民法总则》的相关规定，代理是指代理人在代理权限内，以被代理人名义实施的民事法律行为，对被代理人发生效力，代理包括委托代理和法定代理。委托代理人按照被代理人的委托行使代理权。法定代理人依照法律的规定行使代理权，因此，法定代理人是全权代理，其法律地位相当于当事人，其代理权限不受限制，可以行使被代理人享有的全部权利。因此，代理人根据申请人、第三人的委托行使阅卷权，复议机关也应当为其提供必要的便利条件。

同时，为充分保障当事人的合法权益，本条还明确规定申请人、第三人阅卷时，应当出示其有效身份证件，申请人、第三人的代理人阅卷时，除出示其有效身份证件外，还应当出示授权委托书，当然，对于无民事行为能力人或者限制民事行为能力人来说，其法定代理人有权依据《行政复议法》第十条的规定代为行使阅卷权。阅卷时，行政复议机构工作人员应当在场，现场接待申请人、第三人及其代理人阅卷，并且，为进一步规范阅卷工作，行政复议机构工作人员应当做好相应的记录，根据实际需要请申请人、第三人及其代理人填写阅卷记录单。当前，自然资源部在政务大厅专门设立了“行政复议”窗口，方便申请人提出行政复议申请，为其提供进展查询服务，也为充分保障申请人、第三人及其代理人的阅卷权提供了便利条件。地方自然资源主管部门可以根据工作需要，设立服务窗口或者安排专门的接待服务场所，充分保障申请人、第三人及其代理人行使行政复议阅卷权。

【相关条款】

1.《行政复议法》第 10 条、第 23 条

2.《行政复议法实施条例》第 35 条

文书示例

行政复议阅卷记录单

行政复议阅卷记录单

案件名称：________________________

时　　间：________年____月____日　　　　地　点：______________

阅卷人：__________　　　　　　　　　　　接待人：______________

阅卷人联系方式：______________________________

备　注：________________________________

阅卷人签字：

第二十二条　对受理的行政复议案件，行政复议机构可以根据案件审理的需要，征求本行政复议机关相关机构的意见。

相关机构应当按照本机构职责范围，按期对行政复议案件提出明确意见，并说明理由。

【释义】　本条是关于行政复议机构办案过程中征求意见的规定。

实践中，行政复议申请五花八门，往往会涉及行政机关各领域、各方面业务。通常我们认为，履行行政复议职责的是行政复议机关，直接承担复议职责的机构是行政复议机构。但是，在审理行政复议案件过程中，行政复议机关作为一个整体，所有业务机构都应当各司其职，在复议机关履行复议职责过程中承担相应的职责。行政复议机构在具体办理复议事项的过程中，为完善行政复议审理程序，提高行政复议审理全面性和准确性，对于复杂或者涉及相关业务机构业务的争议，往往需要征求相关机构的意见，相关机构应当积极予以配合，提出明确意见并说明理由。相关机构的意见就是复议案件审查时的重要参考。

这里需要特别强调的是，虽然相关机构应当按照本机构职责范围，按期对行政复议案件提出明确意见，并说明理由。同时，行政复议机构在办理征求意见时也要注意：征求意见应该是要求其他业务机构结合自己业务领域针对审理过程中某个具体问题的合法性、合理性或某项具体事实的认定开展，不能笼统要求其他业务机构对复议案件所有问题都提供意见。

文书示例

行政复议案件征求意见函

行政复议案件征求意见函

××司：

××不服S省自然资源厅未对其提出的××探矿权保留申请及采矿权延续申请事项作出行政许可决定，向我部申请行政复议。现将复议案件有关材料送你司，请对案件中涉及的矿产资源整合工作中××省厅的做法及《S省人民政府关于加强矿产资源开发管理工作的通知》《S省自然资源厅关于进一步严格探矿权采矿权审批及监管的通知》中有关规定的合法性进行研究，并提出书面处理意见。请于×月×日下班前将书面意见返回部行政复议委员会办公室。

感谢支持！

联系人及电话：

年　　月　　日

第二十三条 行政复议案件以书面审理为主。必要时，行政复议机构可以采取实地调查、审查会、听证会、专家论证等方式审理行政复议案件。

重大、复杂、疑难的行政复议案件，行政复议机构应当提请行政复议委员会审议。

【释义】 本条是关于行政复议案件审理方式的规定。

本条实际规定了书面审理、实地调查、案件审查会、听证会、专家论证以及提请行政复议委员会审议六种审理方式。

一、书面审理

所谓书面审理，是指行政复议机关在审理复议案件时，仅就案件的有关书面材料进行审理的一种方式。这种审理方式下，不传唤复议参加人和证人到行政复议机关；行政复议参加人可以采用邮寄的方式递交行政复议申请书和有关书面材料作证，复议机关通过双方提交的书面材料，判断被申请人作出的行政行为是否合法、合理、适当。

对于符合受案范围的行政复议案件，行政复议机关受理后，应当依法审理，及时审结案件。行政复议应当采取什么样的审理方式，是《行政复议法》起草过程中争议比较大的一个问题。绝大多数意见认为：行政复议作为一项行政活动，必须充分体现行政效率原则，这也是行政复议区别于行政诉讼的一个重要特征。行政效率原则主要表现为：一是要求整个行政复议过程体现出便民、快捷特点，尽可能减少复议申请人在人力、物力、时间上的付出；二是有利于复议机关迅速、准确地审理行政复议案件。行政复议活动是在行政系统内部进行的，行政复议机关对被申请人有上下级领导或者指导关系，一般情况下不需要通过复杂的审理方式就能够查清事实，因此，为了节约社会资源，体现效率原则，行政复议申请原则上实行书面审理。

二、其他审理方式

书面审查固然简便、高效，但也存在其天然的缺陷性和弊端：一是减少了复议当事人参与的机会，不利于充分保障当事人的知情权和申辩权；二是复议机关“关起门来”进行书面审查，透明度不高，不利于当事人监督；三是仅进行书面审查，有时无法核实证据的真实性和合法性。尤其是对于重大复杂或者疑难案件，仅仅书面审查不利于保护公民法人和其他组织合法权益，不易查明事实真相,认定事实容易出现偏差。因此,根据《行政复议法》以及《行政复议法实施条例》的规定,结合自然资源行政复议实践,《复议规定》明确:必要时,行政复议机构可以采取赴案件发生地实地调查、召开行政复议案件审查会、行政复议案件听证会等方式审理,以及就法律适用问题组织专家论证。这些审理方式都是适用于行政复议机关审理重大、复杂复议案件的,可以根据需要分别采取,也可以组合使用。这些审理方式是对书面审理的重要补充。

这里,对行政复议听证方式作进一步说明:根据案件审查需要,自然资源行政复议机关可以依据《国土资源听证规定》(国土资源部令第22号)规定的程序举行听证会,听证参加人、当事人应当如实陈述事实。如提供虚假事实,按照有关规定,依法承担相应的法律责任。对于疑难重大案件的法律适用存在分歧时,复议机关还可以在查明事实的基础上,组织专家专门就法律适用问题进行论证,为复议机关更加全面和准确地作出复议决定提供参考。

最后,复议机构在审理过程中认为案件涉及标的数额较大、法律关系复杂、可能对自然资源行政执法标准产生重大影响时,可以提请行政复议委员会审议。当然,在提请行政复议委员会审议前,可以采用本条列举的多种审理方式查清事实,也可以组织专家就法律适用问题进行论证,提出倾向性意见,供行政复议委员会审议时参考。

【相关条款】

1.《行政复议法》第22条

2.《行政复议法实施条例》第33条、第34条

3.《国土资源听证规定》

文书示例

1. 行政复议听证通知书

中华人民共和国自然资源部

行政复议通知书

自然资复议〔　　〕号(听)

××:

依据《中华人民共和国行政复议法实施条例》、《自然资源行政复议规定》和《国土资源听证规定》(原国土资源部令第22号)的有关规定,自然资源部决定对××不服××行为的行政复议案件举行听证会,请××携有关证据材料准时参加。现将有关事项通知如下:

一、听证时间、地点

时间:　　年　　月　　日　　时

地点:

二、当事人的权利和义务

1. 可以委托1至2人代理参加听证,收集、提供相关材料和证据,进行陈述、质证和申辩。听证代理人必须有委托人签名或盖章的授权委托书。授权委托书应当载明委托事项及权限;

2. 申请延期听证的,应当在收到通知书3日后向我单位提交延期听证申请并说明理由;

3. 接到本通知书后,应当准时到场;

4. 当事人一方超过3人的,推选1至3名代表参加听证;

5. 未经许可不得录音、录影和摄像(依法备案所需除外);

6. 遵守听证会的其他纪律。

三、注意事项

1. 参加听证会应当出具有效的身份证明、律师证等;

2. 有委托代理人的,代理人应当出具委托人的身份证明或法定代表人身份证明及授权委托书，同时出具本人身份证明。

特此通知。

联系人：

联系电话：

（自然资源部行政复议专用章）

年 月 日

2. 回避程序及听证会纪律

回避程序及听证会纪律

1. 本次听证会主持人××，职务××；听证员××，职务××；听证员××，职务××；记录员××，职务××。

申请人、被申请人，你们如果认为听证主持人、听证员和记录员与听证事项有利害关系可能影响公正听证的，可以申请回避，并说明理由。

申请人是否申请回避。

……

被申请人是否申请回避。

……

2. 现在介绍听证会其他参加人，部行政复议委员会委员××；申请人××；被申请人××；……

3. 下面宣布本次听证会程序及纪律。按照《自然资源行政复议规定》的有关规定，听证会按下列程序进行：（一）核对当事人的身份，告知当事人权利和义务；（二）当事人陈述；（三）当事人质证；（四）当事人辩论；（五）当事人进行最后陈述。当事人身份会前已核实完毕，当事人的权利和义务已在听证通知书中告知，不再宣读。

听证会纪律

（1）听证会参加人员应当遵守听证会规则和听证秩序，服从听证工作人员安排，听证会进行期间，请关闭移动电话或调为静音；

(2)未经许可不得录音、录像和摄像(依法备案所需除外);

(3)陈述人应当就听证会主持人提出的问题如实回答,如提供虚假信息及证据材料,应承担由此引发的法律责任;

(4)对于违反听证会规则和听证秩序的人员,听证会主持人有权予以制止;拒不改正的,责令其离开会场。

3. 听证主持词

听证主持词

各位听证会参加人:

根据《中华人民共和国行政许可法》《自然资源行政复议规定》和《国土资源听证规定》的有关规定,我部决定对××不服××行政复议案件举行听证会,主要就××有关情况进行调查。

行政复议听证会是行政复议机关审理重大、复杂复议案件采用的一种程序,是行政复议机关查明案情的重要手段,也是作出行政复议决定的重要依据之一。听证有严格的程序规定,听证参加人应当如实提供所知道的事实真相。如提供虚假事实,按照有关规定,依法承担相应的法律责任!

下面请工作人员介绍听证会组成人员并询问各方当事人是否申请听证会组成人员回避。

……

申请人、被申请人对听证会组成人员均未提出异议,下面由工作人员介绍听证会参加人员、列席人员并宣布听证会程序及纪律。

……

工作人员已经宣布了听证会的程序及纪律。我再强调一下,听证会主要听取案件当事人的意见,听证员及其他参会的行政复议委员会委员不发言,不在听证会上对有关事实和理由做评价。听证会后,再对听证会内容进行研究。

现在听证会正式开始。

先由听证员××介绍案情。

……

针对申请人的复议请求，本次听证会重点就××等问题进行听证，

下面首先由申请人陈述复议请求、事实和理由。

……

请被申请人陈述作出××的事实和理由。

……

首先对第一个问题，××进行听证。

（问申请人）××

……

（问被申请人）××

……

下面进行最后陈述。陈述请紧扣听证事项，有关意见要具体明确，最后陈述时间不超过2分钟。

申请人陈述。

……

被申请人陈述。

……

本次听证会的程序全部进行完毕，本次听证会是自然资源部调查案件事实的程序之一，听证内容也是案件调查取证的重要依据，听证机关将根据听证会的实际情况制作听证笔录，请各位参会人员在听证笔录上核对并签字或者盖章。

本次听证会全部结束，感谢大家参加！

第二十四条　申请人对自然资源主管部门作出的同一行政行为或者内容基本相同的行政行为，提出多个行政复议申请的，行政复议机构可以合并审理。

已经作出过行政复议决定，其他申请人以基本相同的事实和理由，对同一行政行为再次提出行政复议申请的，行政复议机构可以简化审理程序。

【释义】　本条是关于自然资源行政复议案件审理繁简分流的规定。

推行繁简分流，是适应自然资源行政复议形势发展需要的实践探索和制度创新。具体的制度设计上，参考了行政诉讼中关于共同诉讼以及《最高人民法

院关于进一步推进案件繁简分流优化司法资源配置的若干意见》(法发〔2016〕21号)的有关规定。《行政诉讼法》第二十七条规定:“当事人一方或者双方为二人以上,因同一行政行为发生的行政案件,或者因同类行政行为发生的行政案件、人民法院可以合并审理并经当事人同意的,为共同诉讼。”共同诉讼所指的诉讼主体合并,分两种:一种是因同一行政行为引起的,另一种是因同类行政行为引起的。就前者而言,同一行政行为引起的共同诉讼,由于该行政行为不能分割,法院必须一起审理,即必要的共同诉讼。这又可以分两种情况:一是共同原告,就是两个以上的行政相对人对同一行政行为不服而向法院起诉。例如,两人以上共同违法,行政机关作出同一行政处罚,受处罚人均不服,分别提起诉讼的。二是共同被告。就是两个以上行政机关共同实施的行政行为被诉至法院。就后者而言,因同类行政行为引起的共同诉讼,主要是指当事人之间不存在不可分割的权利义务关系,可以作为不同的案件审理,也可以一起审理,之所以称为共同诉讼,是因为这类行为性质相同或者事实理由相同,从提高审判效率或者保证司法统一性上考虑,可以共同审理。

本条就是在吸收借鉴共同诉讼有关法律规定的基础上,结合实践需要进行的规定,既有很大程度的吸收,也有结合部门特色的创新。首先,从复议主体上看,《复议规定》未要求当事人一方或者双方为二人以上,而是可以是多对多,可以是多对一,也可以是一对多;其次,从复议对象上看,则采纳的同一行政行为或者内容基本相同的行政行为两个概念,前者等同于共同诉讼中的同一行政行为,后者则与同类行政行为概念也基本相同,主要也是指行为性质相同或者事实理由相同,这里还包含一种情形,即有的申请人,在同一时间段,将同一行政行为拆分或分解成不同的诉求来申请的情形,例如提起一个信息公开申请后,先告不作为,认为行政机关未履行答复职责,紧接着又对信息公开申请的答复不服,提起了针对信息公开答复的复议,此时,复议机关则可以对两案进行合并审理,经与申请人沟通释明后,直接对信息公开答复进行审理。

在行政复议案件激增,滥用复议权问题突出的形势下,本条第二款确立了快速审理制度,主要针对行政复议机关已经针对申请人对某一或者某类行政行为不服作出了复议决定,其他申请人以基本相同的事实和理由对这类行为再次提出申请的情形。在上述情形下,行政复议机构可以简化被申请人答复程序,甚至可以不再要求被申请人作出答复,直接比照已经作出的复议决定径行作出决定,这既有利于提高审理效率,又能够确保复议决定的一致性。

需要注意的是,这种审理方式一般适用于事实清楚、权利义务关系明确、争议不大的案件。例如,多人反复申请同一或同类政府信息引发的行政复议案件等。复议机构办案人员在审查事实和理由时,要高度认真负责,仔细甄别请求内容,不能仅因是对同一或同类行政行为提起复议,就简单认为应当快速审理。关于本条的具体操作,各级自然资源主管部门在行政复议实践中还可以结合实际情况作进一步探索,力求以较小的行政成本取得良好的社会和法律效果,真正实现公平和效率的统一。

【相关条款】

《行政诉讼法》第27条

案例链接

张某等人不服S市自然资源主管部门信息公开告知案

2017年1月3日至2月22日,张某等7人分批次向S市原国土资源局(省级自然资源主管部门)提出共336件信息公开申请。S市原国土资源局在期限内分别作出《延期答复通知书》,后于2017年2月24日向7位申请人分别作出了一份《告知书》,告知张某等7人其申请所有信息已经在相关网站主动公开,查询网址详见附表。今后新产生的有关项目的规划管理和土地管理类政府信息,S市原国土资源局将依法在上述网站进行更新,敬请关注等。张某等7人不服该告知书,向原国土资源部提出了336件行政复议申请,请求确认被申请人不履行政府信息公开职责违法,并责令被申请人在法定期限内向申请人作出政府信息公开答复。因被申请行政行为之间存在关联性或为同一行政行为,原国土资源部决定合并审理。经审理认为,S市原国土资源局履行了信息公开法定职责,不存在行政不作为,驳回申请人的行政复议申请。针对7个申请人的336件行政复议申请,因为被申请人是合并作出了一份告知书,原国土资源部也最终合并审理针对张某等7人作出了一份决定书,并向张某等7人分别送达。

需要说明的是,上述案例是《复议规定》实施前出现的极端案例,张某等7人一次性提出了336件行政复议申请,针对的是同一份信息公开告知书,显然没有一一作出行政复议决定的必要，考虑到将这一做法制度化的条件尚不成熟，本《复议规定》仅明确可以合并审理，未规定可以作出合并决定。实践中，常见的是多人陆续就同一或者同类政府信息申请公开继而提起行政复议，由于持续的时间较长且不可预见，可行的操作办法是依据本条第二款的规定，比照依法作出的行政复议决定迳行作出决定。

第二十五条 **行政复议期间有下列情形之一的，行政复议中止：**

（一）双方当事人书面提出协商解决申请，行政复议机构认为有利于实质性解决纠纷，维护申请人合法权益的；

（二）申请人不以保护自身合法权益为目的，反复提起行政复议申请，扰乱复议机关行政管理秩序的；

（三）法律法规规定需要中止审理的其他情形。

属于前款第一项规定情形的，双方当事人应当明确协商解决的期限。期限届满未能协商解决的，案件恢复审理。

属于前款第二项规定情形，情节严重的，行政复议机关应当及时向有关国家机关通报。

行政复议机构中止行政复议案件审理的，应当书面通知当事人，并告知中止原因；行政复议中止的原因消除后，应当及时恢复行政复议案件的审理。

【释义】 本条是关于行政复议审理中止情形的规定。

行政复议中止是在行政复议过程中出现法定情形后，行政复议机关暂停有关行政复议案件的审理，待有关影响案件正常审理的情形消除后，再继续审理行政复议案件。行政复议中止只是行政复议审理活动的暂停，不是行政复议活动的彻底终结，一旦中止理由消除，复议机构应当及时恢复案件审理并及时作出复议决定。

本条是在《行政复议法》以及《行政复议法实施条例》关于中止情形规定的基础上，根据复议工作实践需要所作的扩展性规定，主要规定的中止情形包括：

（一）双方当事人愿意协商解决矛盾的。根据《行政复议法实施条例》第四十条、第五十条规定，行政复议案件可以通过调解、和解的方式进行处理，但调解、和解方式一般适用于自由裁量权行为或者行政赔偿、行政补偿纠纷。实践中，在不违背法律原则，不损害国家利益、社会公共利益和他人合法权益的前提下，鼓励双方当事人通过沟通协商化解行政争议，实现案结事了。一方面简化了程序，节约了行政成本，提高了行政效率；另一方面促进矛盾纠纷的实质性化解，避免进入诉讼阶段，取得了良好的社会效果。因此，《复议规定》写入了这一行之有效的化解行政争议的方式。这里的条件包括双方当事人都愿意协商解决，申请人未要求在法定期间内审结案件，同时为保证中止经得起法律检验，实践操作中，复议机构还可以要求双方当事人提交申请案件中止审理的书面材料。为防止案件无限期中止，以及案件长期中止对申请人合法权利带来的不利影响，本条第二款明确要求：愿意协商解决矛盾的，需要向复议机构承诺一个双方达成合意的协商解决的合理期限，期限届满，仍未能协商解决的，复议机构应当恢复案件审理。

（二）滥用复议权，不以保护自身合法权益为目的，扰乱行政管理秩序的。不可否认，近年来当事人反复、大量提起行政复议、行政诉讼的问题十分突出。2017 年，原国土资源部首次对全系统的相关情况进行了粗略测算，同一当事人提起同类行政复议案件 10 件以上的，共计 2435 件，占行政复议案件总数的 41%；提起同类行政诉讼案件 10 件以上，共计 1488 件，占行政应诉案件总数的 7.6%，且多集中在政府信息公开和投诉举报领域，从一定程度上反映出极少数人滥用复议权和诉权，恶意消耗行政资源和司法资源现象突出，严重干扰了正常的行政管理秩序。为规范和引导当事人依法行使行政救济权利，根据最高人民法院印发的《关于进一步保护和规范当事人依法行使行政诉权的若干意见》（法发〔2017〕25 号）文件精神，《复议规定》在保护人民群众复议申请权的同时，力求依法对恶意复议和无理复议等滥用复议权的行为予以适当规制。对于明显没有复议的实际意义、以滋扰行政机关管理秩序为目的的复议申请，《复议规定》明确可以中止行政复议案件的审理。

当然，这种中止不是剥夺了有关当事人的复议权，而是通过中止，避免复议机关被反复、大量的申请打乱工作节奏，集中精力加强对该复议申请及其源头性问题进行全面调查和研究，在充分掌握滥用复议权申请人数量、案件数量、周期以及复议诉求、实质诉求等情况的前提下，再启动案件审理，确保统一处理、同案同判，有效化解矛盾纠纷。

同时,对于申请人滥用复议权,干扰复议机关的正常工作秩序的行为,复议机关应当积极与其他有关行政机关、政府法治部门、人民法院等加强沟通联系,收集掌握相关情况,及时将相关情况通报公安机关、国家安全机关等有关国家机关依法依规处理。地方各级自然资源主管部门在发现申请人滋扰性滥诉的苗头性、倾向性问题时,也要加强和同级人民政府、上级管理部门以及司法机关的沟通和汇报,共同研究解决问题。

【相关条款】

1.《行政复议法》第26条、第27条

2.《行政复议法实施条例》第41条

第二十六条　行政复议机关作出行政复议决定,应当制作行政复议决定书。

行政复议决定书应当符合法律法规的规定,并加盖行政复议机关的印章或者行政复议专用章。

行政复议决定书应当载明申请人不服行政复议决定的法律救济途径和期限。

【释义】　本条是关于行政复议决定书的规定。

《行政复议法》第三十一条第一款的规定,行政复议机关应当自受理申请之日起60日内作出行政复议决定;但是法律规定的行政复议期限少于60日的除外。情况复杂,不能在规定期限内作出行政复议决定的,经行政复议机关的负责人批准,可以适当延长,并告知申请人和被申请人;但是延长期限最多不超过30日。可见,审理行政复议案件,一般都要作出行政复议决定。

一、关于行政复议决定的概念和类型

行政复议决定是指行政复议机关审理行政复议案件,根据事实与法律,就公民、法人或者其他组织申请行政复议的行政行为进行审查,并作出具有法律效力的行政处理。

行政复议决定具有以下特点:第一,行政复议决定是行政复议机关根据行政相对人提出的行政复议申请,对行政行为进行审查以后,作出的一种正式的具有法律意义的回应;第二,行政复议决定是行政复议机关针对行政复议的申请人与被申请人之间发生的行政争议，根据事实和法律作出的一种实体处理结果；第三，行政复议决定是行政复议机关根据行政相对人提出的行政复议申请，对被申请人作出的行政行为的合法性、适当性作出的一种行政判定。行政复议机关对行政行为的审查是全面审查，既要审查作出该行政行为的事实认定，也要审查被申请人作出该行政行为的程序遵循，既要审查行政行为的合法性问题，也要审查行政行为的适当性问题，经过审查以后，根据不同情况，分别作出行政复议决定。行政复议机关作出的行政复议决定，可以分为维持决定、履行职责决定、撤销决定、责令重新作出行政行为决定、变更决定和确认决定等，不同的行政复议决定是根据行政行为的不同情况作出的。

（一）维持决定。行政复议机关经过审查，认为行政行为认定事实清楚，证据确凿，适用依据正确，程序合法，内容适当的，作出行政复议决定，维持被申请人作出的行政行为。

（二）要求履行职责决定。行政复议机关经过审查认定，被申请人不履行法定职责的，作出行政复议决定，要求被申请人在一定期限内履行法定职责。按照《行政复议法实施条例》第四十八条第一款第一项的规定，申请人认为行政机关不履行法定职责申请行政复议，行政复议机关受理后发现该行政机关没有相应法定职责或者在受理前已经履行法定职责的，行政复议机关应当决定驳回行政复议申请。

（三）撤销、变更、责令重作或者确认决定。行政复议机关经过审查，认为行政行为具有下列情形之一的，作出行政复议决定，撤销、变更或者确认该行政行为违法；决定撤销或者确认该行政行为违法的，可以责令被申请人在一定期限内重新作出具体行政行为：（1）主要事实不清、证据不足的；（2）适用依据错误的；（3）违反法定程序的；（4）超越或者滥用职权的；（5）具体行政行为明显不当的。行政复议机关责令被申请人重新作出行政行为的，被申请人不得以同一的事实和理由作出与原行政行为相同或者基本相同的行政行为。

按照《行政复议法实施条例》第四十七条的规定，行政行为有下列情形之一，行政复议机关可以决定变更：（1）认定事实清楚，证据确凿，程序合法，但是明显不当或者适用依据错误的；（2）认定事实不清，证据不足，但是经行政复议机关审理查明事实清楚，证据确凿的。

此外，被申请人不按照《行政复议法》第二十三条的规定提出书面答复、提交当初作出行政行为的证据、依据和其他有关材料的，视为该行政行为没有证据、依据，行政复议机关作出行政复议决定，撤销该行政行为。

关于行政复议机关作出行政复议决定，还需要注意以下两点：一是关于两个以上国务院部门共同作出复议决定的问题。《行政复议法实施条例》第二十三条规定："申请人对两个以上国务院部门共同作出的具体行政行为不服的，依照行政复议法第十四条的规定，可以向其中任何一个国务院部门提出行政复议申请，由作出具体行政行为的国务院部门共同作出行政复议决定。"二是关于"申辩不加重处罚原则"在复议程序中的适用。《行政复议法实施条例》第五十一条规定："行政复议机关在申请人的行政复议请求范围内，不得作出对申请人更为不利的行政复议决定。"

二、关于行政复议决定书的制作

行政复议决定书是指行政复议机关依法作出的、以书面形式载明行政复议决定的法律文书。行政复议决定书既是行政复议机关依法作出行政复议决定的载体，是行政复议机关依法履行行政复议职责的书面证明，也是确认行政复议申请人和被申请人相关权利义务的行政决定，体现了行政复议活动的最终结果。可以说，行政复议决定书是行政复议过程中形成的最重要的法律文书。

（一）行政复议决定书必须记载完整的内容。《复议规定》并未将《行政复议决定书》需要记载的具体内容全部列出，而是只保留其中最重要的一项内容，即申请人不服行政复议决定的法律救济途径和期限。之所以这样规定，是因为原国务院法制办已经发布了《行政复议决定书》等行政复议法律文书的参考格式，在此基础上，原国土资源部结合国土资源行政复议工作实际印发了《国土资源行政复议法律文书示范文本》（国土资厅发〔2010〕72 号），制定了包括《行政复议决定书》在内的一整套行政复议法律文书标准格式，明确了各类法律文书的必备要素。法律文书格式通过规范性文件的形式予以发布，随着形势的发展，还将不断作出相应的修改完善，无需在本《复议规定》中固定下来。一般来说，行政复议决定书应当包括以下内容：

第一，申请人、被申请人以及第三人的基本状况。这包括：公民的姓名、性别、年龄、身份证号码、工作单位、住所、邮政编码；法人或者其他组织的名称、住所、邮政编码和法定代表人或者主要负责人的姓名、职务等。

第二，申请人提出行政复议申请的请求，申请行政复议的主要事实和理由，以及相关证据;被申请人提出的答复意见,提交的证据、依据及有关材料等。

第三,行政复议机关认定的事实及其依据、理由等。

第四,行政复议机关的复议结论。阐述行政复议机关对具体行政行为进行审查的意见等。

第五,向申请人或者第三人告知不服行政复议决定的救济权利和途径等。

第六,作出行政复议决定的日期。

(二)行政复议决定书必须加盖行政复议机关的印章或者行政复议专用章。《行政复议法》和《行政复议法实施条例》都对行政复议决定书的制作作出了规定,提出了要求。《行政复议法》第三十一条第二款规定:“行政复议机关作出行政复议决定,应当制作行政复议决定书,并加盖印章。”根据《行政复议法》和《复议规定》的要求,行政复议机关作出行政复议决定的,必须制作行政复议决定书,同时,还必须加盖行政复议机关的印章,对于启用行政复议专用章的行政复议机关,可以加盖行政复议专用章。在2个或者2个以上行政复议机关共同作出行政复议决定的情形下,行政复议决定书应当加盖2个或者2个以上共同作出行政复议决定的行政复议机关的印章或者行政复议专用章。

(三)行政复议决定书应当加强说理性。随着《行政诉讼法》的修改,人民法院也在进一步深化改革,其中一项任务就是推动裁判文书说理改革。根据不同审级和案件类型,实现裁判文书的繁简分流。加强对当事人争议较大、法律关系复杂、社会关注度较高的一审案件,以及所有的二审案件、再审案件、审判委员会讨论决定案件裁判文书的说理性。对事实清楚、权利义务关系明确、当事人争议不大的一审民商事案件和事实清楚、证据确实充分、被告人认罪的一审轻微刑事案件,使用简化的裁判文书,通过填充要素、简化格式,提高裁判效率。作为准司法性质的行政复议制度,其居中裁判的思路和标准即体现在行政复议决定书中。行政复议决定书的内容应当借鉴法院裁判文书的改革方向,对于简单的复议案件,使用简化的判决文书,通过填充要素、简化格式,提高行政效率;对于疑难案件,则应适当加强其判决文书的说理性。

三、关于行政复议决定书的生效

《行政复议法》第三十一条第三款规定:“行政复议决定书一经送达,即发生法律效力。”按照这一规定,行政复议决定书送达的时间,也就是行政复议决定书发生法律效力的时间。没有送达的行政复议决定书,不发生法律效力。

所谓送达，是指行政复议机关按照法定的程序和方式，将依法制作的行政复议文书送交行政复议的申请人、被申请人和其他行政复议参加人的一种行为。根据《行政复议法》第四十条第一款的规定，行政复议文书的送达，依照民事诉讼法关于送达的规定执行。根据《民事诉讼法》的规定，送达的具体方式可以分为以下五种：

（一）直接送达，也称交付送达，是指行政复议机关派专人将应送达的文书直接送交受送达人。受送达人是公民的，本人不在，交其同住成年家属签收；受送达人是法人或者其他组织的，应当由法人的法定代表人、其他组织的主要负责人或者该法人组织负责收件的人签收；受送达人有代理人的，可以送交其代理人签收；受送达人已向行政复议机关指定代收人的，送交代收人签收。受送达人的同住成年家属、法人或者其他组织的负责收件的人、代理人或者代收人在送达回证上签收的日期为送达日期。

（二）留置送达，是指受送达人或者其同住成年家属拒绝接收送达文书的，送达人可以依照有关法律的规定，邀请有关基层组织或者所在单位的代表到场说明情况，在送达回证上记明拒收事由和日期，由送达人、见证人签名或者盖章，把行政复议文书留在受送达人的住所；也可以把行政复议文书留在受送达人的住所，并采用拍照、录像等方式记录送达过程，即视为送达。

（三）转交送达，是指直接送达确有困难的，如受送达人不居住在行政复议机关的辖区内，行政复议机关可以委托受送达人居住地的有关机关转交送达。如受送达人是军人的，通过其所在部队团以上单位的政治机关转交；受送达人被监禁的，通过其所在监所转交；受送达人被采取强制性教育措施的，通过其所在强制性教育机构转交。代为转交的机关、单位收到行政复议文书后，必须立即交受送达人签收，以在送达回证上的签收日期，为送达日期。

（四）邮寄送达，即通过邮寄方式，将行政复议文书送达受送达人的一种方式。依照规定直接送达，确有困难的，可以邮寄送达。邮寄送达的，以回执上注明的收件日期为送达日期。

（五）公告送达，是指将行政复议文书公诸于世的一种送达方式。此种送达方式适用于受送达人下落不明，或者用其他方式无法送达的。其方法有张贴广告、登报、广播等。根据《民事诉讼法》规定，自发出公告之日起，经过 60 日，即视为送达。公告送达的，还应当在案卷中记明原因和经过。

此外,对于已经发生法律效力的复议决定有错误的情形的处理,2004 年 4 月 5 日,最高人民法院以“〔2004〕行他字第 5 号”向贵州省高级人民法院作出《最高人民法院关于复议机关是否有权改变行政复议决定请示的答复》,该答复称:“行政复议机关认为自己作出的已经发生法律效力的复议决定有错误,有权自行改变,因行政机关改变或者撤销其原行政行为给当事人造成损害的,行政机关应当承担相应的责任。”

四、关于对行政复议决定不服的法律救济途径

本条第三款规定:“行政复议决定书应当载明申请人不服行政复议决定的法律救济途径和期限。”《行政诉讼法》第四十四条规定:“对属于人民法院受案范围的行政案件,公民、法人或者其他组织可以先向行政机关申请复议,对复议决定不服的,再向人民法院提起诉讼;也可以直接向人民法院提起诉讼。法律、法规规定应当先向行政机关申请复议,对复议决定不服再向人民法院提起诉讼的,依照法律、法规的规定。”关于人民法院的受案范围,《行政诉讼法》第十二条作了明确规定,因此,申请人对行政复议决定不服的,通常可以向人民法院提起诉讼,但在一种情形下,申请人可以选择提起诉讼,或者向国务院申请裁决。这种情形是指《行政复议法》第十四条规定的情形,即“对国务院部门或者省、自治区、直辖市人民政府的具体行政行为不服的,向作出该具体行政行为的国务院部门或者省、自治区、直辖市人民政府申请行政复议。对行政复议决定不服的,可以向人民法院提起行政诉讼;也可以向国务院申请裁决,国务院依照本法的规定作出最终裁决。”

关于不服行政复议决定提出法律救济的期限,《行政诉讼法》第四十五条规定:“公民、法人或者其他组织不服复议决定的,可以在收到复议决定书之日起十五日内向人民法院提起诉讼。复议机关逾期不作决定的,申请人可以在复议期满之日起十五日内向人民法院提起诉讼。法律另有规定的除外。”向国务院申请裁决的期限参照提起行政诉讼的期限执行。行政复议决定书中应当载明申请人不服行政复议决定向人民法院提起诉讼或者向国务院申请裁决的权利和期限。

五、未告知不服行政复议决定的法律救济途径的法律后果

如果行政复议决定书中未载明申请人不服行政复议决定的法律救济途径和期限,则会带来相应的法律后果。《最高人民法院关于执行〈中华人民共和国行政诉讼法〉若干问题的解释》(法释〔2000〕8号)第四十一条规定:“行政机关作出具体行政行为时,未告知公民、法人或者其他组织诉权或者起诉期限的,起诉期限从公民、法人或者其他组织知道或者应当知道诉权或者起诉期限之日起计算,但从知道或者应当知道具体行政行为内容之日起最长不得超过2年。复议决定未告知公民、法人或者其他组织诉权或者法定起诉期限的,适用前款规定。”可见,如果在行政复议决定书中未载明诉权和期限,则诉权可能延长到2年。2018年2月8日,《最高人民法院关于适用〈中华人民共和国行政诉讼法〉的解释》(法释〔2018〕1号)公布实施,同步废止了《最高人民法院关于执行〈中华人民共和国行政诉讼法〉若干问题的解释》(法释〔2000〕8号)。新的司法解释第六十四条规定:“行政机关作出行政行为时,未告知公民、法人或者其他组织起诉期限的,起诉期限从公民、法人或者其他组织知道或者应当知道起诉期限之日起计算,但从知道或者应当知道行政行为内容之日起最长不得超过一年。复议决定未告知公民、法人或者其他组织起诉期限的,适用前款规定。”至此,未告知诉权的起诉期限被缩短至1年。实践中还有一种情形,即行政复议决定书载明的诉权期限有误,如果实际载明的期限超过法定期限,则按照实际载明的诉权期限执行,如果实际载明的期限比法定期限短,则按照法定期限执行。比如,诉权期限本应当是15日,结果误写成30日,则按照30日执行,但如果误写成10日,则按照15日执行。

【相关条款】

1.《行政复议法》第14条、第23条、第28条、第31条、第40条

2.《行政诉讼法》第12条、第44条、第45条

3.《行政复议法实施条例》第23条、第46~49条、第51条

4.《最高人民法院关于适用〈中华人民共和国行政诉讼法〉的解释》(法释〔2018〕1号)第64条

文书示例

行政复议决定书

中华人民共和国自然资源部

自然资复议〔年份〕 号(决)

行政复议决定书

申请人:(姓名)____性别:____民族:____出生年月:________

住所(联系地址):________________

[(法人或者其他组织):(名称)________________

住所:(联系地址)________________

法定代表人或者主要负责人:(姓名)____职务:______]

委托代理人:(姓名)____住所:(联系地址)________________

被申请人:(名称)________________

住所:(联系地址)________________

法定代表人:(姓名)____职务:________

委托代理人:(姓名)____住所:(联系地址)________________

[第三人:(姓名/名称)____住所:(联系地址)________________

委托代理人:(姓名)____住所:(联系地址)________]

申请人对被申请人(具体行政行为)________不服,于________年____月____日向本机关申请行政复议,本机关依法已予受理。现已审理终结。

申请人请求:________________。

申请人称:________________。

被申请人称:________________。

(第三人称:________________。)

经审理查明:________________。

上述事实有下列证据证明:(采纳证据的清单,也可写明质证、认证过程)________________。

本机关认为：(具体行政行为认定事实是否清楚，证据是否确凿，适用依据是否正确，程序是否合法，内容是否适当)。

根据(作出决定的相关法律依据)的规定，本机关决定如下：____。

[符合行政诉讼受案范围的，写明：对本决定不服，可以自接到本决定之日起15日内，向________人民法院提起行政诉讼。(也可以向国务院申请裁决的，同时写明：也可以向国务院申请裁决。)]

(自然资源部行政复议专用章)

年　　月　　日

第二十七条　被复议行政行为的处理结果正确，且不损害申请人的实体权利，但在事实认定、引用依据、证据提交方面有轻微错误的，行政复议机关可以作出驳回复议申请或者维持原行政行为的决定，但应当在行政复议决定书中对被申请人予以指正。

被申请人应当在收到行政复议决定书之日起60日内，向行政复议机关作出书面说明，并报告改正情况。

【释义】　本条是关于轻微错误的认定及其纠正的规定。

一、制定本条规定的考虑

通过近几年来对全国自然资源领域行政复议和行政诉讼数据的跟踪分析，我们发现，自然资源领域行政诉讼案件数量远远超过行政复议案件数量，泛司法化倾向非常明显。随着行政诉讼案件爆发式增长，行政纠纷泛司法化与司法途径纠正行政行为的实际效果不成正比，引发了越来越多实务界和理论界人士对行政复议和行政诉讼职能作用的深入思考和再度审视。通过“行政一体化原则”充分发挥行政复议制度化解矛盾纠纷和维护群众权益主渠道的作用，增加行政监督的权威和效果，缓解司法审查的压力，使两种制度各尽其职、各行其道、各归其位，不失为一种更为现实可行的方法。充分发挥行政复议的优势，在行政复议和行政诉讼的衔接中，还是应当将更多的行政纠纷在行政复议程序中予以化解。当然，本条的创新也并非“无源之水、无本之木”，而是基于一定的理论和实践基础。

（一）天然的权力关系和行政隶属关系是“纠正轻微错误”的体制基础。本条不再机械强调复议机关对行政行为的消极监督，更多地赋予了复议机关实质性解决纠纷的措施和手段，更多强调复议机关对违法、不当行政行为的纠正，鼓励复议机关积极纠正原行政行为的瑕疵，保障行政相对人的实体权益，减少程序空转，迅速化解行政纠纷，稳定行政法律关系。

（二）有利于充分发挥行政复议制度优势，彰显其化解矛盾纠纷的主渠道作用。行政复议制度在化解矛盾纠纷方面具有非常独特的优势，在行政程序内纠错，呈现出高效、便捷、专业、成本低廉等特征，正是许多行政相对人愿意选择行政复议途径的重要原因。可以说，行政复议相较行政诉讼有三大优势：

首先，行政复议救济更为全面。由于行政复议对具体行政行为的审查实行合法性和合理性全面审查的原则，其较行政诉讼的合法性审查更为广泛，对行政相对人的救济更为全面、恰当。在受案范围方面，行政复议还可以附带审查部分抽象行政行为，即“红头文件”，对相对人的权益的保护更为彻底。《行政复议法》第七条规定：“公民、法人或者其他组织认为行政机关的具体行政行为所依据的下列规定不合法，在对具体行政行为申请行政复议时，可以一并向行政复议机关提出对该规定的审查申请：（一）国务院部门的规定；（二）县级以上地方各级人民政府及其工作部门的规定；（三）乡、镇人民政府的规定。前款所列规定不含国务院部、委员会规章和地方人民政府规章。规章的审查依照法律、行政法规办理。”第二十七条规定：“行政复议机关在对被申请人作出的具体行政行为进行审查时，认为其依据不合法，本机关有权处理的，应当在三十日内依法处理；无权处理的，应当在七日内按照法定程序转送有权处理的国家机关依法处理。处理期间，中止对具体行政行为的审查。”这说明行政复议机关附带性审查规范性文件时可对其作出处理。但是行政诉讼附带性审查不同，《行政诉讼法》第五十三条规定：“公民、法人或者其他组织认为行政行为所依据的国务院部门和地方人民政府及其部门制定的规范性文件不合法，在对行政行为提起诉讼时，可以一并请求对该规范性文件进行审查。前款规定的规范性文件不含规章。”第六十四条规定：“人民法院在审理行政案件中，经审查认为本法第五十三条规定的规范性文件不合法的，不作为认定行政行为合法的依据，并向制定机关提出处理建议。"《最高人民法院关于适用〈中华人民共和国行政诉讼法〉的解释》第一百四十六条规定:"公民、法人或者其他组织请求人民法院一并审查行政诉讼法第五十三条规定的规范性文件,应当在第一审开庭审理前提出;有正当理由的,也可以在法庭调查中提出。"这意味着法院仅对规范性文件的相关条款在本案中是否作为认定行政行为合法的依据作出评判,而不是直接宣告撤销该规范性文件或所涉条款,也并不发生规范性文件自此无效的法律后果。

其次,行政复议监督更为有效。行政复议是一种特殊的行政监督制度,它是建立在行政隶属关系基础上,由上级行政机关对所属下级行政机关违法或不当的行政行为进行的层级监督。行政诉讼毕竟是司法审查,在审查力度、裁决种类、法律责任和监督措施上都不如行政复议直接、有效。因此,行政复议对行政机关的监督更为有效。

最后,行政复议效率更高。主要体现在行政复议的程序设计上便捷高效。如复议程序的环节没有诉讼程序那么严格,对复议时效的相关规定较行政诉讼为短,不停止执行原则的规定亦能有效维护行政管理秩序。

由此,行政复议制度理应承担起定分止争的功能和人民群众的殷切希望。

(三)有利于做好行政复议和行政诉讼的制度衔接。行政复议和行政诉讼究竟应当如何衔接?有的主张要强化行政复议,突出行政程序内解决纠纷;有的主张倚重行政诉讼,强调司法的外部监督。行政法基本理论认为,行政纠纷解决机制也是公民权利的救济机制,同时还是行政法治监督机制。行政复议和行政诉讼则是最重要的两大支柱制度。但毋庸讳言,两者的功能始终未得到充分发挥,两者的衔接一直缺乏全局设计,两者的分工非常模糊且趋同,两者解决纠纷的优势均未完全显现。如此现状,显然背离了立法者的初衷和设想。在行政纠纷多发频发和法治政府建设提速的大背景下,我们需要从更加宏观、系统的角度重新认识行政纠纷和纠纷解决,重新思考行政复议和行政诉讼的定位,重新设计两者的衔接。鉴于司法是权利救济的最后一道屏障,基于行政复议的优势,在行政复议和行政诉讼的衔接中,还是应当将更多的行政纠纷在行政复议程序中予以化解。

二、具体适用本条应当把握的几个关键

一是本条并非行政复议决定纠正原行政行为的必然选择。一般情形下，行政复议机关只要按图索骥，依据《行政复议法》第二十八条和《行政复议法实施条例》第四十三条至第四十八条规定都能作出相应的行政复议决定。本条事实上规定了一种新型的行政复议决定类型，即指正后维持或者驳回。复议机关如果遇到符合本条第一款规定的情形，并且是具有“治愈”价值的行政行为，可以选择适用本条规定。

二是适用本条规定必须满足三个条件，即“被复议行政行为的处理结果正确”“不损害申请人的实体性权益”“在事实认定、引用依据、证据提交方面存在非实质性瑕疵，且情节轻微的”。第一，处理结果正确是最重要的，如果处理结果不正确，不需要考虑其他两个条件即可认定不适用本条规定。第二，关于实体性权益，是相对于程序性权益而言。本条强调维护申请人的实体性权益，看起来确实有“重实体、轻程序”之嫌，但是这并非意味着程序性权益可以损害，只是对实体性权益和程序性权益的保护采取了不同的方式。损害实体性权益的，必然导致行政处理结果不正确，因此不适用本条规定，应当依据《行政复议法》和《行政复议法实施条例》的规定作出行政复议决定。损害程序性权益的，尽管行政行为的处理结果正确，行政复议机关作出维持或者驳回的决定时，仍然要求行政复议被申请人作出书面说明，并改正程序性“轻微错误”。第三，这里的“轻微错误”，从程度和内容上均有要求。从程度上来说，指的是“非实质性错误，且情节轻微”，并且具有改正的价值。例如，被申请人给申请人邮寄信息公开告知书，但未在信封上标明邮寄文件内容，申请人主张未收到该信息公开告知书，但是从双方当事人提交的证据材料及其形成的证据链中可以表明被申请人已经将信息公开告知书送达申请人，那么行政复议机关可以驳回申请人的行政复议申请，同时在行政复议决定中指出被申请人在送达时的程序瑕疵，建议予以完善。需要说明的是，常见的程序违法——超期作出行政行为不适用本条。新《行政诉讼法》修改后，司法机关对超期作出行政行为是“零容忍”，一旦出现“超期”行政行为必须确认违法。从内容上来说，“轻微错误”存在于事实认定。引用依据、证据提交三个方面。在实践中，事实认定方面的“轻微错误”多种多样，例如，对违法占地进行行政处罚，面积丈量有些许误差，但不对行政处罚的结果造成实质性影响，不影响申请人的实体性权利，就属于事实认定方面的瑕疵；引用依据的轻微错误，指的是引用依据时出现文字错误或者条款项目（条文内容引用正确）的错误，结果正确，同时也不影响申请人的实体性权利。这里需要注意的是，即使结果正确，但存在未援引法律依据或者援引具体法律依据的条款项目和内容不够具体、准确情形的，不属于引用依据轻微错误的范畴，而是属于引用依据错误，需要作出撤销或者变更决定的情形。证据提交的“轻微错误”，一般指提交证据材料不齐全，从发生的过程上来说，“轻微错误”一般存在于两个阶段。事实认定、引用依据的瑕疵应当发生在具体行政行为作出阶段，证据提交的瑕疵应当是发生在行政复议审理程序当中。

三是行政复议决定的结果可以是维持，也可以是驳回。这里的“驳回”应当适用《行政复议法实施条例》第四十八条第一款第一项“有下列情形之一的，行政复议机关应当决定驳回行政复议申请：（一）申请人认为行政机关不履行法定职责申请行政复议，行政复议机关受理后发现该行政机关没有相应法定职责或者在受理前已经履行法定职责的”的规定。由此可知，行政复议机关如果依据本条款作出行政复议决定，依据2018年2月6日发布的《最高人民法院关于适用〈中华人民共和国行政诉讼法〉的解释》（法释〔2018〕1号）第二十二条“行政诉讼法第二十六条第二款规定的‘复议机关改变原行政行为’是指复议机关改变原行政行为的处理结果。复议机关改变原行政行为所认定的主要事实和证据、改变原行政行为所适用的规范依据，但未改变原行政行为处理结果的，视为复议机关维持原行政行为”的规定，不论行政复议决定是维持还是驳回，一旦涉及行政诉讼，行政复议机关都将与原行政行为机关作为共同被告参加行政应诉，就行政复议决定的合法性进行举证答辩，重点说明纠正轻微错误部分的合法性和必要性。如果行政复议机关没有适用本条款，因为事实认定、引用依据和证据提交方面的“轻微错误”作出撤销、确认违法、责令履行等改变原行政行为的行政复议决定，依据《行政诉讼法》第二十六条第二款“经复议的案件，复议机关决定维持原行政行为的，作出原行政行为的行政机关和复议机关是共同被告；复议机关改变原行政行为的，复议机关是被告”的规定，行政复议机关需要单独应诉。

另外，纠正轻微错误后，行政复议被申请人还需要在60日内提交书面说明和改正情况。关于纠正轻微错误的规定，目前还没有特别明确的内涵和外延，需要在实践当中丰富和发展。各级行政复议机关要审慎适用,避免适用不当侵害行政复议申请人的合法权益。

【相关条款】

1.《行政复议法》第7条、第27条、第28条

2.《行政复议法实施条例》第33条、第43~48条

3.《行政诉讼法》第26条、第53条、第64条

4.《最高人民法院关于适用〈中华人民共和国行政诉讼法〉的解释》(法释〔2018〕1号)第22条、第146条

案例链接

王某不服某省级自然资源主管部门投诉举报处理案

2018年9月15日,王某向A省厅寄交《查处申请函》,请求确认S市局未依法查处违法征地行为,责令S市局依法查处违法征地行为。9月21日,A省厅将《查处申请函》交由S市局处理。10月15日,S市局作出《S市国土资源局关于王某举报事项调查处理有关情况的报告》,上报被申请人,称违法征地行为属实,正在依法处理中。王某因未收到投诉举报处理办理情况及结果,以A省厅为被申请人向我部提出行政复议申请,请求确认拒不履行查处职责违法,责令被申请人依法履行查处职责,追究拒不履行查处申请人举报的违法征地的机关单位的行为。我部依法予以受理。处理结果:我部认为,依据《土地管理法》第六十六条和《国土资源行政处罚办法》第五条、第八条,以及《××省土地监察条例》第十八条、第十九条的规定,对于接到投诉举报的行政机关而言,无论是本部门查处还是依照法律规定向下交办,都可以视为处理举报的履职行为。据此,A省厅将王某反映的S市经济技术开发区管委会违法征地等事项转S市局调查核实,S市局经核查后上报A省厅,针对涉嫌违规征收土地行为,正在依法依规处理中,已经履行了相应职责。最终,我部决定依据《行政复议法实施条例》第四十八条第一款第一项的规定,驳回申请人的行政复议申请。但A省厅作为接到投诉举报的行政机关将举报线索作转交处理的,应当及时将相关情况告知举报人,A省厅没有及时将转办情况告知举报人的这一轻微程序错误,应

当予以重视并加以规范完善。

第二十八条 **行政行为被行政复议机关撤销、变更、确认违法的,或者行政复议机关责令履行法定职责的,行政行为的承办机构应当适时制作行政复议决定分析报告,向本机关负责人报告,并抄送法治工作机构。**

【释义】 本条是关于行政复议决定分析报告制度的规定。

行政复议案件反映的问题只有反馈到行政管理过程中,从末端治理变为源头治理,才能“举一反三”,促进依法行政,避免同类问题一错再错。针对实践中部分地方自然资源主管部门因害怕被批评或者被追责,而将不利的行政复议决定“藏起来”,不利于暴露问题、改正错误,《复议规定》建立了不利行政复议决定分析报告制度。关于这一条的理解如下:

一是不利行政复议决定分析报告责任主体是行政行为承办机构,即作出被复议的行政行为的机构。由其承担不利决定分析报告制度的责任,有利于分析行政行为中暴露出来的问题,查找原因并吸取经验教训,促进行政行为的规范,真正实现源头治理。需要注意的是,不利行政复议决定分析报告是一项行政行为承办机构必须履行的职责,对此,《复议规定》规定行政行为承办机构“应当”适时制作行政复议决定分析报告。

二是行政复议机关作出了不利行政复议决定,也即被复议机关的行政行为明确出现了违反法律规定的问题。应当报告案件的范围包括:被行政复议机关决定撤销、部分撤销或决定变更的案件;被行政复议机关确认具体行政行为为违法的案件;被行政复议机关决定一定期限内履行法定职责的案件等。这里还有一种情况,即申请人撤回复议申请,复议机关作出了终止通知的案件,如果是因为被复议机关与申请人之间达成和解、调解协议或者主动改变其所作的具体行政行为导致的,被复议机关也应当主动查找原行政行为存在的问题并进行分析报告。

三是分析报告的主要内容可以包括:申请人、被申请人的基本情况;原具体行政行为的事实、证据、法律依据和行政处理决定;行政复议决定认定的事实、证据、法律依据和复议决定的结果;作出不利决定的原因;经验教训和下一步工作考虑等。

四是报告对象是本机关负责人，并抄送法治工作机构。这里考虑的是本机关负责人是依法行政的责任主体和第一责任人，必须掌握本机关履行法定职责作出行政行为过程中存在的问题。同时，法治工作机构在本机关法治建设中要切实负起统筹规划、综合协调、督促指导、考核评价责任，也应当掌握相关情况。

第二十九条 **行政复议机关在行政复议过程中，发现被申请人相关行政行为的合法性存在问题，或者需要做好善后工作的，应当制发行政复议意见书，向被申请人指出存在的问题，提出整改要求。**

被申请人应当责成行政行为的承办机构在收到行政复议意见书之日起60日内完成整改工作，并将整改情况书面报告行政复议机关。

被申请人拒不整改或者整改不符合要求，情节严重的，行政复议机关应当报请有关国家机关依法处理。

行政复议期间，行政复议机构发现法律、法规、规章实施中带有普遍性的问题，可以制作行政复议建议书，向有关机关提出完善制度和改进行政执法的建议。相关机关应当及时向行政复议机构反馈落实情况。

【释义】 本条是关于行政复议意见书和行政复议建议书的规定，包括适用范围、整改反馈以及后续处理。

一、行政复议机关可以根据需要制发行政复议意见书

行政复议意见书是指行政复议机关向有关机关提出纠正违法行为或者做好善后工作的意见，要求有关机关自收到行政复议意见书之日起60日内将纠正相关行政违法行为或者做好善后工作的情况通报行政复议机构，而制作的行政复议文书。

纠正违法和不当的行政行为，监督行政机关依法行使职权，维护公民、法人和其他组织的合法权益，是行政复议制度不可偏废的三个价值取向。实践证明：做好行政复议工作，既可以保障和监督行政机关依法行使职权，及时纠正违法或者不当的行政行为，也有利于及时发现行政执法中带有普遍性的问题，促进行政机关严格执法，完善制度。但值得注意的是：行政复议机关在办理案件过程中，往往仅就申请人所复议的行政行为进行合法性和合理性审查,对在办理案件过程中发现的,虽未违法,但不符合正当程序要求的行政行为,或者与该行为相关联的其他违法行为,认为不属于本行政复议审查范围,不作任何处理,也未及时做好解释说明工作,客观上导致申请人形成行政机关"官官相护"的印象,既有悖于行政复议制度监督行政机关依法行使职权的价值目标,也严重影响了行政复议制度的权威性和公信度,应当予以纠正。

同时还有一些行政复议案件,行政复议机关作出行政复议决定后,需要有关行政机关做好宣传解释工作或者后续的善后工作,以更好地平衡利益,化解矛盾,做到案结事了。由于上述两种情况往往与行政复议审查的行政行为没有直接关系,不宜在行政复议决定书中直接予以明确,因此,根据《行政复议法实施条例》第五十七条规定,行政复议机关可以制作行政复议意见书,向有关机关提出纠正违法行为,或者做好善后工作的意见。《复议规定》本条再次作出了强调,并明确行政复议意见书是向被申请人作出的。此外,为保证这项制度落到实处,本条还规定被申请人应当责成行政行为的承办机构在收到行政复议意见书之日起 60 日内完成整改工作,并将整改情况书面报告行政复议机关。

二、未按时答复行政复议意见书或者整改不力需要承担相应的法律后果

《复议规定》第四十条规定,"被申请人及其工作人员违反本规定,有下列情形之一,情节严重的,对直接负责的责任人员依法给予处分:……(七)对收到的行政复议意见书无正当理由,不予书面答复或者逾期作出答复的"。本条第三款规定,被申请人拒不整改或者整改不符合要求,情节严重的,行政复议机关应当报请有关国家机关依法处理。本条所指有关国家机关,是指监察机关或者有人事任免权和处分权的国家机关。未妥善处理行政复议意见书的,被申请人及有关责任人员将受到行政处分等责任追究。

三、行政复议机构可以根据需要制发行政复议建议书

行政复议建议书是指行政复议机构在行政复议期间,发现法律、法规、规章实施中带有普遍性的问题,向有关机关提出切合实际的、需要改进的完善制度和改进行政执法的意见和建议所制发的行政复议文书。

行政复议机构在办理行政复议案件过程中,除可以发现有关行政机关在依法行政过程中存在的具体问题外,通过案件的办理,还可以直观地掌握有关法律、法规的实施情况,发现法律、法规实施中存在的带有普遍性的问题。因此,行政复议机构办理行政复议案件,不仅要解决具体行政争议,而且在于"一叶知秋",及时发现制度建设存在的各种倾向性问题,分析原因,寻找对策,并及时制作行政复议建议书,向有关立法机关及其他有关机关提出切合实际的完善制度和改进行政执法的意见和建议,以不断推动各级行政机关提高制度建设的质量和水平。

四、行政复议意见书与行政复议建议书不同,应当区别运用

行政复议意见书和行政复议建议书都是针对行政复议过程中发现的问题制作的行政复议文书,但二者有着明显的区别:一是对象不同,行政复议意见书主要是针对被申请人或者其他下级行政机关作出的,行政复议建议书主要是对有关立法机关或者其他有关机关作出的。二是目的不同,行政复议意见书主要用于行政复议机关,督促下级行政机关纠正违法或者不当的行政行为,或者要求下级行政机关就个案做好善后工作,行政复议建议书主要适用于行政复议机构,向立法机关或者其他有关机关提出完善立法、改善执法的建议。三是制作主体不同,行政复议意见书是以行政复议机关的名义下发的,而行政复议建议书是由行政复议机构制发的。四是法律效力不同,行政复议意见书具有与行政复议决定同等的法律效力,有关行政机关收到行政复议意见书后,必须严格按照意见书的要求,立即纠正违法或者不当的行政行为,或者认真做好相关善后工作,并在收到行政复议意见书之日起60日内,将纠正违法行为或者做好善后工作的情况,通报行政复议机关,对有关行政机关不履行行政复议意见书的行为,可以依照《行政复议法》和《行政复议法实施条例》的规定,依法追究相关责任人的法律责任。而行政复议建议书则属于行政复议机构对有关机关完善立法,改进执法提出的建议性质的法律文书,没有法律强制力。

当然,无论是行政复议建议书,还是行政复议意见书,都应当根据相应法律法规作出并符合三个要求:一是注重时效性,发现问题后及时提出意见和建议。二是注重针对性,就普遍存在的共性问题提出具体意见和建议。三是注重可行性,针对具体问题提出切实可行的意见和建议。

【相关条款】

《行政复议法实施条例》第57条

文书示例

1. 行政复议意见书

（行政复议机关全称）

行政复议意见书

〔　　〕号

（主送机关）＿＿＿：

（申请人）＿＿＿对（被申请人）＿＿＿（具体行政行为）＿＿＿不服提出的行政复议申请，本机关依法已予受理并已审理终结。

本机关在行政复议期间发现，你机关（存在的违法、不当或者不规范情形）＿＿＿。

依据《行政复议法实施条例》第五十七条第一款的规定，提出如下意见：（纠正相关行政违法、不当、不规范行为或者做好善后工作的意见）＿＿＿。

请你机关自收到本行政复议意见书之日起60日内，将纠正相关行政违法行为或者做好善后工作的情况通报本机关行政复议机构。

（行政复议机关印章或者行政复议专用章）

年　　月　　日

2. 行政复议建议书

行政复议建议书

〔　　〕号

(主送机关)＿＿＿:

(申请人)＿＿＿对(被申请人)＿＿＿(具体行政行为)＿＿＿不服提出的行政复议申请,本机关依法已予受理。本机关在行政复议期间发现,(法律法规规章实施中带有普遍性的问题)＿＿＿。

依据《中华人民共和国行政复议法实施条例》第五十七条第二款的规定,建议你机关:(完善制度和改进行政执法的建议)＿＿＿。

(行政复议机构印章)

年　　月　　日

第三十条　有下列情形之一,在整改期限内拒不整改或整改不符合要求的,上级自然资源主管部门可以约谈下级自然资源主管部门负责人,通报有关地方人民政府:

(一)不依法履行行政复议职责,故意将行政复议案件上交的;

(二)反复发生群体性行政复议案件的;

(三)同类行政复议案件反复发生,未采取措施解决的;

(四)逾期不履行行政复议决定、不反馈行政复议意见书和建议书的;

(五)提交虚假证据材料的;

(六)其他事项需要约谈的。

【释义】　本条是关于压实地方责任建立约谈通报制度的规定。

近年来,自然资源部高度重视行政复议行政应诉的源头治理工作,强化行政争议的实质性化解,进一步规范行政行为,在源头上减少行政争议。但是,实践中也发现了诸多问题,比如部分地方长期反复出现群体性行政复议案件,或者不积极履行行政复议决定导致矛盾纠纷没有实质性化解，或者不担当不作为将矛盾纠纷统统推给上级自然资源主管部门等，这些都严重损害了群众权益，影响了自然资源管理秩序和部门形象。为解决此类问题，进一步压实地方责任，本条根据《自然资源部关于进一步改进和加强行政复议行政应诉工作的通知》（自然资发〔2018〕78 号，以下简称 78 号《通知》）规定建立行政复议约谈制度，明确对不履行行政复议职责、故意将行政复议案件上交，逾期不履行行政复议决定、不反馈行政复议意见书建议书等六种情形，上级自然资源主管部门可以约谈下级自然资源主管部门的负责人，通报有关地方人民政府，以督促地方切实解决行政复议中反映的突出问题。

一、关于约谈制度相关法律依据的研究

在起草过程中，我们就约谈制度的上位法依据问题进行了研究，并咨询了交通运输部、银保监会、国家邮政局，结合对法律法规的检索情况，研究发现约谈通常是纪检监察部门、行政机关进行监督检查的一种方式。

在纪检监察工作中，约谈是个笼统的概念，常见于新闻媒体、宣传报道中。现行纪检监察的法律及制度中，没有专门界定约谈的定义、内容、方式、程序等，并不是纪检监察法定的工作方式。与约谈相关的法定工作方式常见的为谈话函询、提醒谈话、诫勉谈话。在行政管理工作中，经检索，没有规定约谈制度的法律、行政法规，但规章及规范性文件等对此有相关规定的 200 余部。其中，设定约谈制度时的依据多为对上位法中关于“监督检查”的细化，履行的是行政机关监督检查权。比如，《中国银监会办公厅关于银行重大案件（风险）约谈告诫有关事项的通知》（银监办发〔2015〕154 号）依据的《银行业监督管理法》中未明确提到约谈，仅指出要加强银行业的监督管理。但有人认为，约谈是有关行业监管规定采取的监管措施，是一种常用的监督方式。

在自然资源执法工作中，为落实《土地管理法》《矿产资源法》有关监管要求，《国土资源执法监督规定》（国土资源部令第 79 号）第三十二条细化了监督检查的措施，将约谈作为措施之一：“上级国土资源主管部门应当通过检查，抽查等方式，评议考核下级国土资源主管部门执法监督工作。评议考核结果应当在适当范围内予以通报，并作为年度责任目标考核、评优、奖惩的重要依据，以及干部任用的重要参考。评议考核不合格的，上级国土资源主管部门可以对其主要负责人进行约谈，责令限期整改。”

可见，目前在法律、法规中对约谈没有明确规定，在纪检监察方面，约谈是一个笼统的概念，不是一种法定的工作方式。在行政管理工作中，约谈多作为行业管理与地方管理监督检查的一项措施。

二、启动自然资源行政复议约谈程序的具体情形

78号《通知》明确规定："建立通报约谈制度，强化考核监督。部和省、市级自然资源主管部门应当定期向下一级自然资源主管部门通报行政复议行政应诉工作中发现的普遍性问题和重点案件，推动以案说法，实现'办理一案、带动一片'。建立行政复议行政应诉约谈制度，对不履行法定职责、故意上交矛盾，履职不力造成群体性复议诉讼问题，或者同类案件反复发生且未采取措施解决的，由上级自然资源主管部门对有关自然资源主管部门负责人进行约谈，提出限期整改要求，必要时向有关地方人民政府发函通报。"本条规定："有下列情形之一，在整改期限内拒不整改或整改不符合要求的，上级自然资源主管部门可以约谈下级自然资源主管部门负责人，通报有关地方人民政府：（一）不依法履行行政复议职责，故意将行政复议案件上交的；（二）反复发生群体性行政复议案件的；（三）同类行政复议案件反复发生，未采取措施解决的；（四）逾期不履行行政复议决定、不反馈行政复议意见书和建议书的；（五）提交虚假证据材料的；（六）其他事项需要约谈的。"上述情形是在多年行政复议工作中发现较为常见，且地方自然资源主管部门普遍存在的问题，启动约谈通报有利于地方政府高度重视行政复议工作，从源头上预防和化解行政争议，进一步压实地方责任，将矛盾化解在基层。

第三十一条　行政复议机关应当将行政复议申请受理情况等信息在本机关门户网站、官方微信等媒体上向社会公开。

推行行政复议决定书网上公开，加强社会对行政复议决定履行情况的监督。

【释义】 本条是关于自然资源行政复议公开的规定。

为更好地监督复议机关履行职责，进一步维护当事人合法权益，《复议规定》增加了对行政复议公开的要求，即必须做到行政复议申请受理情况公开，积极推行行政复议决定书公开。

一、行政复议申请受理情况公开

行政复议制度的存在，就是要赋予行政相对人以行政复议权，在行政机关作出的行政行为影响其利益时，行政相对人有权通过行政复议的方式寻求法律上的救济，以此来保护公民、法人和其他组织的合法权益，以此来保护公民、法人或者其他组织免受行政机关违法或者不当的行政行为的侵害。行政复议的启动从行政相对人以法律法规规定的形式申请行政复议开始。申请行政复议的渠道可以有很多种。《行政复议法》第十一条规定："申请人申请行政复议，可以书面申请，也可以口头申请；口头申请的，行政复议机关应当当场记录申请人的基本情况、行政复议请求、申请行政复议的主要事实、理由和时间。"《行政复议法实施条例》第十八条规定："申请人书面申请行政复议的，可以采取当面递交、邮寄或者传真等方式提出行政复议申请。有条件的行政复议机构可以接受以电子邮件形式提出的行政复议申请。"可见，行政复议申请可以采取《行政复议法》和《行政复议法实施条例》规定的书面、口头、当面递交、邮寄、传真等方式。在申请人提出行政复议申请后，就需要及时了解其提出的行政复议申请的受理情况，因此，本条规定：行政复议机关应当将行政复议申请受理情况等信息在本机关门户网站、官方微信等媒体上向社会公开。

公开受理情况是申请人了解行政复议是否被受理的有效途径。依据《行政复议法》第十七条第二款的规定，除了该条第一款规定的不予受理和告知申请人向有关行政复议机关申请行政复议的以外，行政复议申请自行政复议机关负责法制工作的机构，收到之日起即为受理。以往的行政复议工作中，为了便于申请人了解其提交的行政复议申请是否被受理，对于经审查符合受理条件的，在收到行政复议申请受理之日起 7 日内发出受理通知书。《复议规定》不再规定受理通知书的程序，主要考虑是：第一，依据《行政复议法》第十七条的规定，除不符合受理条件应当明确告知申请人不予受理或者向其他行政复议机关申请复议的情形外，行政复议机关收到之日起即为受理，无须发出受理通知书；第二，发出受理通知书的做法容易将行政复议审理期限的起算时间误解为受理通知书送达之日，与《行政复议法》的规定不相一致，从而导致行政复议超期审理。因此，《复议规定》明确要求行政复议机关将行政复议申请受理情况等信息在本机关门户网站、官方微信等媒体上向社会公开。实践中，自然资源部每周通过"自然资源法治"微信公众号公开自然资源部行政复议案件立案情况，这一做法既可以有效回应群众关切，也便于接受群众监督。各省、市自然资源主管部门也应当通过本机关门户网站、官方微信等媒体向社会公开本机关受理行政复议案件的情况。

二、行政复议决定书公开

《行政诉讼法》第六十五条规定："人民法院应当公开发生法律效力的判决书、裁定书，供公众查阅，但涉及国家秘密、商业秘密和个人隐私的内容除外。"人民法院的裁判文书公开制度已建立多年，按照"以公开为原则，不公开为例外"的要求，目前实现四级人民法院依法应当公开的生效裁判文书统一在中国裁判文书网予以公开，中国裁判文书网已成为全球最大的裁判文书库，其查询检索、信息聚合功能不断完善，公众获取、查询、复制裁判文书的有效性、便利性大大提高。人民法院公开裁判文书取得的成功经验，对行政复议决定书的公开具有很好的借鉴意义。

行政复议是保护公民、法人和其他组织合法权益的重要制度，是防止和纠正违法或者不当行政行为的监督手段，是化解行政争议的法定渠道，也是行政机关依法履责的一项重要内容。《中共中央关于全面推进依法治国若干重大问题的决定》要求全面推进政务公开，做到决策公开、执行公开、管理公开、服务公开、结果公开。在政务公开工作不断向纵深发展和计算机网络已经普及的形势下，开展行政复议决定书网上公开工作，让行政复议工作在阳光下运行，有利于方便当事人及公众了解行政复议案件审理情况，有利于接受来自社会各界的监督，从而提高办案质量和效率，树立行政复议机关公正执法、便民利民的良好形象。

行政复议决定书网上公开工作，应当坚持以公开为常态、不公开为例外和方便群众查询的原则。从行政复议工作的实践来看，有些省、市人民政府以及部门已经开始实行行政复议决定书网上公开，积累了有益经验。考虑到各地自然资源行政复议工作的实际情况，全面推开行政复议决定书网上公开有一定难度，因此，《复议规定》作了原则性规定，积极创造条件推行行政复议决定书网上公开，加强社会对行政复议决定及履行情况的监督。随着各级自然资源行政复议机关工作的不断规范化以及信息化程度的不断提升，行政复议决定书必将实现全面网上公开。

需要注意的是，行政复议决定书有涉及国家秘密、商业秘密、个人隐私等不适宜公开情形的应当不予公开。此外,为了保护申请人、第三人的隐私权,网上公开行政复议决定书一般应当经过技术处理。比如,申请人的姓名以“姓氏+某”表述,其性别、年龄、住址等涉及个人身份信息的内容均应删除。但是,被申请人的基本情况原则上不作技术处理。这是因为依据《政府信息公开条例》的规定,被申请人的基本情况属于主动公开的范围,行政复议本身就是监督行政机关依法行政的,对被申请人的基本情况予以公开,有利于强化监督效果。

案例链接

珠海市政府推行行政复议决定书网上公开的实践

自2016年4月11日起,珠海市政府行政复议决定书网上公开,市民可登录市法制局网站查阅案件审查过程及办理结果。推进行政复议决定书网上公开,改变了仅限于当事人知悉案件情况的现状,每一宗行政复议案件的办理结果将直接呈现在社会公众面前。

行政相对人认为行政机关做出的行政行为违法或不当的,可以申请行政复议。而行政复议决定书是对审理终结的复议案件做出处理的书面决定,是行政复议结果的最终体现。推行行政复议决定书网上公开,是提升行政复议公信力的有力措施,也是推进政府信息公开的具体体现。办案人员必须积极提高办案质量和效率,才能经得起社会各界的监督和检验。行政相对人也可通过查阅已审结案件的行政复议文书,了解相同类型案件的处理情况,以便更好地通过复议渠道反映诉求和主张权利。

为规范行政复议决定书网上公开,珠海市法制局制定了《行政复议决定书网上公开工作规则》,规定除涉及国家机密、商业秘密、个人隐私、未成年人等不宜公开的情形,行政复议决定书都一律自发生法律效力之日起20个工作日内在网上公开。同时出台的《行政复议决定书网上公开技术规范》,充分考虑了对当事人的尊重及其隐私的保护。网上公开行政复议决定书均会采取进行保密审查和“脱密”处理,确保不公开涉及行政相对人、证人以及利害关系人的家庭住址、通讯方式、公民身份号码、银行账户等个人信息。

【相关条款】

1.《行政复议法》第 11 条、第 17 条

2.《行政诉讼法》第 65 条

3.《行政复议法实施条例》第 18 条、第 28 条

第三十二条　被申请人应当在法定期限内履行生效的行政复议决定，并在履行行政复议决定后 30 日内将履行情况及相关法律文书送达情况书面报告行政复议机关。

【释义】　本条是关于被申请人履行行政复议决定的规定。

法律的生命力在于实施，法律的权威也在于实施。可以说，行政复议决定的生命力在于履行，行政复议决定的权威也在于履行。只有行政复议决定得到及时有效的履行，行政复议解决行政争议、维护权益的功能才得以真正实现。

一、行政复议机关作出的行政复议决定必须履行

《行政复议法》第三十二条规定："被申请人应当履行行政复议决定。被申请人不履行或者无正当理由拖延履行行政复议决定的，行政复议机关或者有关上级行政机关应当责令其限期履行。"根据这一规定，履行行政复议机关作出的行政复议决定是被申请人的一项法定义务。《复议规定》再次明确："被申请人应当在法定期限内履行生效的行政复议决定。"行政复议决定何时生效？《行政复议法》第三十一条第三款规定："行政复议决定书一经送达，即发生法律效力。"因此，行政复议决定作出后，行政复议机关应当及时将行政复议决定书送达被申请人，一经送达，行政复议决定书即发生法律效力。而被申请人收到行政复议决定书后，应当积极采取措施，认真全面地履行行政复议决定，否则将会承担相应的法律责任。《行政复议法》第三十七条规定："被申请人不履行或者无正当理由拖延履行行政复议决定的，对直接负责的主管人员和其他责任人员依法给予警告、记过、记大过的行政处分；经责令履行仍拒不履行的，依法给予降级、撤职、开除的行政处分。"《复议规定》第四十条明确规定，"被申请人及其工作人员违反本规定，有下列情形之一，情节严重的，对直接负责的责任人员依法给予处分：……（五）不履行或者无正当理由拖延履行行政复议决

定的……"

二、行政复议决定应当在法定期限内履行

本条规定被申请人应当在法定期限内履行生效的行政复议决定。法定期限如何确定,可以分以下三种情形:第一,法律法规规章明确规定履行期限的,从其规定。例如,《政府信息公开条例》(国务院令第711号)第三十三条规定:"行政机关收到政府信息公开申请,能够当场答复的,应当当场予以答复。行政机关不能当场答复的,应当自收到申请之日起20个工作日内予以答复;需要延长答复期限的,应当经政府信息公开工作机构负责人同意并告知申请人,延长的期限最长不得超过20个工作日。行政机关征求第三方和其他机关意见所需时间不计算在前款规定的期限内。"《行政许可法》第四十二条规定:"除可以当场作出行政许可决定的外,行政机关应当自受理行政许可申请之日起二十日内作出行政许可决定。二十日内不能作出决定的,经本行政机关负责人批准,可以延长十日,并应当将延长期限的理由告知申请人。但是法律、法规另有规定的,依照其规定。依照本法第二十六条的规定,行政许可采取统一办理或者联合办理、集中办理的,办理的时间不得超过四十五日;四十五日内不能办结的,经本级人民政府负责人批准,可以延长十五日,并应当将延长期限的理由告知申请人。"第二,行政复议决定对履行期限作出明确规定的,从其规定。第三,行政复议决定对履行期限未作出明确规定的,可以参照《行政复议法实施条例》第十六条和第四十九条关于履责期限的相关规定,自收到行政复议决定书之日起60日内完成。《行政复议法实施条例》第十六条第一款规定:"公民、法人或者其他组织依照行政复议法第六条第(八)项、第(九)项、第(十)项的规定申请行政机关履行法定职责,行政机关未履行的,行政复议申请期限依照下列规定计算:(一)有履行期限规定的,自履行期限届满之日起计算;(二)没有履行期限规定的,自行政机关收到申请满60日起计算。"《行政复议法实施条例》第四十九条第一款规定:"行政复议机关依照行政复议法第二十八条的规定责令被申请人重新作出具体行政行为的,被申请人应当在法律、法规、规章规定的期限内重新作出具体行政行为;法律、法规、规章未规定期限的,重新作出具体行政行为的期限为60日。"当然,因不可抗力或者申请人、第三人的原因导致无法按期履行的除外。上述三种情形的适用是有递进关系的,首先要遵循法律、法规、规章的规定,法律、法规、规章没有规定的,遵循行政复议决定书中对履行期限的规定，前面两种都没有可遵循的履行期限的，则适用收到行政复议决定书之日起60日内履行完毕的要求。

三、因不可抗力或者申请人、第三人的原因导致无法按期履行的不受履行期限的约束

该条包括了两种除外情形，第一种情形是因不可抗力。关于不可抗力的定义可见《民法总则》第一百八十条，该条规定："因不可抗力不能履行民事义务的，不承担民事责任。法律另有规定的，依照其规定。不可抗力是指不能预见、不能避免且不能克服的客观情况。"

对"不可预见"的理解应是根据现有的技术水平，一般对某事件发生没有预知能力。对"不能避免且不能克服"的理解应是指当事人已经尽到最大努力和采取一切可以采取的措施，仍不能避免某种事件的发生，不能克服事件所造成的后果。根据我国实践、国际惯例和多数国家有关法律的解释，不可抗力事件的范围主要由两部分构成：一是由自然原因引起的自然现象，如洪灾、旱灾、地震、风灾、大雪、山崩等；二是由社会原因引起的社会现象，如战争、动乱、政府干预、罢工、禁运、市场行情等。

第二种情形是因申请人或者第三人的原因。履行生效的行政复议决定是被申请人的法定职责，也是被申请人以实际行动维护申请人合法权益的行为，但是如果因为申请人的原因或者第三人的原因而非被申请人的原因，导致被申请人不能在法定或者规定期限内履行的，被申请人可以被免除未能按期履行的责任，这也符合公正原则。

四、被申请人履行行政复议决定后有将履行情况报告行政复议机关的义务

行政复议制度的建立和有效运行在保障和监督行政机关依法行使职权、防止和纠正违法或不当行政行为方面发挥了重要作用，而对行政机关即行政复议被申请人履行行政复议决定实施监督，则可以将纠正行政机关违法行为的工作进行到底，也更能有效保护行政复议申请人的合法权益。因此，《复议规定》明确，被申请人应当在履行行政复议决定后30日内将履行情况及相关法律文书送达情况书面报告行政复议机关。这也是《复议规定》的一个亮点。各级自然资源主管部门应当高度重视行政复议决定履行情况的报告工作，将其作为一项常态性工作，更要作为一项政治性工作，作为自然资源管理系统一场刀刃向内的自我革命。

【相关条款】

1.《民法总则》第 180 条

2.《行政复议法》第 32 条、第 37 条

3.《行政复议法实施条例》第 16 条、第 49 条

4.《行政许可法》第 42 条

5.《政府信息公开条例》第 24 条

第三十三条　行政复议决定履行期满，被申请人不履行行政复议决定的，申请人可以向行政复议机关提出责令履行申请。

【释义】　本条是关于申请人提出责令履行申请的规定。

一、行政复议被申请人不履行或者无正当理由拖延履行行政复议决定产生的法律后果

《行政复议法》也对行政机关不履行或者无正当理由拖延履行行政复议决定的后果作出了规定，第三十二条第二款规定："被申请人不履行或者无正当理由拖延履行行政复议决定的，行政复议机关或者有关上级行政机关应当责令其限期履行。"所谓"不履行"，是指被申请人采取明示的方式，表达其不执行行政复议决定、不落实行政复议决定内容的行为。所谓"无正当理由拖延履行"，是指被申请人在没有正当理由的情形下，不采取措施履行行政复议决定，不落实行政复议决定的内容。

被申请人不履行或者无正当理由拖延履行行政复议决定的，将产生以下法律后果：

第一，由行政复议机关或者有关上级行政机关责令其限期履行。"责令限期履行"，应当由作出该决定的行政机关制作责令限期履行通知书，写明责令限期履行的行政复议决定内容、作出责令限期履行的法律依据、责令限期履行的期限要求等内容，送达被申请人，并可通知申请人或者第三人。

第二，构成违法行为，依法追究责任。《行政复议法》第三十七条规定："被申请人不履行或者无正当理由拖延履行行政复议决定的，对直接负责的主管人员和其他直接责任人员依法给予警告、记过、记大过的行政处分；经责令履行仍拒不履行的，依法给予降级、撤职、开除的行政处分。"

二、自然资源主管部门不履行生效的法律文书的后果

自然资源主管部门一直非常重视发挥行政复议制度定分止争的主渠道作用,原国土资源部在2001年就出台《国土资源行政复议规定》,此后在2009年、2017年根据国家相关法律、法规的修改作出修订。2012年,还专门针对行政复议决定的履行和监督出台了《国土资源行政复议决定履行与监督规定》(国土资源部令第54号),这是自然资源主管部门积极作为、积极维护人民群众合法权益的体现。2015年8月,原国土资源部党组通过的《中共国土资源部党组关于全面推进法治国土建设的意见》中也要求加强行政复议能力建设,增强定分止争效果,严格执行行政复议意见和建议书,加强对行政复议决定履行情况的监督。

根据《行政复议法》对于履行行政复议决定的要求,结合国土资源管理实践,《国土资源行政复议决定履行与监督规定》中设计了一整套行政复议申请人保障行政复议决定得以履行的程序,包括申请履行、审查、中止履行、责令履行以及拒不履行的法律后果等,《复议规定》也特别注重加强对行政复议决定履行的监督,充分吸收了《国土资源行政复议决定履行与监督规定》中的主要内容,坚持打通维护群众权益的"最后一公里"。

按照本条规定,行政复议决定履行期满,被申请人不履行行政复议决定的,申请人可以向行政复议机关提出责令履行申请。申请人向行政复议机关提出责令履行申请,意味着申请人启动了责令履行的程序。

三、申请人不履行行政复议决定的法律后果

《行政复议法》第三十三条规定:"申请人逾期不起诉又不履行行政复议决定的,或者不履行最终裁决的行政复议决定的,按照下列规定分别处理:(一)维持具体行政行为的行政复议决定,由作出具体行政行为的行政机关依法强制执行,或者申请人民法院强制执行;(二)变更具体行政行为的行政复议决定,由行政复议机关依法强制执行,或者申请人民法院强制执行。"可见,如果申请人不履行生效的行政复议决定,则会被相应的行政机关强制执行或者被行政机关申请人民法院强制执行。

【相关条款】

1.《行政复议法》第32条、第33条、第37条

2.《行政诉讼法》第96条

第三十四条 行政复议机关收到责令履行申请书，应当向被申请人进行调查或者核实，依照下列规定办理：

（一）被申请人已经履行行政复议决定，并将履行情况相关法律文书送达申请人的，应当联系申请人予以确认，并做好记录；

（二）被申请人已经履行行政复议决定，但尚未将履行情况相关法律文书送达申请人的，应当督促被申请人将相关法律文书送达申请人；

（三）被申请人逾期未履行行政复议决定的，应当责令被申请人在规定的期限内履行。被申请人拒不履行的，行政复议机关可以将有关材料移送纪检监察机关。

属于本条第一款第二项规定情形的，被申请人应当将相关法律文书送达情况及时报告行政复议机关。

属于本条第一款第三项规定情形的，被申请人应当在收到书面通知之日起30日内履行完毕，并书面报告行政复议机关。被申请人认为没有条件履行的，应当说明理由并提供相关证据、依据。

【释义】 本条是关于行政复议机关监督行政复议决定履行情况的具体规定。

责令履行申请的提出启动了维护行政复议申请人合法权益的程序，同时也启动了行政复议机关督促履行的程序。

《复议规定》明确对收到的责令履行申请书的处理，首先要向被申请人进行调查或者核实，然后区分以下几种情形进行办理：

第一，被申请人已经履行行政复议决定，并将履行情况相关法律文书送达申请人的，应当联系申请人予以确认，并做好记录。此种情形意味着责令履行的程序终止。

第二，被申请人已经履行行政复议决定，但尚未将履行情况相关法律文书送达申请人的，应当督促被申请人将相关法律文书送达申请人。属于此种情形的，被申请人应当将相关法律文书送达情况及时报告行政复议机关。自履行情况法律文书送达申请人，并且送达情况报告行政复议机关为止，责令履行的程序终止。

第三，被申请人逾期未履行行政复议决定的，应当责令被申请人在规定的期限内履行。被申请人拒不履行的，行政复议机关可以将有关材料移送纪检监察机关。只有此种情形意味着责令履行程序的真正开始。在责令被申请人在规定的期限内履行后，还可能出现以下几种情形：

（1）被申请人决定履行行政复议决定的，应当在收到书面通知之日起30日内履行完毕，并书面报告行政复议机关。

（2）被申请人认为没有条件履行的，应当说明理由并提供相关证据、依据。对此情况行政复议机关要进行审查，如果理由成立，则按照《复议规定》第三十五条的规定决定中止，待中止履行的原因消除后再决定继续履行或者终止履行。

（3）被申请人拒不履行的，行政复议机关可以将有关材料移送纪检监察机关。

第三十五条　有下列情形之一，行政复议机关可以决定被申请人中止履行行政复议决定：

（一）有新的事实和证据，足以影响行政复议决定履行的；

（二）行政复议决定履行需要以其他案件的审理结果为依据，而其他案件尚未审结的；

（三）被申请人与申请人达成中止履行协议，双方提出中止履行申请的；

（四）因不可抗力等其他原因需要中止履行的。

本条前款第三项规定的中止履行协议不得损害国家利益、社会公共利益和他人的合法权益。

【释义】　本条是关于行政复议决定中止履行条件的规定。

《行政复议法》和《行政复议法实施条例》中有行政复议中止的规定，但并没有行政复议决定中止履行的规定，但在行政复议的工作实践中，有时会出现履行情况已经发生了变化，需要暂时中止履行的情形，待中止理由消除后，再确定是继续履行还是终止履行。因此，行政复议决定中止履行是行政复议过程中非常有必要作出的一种行政处理。行政复议决定中止履行的制度，也是自然资源主管部门行政复议立法的一项创新。

一、中止履行行政复议决定

根据本条规定，中止履行行政复议决定的情形包括以下四种：

（一）有新的事实和证据，足以影响行政复议决定履行的。在行政复议案件审理过程中，可能存在当时一些证据无法取得，也可能存在一方伪造证据等情形，直接影响事实的认定，而这些证据和事实在作出行政复议决定后才获知，在这种情形下，已经作出的行政复议决定有可能面临被撤销或者变更的结果，因此不宜继续履行，而需要先中止，待事实查清后再确定是否继续履行。

（二）行政复议决定履行需要以其他案件的审理结果为依据，而其他案件尚未审结的。行政复议决定一经送达即生效，一生效就应当履行，但是有些复议决定的履行需要以其他案件的审理结果为依据，这种情况下，如果与此相关的案件尚未审结的，则应当先中止该复议决定的履行，待案件审理结果出来后再继续履行复议决定。

（三）被申请人与申请人达成中止履行协议，双方提出中止履行申请的，此种情形下，该中止履行协议不得损害国家利益、社会公共利益和他人的合法权益。被申请人履行行政复议决定的目的就是维护申请人的合法权益，如果申请人出于某些原因希望中止履行，并且与被申请人达成了中止履行协议，可以向行政复议机关提出中止履行申请，行政复议机关经审查如果认为双方确实已经达成协议，而且该协议不损害国家利益、社会公共利益和他人的合法权益，可以准予中止履行行政复议决定。

（四）因不可抗力等其他原因需要中止履行的。即出现了不能预见、不能避免且不能克服的客观情况时，导致行政复议决定无法继续履行的，可以中止履行。对于不可抗力的理解，可见本书中《复议规定》第三十二条释义内容。

二、只有行政复议机关可以决定中止履行行政复议决定

据了解，有些地方的行政复议决定中止履行的决定权是交由被申请人的，虽然《行政复议法》和《行政复议法实施条例》未对行政复议决定的中止履行作出规定，但显然将这一决定权交由被申请人存在很大的弊病，违反了程序正当原则。程序正当原则是指整个行政法的程序性原则都必须讲求正当性，包括三项内容：行政参与原则、公开原则、回避原则。将中止权赋予被申请人就违反了程序正当原则中的回避原则。所谓回避原则即“自己不做自己的法官”，而将中止决定权赋予被申请人，就是让执行行政复议决定的执行人直接裁决是否中

止，这就是自己决定自己的中止履行，不论最后的结果是否符合正义，都损害了程序正当性，进而影响到申请人的合法权益。因此，《复议规定》明确行政复议履行中止决定权由行政复议机关行使，可以更好地监督被申请人履行行政复议决定，同时，更好地维护申请人的合法权益。

第三十六条　决定中止履行行政复议决定的，行政复议机关应当向当事人发出行政复议决定中止履行通知书。

行政复议决定中止履行通知书应当载明中止履行的理由和法律依据。中止履行期间，不计算在履行期限内。

中止履行的情形消除后，行政复议机关应当向当事人发出行政复议决定恢复履行通知书。

【释义】　本条是关于行政复议决定中止履行和恢复履行通知的程序性规定。

《复议规定》第三十五条的释义已经说明，行政复议决定履行的中止是非常有必要的。中止行政复议决定的履行产生如下法律后果：一是对于被申请人而言，中止履行期间将不计算在履行期限内。《复议规定》第三十二条明确了被申请人履行行政复议决定的期限。“被申请人应当在法定期限内履行生效的行政复议决定，并在履行行政复议决定后30日内将履行情况及相关法律文书送达情况书面报告行政复议机关。”行政复议决定中止履行期间是被排除在被申请人履行行政复议决定的期间之外的。二是对于申请人而言，向行政复议机关提出责令履行申请的实际期限将延长。《复议规定》第三十三条明确：“行政复议决定履行期满，被申请人不履行行政复议决定的，申请人可以向行政复议机关提出责令履行申请。”如果行政复议机关决定被申请人中止履行行政复议决定，那么被申请人履行复议决定的实际期限就会延长，复议申请人需要待中止履行的情形消除后，行政复议决定履行期满才能向行政复议机关提出责令履行申请。

由此可知，行政复议决定的中止和恢复履行都将对当事人产生重要影响，因此，行政复议机关在行政复议决定履行中止时和恢复时，应当分别向行政复议各方当事人发出行政复议决定中止履行通知书和行政复议决定恢复履行通知书。

行政复议决定中止履行通知书和行政复议决定恢复履行通知书所产生的法律效果是中止或者恢复行政复议决定的履行，将直接影响行政复议当事人的利益，因此行政复议机关在作出这两种行政复议文书时一定要严谨，并按照一定格式作出，应当载明中止履行的理由和法律依据。

【相关条款】

《行政复议法实施条例》第 41 条

第三十七条　经审查，被申请人不履行行政复议决定的理由不成立的，行政复议机关应当作出责令履行行政复议决定通知书，并送达被申请人。

【释义】　本条是关于行政复议机关责令被申请人履行行政复议决定的程序规定。

行政复议机关对本机关作出的行政复议决定的履行情况负有监督责任。依据《复议规定》第三十四条第三款的规定，被申请人收到行政复议机关作出的行政复议决定后，认为没有条件履行该行政复议决定的，应当向行政复议机关说明理由并提供相关证据、依据，相关证据、依据应当为书面形式，以便于行政复议机关审查。行政复议机关应对被申请人认为没有条件履行所提出的书面答复及有关证据、依据进行审查，审查后有以下两种结果：一是符合《复议规定》第三十五条规定的情形的，行政复议机关可以决定被申请人中止履行行政复议决定。二是被申请人提出的不履行行政复议决定的理由不成立的，行政复议机关应当作出责令履行行政复议决定通知书，并送达被申请人。

【相关条款】

《行政复议法》第 32 条、第 33 条

文书示例

责令履行行政复议决定通知书

行政复议通知书

自然资复议〔　　〕　号(责)

(被责令履行的机关)　　　:

(申请人)不服你机关作出的(行政行为),向我部提出行政复议申请,我部依法受理后已作出行政复议决定(文号),决定撤销　行政行为(或者限期履行等)。行政复议决定书(文号)已于　　年　　月　　日送达到你机关,因你机关未依法履行我部行政复议决定。依据《行政复议法》第三十二条的规定,责令你机关在　　年　　月　　日前履行完毕,并将履行结果自收到本通知书之日起30日内书面报告我部。

特此通知。

(行政复议机关印章或者行政复议专用章)

年　　月　　日

抄送:(申请人)

第三十八条　被责令重新作出行政行为的,被申请人不得以同一事实和理由作出与原行政行为相同或者基本相同的行为,因违反法定程序被责令重新作出行政行为的除外。

【释义】 本条是关于责令重新作出行政行为的规定。

一、本条的适用情形

本条的适用情形为:行政复议机关决定撤销被申请人作出的行政行为或者确认被申请人的行政行为违法,并责令被申请人在一定期限内重新作出行政行为。依据《行政复议法》第二十八条的规定,行政复议机关负责法制工作的机构对被申请人作出的行政行为进行审查，提出意见，经行政复议机关的负责人同意或者集体讨论通过后，可以作出四种行政复议决定：（一）具体行政行为认定事实清楚，证据确凿，适用依据正确，程序合法，内容适当的，决定维持。（二）被申请人不履行法定职责的，决定其在一定期限内履行。（三）具体行政行为有下列情形之一的，决定撤销、变更或者确认该具体行政行为违法；决定撤销或者确认该具体行政行为违法的，可以责令被申请人在一定期限内重新作出具体行政行为：（1）主要事实不清、证据不足的；（2）适用依据错误的；（3）违反法定程序的；（4）超越或者滥用职权的；（5）具体行政行为明显不当的。（四）被申请人不按照本法第二十三条的规定提出书面答复、提交当初作出具体行政行为的证据、依据和其他有关材料的，视为该具体行政行为没有证据、依据，决定撤销该具体行政行为。本条适用于《行政复议法》第二十八条第一款第三项规定的情形。

二、被申请人不得以同一事实和理由作出与原行政行为相同或者基本相同的行为

也就是说，重新作出的行政行为依据的事实、依据的理由、新的行政行为的内容三者至少有一种应当是与原行政行为不同的。要么重新作出的行政行为所依据的事实与原行政行为依据的事实完全不同或者略有不同，要么重新作出的行政行为所适用的法律依据与原行政行为适用的法律依据不完全相同，要么重新作出的行政行为的内容与被撤销的行政行为不完全相同。依据《行政复议法》第二十八条第二款的规定，“行政复议机关责令被申请人重新作出具体行政行为的，被申请人不得以同一的事实和理由作出与原具体行政行为相同或者基本相同的具体行政行为”。由于行政复议机关已经作出撤销原行政行为的复议决定，说明行政复议机关认为被申请人作出的行政行为存在：主要事实不清、证据不足，适用依据错误，违反法定程序，超越或者滥用职权，具体行政行为明显不当等情形，也就是说，原行政行为是存在错误的，被申请人应当予以纠正。

三、例外情况

是否根据本条的规定，被责令重新作出行政行为的机关就一定不能以同一事实和理由作出与原来相同的行政行为？如果答案是肯定的，那么对于作出原行政行为的行政机关只存在程序违法的情况，行政机关在完善程序后，无法对行政相对人作出相同的行政行为，这会造成行政管理的混乱。本条借鉴了行政诉讼有关程序，结合自然资源复议特点，明确规定“因违反法定程序被责令重新作出行政行为的除外”。

关于本例外规定，需要说明的一点是：并不是所有的被申请人作出的违反法定程序的行政行为都会被撤销。一般情况下，依据《行政复议法》第二十八条的规定，被申请人作出的行政行为违反法定程序的，行政复议机关会作出撤销该行政行为的复议决定，但是该行政行为已经完成而无法撤销的或者撤销没有意义的，行政复议机关则会作出确认该具体行政行为违法的决定。如果行政复议机关决定撤销或者确认该具体行政行为违法的，并且该行政行为有必要重新作出的，可以责令被申请人在一定期限内重新作出行政行为。本例外规定就是针对的行政复议机关决定撤销被申请人作出的行政行为或者确认被申请人的行政行为违法，并责令被申请人在一定期限内重新作出行政行为的情况。

四、关于重新作出行政行为的期限

《行政复议法实施条例》第四十九条第一款规定：“行政复议机关依照行政复议法第二十八条的规定责令被申请人重新作出具体行政行为的，被申请人应当在法律、法规、规章规定的期限内重新作出具体行政行为；法律、法规、规章未规定期限的，重新作出具体行政行为的期限为60 日。”据此可知，被申请人重新作出行政行为是有一定期限限制的，具体请参照《复议规定》第三十二条释义第二部分有关内容。

五、重新作出的行政行为不得对行政相对人产生更为不利的影响

在行政复议机关撤销原行政行为，责令被申请人在一定期限内重新作出行政行为的情形下，被申请人重新作出的行政行为是否可以依据相同的事实和理由对申请人产生更加不利的影响？《行政复议法实施条例》第五十一条规定：“行政复议机关在申请人的行政复议请求范围内，不得作出对申请人更为不利的行政复议决定。”全国人大法工委在《全国人大常委会法制工作委员会关于行政复议机关能否加重对申请人处罚问题的答复意见》（法工委复字〔2001〕21号，以下简称《意见》）中也明确：“行政复议机关在对被申请人作出的行政处罚决定或者其他具体行政行为进行复议时，作出的行政复议决定不得对该行政处罚或者该具体行政行为增加处罚种类或加重对申请人的处罚。”这就是行政复议禁止不利变更原则，是指行政复议机关依法定职权审查复议申请，虽然发现原行政行为违法或不当，但在复议申请的范围内既不得加重复议申请人的负担,也不得减损复议申请人既得的权益。在行政复议中确定禁止不利变更原则具有重要意义。

《行政复议法实施条例》和《意见》的适用主体明确为行政复议机关,而对于被申请人重新作出的行政行为是否可以依据相同的事实和理由对行政相对人产生更加不利的影响则并未明确。我们认为,被申请人重新作出的行政行为,也不得依据相同的事实和理由对申请人产生更加不利的影响。原因在于:一是符合宪法精神。复议申请人基于对行政复议不会引起对自己更为不利后果的信任,预期到自己的行政复议申请即使不被支持,也不会带来比申请行政复议之前更为不利的后果,才能积极主张自己申辩的权利,使宪法所规定的陈述申辩权得到落实。二是有利于行政复议功能的发挥。行政复议的功能在于防止和纠正违法或者不当的行政行为,保护公民、法人和其他组织的合法权益,保障和监督行政机关依法行使职权。如果允许被申请人依据相同的事实和理由重新作出对申请人产生更加不利的影响的行政行为,则申请人考虑到自身可能会由于行政复议的行为产生更不利于自己的影响,不仅无法行使监督权,甚至希望通过提起行政复议保护自己合法权益的目的都不能实现,申请人就不会选择行政复议作为维护自己合法权益的手段,行政复议制度将不能发挥应有的作用,形同虚设。综上,被申请人重新作出的行政行为,不得依据相同的事实和理由对申请人产生更加不利的影响。

案例链接

刘某不服H市自然资源局行政处罚复议案

刘某因违反《土地管理法》的规定被H市自然资源局给予了责令停止违法行为的行政处罚,但该自然资源局未告知刘某有要求举行听证的权利,且刘某要求听证后,该自然资源局未组织听证。刘某以自然资源局作出行政处罚的程序违法为由,向该市自然资源局的上级机关S省自然资源厅申请行政复议,请求撤销H市自然资源局作出的行政处罚。S省自然资源厅经审查认为,刘某的行政复议申请理由成立,证据充分,故作出撤销H市自然资源局行政处罚的决定。H市自然资源局在完善程序后,以同一事实和理由作出了与原行政行为相同的行政处罚。刘某不服，认为既然S省自然资源厅撤销了原行政行为，H市自然资源局就不能再以同一事实和理由作出与被撤销的行政行为相同的行政行为，遂诉至法院。

法院认为，依据《自然资源行政复议规定》第三十八条的但书规定，H市自然资源局已经完善了作出行政行为的程序，以同一事实和理由作出了与原行政行为相同的行政处罚并不违反相关法律法规的规定。

【相关条款】

1.《行政复议法》第28条

2.《行政复议法实施条例》第49条、第51条

第三十九条 **行政复议机关工作人员违反本规定，有下列情形之一，情节严重的，对直接负责的责任人员依法给予处分：**

（一）未登记行政复议申请，导致记录不全或者遗漏的；

（二）未按时将行政复议申请转交行政复议机构的；

（三）未保障行政复议当事人、代理人阅卷权的；

（四）未妥善保管案卷材料，或者未按要求将行政复议案卷归档，导致案卷不全或者遗失的；

（五）未对收到的责令履行申请书进行调查核实的；

（六）未履行行政复议职责，导致矛盾上交或者激化的。

【释义】 本条是关于行政复议机关工作人员违反本《复议规定》行为的法律责任的规定。

做好新时代自然资源领域行政复议工作具有重要意义。第一，行政复议是党联系人民群众的重要窗口，是赢得人民群众信任的窗口。行政复议机关及其工作人员作出的行政复议行为直接影响人民对民主法治、公平正义的获得感和满足感。第二，行政复议为人民群众提供了权利救济的法定渠道，是监督权力的重要途径，也是提升行政机关工作人员法治意识的直接途径。第三，行政复议具有其他化解社会矛盾手段不可比拟的优势，是重要的信访分流渠道，可以直接推动行政争议的实质性化解，最大限度地增加社会和谐稳定因素。因此，行政复议机关工作人员在行政复议工作中必须认真履行好每一项职责。

一、准确适用本条需要把握的几个要点

第一，从法律责任产生时间上来说，本条适用于行政复议机关工作人员在行政复议活动中违反《复议规定》的行为。《行政复议法》第三十五条对行政复议机关工作人员在行政复议活动中的法律责任进行了规定："行政复议机关工作人员在行政复议活动中，徇私舞弊或者有其他渎职、失职行为的，依法给予警告、记过、记大过的行政处分；情节严重的，依法给予降级、撤职、开除的行政处分；构成犯罪的，依法追究刑事责任。"也就是说，行政复议机关工作人员承担法律责任的前提是"在行政复议活动中"。

第二，从法律责任主体上来说，具体承担责任的人员为行政复议机关或者行政复议机构直接负责的主管人员和其他直接责任人员。《行政复议法实施条例》第六十四条将《行政复议法》的规定进一步细化为："行政复议机关或者行政复议机构不履行行政复议法和本条例规定的行政复议职责，经有权监督的行政机关督促仍不改正的，对直接负责的主管人员和其他直接责任人员依法给予警告、记过、记大过的处分；造成严重后果的，依法给予降级、撤职、开除的处分。"可见，本条承担处分的法律责任的主体是直接负责的责任人员，包括直接负责的主管人员和其他直接责任人员。

第三，本条的处分是指依据《公务员法》第六十二条的规定，行政处分从轻到重依次为警告、记过、记大过、降级、撤职、开除六种。

二、准确适用本条规定的六种具体情形

一是未登记行政复议申请，导致记录不全或者遗漏的。《复议规定》第十条第三款明确："行政复议机构应当对收到的行政复议申请进行登记。"可见，行政复议机构及其工作人员在收到行政复议申请后应当对行政复议申请进行登记，以备查阅。如果未登记行政复议申请，记录不全或者遗漏的，直接导致不能履行行政复议法定职责的严重后果，能够补救的，应当责令行政机关及其工作人员及时予以改正；已经造成不良后果的，应当责令作出书面检查、通报批评；情节严重的，依法给予处分。

二是未按时将行政复议申请转交行政复议机构的。《复议规定》第十条第二款明确："行政复议机关的其他机构收到行政复议申请的，应当自收到之日起1个工作日内将申请材料转送行政复议机构。"可见，行政复议机关的其他机构如果收到行政复议申请，有义务及时将复议申请转送行政复议机构，以免影响行政复议案件的办理。如果未在收到之日起1个工作日内将申请材料转送行政复议机构,应当责令行政机构及其工作人员限期改正;造成不良后果的,责令作出书面检查、通报批评;情节严重的,依法给予处分。

三是未保障行政复议当事人、代理人阅卷权的。《行政复议法》第二十三条第二款规定:"申请人、第三人可以查阅被申请人提出的书面答复、作出具体行政行为的证据、依据和其他有关材料,除涉及国家秘密、商业秘密或者个人隐私外,行政复议机关不得拒绝。"《行政复议法实施条例》第三十五条规定:"行政复议机关应当为申请人、第三人查阅有关材料提供必要条件。"《复议规定》第二十一条明确:"行政复议机关应当为申请人、第三人及其代理人查阅行政复议案卷材料提供必要的便利条件。申请人、第三人申请查阅行政复议案卷材料的,应当出示身份证件;代理人申请查阅行政复议案卷材料的,应当出示身份证件及授权委托书。申请人、第三人及其代理人查阅行政复议案卷材料时,行政复议机构工作人员应当在场。"据此可知,行政复议机关及其工作人员负有保障行政复议当事人、代理人阅卷权的责任和义务。对于未履行保障行政复议当事人、代理人阅卷权的行政机关及其工作人员,应当责令其限期改正;造成不良后果的,责令作出书面检查、通报批评;情节严重的,依法给予处分。

四是未妥善保管案卷材料,或者未按要求将行政复议案卷归档,导致案卷不全或者遗失的。本《复议规定》第八条明确:"行政复议机关应当定期对行政复议工作情况、行政复议决定履行情况以及典型案例等进行统计、分析、通报,并将有关情况向上一级自然资源主管部门报告。行政复议机关应当建立行政复议信息管理系统,提高案件办理、卷宗管理、统计分析、便民服务的信息化水平。"同时,第四十一条明确:"行政复议案件审结后,案件承办机构应当及时将案件材料立卷归档。"行政复议案件承办机构应当及时将行政复议卷宗进行归档整理,便于行政复议机关对行政复议工作情况、复议决定履行情况、典型案例等进行分析统计。如果复议申请人不服复议决定向法院提起诉讼,行政复议卷宗还将成为重要证据,妥善保管案卷材料并按要求进行归档等基础性工作十分重要。因此,未妥善保管案卷材料,或者未按要求将行政复议案卷归档,导致案卷不全或者遗失的,应当责令行政机关及其工作人员限期改正;造成不良后果的,责令作出书面检查、通报批评;情节严重的,依法给予处分。

五是未对收到的责令履行申请书进行调查核实的。依据《行政复议法》第三条规定,行政复议机关负责法制工作的机构具体办理行政复议事项,有向有关组织和人员调查取证,查阅文件和资料的职责。《复议规定》第三十四条明确,“行政复议机关收到责令履行申请书,应当向被申请人进行调查或者核实”。依据《行政复议法》等相关法律法规,行政复议机关有对本机关作出的行政复议决定履行情况的监督责任,被申请人有履行行政复议决定的义务。从而保障申请人的合法权益,维护行政复议的权威。可以说行政复议决定的法律效果最终取决于行政复议决定的履行,没有对行政复议决定履行情况的严格监督,行政复议制度无法落到实处。行政复议机关工作人员不对收到的责令履行申请书进行调查核实,对申请人提出的责令履行申请置之不理,是明显的失职行为,应当承担相应的法律责任,首先应责令限期改正;造成不良后果的,责令作出书面检查、通报批评;情节严重的,依法给予处分。

六是未履行行政复议职责,导致矛盾上交或者激化的。自然资源支撑各行各业,关系千家万户,影响千秋万代,与老百姓的切身利益息息相关。当前,自然资源领域的矛盾纠纷比较集中,部行政复议行政应诉案件仍处于量大多发态势。实践中,也有部分自然资源主管部门怠于履行行政复议职责,未及时有效在本级行政复议程序中化解矛盾纠纷,导致矛盾层层上移,程序空转,影响社会稳定和自然资源主管部门形象。各级行政复议机关都应当积极履行好法定的行政复议职责,努力让人民群众在办好每一件自然资源行政复议案件中感受到公平正义,切不可将矛盾上交,造成矛盾激化。为解决此类情况,《自然资源部关于进一步改进和加强行政复议行政应诉工作的通知》(自然资发〔2018〕78号)中也明确规定:“建立行政复议行政应诉约谈制度,对不履行法定职责、故意上交矛盾,履职不力造成群体性复议诉讼案件,或者同类案件反复发生且未采取措施解决的,由上级自然资源主管部门对有关自然资源主管部门负责人进行约谈,提出限期整改要求,必要时向有关地方人民政府发函通报。”因此,本项规定,对于未履行行政复议职责的行政复议机关及其工作人员,应责令限期改正;导致矛盾上交或者激化的造成不良后果的,责令作出书面检查、通报批评;情节严重的,依法给予处分。

【相关条款】

1.《公务员法》第 62 条

2.《行政复议法》第 3 条、第 23 条第 2 款、第 35 条

3.《行政复议法实施条例》第35条、第64条

第四十条 被申请人及其工作人员违反本规定，有下列情形之一，情节严重的，对直接负责的责任人员依法给予处分：

（一）不提出行政复议答复或者无正当理由逾期答复的；

（二）不提交作出原行政行为的证据、依据和其他有关材料的；

（三）不配合行政复议机关开展行政复议案件审理工作的；

（四）不配合行政复议机关调查核实行政复议决定履行情况的；

（五）不履行或者无正当理由拖延履行行政复议决定的；

（六）不与行政复议机关在共同应诉工作中沟通、配合，导致不良后果的；

（七）对收到的行政复议意见书无正当理由，不予书面答复或者逾期作出答复的。

【释义】 本条是关于被申请人及其工作人员违反本《复议规定》行为的法律责任的规定。

本条需要注意以下四点：一是本条针对的主体为被申请人及其工作人员；二是本条中的处分是指行政处分，依据《公务员法》第六十二条的规定，行政处分从轻到重依次为警告、记过、记大过、降级、撤职、开除六种；三是本条规定的几种情形必须达到"情节严重"的程度，才能对直接负责的责任人员依法给予处分；四是本条规定的责任承担主体是直接负责的责任人员。

一、不提出行政复议答复或者无正当理由逾期答复的

《行政复议法》第二十三条第一款规定："行政复议机关复议法制工作的机构应当自行政复议申请受理之日起七日内，将行政复议申请书副本或者行政复议申请笔录复印件发送被申请人。被申请人应当自收到申请书副本或者申请笔录复印件之日起十日内，提出书面答复，并提交当初作出具体行政行为的证据、依据和其他有关材料。"可见，被申请人有在收到行政复议申请书副本或者申请笔录复印件之日起的法定期限内作出书面答复，提供作出原行政行为相应的证据、依据材料并作简要说明的义务。对于不提出行政复议答复或者无正当理由逾期答复，情节严重的，将承担相应的法律后果。

二、不提交作出原行政行为的证据、依据和其他有关材料的

《复议规定》第十九条明确:“被申请人应当提交行政复议答复书及作出原行政行为的证据、依据和其他有关材料,并对其提交的证据材料分类编号,对证据材料的来源、证明对象和内容作简要说明。涉及国家秘密的,应当作出明确标识。”可见,被申请人不仅要在收到行政复议申请书副本或者申请笔录复印件之日起的法定期限内作出书面答复外,还应提供作出原行政行为相应的证据、依据和其他有关材料。对于不提交作出原行政行为的证据、依据和其他有关材料,情节严重的,将承担相应的法律后果。

有本条第一项和第二项情形,情节严重的,应当承担如下法律后果:

一是决定撤销该行政行为。依据《行政复议法》第二十八条第一款第四项和《行政复议法实施条例》第四十六条的规定,被申请人不按照《行政复议法》第二十三条的规定提出书面答复、提交当初作出具体行政行为的证据、依据和其他有关材料的,视为该具体行政行为没有证据、依据,行政复议机关应当决定撤销该行政行为。被申请人将承担行政复议机关决定撤销该行政行为的法律风险。二是承担行政处分的法律责任。被申请人及其工作人员违反《复议规定》的,还将承担行政处分的法律责任。三是对直接负责的主管人员和其他直接责任人员依法给予警告、记过、记大过的行政处分;对构成犯罪的,依法追究刑事责任。《行政复议法》第三十六条规定:“被申请人违反本法规定,不提出书面答复或者不提交作出具体行政行为的证据、依据和其他有关材料,或者阻挠、变相阻挠公民、法人或者其他组织依法申请行政复议的,对直接负责的主管人员和其他直接责任人员依法给予警告、记过、记大过的行政处分;进行报复陷害的,依法给予降级、撤职、开除的行政处分;构成犯罪的,依法追究刑事责任。”

三、不配合行政复议机关开展行政复议案件审理工作的

行政复议案件审理工作的顺利开展单靠行政复议机关是不行的,需要各方面通力合作,这其中,被申请人作为作出被申请行政复议的行政行为的机关或者机构,掌握行政复议案件的基本情况,被申请人提交的书面答复及相应证据材料将成为行政复议机关作出复议决定的重要依据。因此,被申请人积极配合行政复议机关开展行政复议案件的审理工作就显得尤为重要。因此,本条第三项规定不配合行政复议机关开展行政复议案件审理工作,情节严重的,应依法

给予处分。

四、不配合行政复议机关调查核实行政复议决定履行情况的

行政复议机关有对本机关作出的行政复议决定履行情况的监督责任，行政复议机关工作人员收到申请人提交的责令履行申请书后，应当向被申请人进行调查或者核实履行复议决定的情况。而被申请人有自觉履行行政复议决定的义务，在行政复议机关向被申请人调查或者核实履行复议决定的情况时，还应当积极配合。因此，本条第四项规定，不配合行政复议机关调查核实行政复议决定履行情况，情节严重的，应依法给予处分。

五、不履行或者无正当理由拖延履行行政复议决定的

《行政复议法》第三十二条明确规定："被申请人应当履行行政复议决定。被申请人不履行或者无正当理由拖延履行行政复议决定的，行政复议机关或者有关上级行政机关应当责令其限期履行。"同时，该法第三十七条规定："被申请人不履行或者无正当理由拖延履行行政复议决定的，对直接负责的主管人员和其他直接责任人员依法给予警告、记过、记大过的行政处分；经责令履行仍拒不履行的，依法给予降级、撤职、开除的行政处分。"由此可知，一是本项的责任承担主体为直接负责的主管人员和其他直接责任人员。二是本项包括两种适用情形：一种是不履行行政复议决定，另一种是无正当理由拖延履行，均表现为未在法定期限内履行行政复议决定。三是本项的法律责任。对于被申请人不履行或者无正当理由拖延履行行政复议决定的，行政复议机关或者有关上级行政机关应当责令限期履行，对直接负责的主管人员和其他直接责任人员依法给予警告、记过、记大过的行政处分；经责令履行仍拒不履行的，依法给予降级、撤职、开除的行政处分。

六、不与行政复议机关在共同应诉工作中沟通、配合，导致不良后果的

针对修改后的《行政诉讼法》所确立的共同被告制度，行政复议机关因维持被申请人作出的行政行为被共同提起诉讼的，被申请人应当指定作出行政行为的承办机构或者法制工作机构与立案的人民法院联系，并及时与行政复议机关的应诉承办机构沟通。被申请人不沟通、不配合的，要承担相应的法律责任。这里有一个限定条件：只有在导致不良后果时，被申请人不予协作的行为才会受到处分。

七、对收到的行政复议意见书无正当理由，不予书面答复或者逾期作出答复的

《行政复议法实施条例》第五十七条第一款规定："行政复议期间行政复议机关发现被申请人或者其他下级行政机关的相关行政行为违法或者需要做好善后工作的，可以制作行政复议意见书。有关机关应当自收到行政复议意见书之日起60日内将纠正相关行政违法行为或者做好善后工作的情况通报行政复议机构。"《复议规定》第二十九条明确："行政复议机关在行政复议过程中，发现被申请人相关行政行为的合法性存在问题，或者需要做好善后工作的，应当制发行政复议意见书，向被申请人指出存在的问题，提出整改要求。被申请人应当责成行政行为的承办机构在收到行政复议意见书之日起60日内完成整改工作，并将整改情况书面报告行政复议机关。被申请人拒不整改或者整改不符合要求，情节严重的，行政复议机关应当报请有关国家机关依法处理。"据此可知，对收到的行政复议意见书不予书面答复或者逾期作出答复，情节严重的，对直接负责的责任人员应依法给予处分。

【相关条款】

1.《行政复议法》第23条第1款、第28条、第32条、第36条、第37条

2.《行政复议法实施条例》第46条、第57条、第62条

第四十一条　行政复议案件审结后，案件承办机构应当及时将案件材料立卷归档。

【释义】 本条是关于行政复议案件材料立卷归档的规定。

一、行政复议案件材料立卷归档是行政复议工作的重要组成部分

第一，立卷归档的成果是行政应诉中证明行政复议行为合法的重要证据。《最高人民法院关于行政诉讼证据若干问题的规定》(法释〔2002〕21号)第一条规定："根据行政诉讼法第三十二条和第四十三条的规定，被告对作出的具体行政行为负有举证责任，应当在收到起诉状副本之日起十日内，提供据以作出被诉具体行政行为的全部证据和所依据的规范性文件。被告不提供或者无正当理由逾期提供证据的，视为被诉具体行政行为没有相应的证据。被告因不可抗力或者客观上不能控制的其他正当事由，不能在前款规定的期限内提供证据

的，应当在收到起诉状副本之日起十日内向人民法院提出延期提供证据的书面申请。人民法院准许延期提供的，被告应当在正当事由消除后十日内提供证据。逾期提供的，视为被诉具体行政行为没有相应的证据。”由此可见，当行政复议机关作出的行政复议决定被提起行政诉讼时，对行政复议决定的合法性进行举证的责任在行政复议机关，因此，只有做好立卷归档工作，保存好作出行政复议决定的证据依据、复议审查过程的记录或者相关材料，才能在行政诉讼中证明作出行政复议决定的合法性。

第二，立卷归档的成果是履行行政复议法定职责的重要体现，确保行政复议案件处理经得起法律和历史检验。《行政复议法》第三十四条、第三十五条，《行政复议法实施条例》第六十四条都规定了行政复议机关、行政复议机构及其工作人员违反相关规定应当承担的法律责任。如何来确认行政复议机关、行政复议机构及其工作人员是否遵守了相关规定呢？查阅卷宗档案是很重要的一种方式。因此，立卷归档工作既是规范行政复议工作的重要内容，又是证明相关人员是否依法履责的重要依据。

第三，将纸质案件材料立卷归档，再使用信息化手段编制电子档案，通过信息化的手段可以实现复议案件的类型化和快速化处理，也可以分析研判复议工作的发展态势，从而有效促进自然资源管理工作的不断完善。正如《复议规定》第八条所要求的，行政复议机关应当建立行政复议信息管理系统，提高案件办理、卷宗管理、统计分析、便民服务的信息化水平。

第四，立卷归档是开展行政复议工作评优评先的基础。《复议规定》中规定了典型案例通报以及对行政复议工作人员进行评优评先的要求，原国土资源部也首次向社会公开通报了行政复议十大典型案例，这些工作的开展都离不开案卷的支撑。

二、立卷归档应当不断提高规范化、标准化水平

各级自然资源行政复议机关可以制定立卷归档的具体标准。主要有以下几个方面：一是按照顺序归档。一般来说，应当按照规定的案卷材料顺序排列整齐。二是案件资料要齐全，申请人、被申请人提供的资料，复议案件审理过程中产生的资料，以及所有需要送达的文书的送达凭证等都要归档。三是档案编号要科学，同一案卷使用同一编号，不同类型的文书再作出区分。

【相关条款】

《最高人民法院关于行政诉讼证据若干问题的规定》(法释〔2002〕21 号)第 1 条

文书示例

行政复议案卷归档格式

行政复议案卷归档格式

序号	类型	文书名称
1	决定类型	行政复议决定书及送达凭证
2		行政复议通知书(终止)及送达凭证
3		行政复议不予受理决定书及送达凭证
4		行政复议告知书及送达凭证
5	签发文件	报行政复议机关领导的案件请示及附表
6		案件会审会会议纪要
7	过程性文书	行政复议通知书(补正)及送达凭证
8		行政复议通知书(答复通知)及送达凭证
9		行政复议通知书(延期)及送达凭证
10		行政复议通知书(中止)及送达凭证
11		行政复议通知书(恢复审理)及送达凭证
12	申请人材料	行政复议申请书
13		身份证明
14		授权委托书
15		律师事务所所函
16		申请人提交的证据材料及送达凭证
17	重新启动复议程序的依据(人民法院判决文书或国务院行政复议裁决文书)	

续表

序号	类型	文书名称
18	被申请人材料	行政复议通知书(答复书)
19		法定代表人身份证明
20		授权委托书
21		被申请人提交的证据材料及送达凭证
22	其他材料	行政复议意见书
23		行政复议建议书
24		阅卷记录单
25		电话记录单
26		征求意见回复情况
27		案件调查报告
28		案件听证会、审查会会议材料
29		其他

第四十二条　申请人对国家林业和草原局行政行为不服的，应当向国家林业和草原局提起行政复议。

申请人对地方林业和草原主管部门的行政行为不服，选择向其上一级主管部门申请行政复议的，应当向上一级林业和草原主管部门提起行政复议。

自然资源主管部门对不属于本机关受理的行政复议申请，能够明确属于同级林业和草原主管部门职责范围的，应当将该申请转送同级林业和草原主管部门，并告知申请人。

【释义】　本条是关于林草类行政复议案件权利救济途径的规定。

根据第十三届全国人民代表大会第一次会议批准的国务院机构改革方案，农业部的草原资源调查和确权登记管理职责，国家林业局的森林、湿地等资源调查和确权登记管理职责划入了自然资源部。同时，为加大生态系统保护力度，统筹森林、草原、湿地监督管理，加快建立以国家公园为主体的自然保护地体系，保障国家生态安全，国务院机构改革方案提出，将国家林业局的职责，农业部的草原监督管理职责，以及国土资源部、住房和城乡建设部、水利部、农业部、国家海洋局等部门的自然保护区、风景名胜区、自然遗产、地质公园等管理职责整合，组建国家林业和草原局，加挂国家公园管理局牌子，由自然资源部管理。国家林业和草原局是独立的副部级国家局，对林业和草原系统提起的行政复议申请应该由林草系统处理。

但机构改革过程中，不少申请人因未能理解这种机构设置的关系，自然资源系统不断收到对林草主管部门行政行为不服的行政复议申请，我们除坚持及时向申请人释明正确的复议途径外，还主动将相关复议申请转交给有管辖权的林草系统。为避免复议申请人因这种误解，导致复议时限和复议权利受到影响。2018 年 11 月 23 日，自然资源部发布《关于发布林草类案件复议受理机关的公告》，明确公告："为便利申请人提出行政复议申请，根据《行政复议法》第十二条的规定以及《关于国务院部委管理的国家局的具体行政行为行政复议机关问题的复函》（国法函〔2001〕245 号），按照职责分工，现公告如下：申请人对国家林业和草原局具体行政行为不服的，应当向国家林业和草原局提起行政复议。申请人对省级林业和草原主管部门的具体行政行为不服，选择向其上一级主管部门申请行政复议的，应当向国家林业和草原局提起行政复议。我部收到上述林草类案件的复议申请，将按照职责转国家林业和草原局依法办理。"及时向全社会释明正确的复议途径。为进一步规范全系统，《复议规定》第四十二条对公告内容进行了扩展，明确：申请人对国家林业和草原局行政行为不服的，应当向国家林业和草原局提起行政复议。申请人对地方林业和草原主管部门的行政行为不服，选择向其上一级主管部门申请行政复议的，应当向上一级林业和草原主管部门提起行政复议。同时，为便利申请人，《复议规定》还明确了此类情形下，自然资源主管部门的转办和告知程序。

需要注意的是，涉及关于草原、森林、湿地等资源调查和确权登记管理职责的复议案件因随着职责的划转和并入，由自然资源主管部门管辖，各级自然资源主管部门在收到相关申请后，应仔细甄别，避免转送和判断错误。

第四十三条　本规定自2019年9月1日起施行。原国土资源部2017年11月21日发布的《国土资源行政复议规定》(国土资源部令第76号)同时废止。

【释义】　本条是关于《复议规定》生效日期的规定。

《复议规定》经2019年7月16日自然资源部第2次部务会议审议通过，2019年7月19日，自然资源部陆昊部长签署自然资源部第3号令，予以公布，自2019年9月1日起施行。

部门规章生效日期的规定是任何一部部门规章都要涉及的问题。一部部门规章通过后，就产生了从何时开始生效，以及有无溯及力的问题。为什么《复议规定》没有在公布之后马上施行，而是公布后过一段时间才施行？主要考虑是为施行前的准备工作留出时间，以保证《复议规定》施行后行政复议工作能够顺利有序开展，这些准备工作包括：一是《复议规定》的宣传、学习、培训等相关工作。二是对与本《复议规定》相抵触的规定的清理工作。本规定生效的同时，废止了原国土资源部2017年11月21日发布的《国土资源行政复议规定》(国土资源部令第76号)。对于与本《复议规定》相抵触的其他规章、规范性文件等也应当及时进行清理，该废止的及时废止，该修订的及时修订，避免给行政机关的实际工作带来不必要的麻烦，给《复议规定》的正确理解和适用带来困扰。

【相关条款】

《规章制定程序条例》第32条

《自然资源行政应诉规定》理解与适用

第一条　为规范自然资源行政应诉工作，保护公民、法人和其他组织的合法权益，推进自然资源法治建设，根据《中华人民共和国行政诉讼法》和国务院有关规定，结合自然资源管理工作实际，制定本规定。

【释义】　该条是关于《自然资源行政应诉规定》(以下简称《应诉规定》)立法目的和立法依据的规定。

一、新《行政诉讼法》的修改背景及基本原则

行政诉讼是公民、法人或其他组织认为行政主体以及法律法规授权的组织作出的行政行为侵害其合法权益而向法院提起的诉讼。《行政诉讼法》是为保证人民法院公正、及时审理行政案件，解决行政争议，保护公民、法人和其他组织的合法权益，监督行政机关依法行使职权，根据《宪法》，而制定的法律，由第七届全国人民代表大会第二次会议于1989年4月4日通过，自1990年10月1日起施行。《行政诉讼法》的制定与实施，打破了几千年来的传统观念，建立起了民可以告官的行政诉讼制度。因此，人们普遍地把这部法律叫作“民告官”的法律。它是社会主义民主政治建设和社会主义法治建设的一个重要里程碑。

这部法律实施20多年来，在解决行政争议，推进依法行政，保护公民、法人和其他组织的合法权益等方面，发挥了重要作用，但随着依法治国的全面推进，《行政诉讼法》实施中不适应、不协调的问题也日渐突出，表现为行政诉讼存在立案难、审理难、执行难“三难”问题，行政诉讼制度在我国遇到了严峻的挑战。虽然这些问题主要是实施的问题，但制度本身也存在不适应人民群众司法需求、不适应建设法治国家客观需要的情况。为解决这些突出问题，适应党的十八大提出的“坚持依法治国、依法执政、依法行政共同推进，坚持法治国家、法治政府、法治社会一体建设"的新要求，《行政诉讼法》在实施 24 年后首次修改。此次修改主要针对实践中的"三难"问题，从保障当事人的诉讼权利、完善管辖制度、诉讼参加人制度、证据制度、完善民事争议和行政争议交叉的处理机制、完善判决形式等十个方面进行完善。2013 年 12 月 23 日，《行政诉讼法修正案（草案）》首次提请第十二届全国人大第六次会议审议，历经 2014 年 8 月和 10 月全国人大常委会审议后，于 2014 年 11 月 1 日通过，并于 2015 年 5 月 1 日起施行。2017 年 6 月 27 日第十二届全国人民代表大会常务委员会第二十八次会议决定对《中华人民共和国行政诉讼法》作出修改，第二十五条增加一款，作为第四款："人民检察院在履行职责中发现生态环境和资源保护、食品药品安全、国有财产保护、国有土地使用权出让等领域负有监督管理职责的行政机关违法行使职权或者不作为，致使国家利益或者社会公共利益受到侵害的，应当向行政机关提出检察建议，督促其依法履行职责。行政机关不依法履行职责的，人民检察院依法向人民法院提起诉讼。"自 2017 年 7 月 1 日起施行。

二、制定《应诉规定》的必要性

自然资源管理关系直接国家生态文明建设，关系人民群众重大财产权益。2018 年，自然资源部本级收到行政诉讼案件 1059 件，同比增长 43.3%，在国务院各部委中位居第三。机构改革前，原国土资源部、原国家海洋局、原国家测绘地理信息局均出台了行政应诉方面的规定，在规范行政应诉程序、明确应诉职责等方面发挥了重要作用，但也存在相关规定不一致、要求不统一的问题，已不能满足新部组建后行政应诉工作需要，亟须进行重构和优化。此外，2018 年部本级行政诉讼案件败诉率为 4.5%，虽然低于全国行政机关平均败诉率，但是，自然资源管理系统行政应诉工作仍然存在一些问题，例如，部分行政机关工作人员依法行政意识不强、群众意识差，作出行政行为时较为随意、程序不规范，引发不必要的矛盾冲突；部分行政应诉工作人员尚未掌握行政应诉的规律和要求，答辩、举证、质证、履行生效判决的能力不足等，有必要予以规范。

为了落实党中央、国务院有关精神，进一步贯彻实施修正后的《行政诉讼法》，解决当前自然资源行政应诉工作中的突出问题，妥善应对行政诉讼案件大幅增加的新形势，优化流程、完善机制，提高自然资源系统行政应诉的能力和水平，促进自然资源主管部门依法行政，自然资源部将《应诉规定》列入 2019 年立法计划（出台类项目）。在根据行政应诉工作实践经验总结和深入研究，并广泛征求和听取有关方面意见和建议的基础上，形成《应诉规定》（草案），经2019年7月16日自然资源部第2次部务会议审议通过后，2019年7月19日，自然资源部部长陆昊签署自然资源部令第4号，公布《应诉规定》，并于2019年9月1日起实施。

三、《应诉规定》的主要内容和突出特点

《应诉规定》充分体现了自然资源主管部门重视解决群众利益诉求的现代理念，彰显了自然资源主管部门主动接受人民群众和司法机关监督的鲜明态度，是自然资源部坚决落实依法治国战略、依法行政要求，推进法治建设的一项重要成果。《应诉规定》共分为39条，对适用范围和基本原则、职责分工和应诉准备、出庭应诉和协调化解、裁判结果处置与执行、监督与保障等作出了规范，坚持问题导向，对症下药健全工作制度机制，突出体现了“四大亮点”：一是按照“谁作为、谁应诉”的原则落实应诉职责。二是探索出庭方式多元化。三是建立应诉承办机构负责人出庭应诉机制。四是细化执行法院生效裁判方式方法。

第二条　自然资源主管部门依法参加行政诉讼活动，适用本规定。

【释义】　本条是关于《应诉规定》适用范围的规定。

《应诉规定》用以规范自然资源系统行政应诉工作，其适用范围为县级以上自然资源主管部门参加行政诉讼活动。在《应诉规定》起草初期，有两种方案：第一种方案是从加强和改进部本级行政应诉工作的角度出发，仅对部各司局的行政应诉工作进行指导和规范；第二种方案就是从整个自然资源系统的角度考虑，提高全系统的行政应诉能力和水平。经过研究讨论，考虑到上下级自然资源部门的业务联系紧密，从推进自然资源法治建设的整体需要出发，《应诉规定》选择了第二种方案，着眼于提高整个自然资源系统的行政应诉能力和水平，其调整范围既包括部本级，也包括地方各级自然资源主管部门。

第三条　上级自然资源主管部门应当加强对下级自然资源主管部门行政应诉工作的指导和监督。

【释义】 本条是关于上级自然资源主管部门对下级自然资源主管部门行政应诉职责的规定。

行政机关是指依法行使国家权力、执行国家行政职能的机关，行政机关之间基于隶属性形成上下级行政机关之间的关系，上级主管部门负有对下级主管部门业务上的指导权和监督权。基于此，上级自然资源主管部门有权对下级自然资源主管部门行政应诉工作进行指导和监督。特别是党的十八届四中全会以来，进一步强调要高度重视行政应诉工作，支持人民法院依法受理和审理行政案件，认真做好答辩举证工作，依法履行出庭应诉职责，配合人民法院做好开庭审理工作，积极履行人民法院生效裁判，明确行政应诉工作职责分工，加强行政应诉能力建设，有效预防和化解行政争议，强化行政应诉工作监督管理。为贯彻落实十八届四中全会精神，积极做好行政应诉工作，《应诉规定》指出上级自然资源主管部门应当加强对下级自然资源主管部门行政应诉工作的指导和监督，有利于进一步发挥行政应诉对于推进自然资源法治建设的重要作用。

第四条　自然资源主管部门的法治工作机构负责组织、协调和指导本部门的行政应诉工作。

自然资源主管部门作出被诉行政行为的工作机构为应诉承办机构，负责承办相应的行政应诉工作。

【释义】 本条是关于行政应诉职责划分的基本原则，即“谁主管、谁负责；谁主办、谁应诉”的规定。

《应诉规定》遵循“谁主管、谁负责；谁主办、谁应诉”的原则，明确了被诉行政行为承办机关或者机构的行政应诉责任，规定法治工作机构对本部门行政应诉工作负有组织、协调和指导职责。行政应诉工作由法治工作机构归口管理，有利于提高自然资源系统的行政应诉能力和水平，进一步发挥行政应诉对于推进自然资源系统法治建设的重要作用；被诉行政行为的承办机构按照“谁主管、谁负责；谁主办、谁应诉”的原则，具体承担行政应诉责任。当然，如果法治机构作出的行政行为被提起行政诉讼，法治机构就是应诉承办机构。

《国务院办公厅关于加强和改进行政应诉工作的意见》（国办发〔2016〕54号）强调要“强化被诉行政行为承办机关或者机构的行政应诉责任”。对此，有人认为:行政应诉是一项专业性、法律性很强的工作,而业务机构的工作人员中,具有法律专业背景的相对较少,应当由法治工作机构来承担。在一些地方,长期以来行政应诉事项也是由法制工作机构大包大揽。带来的弊端是:行政应诉沦为一项技术性服务,不能发挥其促进依法行政的作用,不符合全面依法治国的要求。《应诉规定》明确自然资源主管部门作出被诉行政行为的工作机构为应诉承办机构,强化了被诉行政行为承办机关或者机构的行政应诉责任。

作出这样的规定,从法治要求上看,确立了“业务机构是主体、法制机构要统筹”的自然资源法治建设工作机制,强化被诉行政行为承办机构的应诉责任,是落实《国务院办公厅关于加强和改进行政应诉工作的意见》(国办发〔2016〕54号)的具体体现;从法治原则上看,谁作出、谁应诉,符合权责一致的法治原则,是“有权必有责、用权受监督”的具体体现;从实践需要上看,作出具体行政行为的业务机构应诉,更能说清楚该行为作出时事实和法律依据,更能说清楚相关的政策背景和实践操作情况,便于人民法院依法审慎进行审判;从实际效果上来看,开庭审理案件的特点是“亲历性”,作出原行政行为的承办机构负责应诉,与原告面对面,使原承办人员亲身体验到庭审质证和辩论过程,能够更直接地得到信息反馈,更迅速地将司法意见和建议转化到工作中。

【相关条款】

《行政诉讼法》第26条

第五条　自然资源主管部门应当积极支持人民法院依法受理和审理行政诉讼案件,依法履行出庭应诉职责,尊重并执行人民法院生效裁判,自觉接受司法监督。

【释义】 本条是关于自然资源行政应诉基本原则的规定。

党的十八届四中全会通过的《中共中央关于全面推进依法治国若干重大问题的决定》对全面推进依法治国进行了部署,明确要求“健全行政机关依法出庭应诉、支持法院受理行政案件、尊重并执行法院生效裁判的制度”。2014年修正的《行政诉讼法》颁布实施,更加注重对诉权的尊重和保护,扩大了受案范围,确立了中国特色的行政机关负责人出庭应诉和复议机关共同被告制度,创新了中国特色的行政诉讼制度。针对行政机关在应诉工作中出现的问题,2016年6

月，国务院办公厅出台了《关于加强和改进行政应诉工作的意见》（国办发〔2016〕54 号），强调要高度重视行政应诉工作，支持人民法院依法受理和审理行政案件，认真做好答辩举证工作，依法履行出庭应诉职责，配合人民法院做好开庭审理工作，积极履行人民法院生效裁判，明确行政应诉工作职责分工，加强行政应诉能力建设，有效预防和化解行政争议，强化行政应诉工作监督管理。为贯彻落实十八届四中全会精神，2015 年 9 月，原国土资源部召开全面推进法治国土建设工作会议，指出行政机关出庭应诉，彰显的是平等的法治精神，要充分尊重司法意见，坚决执行人民法院生效裁判，自觉接受司法监督。会议要求把完善依法维权机制作为法治建设的当务之急，积极做好行政应诉工作。2018 年 9 月，自然资源部印发《关于进一步改进和加强行政复议行政应诉工作的通知》（自然资发〔2018〕78 号）明确提出，自然资源工作与群众利益密切相关，行政复议和行政诉讼是人民群众维护自身合法权益的法定途径，也是自然资源系统群众工作的重要组成部分。各级自然资源主管部门要深入学习贯彻习近平新时代中国特色社会主义思想，牢固树立以人民为中心的发展理念，从加强党的政治建设，业务工作与政治相融合的高度，深刻认识做好行政复议行政应诉工作对推进法治政府建设，密切行政机关与人民群众关系，维护人民群众合法权益的重要意义，采取有力措施改进和加强行政复议行政应诉工作。

【相关条款】

《行政诉讼法》第 3 条、第 4 条、第 85 条

第六条　自然资源主管部门应当根据行政应诉工作需要，配备、充实工作人员，保障工作经费、装备和其他必要的工作条件，保证行政应诉人员、机构和能力与工作任务相适应。

【释义】　本条是关于行政应诉保障条件的规定。

行政应诉工作已经成为行政机关的一项日常工作，应当有必要的人员、经费、装备等保障。由于目前自然资源行政应诉案件呈现出量大、激增和类型相对集中的特点和态势，相较于一般的自然资源管理工作，它的人员、经费、装备等保障又有一定的特殊要求。关于人员要求，各级自然资源部门应该根据行政应诉案件的数量和类型充实专门的工作人员，保证有充足力量做好答辩应诉工

作和按时出庭应诉；关于经费，要切实落实相应的工作经费，解决出庭人员的市内交通、误餐，以及异地出庭的差旅费等费用问题。例如，公车改革后，行政机关工作人员的市内交通补贴根据级别划定，按月发放。行政应诉案件较少的地方，交通补贴可以满足出庭交通需要。但是行政应诉案件量较大的地方，可能一个月有四五十个出庭任务，来回的交通费用远远超出交通补贴额度，导致出庭人员入不敷出。关于装备，出庭应诉人员在庭审之前需要认真阅读案卷，书写答辩状，提交证据，准备应诉程序中需要的其他相关材料，因此，各级自然资源主管部门还应该为出庭人员提供计算机、打印机、扫描仪等相关工作设备，以及其他必要的工作条件，保证行政应诉人员能够做好充分的应诉准备工作。特别是，如果案件需要向人民法院提交涉密证据的，自然资源主管部门还应当配备保密柜、机要用车等。

第七条　自然资源主管部门应当建立行政应诉学习培训制度，开展集中培训、旁听庭审和案例研讨等活动，提高工作人员的行政应诉能力。

【释义】 本条是关于建立行政应诉学习培训制度的规定。

自然资源部历来高度重视行政应诉工作，积极采取各种措施应对行政应诉案件高发态势。但我们发现，自然资源管理系统行政应诉工作仍然存在一些问题，例如，有的不重视行政应诉工作，推卸责任；有的依法行政意识不强、群众意识差，作出行政行为时较为随意、程序不规范，引发不必要的矛盾冲突；有的尚未掌握行政应诉的规律和要求，答辩、举证、质证、履行生效判决的能力不足等。为加强自然资源系统行政应诉的能力和水平，促进自然资源主管部门依法行政，本条建立了集中学习培训制度，进一步提高自然资源系统工作人员的行政应诉能力。

自然资源行政应诉工作是一项专业性、综合性、形象性很强的工作，被诉的行政行为涉及自然资源管理的各个领域，也涉及自然资源主管部门的各个机构，相关工作人员都可能面临出庭应诉的任务，都需要通过各种形式接受学习培训。自然资源部很早就建立了行政复议行政应诉工作联络员制度，部机关所有司局各派“一名司局级干部、一名处级干部、一名一般干部”作为联络员，参加部行政复议委员会办公室组织的各种学习培训、旁听庭审和案例研讨等活动，取得了很好的效果。部还委托自然资源部法律中心定期组织培训班，对系统内从事行政应诉工作的工作人员进行轮训。

需要注意的是，今后要格外注重通过旁听庭审来提高自然资源系统工作人员的行政应诉能力。2019 年，司法部、全国普法办、最高人民法院印发了《关于推动国家工作人员旁听庭审活动常态化制度化的意见》，要求各级党组织和全体党员要带头尊法学法守法用法，落实“谁执法，谁普法”普法责任制，抓住领导干部这一“关键少数”开展生动的以案释法工作，健全完善日常学法制度，推动国家工作人员旁听庭审活动常态化制度化。一方面，要结合实际，建立国家工作人员旁听庭审制度，制定参加旁听庭审活动计划，把旁听庭审活动作为党委（党组）中心组学法的重要形式，计入国家工作人员法治培训学时学分。国家工作人员每年至少旁听庭审一次。另一方面，要把旁听庭审与行政应诉工作有机结合，推动落实被诉行政机关负责人出庭应诉制度。对于涉及重大公共利益、社会高度关注或者可能引发群体性事件的行政案件，相关部门可商案件审理法院组织工作人员现场旁听庭审。《人民法院法庭规则》规定，公开的庭审活动，公民可以旁听。自然资源主管部门工作人员只要在开庭前携带身份证件在人民法院领取旁听证即可旁听庭审。

【相关条款】

《人民法院法庭规则》第 9 条、第 17 条第 3 款、第 22 条

第八条　自然资源主管部门应当定期统计和分析行政应诉情况，总结行政应诉中发现的普遍性问题和重点案件，并在本部门内部或者向下级自然资源主管部门通报，督促其改进管理、完善制度。

【释义】　本条是关于对行政诉讼情况进行统计分析通报制度的规定。

自然资源主管部门应当定期进行案件统计分类。统计的口径主要包括原行政行为的类型，如信息公开、投诉举报、行政征收、行政许可、行政处罚等，是否经过复议程序，是否败诉，原告所在行政区域，是否可能存在滥诉的情况等。通过分析统计，尤其是通过败诉案件或虽然没有败诉但被法院指出某些方面存在缺陷的案件中反映出行政行为存在的问题，及时梳理总结，通过建章立制不断改进自然资源管理工作。例如，通过近年来大量的行政诉讼案件，自然资源

主管部门在执法过程中程序合法的观念明显加强，一些信息公开、投诉举报类案件也暴露出上下职责划分不清等问题，自然资源部通过解释规章等方式予以明确，这也是对行政应诉工作不断总结的结果。

共同被告制度实施以来，上级自然资源主管部门积极加入经复议程序的行政诉讼案件的应诉活动中，客观上加强了不同层级自然资源部门之间的工作联系，有利于复议机关就有关情况向下级自然资源主管部门通报，督促其改进管理、完善制度，也有利于下级自然资源主管部门向复议机关反馈一线管理实践中存在的各种问题。

第九条　自然资源主管部门的法治工作机构负责统一登记人民法院行政案件应诉通知书、裁判文书等。其他工作机构应当于收到的当日转交法治工作机构进行登记。

【释义】　本条是关于接收与转办人民法院行政应诉通知书、裁判文书的具体规定，是规范行政应诉流程、切实落实责任分工、明确责任主体的具体操作规则。

自然资源主管部门收到人民法院的应诉通知书及相关材料后，由法治工作机构进行统一登记，按照应诉责任机制进行分办。

应诉通知书来源于《民事诉讼法》第一百二十六条“人民法院对决定受理的案件，应当在受理案件通知书和应诉通知书中向当事人告知有关的诉讼权利义务，或者口头告知”的规定。《行政诉讼法》第六十七条明确规定：“人民法院应当在立案之日起五日内，将起诉状副本发送被告。被告应当在收到起诉状副本之日起十五日内向人民法院提交作出行政行为的证据和所依据的规范性文件，并提出答辩状。”行政机关在收到人民法院作出的应诉通知书后，只有 15 个自然日的答辩及整理相关证据材料的时间，所以要求作为被告的各级自然资源主管部门的法治机构要及时进行签收、登记和转办，以免超过提交答辩状和举证的期限，影响后续的行政诉讼案件审理。实践中，各地行政诉讼案件数量差异很大，起草《应诉规定》时，有不少地方主张：在工作流程上应由办公厅（室）负责统一接收应诉通知书等法律文书，若由法治机构直接签转承办机构承办，与公文收发运行流程相悖。但根据《应诉规定》第四条的规定，法治工作机构对本部门行政应诉工作负有组织、协调和指导职责，将行政诉讼法律文书与一般公文相区别，交由法治机构负责统一登记和转办具有必要性、可行性，也容易操作。实践中，其他机构接到应诉通知书及相关材料的，应当于当日转交法治工作机构统一登记。之所以规定“当日”转交，主要考虑：一是应诉通知书较易辨识，特殊情况下出现错递时，有关机构较为容易发现和转交；二是举证答辩时间较紧，需要强化风险意识，加强内设机构间的协作配合，以免延误答辩举证期间。

值得一提的是，在实际操作中，应诉承办部门具体办理出庭应诉，通常会收到人民法院的裁判文书。虽然裁判文书经登记后还转交应诉承办机构，但应诉承办机构也应注意要先将裁判文书转交法治工作机构进行统一登记。裁判文书最后转交应诉承办机构，主要考虑到裁判文书是行政应诉事项的办理结果，案件审结后，应当进行立卷归档。同时，裁判文书对承办机构业务上具有参考指导意义，便于以后类似情况的处理。

【相关条款】

1.《行政诉讼法》第67条

2.《民事诉讼法》第126条

文书示例

转交函

转 交 函

（裁判文书——胜诉）

××司（局）：

我司于________年____月____日收到________________法院发来的裁判文书等文。经查，该案为你司（局）主办，现将来文转交给你司（局），请结合法院要求、案件审理结果办理后续事宜。

案件信息如下：

原告：

审理法院：

案号：

××司

年　　月　　日

第十条　自然资源主管部门可以根据应诉工作的需要，聘请律师或者安排公职律师办理自然资源行政诉讼案件。

【释义】 本条是关于聘请律师或者安排公职律师办理案件的规定。

自然资源部主要负责土地、矿产、海洋等自然资源的规划、管理、保护和合理利用，与国务院其他部门相比，自然资源部门管理的土地、矿产资源是人民群众最重要、最有价值的财产，群众高度关注。近两年来，随着全面依法治国的推进，受新《行政诉讼法》实施、立案登记制改革、信访纳入法治化轨道、公益诉讼试点等多重因素叠加影响，自然资源领域行政复议和行政诉讼工作面临的形势十分严峻，呈现出量大、激增和类型相对集中的特点和态势，自然资源部行政应诉工作压力骤增，是国务院各部门中行政复议和行政应诉量最大的部门之一。2015 年原国土资源部本级行政应诉案件量是 2014 年的 7.8 倍；2016 年比上一年又翻了一番，2017 年持续增长，达到 739 件。2018 年，自然资源部本级行政应诉案件量更是多达 1059 件。特别是复议机关共同被告制度，对各级自然资源主管部门的法治机构提出了严峻挑战。各级自然资源主管部门的法治机构工作人员力量有限，仅靠各级自然资源主管部门法治机构行政编制人员，难以承担繁重的行政应诉工作。

2016 年 6 月，中共中央办公厅、国务院办公厅《关于推行法律顾问制度和公职律师公司律师制度的意见》提出："建立健全党政机关法律顾问、公职律师制度"，"建立以党内法规工作机构、政府法制机构人员为主体，吸收法学专家和律师参加的法律顾问队伍。党政机关内部专门从事法律事务的工作人员和机关外聘的法学专家、律师，可以担任法律顾问。党内法规工作机构、政府法制机构以集体名义发挥法律顾问作用。"2018 年 12 月，司法部《公职律师管理办法》第十三条规定:“公职律师可以受所在单位委托或者指派从事下列法律事务:……(五)参与行政处罚审核、行政裁决、行政复议、行政诉讼等工作……”目前,自然资源部已聘请了4家法律顾问律师事务所,组建了41人的公职律师队伍。各地自然资源行政主管部门也陆续聘请法律顾问,组建公职律师队伍。自然资源部正在积极探索如何充分发挥公职律师在行政应诉工作中的积极作用。

因此,自然资源主管部门可以根据行政应诉工作的需要,综合考虑机构和人员情况,遵循法治建设规律和法律顾问、律师工作特点,聘请法律专业人才作为法律顾问,充分发挥公职律师作用,选择符合实际的组织形式、工作模式和管理方式,积极稳妥实施法律顾问制度和公职律师制度,协助自然资源主管部门办理相关的自然资源行政应诉案件。

第十一条　自然资源主管部门应当积极配合检察机关开展公益诉讼工作。

【释义】　本条是关于公益诉讼的有关规定。

公益诉讼分为行政公益诉讼和民事公益诉讼。与英国、美国等国家大多由总检察长个人或者社会组织提起公益诉讼尤其是行政公益诉讼的制度有所不同,中国创造性地提出了由检察机关代表国家利益和社会公共利益提起公益诉讼,为全世界公益诉讼理论贡献了中国智慧和中国方案。自2014年党的十八届四中全会明确提出“探索建立检察机关提起公益诉讼制度”以来,经过近两年的试点实践,2017年6月27日,《行政诉讼法》《民事诉讼法》进行了修改,确立检察机关提起行政公益诉讼制度。自此,检察机关作为“国家力量”登上了公益诉讼的舞台,我国公益诉讼进入了一个全新的发展阶段。《行政诉讼法》第二十五条规定,人民检察院在履行职责中发现生态环境和资源保护、食品药品安全、国有财产保护、国有土地使用权出让等领域负有监督管理职责的行政机关违法行使职权或者不作为,致使国家利益或者社会公共利益受到侵害的,应当向行政机关提出检察建议,督促其依法履行职责。行政机关不依法履行职责的,人民检察院依法向人民法院提起诉讼。《民事诉讼法》第五十五条规定,对污染环境、侵害众多消费者合法权益等损害社会公共利益的行为,法律规定的机关和有关组织可以向人民法院提起诉讼。人民检察院在履行职责中发现破坏生态环境和资源保护、食品药品安全领域侵害众多消费者合法权益等损害社会公共利益的行为,在没有前款规定的机关和组织或者前款规定的机关和组织不提起诉讼的情况下,可以向人民法院提起诉讼。前款规定的机关或者组织提起诉讼的,人民检察院可以支持起诉。由此可见,行政机关既可以作为行政公益诉讼的被告,也可以作为民事公益诉讼的原告。鉴于《应诉规定》主要涉及行政公益诉讼,下面主要就行政公益诉讼的理解和适用进行介绍。

一、行政公益诉讼的基本特点

1. 从前提条件来看,检察机关要提起行政公益诉讼,对生态环境和资源保护等四大领域负有监督管理职责的行政机关存在不作为或者乱作为、致使国家利益或者社会公共利益受到侵害,这两个条件缺一不可。

2. 从程序来看,行政公益诉讼包括诉前检察建议和诉讼两个阶段。检察机关提起行政公益诉讼之前必须向行政机关发送检察建议书,督促其依法履行职责。行政机关应当在收到检察建议书之日起 2 个月内依法履行职责,并书面回复人民检察院。出现国家利益或者社会公共利益损害继续扩大等紧急情形的,行政机关应当在 15 日内书面回复。行政机关不依法履行职责的,人民检察院依法向人民法院提起诉讼。

3. 从适格主体来看,人民检察院在行政公益诉讼中的地位是“公益诉讼起诉人”,被告是对特定领域负有监督管理职责的行政机关。

4. 从管辖法院来看,基层人民检察院提起的第一审行政公益诉讼案件,由被诉行政机关所在地基层人民法院管辖。

5. 从起诉材料来看,检察机关需要向人民法院提供两项证明材料,一是被告违法行使职权或者不作为、致使国家利益或者社会公共利益受到侵害的证明材料。二是检察机关已经履行诉前程序、行政机关仍不依法履行职责或者纠正违法行为的证明材料。

6. 从结果来看,如果行政机关确有不作为或乱作为,人民法院可以根据情况下达确认违法或确认无效、撤销或部分撤销后重新作出行政行为、责令履行、变更等判决;如果被诉行政行为证据确凿,适用法律、法规正确,符合法定程序,未超越职权,未滥用职权,无明显不当,或者人民检察院诉请被诉行政机关履行法定职责理由不成立的,人民法院判决驳回诉讼请求,但是这种情况比较少。

二、自然资源领域行政公益诉讼基本情况

《行政诉讼法》规定的行政公益诉讼四大领域中，除食品药品安全之外，生态环境和资源保护、国有财产保护、国有土地使用权出让三项均与自然资源管理密切相关。近年来，检察机关也在积极探索行政公益诉讼"等外"领域，例如，最高人民检察院向教育部发出的第1号检察建议即关注未成年人综合保护，这并非《行政诉讼法》规定的行政公益诉讼传统四大领域。具体到自然资源领域行政公益诉讼，主要有"四多"的特点：一是数量多。据统计，行政公益诉讼试点开始至2017年3月，试点地区检察机关办理的诉前和诉讼程序案件中，涉及自然资源领域的至少有2470件（包括林业和草原主管部门的案件），几乎占案件总数的一半。2018年全国检察机关办理公益诉讼案件共11万余件，其中自然资源和生态环境领域近6万件，主要涉及8大部门，占半数以上。二是基层多。2018年，全国除7件涉及省级自然资源主管部门的案件外，其余公益诉讼案件均集中在市县级自然资源主管部门。三是行政机关败诉多。除极个别案件是检察机关撤诉或者诉讼终结外，93%以上的案件以行政机关败诉告终，这也是所有行政机关公益诉讼案件的普遍特点。四是类型多。自然资源领域行政公益诉讼已从传统的违法查处、环境恢复治理、土地出让金缴纳等扩展到海洋生态、海域海岸线和海岛修复、不动产登记、闲置土地处置等。

三、积极协同检察机关做好行政公益诉讼

公益诉讼事关生态文明建设，事关全面推进依法治国，事关国家治理体系和治理能力的现代化。通过检察机关的外部监督，能够更好地促进自然资源主管部门依法行政，更好地保护自然资源和生态环境，重塑外部执法环境、调整内部工作机制、降低廉政风险，全面促进自然资源管理法治化。公益诉讼试点伊始，自然资源管理系统就将落实行政公益诉讼制度作为一项重大政治任务，予以高度关注。自然资源部领导也多次对公益诉讼工作作出重要批示，争取与最高人民检察院在保护自然资源、推进行政公益诉讼方面进行更为广泛、更有深度的合作。2018年8月制发《自然资源部关于进一步改进和加强行政复议行政应诉工作的通知》，要求各级自然资源主管部门要积极配合检察机关做好公益诉讼工作。建立了行政公益诉讼行政机关负责人出庭应诉制度，要求各级自然资源主管部门对检察机关提起的自然资源行政公益诉讼，被诉的地方自然资源主管部门负责人必须出庭应诉。同年，会同最高人民检察院和生态环境部等八部委联合下发《关于在检察公益诉讼中加强协作配合依法打好污染防治攻坚战的意见》，并探索借助检察机关刑事、民事、行政、公益诉讼四大职能推动自然资源管理。

自然资源主管部门可以和检察机关从以下几方面协同配合推进行政公益诉讼：一是建立案件信息共享平台。探索建立行政检察与行政执法衔接的信息平台，实现自然资源主管部门发现公益诉讼案件线索及时移送检察机关、检察机关发现自然资源主管部门可能存在履职问题时提前预警、启动公益诉讼程序网上告知等功能。二是构建重大情况通报制度。检察机关和自然资源主管部门任何一方获得的涉及自然资源行政执法及公益诉讼的重大舆情，应当及时相互通报，共同研究制定处置办法，回应社会关切。三是建立联合开展专项行动制度。双方开展的涉及对方工作范围的专项行动等，可邀请对方参与，充分发挥检察机关公益监督、刑事司法等职能，充分发挥自然资源主管部门行政执法、勘验检查、卫星遥感等职能和技术优势，形成工作合力，共同促进自然资源领域依法行政工作。四是建立联合培训制度。湖北省自然资源厅就曾与湖北省人民检察院联合举办了法治培训，组织省内200余名自然资源管理系统和检察机关的领导干部，开展了形式多样、内容丰富的调研和培训，是联合培训制度的一次生动实践。五是建立联席会议机制。共同研讨自然资源领域涉及公益诉讼工作中存在的具体问题，对于达成一致的事项，以会议纪要等形式予以明确，指导和推动行政公益诉讼工作。六是建立日常联络机制。

另外，自然资源主管部门还要积极配合检察机关调查取证。根据公益诉讼司法解释，人民检察院办理公益诉讼案件，可以向有关行政机关以及其他组织、公民调查收集证据材料；有关行政机关以及其他组织、公民应当配合；需要采取证据保全措施的，依照《民事诉讼法》《行政诉讼法》相关规定办理。

四、自然资源主管部门在行政公益诉讼中需要把握的两个关键

当前，自然资源行政公益诉讼领域反映的最主要的问题即检察机关与行政机关对于履职边界认识不一致。实践中，对于部分公益诉讼案件中，行政机关如何作为才算履职到位，检察机关和自然资源主管部门认识存在分歧。例如，对于违法建筑，《土地管理法》没有赋予自然资源主管部门强制拆除的权力，只能申请人民法院强制执行。而对于自然资源主管部门申请强制执行的案件，人民法院并不是都能够拆除，导致违法建筑执行不到位。检察机关据此对自然资源主管部门提起公益诉讼,而自然资源主管部门认为只要向人民法院申请强制执行了,就应当是履职到位了。

对此,自然资源主管部门需要把握两个关键:一是注重把握诉前程序关键环节,将落实诉前检察建议,积极整改作为重中之重。2018 年 1 月至 11 月,全国检察机关共立案公益诉讼案件 89523 件,其中提起诉讼的仅 2560 件,诉前程序案件占比高达 96.84%,诉前程序行政机关整改率达到 94.42%。自然资源主管部门一旦面临公益诉讼,要与检察机关充分沟通交流,明确整改的具体要求,从行政权力本身、行政管理现状、行政管理过程中遇到的现实困难等角度考量,由行政机关向检察机关充分全面地作出回复及说明后,争取检察机关的理解支持,力争在诉前程序解决问题。二是注重把握履职边界。自然资源主管部门首先要穷尽所有履职手段保护国家利益和社会公共利益,如果已经履职尽责,国家利益和社会公共利益却仍然处于受侵害的状态,建议与检察机关讲事实、摆道理、拿依据,明确行政机关履职边界,规范启动公益诉讼的条件。

另外,行政机关在民事公益诉讼中的职能定位尚不清晰。一方面,行政机关如何提起民事公益诉讼缺乏具体规定。根据《民事诉讼法》的规定,有关国家机关可以提起民事公益诉讼。但是行政机关在这方面尚缺乏实践经验,迫切需要细化规定。另一方面,部分检察机关将行政机关作为民事公益诉讼的被告。根据《最高人民法院关于审理环境公益诉讼案件的工作规范(试行)》第八条规定的原则,行政机关不应属于民事公益诉讼的被告,但实践中,仍然有检察机关对行政机关提起民事公益诉讼。这个问题需要进一步研究后予以明确。

【相关条款】

1.《行政诉讼法》第 25 条

2.《民事诉讼法》第 55 条

3.《最高人民法院、最高人民检察院关于检察公益诉讼案件适用法律若干问题的解释》

案例链接

D 县人民检察院诉 D 县原国土资源局不履行法定职责案

基本案情:D 县人民检察院在履行职责中发现,2011 年 1 月 20 日,D 县原国土资源局将位于D县Q区两块国有建设用用地以28050万元出让给A公司并签署《成交确认书》。但A公司之后并未依约签订《国有建设用地使用权出让合同》。同年5月18日,D县原国土资源局未经重新组织招拍挂程序,直接按照之前A公司的竞买价又与B公司就以上地块签订《国有建设用地使用权出让合同》。在签订合同时,D县原国土资源局直接将A公司之前缴纳的2000万元竞买保证金转为B公司定金计入所缴出让价款。合同签订后,D县原国土资源局即将部分土地交B公司开发使用,并将土地违法拆分为B公司办理土地使用权证,而B公司在分三次缴纳了5700万元土地出让金后就再未缴纳,拖欠金额高达2亿余元。

诉前程序:2014年4月10日,D县人民检察院向D县原国土资源局发出《检察建议书》,要求其依照法律规定和《出让合同》的约定及时收回土地出让金及利息。但该局收到检察建议后,并未采取有效措施。2016年3月,D县人民检察院再次向D县原国土资源局发出《检察建议书》,令其自行纠正将A公司2000万元定金转作B公司出让价款的行为,重新确定B公司所欠出让价款数额、利息及违约金并依法追缴,并纠正为B公司违法办理国有土地使用权登记和发证手续的行为。但D县原国土资源局一直未依法纠正违法行为,国家利益仍处于受侵害状态。

诉讼过程:2016年12月9日,D县人民检察院依法向D县人民法院提起行政公益诉讼。之后,D县原国土资源局高度重视,并在开庭之前采取各种措施向B公司追缴土地出让价款19509.2万元,在该案开庭后又收回1190.82万元。至该案判决时共计收缴2.07亿元,B公司所欠合同价款全部追缴入库。2017年6月1日,D县人民法院开庭审理对本案作出判决,支持D县人民检察院的诉讼请求。

该案办理过程中,D县人民检察院还就D县原国土资源局工作人员签订合同时玩忽职守导致2000万元国有资产流失,向该院职务犯罪侦查部门移送了犯罪线索。

第十二条　自然资源主管部门可以委托所属事业单位承担有关行政应诉的事务性工作。

【释义】 本条是关于行政应诉事项委托办理的规定。

自然资源部不动产登记中心(法律中心)设立了复议事务处,并明确其主要工作任务为“开展国土资源行政复议制度研究;承担部行政复议及行政应诉相关事务性工作”。过去,自然资源部不动产登记中心(法律中心)主要办理异地应诉案件。2019年8月起,自然资源部开始实行行政复议行政应诉案件一体化办理,即统筹自然资源部法规司行政复议应诉处、部不动产登记中心(法律中心)复议事务处、法律顾问律所三支力量,共同办理行政复议和由行政复议引发的行政应诉案件,推行“首问负责制”,由一个办案人员办理其负责的行政复议案件引发的行政诉讼案件。部不动产登记中心(法律中心)承担了行政应诉案件办理过程中大量的事务性工作,为自然资源部全面履行行政应诉职责提供了有力支撑。在自然资源部相关做法的示范引领下,不少地方也积极探索和实践,取得了较好的实际效果。

各级自然资源主管部门可以根据行政应诉工作的需要,综合考虑机构和人员情况,委托所属事业单位承担有关行政应诉的事务性工作的规定,将行政诉讼案件应诉的事务性工作委托给所属事业单位,加强协作配合,以更好地完成行政应诉工作,不断提升行政应诉工作的能力和水平。

第十三条　共同应诉案件中,自然资源主管部门可以通过人民法院远程在线应诉平台出庭应诉,也可以委托下一级自然资源主管部门出庭应诉。

【释义】 本条是关于在共同应诉案件中探索多元化出庭方式的规定。

自2015年5月1日新《行政诉讼法》实施以来,根据共同被告案件的管辖原则,截止到2018年5月原国土资源部共赴京外24个省(区、市)60个法院出庭应诉222次。自然资源部建部以来,异地应诉案件仍有增无减。自然资源部复议应诉机构的在编工作人员只有3人,难以应对如此高强度的出庭任务。2017年10月31日,最高人民法院江必新副院长在“加强行政审判工作,助力法治政府建设”座谈会上提出,各级人民法院要处理好巩固改革成果和继续改革创新的关系,既要坚持行政诉讼制度改革成果,防止走回头路,翻烧饼,又要在坚持行政复议共同被告制度的同时,积极探索各种出庭应诉方式,保证出庭应诉实际效果,解决复议机关应诉压力过大等问题。

根据《最高人民法院关于认真贯彻行政诉讼法完善国务院部门出庭应诉工作的通知》(法〔2018〕361 号)精神,自 2019 年 1 月 1 日起,国务院部门作为单独被告、共同被告的行政案件,可以选择通过最高人民法院远程在线应诉平台出庭应诉。江苏、浙江、上海等地法院已经开始探索远程在线应诉工作。8 月 12 日,根据上海市第三中级人民法院通知,自然资源部已通过远程在线应诉平台参加了一次出庭应诉。在硬件方面,远程在线应诉平台需要安装法院系统相应的视频软件,确保电脑设备安装有摄像头、麦克风和音响等设备,并保持安静的视频环境。在应诉流程方面,远程在线应诉与实地出庭应诉程序基本相同,唯一不同是庭审笔录需要法院邮寄给当事人签字后返回。

同时,为化解系统案件数量多、应诉压力大的问题,解决当前部应诉人员严重不足的困难,从源头上减少矛盾纠纷,合理化解行政争议,提高工作实效,自然资源部建立了共同被告异地应诉委托出庭制度。

第十四条 **自然资源主管部门应当依照下列规定确定应诉承办机构,并将应诉通知书及相关材料转交应诉承办机构办理:**

(一)被诉的行政行为未经复议的,作出该行政行为的业务工作机构为应诉承办机构;

(二)被诉的行政行为经复议维持的,作出该行政行为的业务工作机构和法治工作机构为应诉承办机构。业务工作机构负责对原行政行为的合法性进行举证和答辩,法治工作机构负责对复议决定的合法性进行举证和答辩;

(三)被诉的行政行为经复议改变的,办理行政复议事项的法治工作机构为应诉承办机构,业务工作机构协助办理。

经自然资源主管部门负责人同意,应诉承办机构可以通知与被诉行政行为有关的其他工作机构参与应诉工作。

确定应诉承办机构有争议的,由法治工作机构提出处理意见,报请自然资源主管部门负责人确定。

【释义】 本条是落实应诉承办机构具体职责分工的条款。

本条分三款分别规定了应诉承办机构的具体职责分工、与被诉行政行为有关的其他工作机构的协助配合义务,以及落实承办责任时出现分歧时的解决机制。

一、应诉承办机构的具体职责分工

在不同的诉讼类型中,应诉承办机构的具体指向是不同的。本条第一款就是针对不同情形作出的具体规定:

(一)被诉的行政行为未经复议的,作出该行政行为的业务工作机构为应诉承办机构。

本项实质上说的是,业务机构单独应诉。以自然资源部为例,原告不服某个信息公开答复提起行政诉讼的,由具体承办该答复的司局为应诉承办机构。但如果一个信息公开答复涉及若干个司局的,则选择一个牵头司局为应诉承办机构。另如,原告不服自然资源部勘查开采矿产资源的行政许可决定提起行政诉讼的,由具体承办该许可事项的司局为应诉承办机构。地方各级自然资源主管部门以此类推。

(二)被诉的行政行为经复议维持的,作出该行政行为的业务工作机构和法治工作机构为应诉承办机构。

这一项,也就是我们常说的业务机构和复议机构作为"共同被告"共同应诉的情形。

1. 关于共同应诉的情形。这里的共同应诉特指作出行政行为的业务工作机构和复议机构共同应诉的情形。可以说,"只有复议实质维持才会共同应诉"。

首先,这里的"实质维持"既包括"维持"也包括"驳回"。2015 年 5 月 1 日新修订实施的《行政诉讼法》确立了复议机关作共同被告制度,如果被诉行政行为已经复议,并被复议机关予以维持,或者依据《行政复议法实施条例》第四十八条第一款第一项被驳回的,作出该行政行为的业务工作机构和办理行政复议事项的法治工作机构需要共同应诉。复议机关以复议申请不符合受理条件为由作出驳回决定的,应当由复议机关单独应诉。如果被诉行政行为是某省(区、市)自然资源主管部门作出并经自然资源部维持的,该省(区、市)自然资源主管部门与自然资源部是共同被告,省(区、市)自然资源主管部门具体承办被诉行政行为的业务机构与部办理行政复议事项的法治工作机构均为应诉承办机构,负责共同应诉。

其次，原告只起诉作出原行政行为的行政机关或者复议机关的，人民法院应当告知原告追加共同被告。原告不同意追加的，人民法院应当将另一机关列为共同被告。

最后，如果行政复议决定既有维持原行政行为内容，又有改变原行政行为内容或者不予受理申请内容的，作出原行政行为的行政机关和复议机关为共同被告。

需要注意的是，复议机关作共同被告的案件，以作出原行政行为的行政机关确定案件的管辖级别。

2. 关于共同应诉中的举证责任。根据《最高人民法院关于适用〈中华人民共和国行政诉讼法〉的解释》（法释〔2018〕1 号）的规定，对于复议机关决定维持的行政行为提起诉讼时，人民法院在审查时，要同时对原行政行为与复议行为进行合法性审查。因此，这两个应诉承办机构在应诉中共同承担举证责任，为避免重复举证，可以由其中一个机构实施举证行为，实践中，一般是由作出该行政行为的业务工作机构对原行政行为合法性承担举证责任；由办理行政复议事项的法治工作机构对复议决定的合法性承担举证责任。同时，人民法院也对复议阶段获取证据的认定作出创新性的规定，明确“复议机关作共同被告的案件，复议机关在复议程序中依法收集和补充的证据，可以作为人民法院认定复议决定和原行政行为合法的依据”。

（三）被诉的行政行为经复议改变的，办理行政复议事项的法治工作机构为应诉承办机构，复议机关是被告，业务工作机构协助办理。

本项实质上说的是复议机构单独应诉的情形，理解与适用的关键在究竟什么是“经复议改变”？根据《最高人民法院关于适用〈中华人民共和国行政诉讼法〉的解释》（法释〔2018〕1 号）第一百三十三条至第一百三十五条的规定，《行政诉讼法》第二十六条第二款规定的“复议机关改变原行政行为”，是指复议机关改变原行政行为的处理结果。复议机关改变原行政行为所认定的主要事实和依据、改变原行政行为所适用的规范依据，但未改变原行政行为处理结果的，视为复议机关维持原行政行为。复议机关确认原行政行为无效，属于改变原行政行为。复议机关确认原行政行为违法，属于改变原行政行为，但复议机关以违反法定程序为由确认原行政行为违法的除外。

符合本项规定的情形下，人民法院审查的主要是行政复议决定对原行政行为作出改变的事实认定和法律适用。理所当然，办理行政复议事项的法治工作机构为应诉承办机构，但由于司法审查涉及对原行政行为合法性的认定问题，业务工作机构在应诉中具有协助义务，从而便于人民法院了解具体的法律规定、业务背景、政策规定等，更好地查清事实、作出裁判。

二、与被诉行政行为有关的其他工作机构的职责分工

为了更加直接有效地向当事人释明法律政策，支持人民法院的司法审判工作，根据工作需要，必要时，经自然资源主管部门负责人同意，应诉承办机构可以通知与被诉行政行为有关的其他工作机构参与应诉工作。这么规定主要是基于以下三点考虑：

一是有利于促进源头治理。目前，行政机关容易涉诉的信息公开、投诉举报或者行政复议案件，往往是基于背后其他具体的行政争议而引发，原告更希望通过信息公开、投诉举报或者行政复议满足其背后真实的利益诉求，由于真正的矛盾涉及的单位很难参加到诉讼中来，容易造成程序空转，不利于纠纷的实质性解决。有关机构参与到诉讼中来，有利于从源头上解决问题、化解纠纷。

二是有利于当庭质证说明。《最高人民法院关于适用〈中华人民共和国行政诉讼法〉的解释》（法释〔2018〕1 号）第四十一条确立了行政执法人员出庭说明制度，即当行政诉讼中的原告或者第三人对行政执法的现场笔录、扣押财产品种或者数额、检验物品取样或者保管、行政执法人员身份的合法性等有异议时，要求相关行政执法人员出庭说明的，人民法院可以准许。

三是有利于释明政策背景。《最高人民法院关于适用〈中华人民共和国行政诉讼法〉的解释》（法释〔2018〕1 号）对于规范性文件的一并审查作出了更加明确细化的规定，第一百四十七条确立了规范性文件制定机关出庭陈述意见制度，规定："人民法院在对规范性文件审查过程中，发现规范性文件可能不合法的，应当听取规范性文件制定机关的意见。制定机关申请出庭陈述意见的，人民法院应当准许。"

三、落实承办责任时出现分歧时的解决机制

实践中，被诉行政行为可能是多个工作机构共同作出、很难确定牵头机构，也可能出现工作机构合并、分立或者职责变化等各种具体复杂情况，确定应诉承办机构时，出现意见分歧是正常的。例如，有的信息公开申请涉及自然资源主管部门多个工作机构的业务，信息公开答复的主体就会涉及多个工作机构。

为提高应诉效率，确保自然资源主管部门在收到起诉状后的15日内依法举证答辩，必须建立快速处理机制。为此，本条第三款专门予以明确，当法治工作机构难以确定应诉承办机构时，要提出处理意见，报请自然资源主管部门负责人确定，尽快明确应诉承办机构。

【相关条款】

1.《行政诉讼法》第26条

2.《最高人民法院关于适用〈中华人民共和国行政诉讼法〉的解释》（法释〔2018〕1号）第41条、第135条、第147条

文书示例

分办函（具体行政行为用）

分　办　函

（具体行政行为用）

××司（局）：

现于________年____月____日收到______________________法院发来的应诉通知书等材料，经查，该案为你司（局）主办，现将来文转交给你们，请按照《自然资源行政应诉规定》有关规定，在法定时限内按照法院要求准备和提交答辩状、证据等相关材料和手续，出庭应诉。

该案信息如下：

原告：

审理法院：

案号：

自然资源部法规司

年　　月　　日

第十五条　因行政复议机关维持原行政行为被共同提起诉讼的，自然资源主管部门的应诉承办机构应当与立案的人民法院联系，并及时与行政复议机关的应诉承办机构沟通。

【释义】　本条是关于共同被告应诉承办机构相应职责的规定。

本条主要针对的是原行政行为机关与行政复议机关为两个行政机关的情形。因行政复议机关维持原行政行为被共同提起诉讼的，因应诉承办机构有两个，分别是作出该行政行为的业务工作机构和办理行政复议事项的法治工作机构，所以，这两个应诉承办机构在应诉中要承担好各自应诉责任，自然资源主管部门的应诉承办机构应当与立案的人民法院联系，并及时与行政复议机关的应诉承办机构沟通，一起做好共同应诉工作。

【相关条款】

《行政诉讼法》第25条

第十六条　应诉承办机构应当按照人民法院应诉通知书的要求，及时收集整理作出被诉行政行为的证据、依据以及其他有关材料，拟订答辩状，确定应诉承办人员，并制作法定代表人身份证明和授权委托书。

应诉承办机构根据需要，可以提请法治工作机构组织有关机构、单位、法律顾问等对复杂案件进行会商。

【释义】　该条明确了各级自然资源主管部门的应诉承办机构收到人民法院的应诉通知书后，具体需要承办的事项。

一是根据《行政诉讼法》第五章“证据”、第七章“审理和判决”第二节的规定，行政机关应诉承办机构收到人民法院的应诉通知书后，应按照人民法院要求及时收集整理作出被诉行政行为的证据、依据和其他有关材料，拟订答辩状，确定应诉承办人员，并制作法定代表人身份证明和授权委托书，并且要在《行政诉讼法》规定的法定时间内，按照人民法院要求的份数提交。行政答辩状是行政诉讼中的被告（或被上诉人）针对原告（或上诉人）在行政起诉状（或上诉状）中提出的诉讼请求、事实与理由，向人民法院作出的书面答复。根据《行政诉讼法》第六十七条的规定，人民法院受理行政诉讼案件后，应当在立案之日起5日内，将起诉状副本发送给被告。被告应当在收到起诉状副本之日起15日内向人民法院提交作出具体行政行为的证据和所依据的规范性文件等有关材料，并提出答辩状。人民法院应当在收到答辩状之日起5日内，将答辩状副本发送给原告。提交答辩状对于行政诉讼案件被告来说，既是诉讼权利，也是诉讼义务。根据《行政诉讼法》第六十七条第二款的规定，在答辩期限内不提出答辩状的，不影响人民法院审理。《行政诉讼法》第三十四条第一款规定："被告对作出的行政行为负有举证责任，应当提供作出该行政行为的证据和所依据的规范性文件。"因而当被诉行政机关进行答辩时，不仅要对原告的诉讼请求和提出的事实和理由进行答辩，还必须提供行政机关作出该行政行为的证据和所依据的规范性文件，否则就会导致败诉的后果。行政诉讼的特点决定了举证责任主要在被告，即行政机关，且行政机关作出被诉行政行为的证据、依据，是人民法院审理行政诉讼案件的重要依据，司法实践中，存在因行政机关未提交充足证据、依据，经人民法院审理，认为行政机关作出原行政行为没有证据、依据，而判决行政机关败诉的案例，所以各级自然资源主管部门要高度重视应诉的举证工作，积极应对行政诉讼。

二是提出了重大、复杂行政诉讼案件的会商机制。对于重大、复杂行政诉讼案件，各级自然资源主管部门应诉承办机构应该及时提出，由法治工作机构组织有关机构、单位、法律顾问等对相关案件进行讨论、研究，确定答辩思路，提交相关证据、依据，积极应对诉讼活动。探索行政复议和行政应诉工作与其他业务工作的联动机制，使广大自然资源管理部门的领导干部和工作人员充分认识到，行政复议和诉讼制度是现代行政的重要标志，是提高行政管理法治化水平的重要手段，是维护行政相对人合法权益的重要工具，也是完善我们自然资源管理制度的重要途径。

【相关条款】

《行政诉讼法》第34条、第67条

文书示例

1. 答辩状(以行政复议机关的答辩状为例)

答 辩 状

答辩人:
地　址:
法定代表人:
委托代理人:

原告______不服答辩人作出的__________________,向__________人民法院提起行政诉讼(案号),按照应诉通知书要求,答辩如下:

一、答辩人负有行政复议的法定职责

依据《行政复议法》第十二条“对县级以上地方各级人民政府工作部门的具体行政行为不服的,由申请人选择,可以向该部门的本级人民政府申请行政复议,也可以向上一级主管部门申请行政复议”的规定,原告不服被申请人____________________________,向答辩人提出行政复议申请,答辩人负有行政复议的法定职责。

二、答辩人__________程序符合法律规定。

三、答辩人复议决定认定事实清楚,适用法律正确。

综上所述,答辩人作出的______________事实清楚、适用法律正确,故请求法院驳回原告的全部诉讼请求。

此致

________人民法院

答辩人:

年　　月　　日

2. 行政诉讼案件证据目录

证 据 目 录

（案　　号）

原告不服被告作出的________________________________。

序号	证据名称(复印件)	形成时间	形成主体	证明目的	页码

3. 法定代表人身份证明书

法定代表人身份证明书

______________同志在我单位任部长职务，是我单位的法定代表人。

特此证明。

（单位公章）

年　　月　　日

第十七条　**应诉承办机构应当将答辩状及证据、依据等相关材料提交自然资源主管部门负责人审查批准。**

答辩状、法定代表人身份证明、授权委托书应当加盖自然资源主管部门的印章，授权委托书还应当加盖法定代表人签名章或者由法定代表人签字。

【释义】　本条是关于行政应诉准备材料的规定。

各级自然资源主管部门应诉承办机构将起草的行政诉讼答辩状及收集整理好的作出原行政行为证据、依据等相关材料，应当提交自然资源主管部门负责人审查批准，经批准后加盖自然资源主管部门的印章，授权委托书上还应加盖法定代表人的签名章。因为行政机关在行政诉讼程序中，参与应诉的工作机构及人员代表的是行政机关，所出具的答辩状及相关证据、依据材料也是原行政行为的重要依据，必须按照一定的行政机关工作程序，经部门负责人审查后，提交人民法院；未提交符合法定形式的答辩状及相关证据、依据材料，也有可能影响行政诉讼案件的正常审理，产生不利后果。

【相关条款】

《行政诉讼法》第 34 条、第 67 条

第十八条　应诉承办机构应当自自然资源主管部门收到人民法院应诉通知书之日起 15 日内，按照人民法院的要求将答辩状、证据、依据等相关材料提交立案的人民法院。因不可抗力等正当事由导致证据不能按时提供的，应当向人民法院提出申请，经准许后可以延期提供。

证据、依据等相关材料涉及国家秘密、商业秘密或者个人隐私的，应诉承办机构应当作出明确标注和说明，安排工作人员当面提交给人民法院，由人民法院指定的人员签收。

【释义】　本条是关于依法提交答辩状及证据依据的规定。

一、提交答辩状及证据依据的一般规定

《行政诉讼法》第六十七条规定，被告应当在收到起诉状副本之日起 15 日内向人民法院提交作出行政行为的证据和所依据的规范性文件，并提出答辩状。提交答辩状及证据依据是自然资源主管部门作为被告的法定责任，也是提出自己的答辩意见、反驳理由从而证明行政行为合法性的一项重要权利。

（一）关于答辩状的规定。答辩状应当围绕行政机关是否具有相应法定职责，紧扣实体和程序，从证据、法律法规适用等方面进行论述。需要强调的一点是，有人认为本条关于提交答辩状期限的规定过于严苛，而且法律没有明确规定必须提交答辩状。事实上，《行政诉讼法》第六十七条明确指出被告应当在收到起诉状副本之日起 15 日内提交答辩状，只是被告不提出答辩状的，不影响人民法院审理。这并不代表被告可以超期提交答辩状。实践操作中，人民法院均要求行政机关按期提交答辩状。

（二）关于证据的规定。一是关于被告的举证责任。被告对作出的行政行

为负有举证责任,应当提供作出该行政行为的证据和所依据的规范性文件。被告不提供或者无正当理由逾期提供证据,视为没有相应证据。二是关于延期举证,被告在作出行政行为时已经收集了证据,但因不可抗力等正当事由不能提供的,经人民法院准许,可以延期提供。被告申请延期提供证据的,应当在收到起诉状副本之日起15日内以书面方式向人民法院提出。人民法院准许延期提供的,被告应当在正当事由消除后15日内提供证据。逾期提供的,视为被诉行政行为没有相应的证据。三是关于被告补充证据。原告或者第三人提出了其在行政处理程序中没有提出的理由或者证据的,经人民法院准许,被告可以补充证据。四是关于被告收集证据的限制性规定。在诉讼过程中,被告及其诉讼代理人不得自行向原告、第三人和证人收集证据。五是关于人民法院要求提供或补充证据。人民法院有权要求当事人提供或者补充证据。六是关于人民法院调取证据。人民法院有权向有关行政机关以及其他组织、公民调取证据。但是,不得为证明行政行为的合法性调取被告作出行政行为时未收集的证据。

(三)关于依据的规定。这里的依据,一般指的是"规范性文件"。但实践中,为了让合议庭法官了解行政管理背景、原因,充分理解行政行为的合法性、合理性,自然资源主管部门应当向法院提交所有相关的政策规定,并不局限于规范性文件。

二、延期提交证据的条件

(一)应当经人民法院准许。自然资源主管部门应当在法定的举证期限内举证,因此,延期举证要受到严格的限制,必须经人民法院准许。

(二)应当是自然资源主管部门在作出行政行为时已经收集的证据。这一规定,是强调自然资源主管部门申请延期提供的证据,应当是依据"先取证,后裁决"的原则,依法定程序在作出行政行为的过程中收集的证据;不按法定程序收集的证据,应视为被诉行政行为没有相应的证据,而不能申请延期提供。2018年2月8日实施的《最高人民法院关于适用〈中华人民共和国行政诉讼法〉的解释》(法释〔2018〕1号)作出了复议程序中可以依法收集补充证据的规定。第一百三十五条第三款规定:"复议机关作共同被告的案件,复议机关在复议程序中依法收集和补充的证据,可以作为人民法院认定复议决定和原行政行为合法的依据。"这是对以往对于原行政行为作出后,不能再收集、补充证据的规则的重大调整。

（三）因不可抗力等正当事由不能提供的证据。“不可抗力”是指不能预见、不能避免和不能克服的客观情况，如战争、地震、台风、水灾等。除不可抗力外，还包括非自身所能控制的因素等其他正当理由。

三、涉密证据的处理

（一）行政诉讼程序中对于涉密证据的处理。一是人民法院调取。与案件有关的涉及国家秘密、商业秘密和个人隐私的证据，原告或者第三人不能自行收集，但是可以申请人民法院调取。二是公开开庭时不得出示。对涉及国家秘密、商业秘密和个人隐私的证据，不得在公开开庭时出示。三是当事人及其代理人不得查阅。当事人和其他诉讼代理人有权按照规定查阅、复制本案庭审材料，但涉及国家秘密、商业秘密和个人隐私的内容除外。

（二）提交涉密证据的方式。《保守国家秘密法》第二十五条第三项规定，任何组织和个人不得通过普通邮政、快递等无保密措施的渠道传递国家秘密载体。《保守国家秘密法实施条例》第二十一条第三项规定，传递国家秘密载体，应当通过机要交通、机要通信或者其他符合保密要求的方式进行。《中共中央保密委员会办公室、国家保密局关于国家秘密载体保密管理的规定》对秘密载体的收发与传递作了明确规定。若提交复印件，绝密级证据的复印应取得发文单位或其上级机关同意，做好内部复印的审批、登记手续，通过涉密复印机复印，并按《保守国家秘密法实施条例》第二十一条第四项的要求处理，做好登记工作。据此，自然资源主管部门提交的证据、依据等相关材料涉及商业秘密或者个人隐私的，应当将证据涉密情况与法院进行沟通，在提供证据时作出明确标注和说明。同时，为保证涉密证据的安全，自然资源主管部门应当安排工作人员当面提交给人民法院，由人民法院指定的人员签收。

【相关条款】

1.《行政诉讼法》第36条、第67条

2.《最高人民法院关于适用〈中华人民共和国行政诉讼法〉的解释》（法释〔2018〕1号）第135条

3.《保守国家秘密法》第25条

4.《保守国家秘密法实施条例》第21条

5.《中共中央保密委员会办公室、国家保密局关于国家秘密载体保密管理的规定》（厅字〔2002〕58号）第11～17条

案例链接

惠某不服A省自然资源厅信息公开答复案

2018年8月7日,A省自然资源厅针对惠某提出的信息公开申请作出政府信息公开告知书,主要内容为:依据《中华人民共和国政府信息公开条例》第十七条,根据惠某提供的信息,查询到W市2005年度农用地转用和土地征收方案的档案,将档案中除涉密材料和过程性材料以外的相关材料复印后提供给了惠某。惠某认为:1. A省自然资源厅作为保存其申请公开的信息的主管部门,应当如实完整地提供征地批复的前置申报材料,被告仅公开一部分信息,未能充分保障原告的知情权。2. 被告称原告申请公开的信息中包含有涉密材料,但未明确是国家秘密还是商业秘密,也未明确涉密范围、对象和定密依据,诉讼中被告亦未举证证明。3. 被告称原告申请公开的信息中包含有过程性材料没有依据。原告申请公开的申报材料属于事实性信息,是作出征地批复的基础性材料,应予公开。法院认为:被诉告知书中所称的"涉密材料"究竟是指涉国家秘密还是商业秘密并不明确,不符合《政府信息公开条例》第二十一条第二项的规定。而且A省自然资源厅在本案诉讼中未就其所称的涉密材料向法院提交证据,无法证明相关信息涉密。A省自然资源厅对于被诉告知书中所称的"过程性材料",亦未向法院提供可供审查的线索,法院无法判断其所称的"过程性材料"的基本内容和性质,原告主张缺乏事实根据。因此,判决撤销了A省自然资源厅政府信息公开告知书中以"涉密材料""过程性材料"为由不予公开的部分答复。

第十九条　应诉承办机构认为需要向人民法院申请阅卷的,可以向人民法院提出申请,并按照规定查阅、复制卷宗材料。

【释义】　本条是关于诉讼期间阅卷的规定。

根据《行政诉讼法》的相关规定,自然资源主管部门应诉承办机构作为案件当事人有权查阅、复制案件庭审材料。这包括证据材料、庭审记录以及起诉状、答辩状、代理意见等庭审中涉及的有关材料。但不能查阅、复制涉及国家秘密、商业秘密和个人隐私的内容。

国家秘密，包括：国家事务重大决策中的秘密事项、国防建设和武装力量活动中的秘密事项、外交和外事活动中的秘密事项以及对外承担保密义务的秘密事项、国民经济和社会发展中的秘密事项、科学技术中的秘密事项、维护国家安全活动和追查刑事犯罪中的秘密事项、经国家保密行政管理部门确定的其他秘密事项。

商业秘密，是指不为公众所知悉、能为权利人带来经济利益、具有实用性，并经权利人采取保密措施的技术信息和经营信息。

个人隐私，是指公民个人生活中不愿为他人公开或知悉的秘密。

【相关条款】

1.《行政诉讼法》第32条

2.《保守国家秘密法》

第二十条　应诉承办机构收到应诉通知书后，认为能够采取解释说明、补充完善相关行政程序、积极履行法定职责等措施化解行政争议的，应当及时提出具体措施的建议，必要时应当经本部门负责人同意，与人民法院、原告沟通协商，但不得采取欺骗、胁迫等手段迫使原告撤诉。

应诉承办机构为化解行政争议所采取的措施，不得损害国家利益、社会公共利益和他人合法权益，不得违反法律法规的规定。

【释义】　本条是关于自然资源主管部门主动化解行政争议的规定。

新修正的《行政诉讼法》将"解决行政争议"作为立法目的之一。新法实施后，人民法院在行政审判实践中体现出新的价值取向，即在加大对行政机关司法监督力度的同时，更加支持行政机关采取积极协调、主动纠错等措施，推动矛盾纠纷的实质性化解。为进一步鼓励行政应诉机构在不损害国家利益、社会公共利益和他人合法权益的前提下积极作为，推动矛盾纠纷的实质性化解，《应诉规定》将实践中的成功经验总结上升为制度成果，对于能够通过释明法律政策引导当事人通过其他途径维护其合法权益，通过补充完善相关行政程序、积极履行法定职责等措施化解行政争议等情形作出了明确规定。协调化解纠纷，应当遵循自愿、合法原则，不得损害国家利益、社会公共利益和他人合法权益。

一、主动调解的性质

这里的“主动调解”既不同于行政调解，也不同于司法调解。行政调解是指在行政机关主持下、以争议双方自愿为原则，通过行政机关的调解，促使争议当事人达成协议，从而解决争议的活动。司法调解是指人民法院采取调解方式处理民事纠纷案件，多被特指为民事诉讼调解。新修正的《行政诉讼法》首次规定，行政赔偿、补偿以及行政机关行使法律、法规规定的自由裁量权的案件可以调解。本条的“主动调解”是自然资源主管部门根据实际情况，主动要求人民法院居中调解，通过积极履行法定职责或者修正已作出的行政行为，争取在人民法院作出判决和裁定前与原告协商一致，达成和解，实现原告撤回起诉的结果。我们鼓励“主动调解”，是因为行政程序相较司法程序，以灵活、快速、便捷见长。行政诉讼案件中，自然资源主管部门如果发现自己的行政行为虽然合法但引发行政相对人误解，或者确实有违法之处以及未履职的情形，可以采取积极措施化解行政争议，不必非得等到司法审判结果才重新启动行政程序。

需要说明的是，这里的“主动调解”的范围并不局限于《行政诉讼法》规定的适用调解情形。

二、自然资源主管部门主动调解的情形

（一）被诉行政行为存在以下情形之一的，被诉自然资源主管部门可以补正或者更正通知书的方式予以补救，向原告进行解释，并及时与人民法院进行沟通：1. 未说明理由的；2. 文字表述有错漏或者需要进一步明确的；3. 计算有误的；4. 对法律条文援引不具体的；5. 未载明作出日期的；6. 其他程序上存在轻微瑕疵，但是未对公民、法人和其他组织的合法权益产生不利影响的。

（二）原告诉讼请求为自然资源主管部门不履行法定职责的，自然资源主管部门可以及时采取措施履行法定职责，并与人民法院沟通协商，向原告释明履行相应法定职责的前提和条件，争取原告理解。

承诺作出补救性行政行为的，自然资源主管部门应当保证履行。因为，根据《行政诉讼法》规定，人民法院裁定准许原告撤诉后，原告以同一事实和理由重新起诉的，人民法院不予立案。如果自然资源主管部门不遵守承诺，将会严重损害原告的诉讼权利和自然资源主管部门的部门形象。

三、主动调解的程序

（一）与人民法院沟通。自然资源主管部门要求主动调解，应当先与人民法院沟通，请合议庭主持调解，不宜直接与原告沟通。

（二）必要时应当经本部门负责人同意。行政诉讼程序中，诉讼代理人的授权委托书应当载明委托事项和具体权限。参照《民事诉讼法》相关规定，诉讼代理人代为承认、放弃、变更诉讼请求，进行和解，提起反诉或者上诉，必须有委托人的特别授权。因此，自然资源主管部门如果要启动主动调解程序，有两种方式：一种是在授权委托书中作出特别授权；另一种是在授权委托书中作一般授权，如果主动调解中需要作出一些承诺，再报请部门负责人同意。一般情况下，自然资源主管部门多采用第二种方式。

（三）告知程序。自然资源主管部门在一审期间改变被诉行政行为的，应当书面告知人民法院。

（四）主动调解的结果。就目前来看，主要有三种结果，第一种是经法院准许后原告撤诉。第二种是人民法院制作调解书结案。此种情形下，行政诉讼案件应当属于行政赔偿、补偿以及行政机关行使法律、法规规定的自由裁量权的案件。第三种是调解未成功或者调解书送达前一方反悔的，人民法院及时作出判决。另外，原告或者第三人对改变后的行政行为不服提起诉讼的，人民法院应当就改变后的行政行为进行审理。被告改变原违法行政行为，原告仍要求确认原行政行为违法的，人民法院应当依法作出确认判决。原告起诉自然资源主管部门不作为，在诉讼中被告作出行政行为，原告不撤诉的，人民法院应当就不作为依法作出确认判决。

【相关条款】

1.《行政诉讼法》第 60 条、第 101 条

2.《民事诉讼法》第 93 ~97 条、第 99 条

第二十一条　人民法院建议调解的行政争议，应诉承办机构应当提出协调解决方案，经自然资源主管部门负责人批准后，配合人民法院与当事人进行沟通协调。

【释义】　本条是关于诉讼阶段依据人民法院的建议，通过调解化解行政争

议的规定。

一、人民法院建议调解的情形

自然资源主管部门在诉讼阶段，可以依据人民法院的建议，通过调解化解行政争议。《行政诉讼法》规定可以适用调解的行政案件有三类：行政赔偿案件，行政补偿案件，行政机关行使法律、法规规定的自由裁量权的案件。这三类案件的共同特点是，行政机关都有一定的裁量权。

（一）行政赔偿案件。行政赔偿是指行政机关违法行使职权，侵犯相对人合法权益造成伤害时，由国家承担的一种赔偿责任。行政赔偿作为国家赔偿的种类之一，虽然有法定的计算标准，但并不妨碍赔偿义务机关与赔偿请求人之间就赔偿方式、数额等进行协商。

（二）行政补偿案件。行政补偿是指行政机关在管理公共事务过程中，因合法的行政行为给公民、法人或者其他组织的合法权益造成损失时，依法由国家给予的补偿。一些法律、法规还明确补偿可以协商订立补偿协议。例如，根据《国有土地上房屋征收与补偿条例》规定，征收部门与被征收人依照该条例的规定，就补偿方式、补偿金额和支付期限、用于产权调换房屋的地点和面积、搬迁费、临时安置费或者周转用房、停产停业损失、搬迁期限、过渡方式和过渡期限等事项，订立补偿协议。这说明行政机关对行政补偿案件有一定的裁量权。

（三）行政机关行使法律、法规规定的自由裁量权的案件。在行政赔偿、补偿以外的其他行政案件中，行政机关也存在行使裁量权的情况。例如，在行政处罚案件中，行政机关可以在相关实体法定的罚款幅度内选择适当的数额作出罚款决定，这属于行政机关的裁量权。当然，行政机关的裁量权也不得滥用，不得徇私舞弊，畸轻畸重。在依法行使裁量权的范围内和人民法院的主持和监督下，行政机关可以与相对人达成调解协议。

二、调解的程序

调解的程序，依据《行政诉讼法》第一百零一条的规定，应当适用《民事诉讼法》的规定。具体如下：人民法院应当在事实清楚的基础上，分清是非，进行调解。被邀请的单位和个人，应当协助人民法院进行调解。调解达成协议，必须双方自愿，不得强迫。调解协议的内容不得违反法律规定。调解达成协议，人民法院应当制作调解书。调解书应当写明诉讼请求、案件的事实和调解结果。调解书经双方当事人签收后，即具有法律效力。能够即时履行的案件等可以不制作调解书,但应当记入笔录,由双方当事人、审判人员、书记员签名或盖章后,即具有法律效力。调解未达成协议或者调解书送达前一方反悔的,人民法院应当及时判决。

【相关条款】

《行政诉讼法》第60条、第101条

文书示例

行政诉讼案件调解报批表

行政诉讼案件调解报批表

原告:	收案日期: 年 月 日
法院:	案号:
案由:	
属于以下第( )种案件且不会损害国家利益、社会公共利益和他人合法权益: 行政赔偿案件; 行政补偿案件; 行政机关行使法律、法规规定的自由裁量权的案件。	
调解方案:	

续表

承办人意见： 日期：　年　月　日
分管领导意见： 日期：　年　月　日

第二十二条　符合下列情形之一的，自然资源主管部门负责人应当出庭应诉：

（一）涉及重大公共利益、社会高度关注或者可能引发群体性事件，负责人出庭更有利于化解争议的案件；

（二）上级自然资源主管部门建议或者同级人民政府要求负责人出庭应诉的案件；

（三）人民法院书面建议负责人出庭应诉的案件；

（四）其他对自然资源管理可能产生重大影响的案件。

符合前款规定的，应诉承办机构应当及时提出负责人出庭的具体建议。自然资源主管部门负责人确实无法出庭的，应当指定其他工作人员出庭应诉，并按照人民法院的要求，在开庭审理前向人民法院作出书面说明。

【释义】　本条是关于自然资源主管部门负责人出庭应诉的规定。

行政机关负责人出庭应诉，是新修正的《行政诉讼法》确立的中国特色的行政诉讼制度之一，目的在于促进行政纠纷的实质化解，及时发现行政执法中的问题，提高行政机关依法行政水平和法治意识。《应诉规定》结合自然资源管理实际，明确了自然资源主管部门负责人出庭应诉的情形、程序。

一、建立自然资源主管部门负责人出庭应诉制度，对于推进自然资源法治建设意义重大

党的十八大报告明确要求：提高领导干部运用法治思维和法治方式深化改

革、推动发展、化解矛盾、维护稳定的能力。党政主要负责人要履行推进法治建设第一责任人职责。党的十八届四中全会则进一步要求:“推动全社会树立法治意识。党员干部是全面推进依法治国的重要组织者、推动者、实践者,要自觉提高运用法治思维和法治方式深化改革、推动发展、化解矛盾、维护稳定能力。”2015年2月2日,习近平总书记在省部级主要领导干部学习贯彻十八届四中全会精神全面推进依法治国专题研讨班上更是强调:各级领导干部的信念、决心、行动,对全面推进依法治国具有十分重要的意义。领导干部要做尊法的模范,带头尊崇法治、敬畏法律;做学法的模范,带头了解法律、掌握法律;做守法的模范,带头遵纪守法、捍卫法治;做用法的模范,带头厉行法治、依法办事。他强调:各级领导干部在推进依法治国方面肩负着重要责任,全面依法治国必须抓住领导干部这个“关键少数”。出庭应诉,不仅可以增强领导干部的法治观念,也是一个接受法制教育的过程。正像有人说的那样,一次真刀真枪的出庭应诉和庭审辩论胜过十次普法教育①。

自然资源部认真贯彻落实党中央全面依法治国的各项要求,始终高度重视推进自然资源法治建设,牢牢抓住领导干部这个“关键少数”,要求领导干部成为尊法、学法、守法和用法的模范,带头营造办事依法、遇事找法、解决问题靠法、化解矛盾靠法的法治环境。领导干部对行政应诉工作的认识,往往直接反映行政机关对司法和法律的态度。本条从操作层面明确建立了自然资源主管部门负责人出庭应诉制度,旨在发挥行政诉讼制度在提升领导干部法治思维与法治水平等方面的积极作用,让原告更加直接地感受到行政机关虚心接受监督的信心和诚意,有利于化解矛盾纠纷,也利于发现行政执法中存在的瑕疵,从源头上解决问题。

二、自然资源主管部门负责人出庭应诉的情形

根据有关规定,自然资源主管部门负责人,包括正职负责人,也包括副职负责人。关于什么是“副职负责人”,实践中存在一定的分歧。在一些行政机关中,非领导职务的公务员、领导班子中无行政职务的成员(如党委委员)等,具体分管某一方面工作,应当从有利于纠纷解决、有利于内部分工协调、有利于让行政机关的负责人更好地了解行政执法问题的角度看待这一问题,参与分工的本

① 耿宝建:《行政机关负责人出庭应诉指南》,法律出版社2016年版,第19页。

机关的其他负责人也可以作为“副职负责人”出庭应诉。

本条明确了自然资源主管部门负责人应当出庭应诉的几种具体情形：

一是涉及重大公共利益、社会高度关注或者可能引发群体性事件，负责人出庭更有利于化解争议的案件。在这类案件中，自然资源主管部门负责人出庭，能够更好地宣讲自然资源重大政策法规，为群众释疑解惑，消解对立情绪，维护安全稳定，也有利于维护自然资源主管部门的良好形象。

二是上级自然资源主管部门建议或者同级人民政府要求负责人出庭应诉的案件。主要考虑是：《应诉规定》着眼于提高整个自然资源管理系统的行政应诉能力和水平，对各级自然资源主管部门的行政应诉工作作出了规范，注重加强上级自然资源主管部门对下级自然资源主管部门行政应诉工作的指导和规范，有的案件可能对本部门类似执法行为规范产生较大影响，对于明确自然资源管理某领域执法标准具有重要意义，自然资源主管部门应当按照上级机关（包括上级自然资源主管部门或者同级人民政府）的要求，由负责人出庭应诉。

三是人民法院书面建议负责人出庭应诉的案件。最高人民法院行政庭的法官在总结司法实践的基础上提出：属于下列情形之一的行政诉讼案件，人民法院应当书面建议行政机关负责人出庭应诉：涉及人民群众生产、生活和社会稳定的群体性行政诉讼，共同诉讼，集团诉讼的案件；社会影响重大、复杂的行政诉讼案件；年内反复发生的同类案件；涉案标的金额巨大的行政诉讼案件；涉及致使公民死亡或者全部丧失劳动能力而引发的行政赔偿的案件；因撤销行政许可、责令停产停业或者致使公民丧失主要生活来源而引发的案件；农村集体土地或者国有土地上房屋征收补偿案件；对本单位行政执法活动将产生重大影响的行政诉讼案件；一审行政机关败诉、二审开庭审理的案件；上级机关要求行政机关负责人出庭应诉的行政诉讼案件；行政机关负责人认为需要出庭应诉的其他行政诉讼案件。①

四是其他对自然资源管理可能产生重大影响的案件。其他类型的案件，如行政公益诉讼案件、对规范性文件提起附带性审查的案件、有重要法律适用价值的案件等，对自然资源管理可能产生重大影响，自然资源主管部门负责人应

① 梁凤云编著：《新行政诉讼法逐条注释》，中国法制出版社2017年版，第16页。

当出庭应诉。

三、自然资源主管部门负责人出庭应诉的程序

符合本条规定的自然资源主管部门负责人应当出庭应诉的情形时,如何启动相应的程序?行政诉讼是一项严格的法律制度,其程序、期限等都有严格的规定,而行政机关的内部协调运转也有严密的制度,行政应诉处于外部司法审查与内部行政运行的交汇点,必须做到两者"无缝衔接"。收到人民法院的行政案件应诉通知时,是否应当由自然资源主管部门负责人出庭?应当由哪位负责人出庭?由哪个机构来提出建议?如何启动、谁来启动,直接关系这一制度能否落到实处,实践中亟待明确。为此,《应诉规定》按照应诉职责分工和工作流程,明确由应诉承办机构负责分析研判该案件是否符合负责人出庭的范围,符合本条前款规定情形的,应当及时提出负责人出庭的具体建议。"及时"的表述,主要是要与答辩举证的期限相衔接,理由是:是否符合前款规定,应当由负责人出庭,往往需要应诉承办机构在答辩举证的过程中加以判断,符合负责人应当出庭的情形时,最好在答辩举证期内(收到起诉状的15日内),与立案的人民法院进行沟通,随答辩状和证据材料一并向自然资源主管部门负责人提出建议。但由于举证时间过紧,也可以边举证、边沟通,在法定期限内履行举证义务后,再与立案的人民法院进行充分沟通,根据人民法院确定的开庭时间,建议适当的负责人出庭应诉。自然资源主管部门负责人确实无法出庭的,在开庭审理前向人民法院作出书面说明。

四、自然资源主管部门负责人不能出庭应诉时的要求

自然资源主管部门负责人不能出庭应诉的,应当委托相应的工作人员出庭应诉,这是《行政诉讼法》第三条第三款的明确规定,也是行政应诉的最低要求。本条规定的"应当指定其他工作人员",也即法律规定的"委托行政机关相应的工作人员"。《行政诉讼法》第三条第三款中的"委托",实为"委派"或者"指定""安排"之意,与民法上的委托不同,因为行政机关负责人不是行政诉讼的当事人(行政机关才是行政诉讼的当事人),不能"委托"代理人。"相应的工作人员"是受被告(行政机关)的委托和行政机关负责人的"委派"或者"指定",在授权范围内代为诉讼行为的人,既包括被诉行政机关的工作人员,也有可能是具体实施行政行为的下级行政机关工作人员;既包括该机关行政编制的工作人员,也包括事业编制工作人员以及其他依法履行职务的人员。

【相关条款】

1.《行政诉讼法》第3条

2.《最高人民法院关于适用〈中华人民共和国行政诉讼法〉的解释》(法释〔2018〕1号)第128条、第129条

3.《最高人民法院关于行政诉讼应诉若干问题的通知》(法〔2016〕260号)

第二十三条 **符合下列情形之一的,应诉承办机构负责人应当出庭应诉:**

(一)自然资源主管部门负责人要求应诉承办机构负责人出庭的案件;

(二)自然资源主管部门提起上诉或者申请再审的案件;

(三)其他对本机构业务执法标准可能产生重大影响的案件。

【释义】 本条是关于应诉承办机构负责人出庭应诉机制的规定。

行政机关负责人出庭应诉是新《行政诉讼法》确立的一项法定制度。《国务院办公厅关于加强和改进行政应诉工作的意见》(国办发〔2016〕54号)明确要求,被诉行政机关负责人要带头履行行政应诉职责,积极出庭应诉,明确了行政机关负责人应当出庭应诉的具体情形。《应诉规定》第二十二条从操作层面明确建立了自然资源主管部门负责人出庭应诉制度,旨在发挥行政诉讼制度在提升领导干部法治思维与法治水平等方面的积极作用,让原告更加直接地感受到行政机关虚心接受监督的信心和诚意,有利于促进行政纠纷的实质化解,及时发现行政执法中的问题,提高行政机关依法行政水平和法治意识。

在新《行政诉讼法》关于行政机关负责人出庭应诉要求的基础上,从推进自然资源法治建设的需要出发,《应诉规定》明确了应诉承办机构负责人即司局长(处长或者科长)出庭应诉的制度。《应诉规定》第二十三条创造性地列举了应诉承办机构负责人应当出庭应诉的具体情形。主要考虑是:业务机构负责人不同于一般的工作人员,尽管其不是行政机关负责人,但业务机构负责人出庭应诉,有利于促使业务机构及时完善制度、改进工作。地方各级自然资源主管部门也积极推进该项制度。2017年5月,山西省原国土资源厅率先出台《行政应诉办法》,要求一般行政应诉案件,由应诉承办机构副处级以上人员出庭。2017年以来,自然资源部越来越多的司局长已开始出庭应诉。实践证明,应诉承办

机构负责人出庭效果很好,部机关有关业务司局负责同志出庭后均表示很受触动。亲历法庭质证答辩的全过程,业务机构负责人感受到行政相对人对行政机关的期待要求之切、司法机关对行政机关的审查监督之严,提升了法治建设的自觉性和紧迫性。

第二十四条　出庭应诉人员应当按时到庭。未经法庭许可,不得中途退庭。确因特殊情况不能按时出庭的,应当提前告知人民法院并说明事由,经法院许可申请延期。

【释义】 本条是关于按时出庭应诉的规定。

《行政诉讼法》第五十八条规定,经人民法院传票传唤,原告无正当理由拒不到庭,或者未经法庭许可中途退庭的,可以按照撤诉处理;被告无正当理由拒不到庭,或者未经法庭许可中途退庭的,可以缺席判决。《最高人民法院关于适用〈中华人民共和国行政诉讼法〉的解释》(法释〔2018〕1号)第七十九条第三款规定:"根据行政诉讼法第五十八条的规定,被告经传票传唤无正当理由拒不到庭,或者未经法庭许可中途退庭的,人民法院可以按期开庭或者继续开庭审理,对到庭的当事人诉讼请求、双方的诉辩理由以及已经提交的证据及其他诉讼材料进行审理后,依法缺席判决。"

被告如果确实有不能到庭的理由,在接到人民法院的传票后,应当及早向人民法院提出。人民法院经过审查,认为被告提出的不能到庭的理由正当,确实不能到庭的,可以决定延期审理,并将延期审理的情况通知对方当事人。被告应当按照人民法院确定的日期按时到庭。被告无正当理由拒不到庭的,是对自己诉讼权利的消极处分,但不能逃避自己应承担的法律责任,人民法院可以缺席判决。参加诉讼应当遵守法庭纪律、维护法庭尊严,不能未经法庭许可,中途退庭。

无论从行政机关代表公共利益的角度,还是从行政机关应当维护法治尊严的角度,被告行政机关拒不到庭或者未经法庭许可中途退庭的,都应当承担相应更多的法律责任。因为行政机关无正当理由拒不出庭,或者未经法庭许可,中途退庭,人民法院可以缺席判决,这就增加了行政机关败诉的风险。行政机关一旦败诉,可能使本来合法的行政行为被确认违法,或者被撤销,甚至被确认无效,导致正常的行政秩序受到破坏,社会公共利益受到损害,甚至可能面临行政赔偿。因此行政机关无正当理由拒不出庭,或者未经法庭许可,中途退庭,本质上属于疏于履行其职责的行为,人民法院可以向有行政管理职权和监督职权的监察机关或者被告的上一级行政机关提出司法建议,建议其依法给予被告行政机关的主要负责人或者直接责任人员行政处分。

【相关条款】

1.《行政诉讼法》第58条、第66条

2.《最高人民法院关于适用〈中华人民共和国行政诉讼法〉的解释》(法释〔2018〕1号)第79条

第二十五条　出庭应诉人员应当根据人民法院的要求参加庭审活动,遵守司法程序和法庭纪律,尊重审判人员和其他诉讼参加人。

【释义】　本条是关于出庭规则的规定。

《国务院办公厅关于加强和改进行政应诉工作的意见》(国办发〔2016〕54号)规定,行政机关要尊重人民法院依法登记立案,积极支持人民法院保障公民、法人和其他组织的起诉权利,接受人民法院依照《行政诉讼法》的规定对行政机关依法行使职权的监督。

被诉自然资源主管部门负责人或者诉讼代理人应当根据人民法院要求参加庭审活动,应当做到:(1)着装庄重整齐,言语举止得体。(2)尊重司法程序和法庭纪律。(3)尊重法官和其他当事人。(4)遵守工作纪律,保守秘密。(5)在法庭陈述时说明被诉行政机关主体是否适格,被诉行政行为认定事实是否清楚,证据是否确凿,适用依据是否正确,程序是否合法,内容是否适当。(6)在法庭调查阶段,如实回答审判人员的提问,如实陈述案件事实,出具的相关证据、依据和有关材料必须客观真实;在举证、质证当中,针对证据的真实性、合法性和关联性发表意见。(7)在法庭辩论阶段,对案件争议焦点表明观点,阐明的理由具有说理性和逻辑性。(8)庭审结束后,认真核对庭审记录,核对无误后签字确认。无正当理由,出庭应诉人员必须按时到庭。未经法庭许可,不得中途退庭;确因特殊情况不能按时出庭的,应当提前告知人民法院并说明事由,可以经法院许可申请延期。

被诉自然资源主管部门的诉讼代理人在庭审期间应当做好庭审工作笔记,在庭审结束后5日内将庭审工作笔记提交应诉承办机构作为内部资料留存,并抄送法治工作机构。庭审工作笔记主要是记录出庭人员当庭发现或者提炼的问题、思考与建议,以利于分析和规范同类行政行为,找到源头性问题并加以解决。同时,也是加强工作衔接的重要措施。特别是对于进入二审、再审程序的案件,参加诉讼的代理人可以通过庭审笔记快速掌握一审开庭情况,抓住关键性问题进行有效答辩。

【相关条款】

《人民法院法庭规则》

文书示例

庭审笔记

一、法院名称:

二、案由及案号:

三、本案争议焦点:

四、案件反映出的问题与建议:

五、法院提醒办理(或者补充办理)的后续事项:

六、其他。

记录人:

记录时间:

第二十六条　庭审结束后需要补充答辩意见和相关材料的,应诉承办机构应当在人民法院要求的期限内提供。

【释义】　本条是关于补充答辩材料的规定。

根据《行政诉讼法》第三十五条的规定,在诉讼过程中,被告及其诉讼代理人不得自行向原告、第三人和证人收集证据。因此，一般不允许被告补充提供证据。但是在特殊情况下，被告可以补充证据。具体情况如下：(1)必须经人民法院准许。主要是排除被告补充证据的随意性，既是公正性的体现，也是防止该项权力的滥用；(2)原告或者第三人提出了其在行政处理程序中没有提出的理由或者证据的。补充证据非行政机关的过错，而是因为原告或者第三人提出了新的理由或者证据。关于原告或者第三人在行政程序中提出新的理由或者证据的法律后果，根据2002年《最高人民法院关于行政诉讼证据若干问题的规定》第五十九条规定，被告在行政程序中依照法定程序要求原告提供证据，原告或者第三人依法应当提供而拒不提供，在诉讼程序中提供的证据，人民法院一般不予采纳。如《行政许可法》规定，公民、法人或其他组织从事特定活动，依法需要取得行政许可的，应当向行政机关提出申请，申请材料应当齐全，符合法定形式。如果原告在申请行政许可的过程中，材料不齐备，而在诉讼过程中提供了新的申请材料，人民法院一般不予采纳。但也有些例外情况：(1)被告在行政程序中，未要求原告提供证据，原告在诉讼中向人民法院提交了新的证据。(2)《行政处罚法》《行政强制法》《行政许可法》《税收征收管理法》等法律都对行政相对人的陈述和申辩权作出了规定。针对当事人提出的陈述和申辩，行政机关必须充分听取当事人的意见，对当事人提出的事实、理由和证据，应当进行复核；当事人提出的事实、理由或者证据成立的，行政机关应当采纳。但实践中，也有一些行政相对人在行政行为过程中，漠视自己的陈述和申辩权或者因为客观原因，没有提出对自己有利的事实、理由或者证据，而是到了诉讼过程中，才提出相应的反驳理由。在上述情况下，如果不给行政机关补充证据的机会，行政机关要承担不利的诉讼后果，这对于行政机关来说也是不公平的。此外，被告补充证据有一定的时间限制，司法实践中的做法如下：一是人民法院指定时限内提供补充证据；二是在人民法院没有指定时限的情况下，一般在一审庭审法庭辩论结束前提出补充证据。

【相关条款】

1.《行政诉讼法》第35条、第36条

2.《最高人民法院关于行政诉讼证据若干问题的规定》第59条

第二十七条 应诉承办机构应当对人民法院裁判文书进行认真研究，认为依法应当提起上诉、申请再审的，经自然资源主管部门负责人批准后，应当在法定期限内向有管辖权的人民法院提交上诉状或者再审申请书，并将上诉状或者再审申请书抄送法治工作机构。

行政复议决定维持原行政行为的，作出原行政行为的自然资源主管部门或者行政复议机关认为应当提起上诉、申请再审的，双方应当进行协商。

【释义】 本条是关于自然资源主管部门提起上诉或者申请再审的规定。

自然资源主管部门要认真对待人民法院的裁判文书，尤其是行政机关败诉的案件，要认真研究是否有必要上诉和申请再审。

一、行政裁判文书的效力

行政裁判文书是人民法院依照法律规定，通过对行政案件的审理，对行政主体的具体行政行为的合法性的审查，用判决书、裁定书的形式，解决行政主体与行政管理相对人——公民、法人或者其他组织之间的行政争议，包括争议的实体问题和程序问题，达到保护行政管理相对人的合法权益，监督行政主体依法行使行政职权之目的。这具体包括行政判决书、行政附带民事判决书、行政赔偿判决书、行政裁定书、行政调解书、行政赔偿调解书等。行政裁判文书依法生效后，即具有确定力、约束力和执行力，非经法定程序，任何个人和组织均不得改变。法律效力表现为：

（一）对诉讼当事人产生约束力。人民法院通过行政裁判文书，对当事人之间争议的具体行政行为作出裁判，在该裁判依法生效后，该项争议即告结束，双方当事人必须履行。

《行政诉讼法》第九十四条、第九十五条规定，当事人必须履行人民法院发生法律效力的判决、裁定、调解书，拒绝履行的可以申请法院强制执行或由行政机关依法强制执行。同时，《行政诉讼法》第九十六条规定："行政机关拒绝履行判决、裁定、调解书的，第一审人民法院可以采取下列措施：（一）对应当归还的罚款或者应当给付的款额，通知银行从该行政机关的账户内划拨；（二）在规定期限内不履行的，从期满之日起，对该行政机关负责人按日处五十元至一百元的罚款；（三）将行政机关拒绝履行的情况予以公告；（四）向监察机关或者该行政机关的上一级行政机关提出司法建议。接受司法建议的机关，根据有关规定进行处理，并将处理情况告知人民法院；（五）拒不履行判决、裁定、调解书，社会影响恶劣的，可以对该行政机关直接负责的主管人员和其他直接责任人员予以拘留；情节严重，构成犯罪的，依法追究刑事责任。”

（二）对人民法院的拘束力。行政裁判文书作出后，人民法院自身非经法定程序也不能改变。一审未生效的裁判文书，只有通过二审裁判才能改变；已经发生法律效力的裁判文书，只有通过审判监督程序进行再审后才能改变。

（三）对社会的拘束力。生效的裁判文书，不仅对当事人和人民法院发生效力，对社会同样发生效力，即人民法院的行政裁判文书发生法律效力后，有关的组织和个人都有义务协助执行。[①]

二、提起上诉或者申请再审的主体

各级自然资源主管部门要依法行使法律赋予的权利，该上诉就上诉，该申请再审就申请再审，因为这既是权利，也是责任。确定提起上诉或者申请再审主体的原则是“谁不服、谁上诉（再审）”。一是，未经复议程序，行政行为被直接起诉的，由应诉承办机构代表自然资源主管部门提起上诉或再审。二是，经复议维持的，作出原行政行为的自然资源主管部门和行政复议机关为共同被告。人民法院裁判中涉及原行政行为认定部分有错误的，由原行政行为的自然资源主管部门牵头提起上诉或再审；人民法院裁判中涉及复议行为认定有错误的，由行政复议机关牵头提起上诉或再审。在部本级司局共同被告案件中，一般由作出原行政行为的业务司局研究提起上诉或申请再审。只有因裁判对复议行为认定有错误时，由复议机构研究提起上诉或申请再审。但是，复议共同被告案件中，针对自然资源主管部门是否有必要提起上诉或申请再审，由谁来提等实际问题，需要作出原行政行为的自然资源主管部门和行政复议机关共同协商，予以统筹考虑。

三、提起上诉或再审的情形

自然资源主管部门的应诉承办机构，应认真研究人民法院裁判文书。通常，针对以下几种情形，考虑是否提出上诉或申请再审：

（一）人民法院作出撤销判决的。人民法院认为自然资源主管部门作出行政行为时，存在主要证据不足、适用法律法规错误、违反法定程序、超越职权、滥

---

① 罗叔平编：《中国司法文书指南》，中国民主法制出版社2003年版，第286页。

用职权、明显不当等情形的。

（二）人民法院作出变更判决的。这主要包括在行政处罚中存在明显不当的情形或者在其他行政行为涉及对款额的确定、认定确有错误的情形。

（三）人民法院作出履行判决的。这主要指法院认为自然资源主管部门不履行相应职责违法，且履行具有现实意义，或者自然资源主管部门不给付行为违法，判决限期履行或给付。

（四）人民法院作出确认违法判决的。这主要指法院认为自然资源主管部门存在行政不作为，判决履行已无意义的；被诉具体行政行为违法，但不具有可撤销的内容或者撤销将给国家利益和公共利益造成重大损失并责令采取补救措施或赔偿的；自然资源主管部门改变原违法行政行为，原告仍要求确认原行政行为违法的，等等。

（五）人民法院作出的不予受理、管辖权异议等裁定的。

对于上述法院作出的不利裁判，自然资源主管部门的应诉承办机构应重点进行研究，认为需要提起上诉或者申请再审的，经自然资源主管部门负责人批准后，依据《行政诉讼法》第八十五条和第九十条的规定提起上诉和申请再审，而且都是向原审法院的上一级人民法院提出。

上诉或者申请再审之所以被谨慎对待并且需要经过主管部门负责人批准，是因为一个败诉案件通常代表着对某一类自然资源行政执法标准的质疑或者否定，会对自然资源管理带来极大影响。且行政裁判文书依法生效后，即具有确定力、约束力和执行力，非经法定程序，任何个人和组织均不得改变。放弃上诉或者再审意味着接受裁判文书，也就需要履行裁判文书规定的义务，而败诉案件规定的义务往往是对自然资源主管部门不利的。

四、提起上诉或再审的期限

（一）关于上诉的期限。不服人民法院第一审判决的，有权在判决书送达之日起 15 日内向上一级人民法院提起上诉；不服人民法院第一审裁定的，有权在裁定书送达之日起 10 日内向上一级人民法院提起上诉。逾期不提起上诉的，人民法院的第一审判决或裁定发生法律效力。

（二）关于申请再审的期限。《行政诉讼法》第九十条规定了提起再审的情形，即当事人认为已经发生法律效力的判决、裁定有错误的情况下，可以向原审上一级人民法院申请再审，但是并未规定申请再审的期限。《最高人民法院关于行政申请再审案件立案程序的规定》(法释〔2017〕18号)第十二条规定,当事人申请再审,应当在判决、裁定、调解书发生法律效力后6个月内提出。该条规定还明确"申请再审期间为不变期间,不适用中止、中断、延长的规定"。

【相关条款】

1.《行政诉讼法》第76~78条、第85条、第90条

2.《最高人民法院关于行政申请再审案件立案程序的规定》(法释〔2017〕18号)第12条

文书示例

1. 转交函(裁判文书——败诉)

转 交 函

(裁判文书——败诉)

××司(局):

我司于________年____月____日收到______________法院发来的裁判文书等文。经查,该案为你司(局)主办,现将来文转交给你司(局)。根据《自然资源行政应诉规定》第二十七条的规定,请你司(局)对裁判文书进行认真研究,认为依法应当提起上诉、申请再审的,请在法定期限内(上诉期为部收到上诉状后15日,申请再审期限为裁判文书生效后6个月)向相应法院提交上诉状或再审申请书,并将上诉状或再审申请书抄送我司;你司(局)决定不提起上诉的,请你司(局)于裁判文书生效之日起10日内,将裁判结果及分析情况向部领导汇报,同时抄送我司。

案件信息如下:

原告:______________________

审理法院:__________________

案号:______________________

法规司

年　　月　　日

2. 转交函(上诉状)

转　交　函

（上诉状）

××司(局):

我司于________年____月____日收到______________法院发来的上诉状、当事人须知等文。经查,该案为你司(局)主办,现将来文转交给你司(局),请查阅留存,并准备二审应诉事宜。

案件信息如下:

原告:______________________

审理法院:__________________

案号:______________________

法规司

年　　月　　日

第二十八条　**自然资源主管部门决定不提起上诉、申请再审的,应诉承办机构应当于人民法院裁判文书生效之日起10日内,将裁判结果及分析情况向本部门负责人报告,同时抄送法治工作机构。因同一原因导致多个案件收到相同裁判结果的,可以合并报告。**

自然资源部作出原行政行为的业务工作机构和行政复议机构共同应诉的,由作出原行政行为的业务工作机构负责报告;因行政复议程序导致败诉的,由行政复议机构负责报告。

【释义】　本条是关于败诉案件分析报告的规定。

"看不到问题是最大的问题,看到问题而回避问题更是严重失职。"建立败诉案件分析报告制度是坚持问题导向,针对问题,举一反三,推进自然资源管理法治化的客观要求。行政诉讼,表面上是行政争议,深层次则是行政管理中存在的问题,每一个具体的行政诉讼案件会反映出一个甚至是一类的行政管理之中的问题或瑕疵。需要行政机关通过及时分析、梳理和总结,尤其是那些被法院判决败诉,自然资源主管部门承担不利后果的案件。在自然资源行政诉讼中,具体的应诉承办机构往往是具体行政行为的作出部门,应该通过诉讼,建立反馈机制,从败诉的案件中吸取教训,提高行政水平,从源头来规范和提升依法行政的水平和能力。

败诉分析报告的责任主体因败诉的原因而有所不同。若因原行政行为有错误导致败诉的,由作出原行政行为的业务工作机构负责报告;若由于复议程序导致败诉的,由复议机构负责报告;若原行政行为及复议程序都有错误导致败诉,则由业务工作机构牵头,复议机构配合共同报告。在《应诉规定》征集意见过程中,自然资源部有关司局普遍反映要把此项制度的责任落实落细,便于执行。因此本条第二款把部本级败诉分析报告的责任作了进一步细化。地方自然资源主管部门可以参照本条规定执行。

报告完成的期限被限定于 10 日之内,同时应抄送法治工作机构。因同一原因导致多个案件收到相同裁判结果的,可以合并报告,这保证了在不影响行政问题反思的基础上提高工作效率,节省工作时间,避免重复劳动。

第二十九条　二审案件、再审案件由原承办一审案件、二审案件的应诉承办机构负责承办行政应诉工作。

【释义】 本条是关于确定上诉案件、申请再审案件承办部门的规定。

我国行政诉讼现行的是两审终审制,此外还有审判监督程序。《行政诉讼法》第八十五条规定:"当事人不服人民法院第一审判决的,有权在判决书送达之日起十五日内向上一级人民法院提起上诉。当事人不服人民法院第一审裁定的,有权在裁定书送达之日起十日内向上一级人民法院提起上诉。逾期不提起上诉的,人民法院的第一审判决或者裁定发生法律效力。"关于审判监督程序,《行政诉讼法》第九十条规定:"当事人对已经发生法律效力的判决、裁定,认为确有错误的,可以向上一级人民法院申请再审,但判决、裁定不停止执行。"第九十一条还规定了当事人提出再审申请应当具备的情形。第九十二条规定:各级人民法院院长对本院已经发生法律效力的判决、裁定,发现有第九十一条规定情形之一,或者发现调解违反自愿原则或者调解书内容违法,认为需要再审的,应当提交审判委员会讨论决定。最高人民法院对地方各级人民法院已经发生法律效力的判决、裁定,上级人民法院对下级人民法院已经发生法律效力的判决、裁定,发现有本法第九十一条规定情形之一,或者发现调解违反自愿原则或者调解书内容违法的,有权提审或者指令下级人民法院再审。《最高人民法院关于适用〈中华人民共和国行政诉讼法〉的解释》(法释〔2018〕1 号)第一百一十条规定:"当事人向上一级人民法院申请再审,应当在判决、裁定或者调解书发生法律效力后六个月内提出。有下列情形之一的,自知道或者应当知道之日起六个月内提出:(一)有新的证据,足以推翻原判决、裁定的;(二)原判决、裁定认定事实的主要证据是伪造的;(三)据以作出原判决、裁定的法律文书被撤销或者变更的;(四)审判人员审理该案件时有贪污受贿、徇私舞弊、枉法裁判行为的。"《行政诉讼法》第九十三条还规定了检察系统发现已经发生法律效力的判决、裁定具有第九十一条规定情形的或发现调解书损害国家利益、社会公共利益的,应当提出抗诉。

二审及再审制度充分体现了人民法院审理案件以事实为依据、以法律为准绳的原则,确保达到人民法院公正、及时审理行政案件,解决行政争议,保护公民、法人和其他组织的合法权益,监督行政机关依法行使职权。从目前情况看,不仅存在大量上诉案件,还有大量案件进入了再审程序,甚至最高人民法院每年也有大量的行政诉讼再审案件。

因此,本条是关于确定上诉案件、申请再审案件承办部门的规定。由于应诉工作连续性及业务工作上的需要,上诉案件与再审案件由原承办一、二审案件的应诉承办机构负责承办行政应诉工作,同时也应当尽可能保证原承办人员参与。二审及再审程序中,应诉承办机构按照本规定第十七条、第十八条有关规定提交相关证据及办理出庭手续。依照本规定第十六条,根据需要,应诉承办机构就二审、再审案件也可以提请法治工作机构组织有关机构、单位、法律顾问等对复杂案件进行会商。同时,在不损害国家利益、社会公共利益和他人合法权益,不违反法律、行政法规的规定的前提下,在人民法院协调下可与当事人进行沟通协商,有效解决行政争议。对于自然资源主管部门提起上诉或者申请再审的案件,以及对本机构业务执法标准可能产生重大影响的案件,承办机构负责人应当出庭应诉。

【相关条款】

1.《行政诉讼法》第 90 ~93 条

2.《最高人民法院关于适用〈中华人民共和国行政诉讼法〉的解释》(法释〔2018〕1 号)第 110 条

第三十条　人民法院的裁判文书需要履行的,应诉承办机构应当按照法律规定的期限履行。重大、疑难、复杂案件应当自判决、裁定和调解书生效之日起 10 日内提出履行的意见,报经本部门负责人批准后组织实施,并在判决、裁定和调解书生效之日起 30 日内,向负责人报告履行情况,同时抄送法治工作机构。

依法提出再审申请的,应诉承办机构应当就履行的意见与相关人民法院进行沟通。

【释义】　本条是关于履行生效的裁判文书和调解书的有关规定。

本条规定的“人民法院的裁判文书需要履行”,主要指法院作出不利于自然资源主管部门的判决裁定,也就是俗称的“败诉”后,自然资源主管部门需要履行的情况。

一、裁判文书和调解书生效时间的判定

(一)判决和裁定的生效时间。当事人不服人民法院第一审判决的,有权在判决书送达之日起 15 日内向上一级人民法院提起上诉。当事人不服人民法院第一审裁定的,有权在裁定书送达之日起 10 日内向上一级人民法院提起上诉。逾期不上诉的,一审判决、裁定发生法律效力。二审、再审的判决、裁定一经送达便产生法律效力。目前大部分法院采用邮寄方式送达判决和裁定,判决和裁定收到日期以自然资源主管部门收到的日期为准。

(二)调解书的生效时间。调解书经双方当事人签收后,即具有法律效力。调解书生效日期根据最后收到调解书的当事人签收的日期确定。

二、生效裁判文书和调解书的履行期限

(一)自然资源主管部门的履职期限。有法律规定的按照法律规定办理,没有法律规定的履职期限为 2 个月。《行政诉讼法》第四十七条规定,公民、法人或者其他组织申请行政机关履行保护期人身权、财产权等合法权益的法定职责，行政机关在接到申请之日起 2 个月内不履行的，公民法人或者其他组织可以向人民法院提诉讼。法律、法规对行政机关履行职责的期限另有规定的，从其规定。例如，《行政许可法》规定，除可以当场作出行政许可决定的外，行政机关应当自受理行政许可申请之日起 20 日（工作日）内作出行政许可决定。经本行政机关负责人批准，可以延长 10 日。但是，法律、法规另有规定的，依照其规定。例如，《矿产资源勘查区块登记管理办法》规定，登记管理机关应当自收到申请之日起 40 日（自然日）内，按照申请在先的原则作出准予登记或者不予登记的决定，并通知探矿权申请人。这时，自然资源主管部门如果要对勘查许可申请作出是否许可的决定就要按照 40 日的规定。又如，如果要作出政府信息公开答复，应当自收到申请之日起 20 个工作日内予以答复，如需延长最长不得超过 20 个工作日。再如，如果要立案查处违法案件，应当根据《国土资源行政处罚办法》规定，自立案之日起 60 日内作出行政处罚决定。可以适当延长期限，但不得超过 30 日，案情特别复杂的除外。

一般案件，应诉承办机构按照既有行政程序自行办理即可。重大、疑难、复杂案件应当自判决、裁定和调解书生效之日起 10 日内提出履行的意见，报经本部门负责人批准后组织实施，并在判决、裁定和调解书生效之日起 30 日内，向负责人报告履行情况，同时抄送法治工作机构。

（二）再审不影响执行生效裁判。当事人对已经发生法律效力的判决、裁定，认为确有错误的，可以向上一级人民法院申请再审，判决、裁定不停止执行。但是，如果出现新的证据或者依据足以推翻原审判决、裁定，立即执行会造成不可逆转的后果时，应诉承办机构应当就履行的意见与相关人民法院进行沟通。

（三）注意把握执行的时机。自然资源主管部门应当及时就裁判文书是否已经生效、执行时间等问题与主审法官或者书记员进行沟通，抓住合适的执行时机，而并非单纯地越早执行生效裁判越好。因为二审程序开始后，法院交换的上诉人的上诉状有一定的滞后性。实践中，曾经有自然资源主管部门计算好裁判文书的生效时间后立即开始执行并作出新的行政行为，结果执行完毕后收到了一审法院寄来的对方当事人的上诉状，提示一审裁判并未发生法律效力，而是进入了二审程序，需要重新评判。这就导致新作出的行政行为处于尴尬的境地。

三、不执行生效裁判和调解书的后果

《行政诉讼法》规定，当事人必须履行人民法院发生法律效力的判决、裁定、调解书。如果拒绝履行，对方当事人、人民法院、有关国家机关和党组织将采取以下措施：

一是对方当事人可以向人民法院申请强制执行。

二是第一审人民法院可以采取下列措施：对应当归还的罚款或者应当给付的款额，通知银行从该行政机关的账户内划拨；在规定期限内不履行的，从期满之日起，对该行政机关负责人按日处50元至100元的罚款；将行政机关拒绝履行的情况予以公告；向监察机关或者该行政机关的上一级行政机关提出司法建议。接受司法建议的机关，根据有关规定进行处理，并将处理情况告知人民法院；拒不履行判决、裁定、调解书，社会影响恶劣的，可以对该行政机关直接负责的主管人员和其他直接责任人员予以拘留；情节严重，构成犯罪的，依法追究刑事责任。

三是行政处分。《行政机关公务员处分条例》第十九条规定，拒不执行人民法院对行政案件的判决、裁定的，给予警告、记过或者记大过处分；情节较重的，给予降级或者撤职处分；情节严重的，给予开除处分。

四是党纪处分。《中央全面依法治国委员会关于印发〈关于加强综合治理从源头切实解决执行难问题的意见〉的通知》（中法委发〔2019〕1号）明确对拒不执行生效法律文书、非法干预或妨碍执行的党员、公职人员，构成违纪违法的，要求分别按照《中国共产党纪律处分条例》和《中华人民共和国监察法》等有关规定处理。

【相关条款】

1.《行政诉讼法》第70条、第72~75条、第78条、第85条、第96条

2.《最高人民法院关于适用〈中华人民共和国行政诉讼法〉的解释》（法释〔2018〕1号）第110条

3.《行政机关公务员处分条例》第19条

第三十一条　人民法院依法判决自然资源主管部门承担赔偿责任的，应诉承办机构应当会同相关机构依照法律法规和国家有关规定制定赔偿方案，经本部门负责人批准后，办理支付赔偿费用手续。

【释义】　本条是关于自然资源主管部门依据法院生效判决作出行政赔偿的规定。

根据本条，法院判决自然资源主管部门承担行政赔偿责任，应诉承办机构应当会同相关机构依照法律法规和国家有关规定制定赔偿方案，经本部门负责人批准后，办理支付赔偿费用手续义务。为了体现“有权必有责，用权受监督，侵权须赔偿”的法治原则，在办理行政赔偿事项中，应当继续落实“谁作为、谁负责”的应诉责任机制，由应诉承办机构负责，按照《国家赔偿法》《国家赔偿费用管理条例》规定的具体程序办理，其他有关机构，如自然资源主管部门财务机构等予以配合。

行政赔偿是《国家赔偿法》规定的一类国家赔偿，其中明确了赔偿范围、赔偿请求人和义务机关、赔偿程序、赔偿方式及赔偿金的计算标准。根据《国家赔偿法》第三条和第四条的规定，行政机关及其工作人员在行使行政职权时因违法行为而侵犯人身权或者财产权的，受害人有取得赔偿的权利。《国家赔偿法》规定的赔偿范围强调了行政机关及其工作人员主动行为的违法性。《国家赔偿法》列举的行政赔偿范围基本包括了《行政诉讼法》第十二条行政诉讼受案范围中的行政行为，但第十二条第一款第十一项关于行政协议的规定在《国家赔偿法》中没有列出，即行政机关不依法履行、未按照约定履行或者违法变更、解除政府特许经营协议、土地房屋征收补偿协议等协议可能引起行政赔偿，但可以涵盖在《国家赔偿法》第四条第四款造成财产损害的其他违法行为这一兜底条款中。

根据《国家赔偿法》第九条和第十四条的规定，赔偿请求人可以向赔偿义务机关申请赔偿，也可以直接在行政复议和行政诉讼的过程中提出，亦可以在向赔偿义务机关申请之后就赔偿事宜再提起行政诉讼。人民法院有权判决赔偿义务机关承担赔偿责任。这亦提示赔偿义务机关有机会在行政诉讼之前就将赔偿事宜解决。

需要注意的是，人民法院就赔偿责任作出判决之后就具有了强制执行的效力,拒不执行法院判决会导致较为严重的后果。自然资源主管部门应当尊重并执行人民法院生效裁判,自觉接受司法监督。

【相关条款】

1.《国家赔偿法》第3条、第4条、第9条、第14条

2.《行政诉讼法》第12条、第96条

3.《国家赔偿费用管理条例》

4.《最高人民法院关于适用〈中华人民共和国行政诉讼法〉的解释》(法释〔2018〕1号)第152条

第三十二条　需要缴纳诉讼费用的,由应诉承办机构会同相关机构办理。

【释义】　本条是关于缴纳诉讼费的规定。

主要应注意两点:一是只有在具有诉讼费用缴纳义务时才需要缴纳诉讼费用,二是由应诉承办机构会同相关机构办理。

《行政诉讼法》第一百零二条规定:“人民法院审理行政案件,应当收取诉讼费用。诉讼费用由败诉方承担,双方都有责任的由双方分担。”《最高人民法院关于适用〈中华人民共和国行政诉讼法〉的解释》(法释〔2018〕1号)第一百四十四条规定:“人民法院一并审理相关民事争议,应当按行政案件、民事案件的标准分别收取诉讼费用。”根据《诉讼费用交纳办法》(国务院令第481号)规定,诉讼费用包括案件受理费,申请费以及证人、鉴定人、翻译人员、理算人员在人民法院指定日期出庭发生的交通费、住宿费、生活费和误工补贴。目前行政诉讼案件受理费除商标、专利、海事行政案件每件交纳100元外,其他行政案件每件交纳50元。行政诉讼案件一般由原告或上诉人先预交案件受理费,受理费最终由败诉一方承担。法院裁定不予受理、驳回起诉、驳回上诉的案件以及对不予受理、驳回起诉和管辖权异议裁定不服提起上诉的案件和行政赔偿案件不交纳案件受理费,人民法院已收取的予以退回。上诉案件的案件受理费由上诉人向人民法院提交上诉状时预交。自然资源主管部门依法向人民法院申请执行发生法律效力的判决、裁定、调解书应当缴纳申请费。诉讼过程中因鉴定、公告、勘验、翻译、评估等发生的依法应当由当事人负担的费用,人民法院根据

"谁主张、谁负担"的原则,决定由当事人直接支付给有关机构或者单位,这些费用不属于诉讼费用的范围,人民法院不代收代付。

行政判决书最后都会对诉讼费用的分担作出决定。当事人不得单独对人民法院关于诉讼费用的决定提起上诉,但当事人对人民法院关于诉讼费用的决定和计算有异议的,可以向作出决定的人民法院院长申请复核。自然资源主管部门败诉案件一般仅涉及向人民法院缴纳案件受理费,应诉承担机构应按照判决书给出要求的时限内缴纳案件受理费。

【相关条款】

1.《行政诉讼法》第 102 条

2.《诉讼费用交纳办法》

3.《最高人民法院关于适用〈中华人民共和国行政诉讼法〉的解释》(法释〔2018〕1 号)第 144 条

第三十三条　自然资源主管部门收到人民法院提出的司法建议后,应诉承办机构应当组织研究落实,提出具体措施、意见和建议,对存在的违法或者不当的行政行为进行整改,并将有关情况及时向人民法院反馈。涉及多个应诉承办机构的,由法治工作机构牵头,组织应诉承办机构研究落实。

【释义】　本条是关于落实人民法院司法建议的规定。

司法建议通常是指人民法院在审判工作中,针对案件中有关单位和管理部门在制度上、工作上所存在的问题,提出健全规章制度,堵塞漏洞,改进和完善管理的建议,它不具有强制力,属于建议性文书;可以在案件审理过程中提出,也可以在裁判后提出。司法建议是人民法院审判职能的延伸,对于促进社会安定与和谐,增强全社会法律意识,促进法治政府建设具有重要作用。各级人民法院通过严格程序向有关单位签发司法建议以保证其严肃性,采取一定形式督促司法建议的落实以保证其实效性。司法建议分为个案建议、类案建议、综合建议三种类型。个案建议针对个案中反映的具体问题提出;类案建议针对一类案件中反映的普遍性问题提出;综合建议针对一定时期经济社会发展中存在的普遍性、系统性问题提出。《行政诉讼法》及其司法解释以及《最高人民法院关于加强司法建议工作的意见》规定了几种人民法院对行政机关发送司法建议的情况。

一、针对规范性文件提出的司法建议

《行政诉讼法》第六十四条规定："人民法院在审理行政案件中，经审查认为本法第五十三条规定的规范性文件不合法的，不作为认定行政行为合法的依据，并向制定机关提出处理建议。"《最高人民法院关于适用〈中华人民共和国行政诉讼法〉的解释》（法释〔2018〕1 号）第一百四十九条第三款、第四款规定，规范性文件由多个部门联合制定的，人民法院可以向该规范性文件的主办机关或者共同上一级行政机关发送司法建议。接受司法建议的行政机关应当在收到司法建议之日起 60 日内予以书面答复。情况紧急的，人民法院可以建议制定机关或者其上一级行政机关立即停止执行该规范性文件。《最高人民法院关于适用〈中华人民共和国行政诉讼法〉的解释》（法释〔2018〕1 号）第一百五十条还规定，涉及国务院部门、省级行政机关制定的规范性文件，司法建议还应当分别层报最高人民法院、高级人民法院备案。

因为规范性文件作为自然资源主管部门的执法依据，该类司法建议具有明显的类案建议或综合性建议的特点。对于此类司法建议应当主要从规范性文件合法性角度进行审查，准确理解把握有关法律、法规、规章等精神意图，进一步审查与此规范性文件有密切联系的其他规范性文件的合法性、适用性，从立法的角度进行适当的调整，如有必要应当向有关机关提出完善制度和改进行政执法的建议，同时将有关情况及时向人民法院反馈，保持积极沟通。从某种意义上说，司法建议是改进自然资源主管部门立法，提升依法行政水平的重要途径。

二、针对违反行政诉讼法的行为提出司法建议

行政机关及有关人员在出庭应诉或者执行生效裁判方面存在违反行政诉讼法的行为，人民法院也会向有关机关提出司法建议，以保证行政诉讼的顺利进行。一是关于出庭应诉。《行政诉讼法》第六十六条第二款规定："人民法院对被告经传票传唤无正当理由拒不到庭，或者未经法庭许可中途退庭的，可以将被告拒不到庭或者中途退庭的情况予以公告，并可以向监察机关或者被告的上一级行政机关提出依法给予其主要负责人或者直接责任人员处分的司法建议。"《最高人民法院关于适用〈中华人民共和国行政诉讼法〉的解释》（法释〔2018〕1 号）第一百二十九条第四款规定，行政机关负责人应当出庭而没有出

庭的，“行政机关拒绝说明理由的，不发生阻止案件审理的效果，人民法院可以向监察机关、上一级行政机关提出司法建议”。二是关于执行生效裁判和调解书。《行政诉讼法》第九十六条规定：“行政机关拒绝履行判决、裁定、调解书的，第一审人民法院可以采取下列措施：……（四）向监察机关或者该行政机关的上一级行政机关提出司法建议。接受司法建议的机关，根据有关规定进行处理，并将处理情况告知人民法院……”

三、行政诉讼中的其他司法建议

前面两类司法建议是在《行政诉讼法》及其司法解释中明确规定的，其他的司法建议一般还有如下几类：涉及经济社会发展重大问题需要相关方面积极加以应对的；相关行业或者部门工作中存在的普遍性问题，需要有关单位采取措施的；相关单位的规章制度、工作管理中存在严重漏洞或者重大风险的；国家利益、社会公共利益受到损害或者威胁，需要有关单位采取措施的；法律规定的有义务协助调查、执行的单位拒绝或者妨碍人民法院调查、执行，需要有关单位对其依法进行处理的，等等。另外，人民法院判决撤销违法的被诉具体行政行为，将会给国家利益、公共利益或者他人合法权益造成损失的，人民法院在判决撤销的同时，可以向被告和有关机关提出司法建议。自然资源主管部门收到人民法院此类司法建议的，应当提出具体措施，对存在的违法或者不当的行为进行整改，并将有关情况及时向人民法院反馈。

【相关条款】

1.《行政诉讼法》第53条、第64条、第66条、第96条

2.《最高人民法院关于适用〈中华人民共和国行政诉讼法〉若干问题的解释》（法释〔2018〕1号）第129条、第149条、第150条

第三十四条　自然资源主管部门收到人民法院对本部门制发的规范性文件的处理建议的，应当组织研究，于60日内向人民法院反馈处理意见。发现该规范性文件与法律法规规章的规定相抵触的，应当及时废止该规范性文件，并向社会公开。

【释义】　本条是关于行政诉讼中规范性文件附带性审查的规定。

规范性文件的审查包括制定阶段的审查和实施阶段的审查。制定阶段的

审查一般是指规范性文件要符合相应的制定规范和制定程序，实质是一种立法审查，而实施过程中的审查主要是通过行政复议以及行政诉讼程序来实现，可以称为行政审查和司法审查。

一、行政诉讼中对规范性文件进行附带性审查

行政机关制定的规范性文件具有普遍的约束力，并不针对特定的人和事。因此，如果不适用到具体的人或事，它一般并不能产生实际的影响。公民、法人或者其他组织如果对规范性文件的合法性有异议，不能单独就规范性文件提起诉讼要求法院进行审查，必须是在对行政行为提起诉讼时一并提出。

2015年，在修正《行政诉讼法》之时，关于是否规定对规范性文件的附带性审查存在争议。一种意见认为：法院不能对规范性文件进行审查。理由是：第一，按照《宪法》和有关法律规定，县级以上各级人民政府有权撤销所属部门和下级人民政府不适当的决定、命令；国务院和各省、自治区、直辖市就行政机关发布的决定、命令等文件的审查制度作了具体规定。只要县级以上人民政府严格履行职责，抽象行政行为存在的问题是可以解决的。第二，抽象行政行为不是针对具体的个人作出的，不会直接侵害个人的权利，它只有通过具体行政行为才会产生危害后果，因此，公民通过对具体行政行为的复议，就可以保护自己的合法权益。另一种意见认为：规范性文件是行政行为的依据和源头，要纠正违法和不当的行政行为，有必要正本清源，从源头上开始审查和纠正；现行制度中对规范性文件的监督机制虽然存在，但是没有很好地发挥作用。一些地方、部门乱发文件、乱收费、乱集资，以权谋私等侵犯公民利益的问题严重，公民的合法权利无法得到保障。允许由法院对规范性文件进行附带性审查，是社会进步的标志。① 立法机关经过调研论证和反复权衡，最后在《行政诉讼法》中规定了规范性文件的附带审查制度。

《行政诉讼法》第五十三条规定："公民、法人或者其他组织认为行政行为所依据的国务院部门和地方人民政府及其部门制定的规范性文件不合法，在对行政行为提起诉讼时，可以一并请求对该规范性文件进行审查。前款规定的规范性文件不含规章。"《行政诉讼法》第六十四条规定："人民法院在审理行政案件

---

① 童卫东主编：《〈中华人民共和国行政诉讼法〉释义与案例》，中国民主法制出版社2015年版，第144页。

中，经审查认为本法第五十三条规定的规范性文件不合法的，不作为行政行为合法的依据，并向制定机关提出处理建议。”《最高人民法院关于适用〈中华人民共和国行政诉讼法〉的解释》（法释〔2018〕1号）利用第一百四十五条到第一百五十一条共7条规定，对规范性文件附带性审查作出详细规定。综合来看，对人民法院进行规范性文件附带性审查的主体、时点、内容等进行了明确：一是明确管辖法院，公民、法人或者其他组织对行政行为提起诉讼时如果一并请求对所依据的规范性文件进行审查，由行政行为案件管辖法院一并审查。二是明确提起规范性文件附带审查的时点，一般应当在一审开庭审理前提出。有正当理由的，也可以在法庭调查中提出。三是明确规范性文件制定机关的权利义务。人民法院认为规范性文件可能不合法的，应当听取规范性文件制定机关的意见。规范性文件制定机关申请出庭陈述意见的，人民法院应当准许。行政机关未陈述意见或未提供证明材料的，不能阻止人民法院对规范性文件进行审查。四是明确审查内容和规范性文件不合法的情形。人民法院审查规范性文件是可以从制定机关是否超越权限或者违反法定程序、作出行政行为所依据的条款以及相关条款等方面进行。同时罗列了超越职权和法律、法规、规章授权制定文件，与上位法相抵触，违法增设公民、法人和其他组织义务或者减损其合法权益，违反规范性文件制定程序等用以判定规范性文件不合法的五种情形。五是明确了规范性文件制定机关回复司法建议的时间和方式。接受司法建议的行政机关应当在收到司法建议之日起60日内进行书面答复。情况紧急的，人民法院可以建议制定机关或者其上一级行政机关立即停止执行该规范性文件。六是规定了对规范性文件合法性认定错误的纠错程序。各级人民法院院长对本院已经发生法律效力的判决、裁定，发现规范性文件合法性认定错误，认为需要再审的，应当提交审判委员会讨论。最高人民法院对地方各级人民法院已经发生法律效力的判决、裁定，上级人民法院对下级人民法院已经发生法律效力的判决、裁定，发现规范性文件认定错误的，有权提审或者指令下级人民法院再审。

人民法院经审查认为行政行为所依据的规范性文件合法的，应当作为认定行政行为合法的依据；经审查认为规范性文件不合法的，采取以下方式处理：一是不作为裁判依据。经审查，规范性文件不合法的，不作为认定行政行为合法的依据并在裁判理由中予以阐明。二是提出司法建议。人民法院可以在裁判生效之日起3个月内向规范性文件制定机关提出修改或者废止该规范性文件的司法建议,涉及联合发文的,人民法院可以向规范性文件的主办机关或者共同上一级行政机关发送司法建议。接收司法建议的行政机关应当在收到司法建议之日起60日内予以书面答复。情况紧急的,人民法院可以建议制定机关或者其上一级行政机关立即停止执行该规范性文件。三是抄送有关机关。人民法院可以将司法建议抄送其同级人民政府和上一级行政机关、监察机关以及规范性文件的备案机关。四是向有关人民法院备案。涉及国务院部门、省级行政机关制定的规范性文件,司法建议还应当分别层报最高人民法院、高级人民法院备案。

法院在案件审理过程中,一般法律和行政法规可以作为裁判案件的直接依据,部门规章作为参照,规范性文件一般不作为裁判依据。但是,法院在审理行政诉讼案件中应当对所涉及的规范性文件进行审查,并可以在判决理由中对其合法性进行评述,认为其不合法的,不中止案件审理,不作为裁判依据。《最高人民法院关于审理行政案件适用法律规范问题的座谈会纪要》明确:"行政审判实践中,经常涉及有关部门为指导法律执行或者实施行政措施而作出的具体应用解释和制定的其他规范性文件,主要是:国务院部门以及省、市、区和较大的市的人民政府或者其主管部门对于具体应用法律、法规或者规章作出的解释;县级以上人民政府及其主管部门制定发布的具有普遍约束力的决定、命令或者其他规范性文件。行政机关往往将这些具体应用解释和其他规范性文件作为具体行政行为的直接依据。这些具体应用解释和规范性文件不是正式的法律渊源,对人民法院不具有法律规范意义上的约束力。但是,人民法院经审查认为被诉具体行政行为依据的具体应用解释和其他规范性文件合法、有效并合理、适当的,在认定被诉具体行政行为合法性时应承认其效力;人民法院可以在裁判理由中对具体应用解释和其他规范性文件是否合法、有效、合理或者适当进行评述。"

二、现行法律法规关于规范性文件的规定

按照我国《宪法》和有关法律的规定,行政机关有权制定规范性文件,具体权限是:国务院根据《宪法》和法律,有权发布决定和命令;国务院各部委,根据法律和国务院的行政法规、决定、命令,在本部门的权限内,发布命令、指示和规章;县级以上地方各级人民政府,可以规定行政措施,发布决议和命令;省、直辖市以及省、自治区人民政府所在地的市和经批准的市的人民政府,还可以根据法律和国务院的行政法规制定行政规章。乡、民族乡、镇的人民政府执行本级人民代表大会的决议和上级国家机关的决定和命令，发布决定和命令。

三、自然资源规范性文件管理的规定

2018 年，自然资源部发布了《自然资源规范性文件管理规定》（自然资源部令第 2 号），规定了规范性文件的起草、合法性审核、发布和清理程序，实施规范性文件“统一登记、统一编号、统一发布”制度和有效期制度，明确未依照规定要求制发的各类文件，不认定为规范性文件，不得作为管理行政相对人的依据。自然资源规范性文件是指县级以上自然资源主管部门为执行法律、法规、规章和国家政策规定，依照法定权限和程序制定并公开发布，涉及公民、法人和其他组织的权利义务，具有普遍约束力，在一定期限内反复适用的文件。2019 年，自然资源部开展了建部以来规范性文件的第一次集中全面清理，摸清了规范性文件底数，向社会公开发布了继续有效的规范性文件目录，并废止了一批规范性文件，取得了良好的社会反响。在此基础上，自然资源部建立了“实时清理、自动更新、动态调整”的规范性文件清理机制，要求县级以上自然资源主管部门应当建立规范性文件定期清理制度，将清理结果作为规范性文件修改或者废止的依据，并及时公布清理后继续有效的规范性文件目录。同时，为加强规范性文件管理，建立了考核机制，将规范性文件管理工作纳入依法行政考核内容。

各级自然资源主管部门，应该按照法院对于案件所涉规范性文件的处理建议，进行组织研究，发现该规范性文件与法律、法规、规章的规定相抵触的，应当及时停止执行该规范性文件或者相关规定，并按照 2 号令的要求，启动规范性文件清理。如果发现规范性文件与现行法律、法规、规章和上级规范性文件不符，或者管理内容、管理对象已经消失不再适用的，应当废止或者宣布失效。如果部分内容仍有必要继续执行的，应当根据实际情况整合相关规定制定新的规范性文件。上级自然资源主管部门发现下级自然资源主管部门的规范性文件存在违反宪法、法律、法规、规章和国家政策的，应当依照职责和法定权限通知有权处理机关督促纠正。

【相关条款】

1.《行政诉讼法》第 64 条

2.《最高人民法院关于适用〈中华人民共和国行政诉讼法〉的解释》（法释〔2018〕1 号）第 145～151 条

第三十五条　县级以上自然资源主管部门应当将行政应诉工作情况纳入本部门考核内容，考核结果作为评价领导班子、评先表彰、干部使用的重要依据。

应诉承办机构负责人和地方自然资源主管部门负责人进行年度述职时，应当报告履行出庭应诉职责情况。

【释义】　本条是关于对自然资源主管部门履行出庭应诉等职责情况进行考核评价的规定。

将各级自然资源主管部门负责人和应诉承办机构负责人依法履行行政应诉职责情况纳入法治建设考核与绩效考核，是全面贯彻依法治国理念、推进自然资源法治建设的重要体现。考核目的是提高各级自然资源主管部门负责人对自然资源行政应诉工作的重视，将自然资源行政应诉工作作为一项改变工作作风、转变工作思路的重要举措。对各级自然资源主管部门负责人进行考核应该包括对正职和副职负责人同时进行考核，应诉承办机构负责人和地方自然资源主管部门负责人进行年度述职时，应当报告履行出庭应诉职责情况，考核的结果作为评价领导班子工作业绩的重要依据。要注意考察领导干部在行政应诉工作中特别是出庭应诉的表现，将其作为法治素质的衡量标准之一，作为干部使用时的重要参考。

为将《应诉规定》第二十二条、第二十三条关于自然资源主管部门负责人和应诉承办机构负责人出庭应诉的制度落到实处，本条明确要求，应诉承办机构负责人和地方自然资源主管部门负责人进行年度述职时，要报告履行出庭应诉职责情况。真正将依法履行出庭应诉职责作为行政机关及其工作人员的法定职责，为严格考核要求奠定基础。

【相关条款】

1.《行政诉讼法》第3条

2.《最高人民法院关于适用〈中华人民共和国行政诉讼法〉的解释》（法释〔2018〕1号）第128条、第129条、第132条

第三十六条 自然资源主管部门工作人员违反本规定，有下列情形之一，情节严重的，对直接负责的责任人员依法予以处分：

（一）收到人民法院的法律文书后未及时处理或者转交的；

（二）不按照本规定提交证据、依据及其他相关材料，履行答辩、举证等法定义务的；

（三）无正当理由不出庭应诉，也不委托相应的工作人员出庭的；

（四）出庭应诉人员无正当理由未按时出庭或者未经法院许可中途退庭的；

（五）拒绝履行或者无正当理由拖延履行人民法院发生法律效力的判决、裁定和调解书，被人民法院强制执行的；

（六）无法定事由未全面履行人民法院发生法律效力的判决、裁定和调解书的；

（七）不依法及时处理司法机关司法建议，不整改本部门、本单位存在的违法行政问题的；

（八）应当提起上诉、申请再审的案件，拖延或者怠于履行提起上诉、申请再审职责，导致国家蒙受重大损失的；

（九）败诉后新作出的行政行为因相同原因导致再次败诉的，以及推卸责任导致败诉的；

（十）其他违反本规定的行为。

【释义】 本条规定了自然资源主管部门及其工作人员违反本规定的法律责任。

本条规定共列出了十项违反本规定的情形，《行政诉讼法》及有关法律法规已经针对上述部分行为的法律责任作出相应规定，《自然资源部机关司局工作重大失误通报制度（试行）》也将“未按法定期限答辩，未按时出庭应诉导致败诉，造成不良影响”的情况纳入通报事项，下面我们重点就本条的第一项、第九项进行解读。

第一项是关于收到人民法院的法律文书后未及时处理或者转交的行为。该项所指法律文书是指人民法院发出的应诉通知书、传票、法院判决书、裁定书等形式的法律文书，自然资源主管部门的法治机构工作人员收到法院的法律文书后，应当按照本规定的工作程序及时进行处理。因行政诉讼程序均有法定期限，而且时间紧张，其他机构及其工作人员应当在收到法律文书当日转交法治机构工作人员，否则将有可能造成未及时答辩、未出庭应诉导致败诉，或者未执行生效裁判而追究党纪政纪责任。

第九项是关于败诉后新作出的行政行为因相同原因导致再次败诉的，以及推卸责任导致败诉的行为。该项行为是指自然资源主管部门败诉后作出的新的行政行为又因相同原因而导致再次败诉的，或者是并未及时认真分析作出行政行为的原因、存在的问题，只是推卸责任而最终导致败诉的行为，自然资源主管部门要给予相关责任人处分处理。关于因同一原因“再次败诉”的认定，许多人担心如果同一时期作出若干个类似的行政行为，但是并非在同一时间段引发诉讼案件，而是在持续发酵，后续收到的同样的败诉判决算不算“再次败诉”？我们把握的原则是“知错能改，善莫大焉”。只要收到第一份败诉判决以后，自然资源主管部门能够查找原因，举一反三，后续因之前的行政行为导致的败诉就不作为“再次败诉”的情形。

【相关条款】

《行政诉讼法》第 34 条、第 36 条、第 58 条、第 59 条、第 96 条

第三十七条　应诉承办机构应当在行政诉讼活动全部结束后，将案件材料进行收集整理装订，依照档案管理的有关规定归档、移交。

【释义】　本条是关于诉讼案卷整理、归档的规定。

随着行政诉讼案件的大量增加，行政诉讼逐渐成为自然资源主管部门重要的工作领域。行政应诉工作中形成了大量的法律文书，行政诉讼案卷管理也日渐重要，必须确保档案材料的完整性、准确性。行政应诉档案整理工作按照“谁应诉、谁负责”的原则开展，一般由行政应诉案件诉讼代理人负责整理。自然资源部各业务司局与行政复议机构共同应诉的案件，由负责原行政行为的机构和复议机构分别整理各自的档案，集中整理档案期间再予合并。

归档首先要求材料完整并制作行政诉讼材料清单。案件应有的材料一般包括法院判决或裁定、庭审记录（笔记）、法院传票、组织机构代码证、授权委托书、法定代表人身份证明、办理应诉事宜负责人批示、答辩状、证据材料、应诉通

知书、原告起诉状及证据材料，有的案件还有行政机关负责人未出庭情况说明、律师事务所委托函、庭后代理意见等，有二审程序的还有终审判决或裁定、二审法院传票、二审授权委托书、二审答辩意见及补充证据材料、上诉状及上诉证据材料等。少量案件还经过再审程序，也应将再审程序的材料予以合并归档。清单里没有的材料应有备注说明，有超出清单范围的材料，也应在清单备注上予以说明。另外，为保证各类法律文书收寄日期有据可查，尽量将收寄日期在法律文书首页有所标注并且保留原始邮寄凭证。邮寄凭证应写明所寄法律文书名称及填具日期。应避免同一案卷出现重份材料，原告提交的一式多份的各类材料应作适当处理。

归档年度以一审案件发生年度作为案卷形成年度。需要保密的案卷应当写明密级，案卷材料密级为案卷中最高密级材料的密级。

文书示例

1. 行政诉讼案卷归档清单

序号	名　称	有/无(√/O)	备注
一审材料			
1	法院判决或裁定 *		
2	庭审笔记 *		
3	庭后补充代理意见和证据及邮寄凭证		
4	行政机关负责人未出庭应诉的情况说明		
5	法院传票 *		
6	组织机构代码证		
7	授权委托书 *		
8	法定代表人身份证明书 *		
9	律师事务所委托函		
10	办理应诉事宜签报 *		
11	答辩状及邮寄凭证 *		
12	证据目录和证据材料及邮寄凭证 *		

续表

序号	名　　称	有/无(√/O)	备注
13	应诉通知书及邮寄凭证 *		
14	原告起诉状和证据材料 *		
15	执行情况(例如执行生效裁判有关文书等)		
16	其他材料		
二审材料(备注二审案号)			
17	法院判决或裁定及邮寄凭证		
18	庭审笔记		
19	行政机关负责人未出庭应诉的情况说明		
再审材料(备注再审案号)			
17	法院判决或裁定及邮寄凭证		
18	庭审笔记		
19	行政机关负责人未出庭应诉的情况说明		

标注 * 号的为必备材料。

2. 国务院裁决案卷归档清单

序号	名　　称	有/无(√/O)	备注
1	行政复议裁决书		
2	行政复议答复书		
3	证明目录和证据材料		
4	办理行政复议答复事宜签报		
5	行政复议答复通知书		
6	授权委托书		
7	法定代表人身份证明书		

第三十八条　自然资源主管部门参加行政赔偿诉讼活动，自然资源部办理国务院裁决案件的答复事项，参照本规定执行。

【释义】 本条是关于涉及自然资源主管部门参加行政赔偿诉讼和办理国务院裁决答复案件的具体规定。

一、关于行政赔偿的范围

行政赔偿，是指行政机关及其工作人员在行使行政职权的活动中给公民、法人或者其他组织造成损害，由国家承担责任并予以赔偿。按照现行《国家赔偿法》的规定，我国目前引起行政赔偿的范围主要有侵犯人身权的行政赔偿和侵犯财产权的行政赔偿两种。《国家赔偿法》第三条具体规定了五种侵害人身权的行政赔偿情形，第四条规定了侵害财产权行政赔偿的四种情形。

二、如何判断行政机关的赔偿责任

辨别行政行为是行政机关工作人员的职务行为，还是个人行为，是确定行政机关是否负有行政赔偿责任的前提。一般可以考虑以下几个方面的因素：(一)职责。工作人员作出的行为，是否属于他的工作职责范围内，属于职责范围的，一般则是职务行为，反之则不然。(二)时间。工作人员是在工作期间还是在非工作期间作出行为，通常职务行为是在工作期间的行为。(三)名义。一般而言，职务行为需要以行政机关的名义对外作出，而机关工作人员以自己的名义作出的行为则不属于执行职务的行为。(四)是否为执行命令或者指令。在很多情况下，行政机关工作人员履行职务，是基于执行行政机关首长或者上级行政机关的命令、指令等，这种情况下也是职务行为。(五)授权或委托。如果是依据法律法规的授权或者其他行政机关的委托而作出的行为，同样是职务行为。

同时，《国家赔偿法》第五条规定了免责情形：有下列情形之一的，国家不承担赔偿责任：(一)行政机关工作人员与行使职权无关的个人行为；(二)因公民、法人和其他组织自己的行为致使损害发生的；(三)法律规定的其他情形。

三、赔偿的程序

赔偿请求人要求赔偿，应当先向赔偿义务机关提出赔偿申请，也可以在申请行政复议或者提起行政诉讼时一并提出，但不得未经赔偿请求程序，直接向法院提出行政赔偿之诉。赔偿义务机关应当自收到赔偿申请之日起 2 个月内，作出是否赔偿的决定。赔偿义务机关决定赔偿的，应当制作赔偿决定书，并自作出决定之日起10日内送达赔偿请求人。赔偿义务机关决定不予赔偿的，应当自作出决定之日起10日内书面通知赔偿请求人，并说明不予赔偿的理由。赔偿义务机关在规定期限内未作出是否赔偿的决定，赔偿请求人可以自期限届满之日起3个月内，向人民法院提起诉讼。

赔偿请求人对赔偿的方式、项目、数额有异议的，或者赔偿义务机关作出不予赔偿决定的，赔偿请求人可以自赔偿义务机关作出赔偿或者不予赔偿决定之日起3个月内，向人民法院提起诉讼。

四、参加行政赔偿诉讼需要注意的问题

各级自然资源主管部门参加行政赔偿诉讼，需要注意以下几个问题：第一，国家赔偿以支付赔偿金为主要方式。能够返还财产或者恢复原状的，予以返还财产或者恢复原状。第二，需要针对是职务行为还是个人行为进行答辩，这是行政机关是否承担赔偿责任的关键。第三，自然资源主管部门赔偿损失后，应当责令有故意或者重大过失的工作人员或者受委托的组织或者个人承担部分或者全部赔偿费用。对有故意或者重大过失的责任人员，有关机关应当依法给予处分；构成犯罪的，应当依法追究刑事责任。第四，依据《国家赔偿法》的规定，行政赔偿只赔偿直接损失，并不赔偿间接损失。第五，赔偿费用列入各级财政预算。赔偿请求人凭生效的判决书、复议决定书、赔偿决定书或者调解书，向赔偿义务机关申请支付赔偿金。赔偿义务机关应当自收到支付赔偿金申请之日起7日内，依照预算管理权限向有关的财政部门提出支付申请。财政部门应当自收到支付申请之日起15日内支付赔偿金。第六，赔偿请求人请求国家赔偿的时效为2年，自其知道或者应当知道国家机关及其工作人员行使职权时的行为侵犯其人身权、财产权之日起计算，但被羁押等限制人身自由期间不计算在内。在申请行政复议或者提起行政诉讼时一并提出赔偿请求的，适用《行政复议法》《行政诉讼法》有关时效的规定。

案例链接

张某诉自然资源部行政赔偿案

北京市第一中级人民法院作出（2017）京01行初313号行政判决书，撤销了原国土资源部作出的国土资复议〔2017〕32号行政复议决定书。张某根据该判决向自然资源部提出赔偿申请，但自然资源部决定不予赔偿，因此，张某向法院提出行政赔偿诉讼，请求法院判决自然资源部赔偿原告误工费、车旅费、诉讼费等诉讼损失费用和因被告不及时依法履行赔偿义务造成原告合法赔偿权益诉讼损失合计39481.80元。法院经审理认为，行政机关承担行政赔偿责任的范围，应当是受害人因行政机关及其工作人员行使行政职权而直接遭受的人身权、财产权的损害。《国家赔偿法》第四条以及第三十六条对于财产权损害赔偿的范围和计算标准等予以了明确列举。本案中，原告请求赔偿的项目，是因其针对涉案决定书提出诉讼及本次赔偿诉讼支付的费用，属于当事人在法律救济程序中支出的费用，不属于《国家赔偿法》所规定的赔偿范围。故原告所请求赔偿的事项，不属于行政赔偿范围，判决驳回原告张某的赔偿请求。

五、关于国务院裁决

公民、法人或者其他组织不服行政机关作出的具体行政行为的复议申请只能向法定的行政机关提出，该机关的复议决定一经作出并送达，即发生法律效力，公民、法人或者其他组织不能再向作出行政复议的机关的上级机关提出复议申请，这称为一级行政复议制。一级复议制度是《行政复议法》确立的基本制度，主要是考虑到我国行政复议决定在多数情况下并非最后救济手段，当事人对复议决定不服，还可以提起行政诉讼，仍可以得到人民法院两级审判的救济，这样就没有必要在行政系统内实行两级或多级复议制度，以免行政争议在行政系统内迟迟不能解决，对保护公民、法人或者其他组织的合法权益产生不利影响，而且影响行政效率的提高。但是，对于国务院部门或者省、自治区、直辖市人民政府作出的行政复议决定不服的，可以向人民法院提起行政诉讼，也可以向国务院申请裁决，国务院依照《行政复议法》的规定作出最终裁决，国务院作出裁决后就不能再向法院提起行政诉讼。这个情况是以国务院作出最终裁决的行政复议为特征的多级复议形式。多级复议只适用于对国务院部门或者省、自治区、直辖市人民政府所实施的具体行政行为而进行的行政复议予以再次复议，而复议机关只能是国务院。

《行政复议法》第十四条规定了原级复议的情况，即对国务院部门或者省、自治区、直辖市人民政府的具体行政行为不服的，向作出该具体行为的国务院部门或者省、自治区、直辖市人民政府申请行政复议。对行政复议决定不服的，可以向人民法院提起行政诉讼，也可以向国务院申请裁决，国务院依照《行政复议法》作出最终裁决。这一条规定包含了三层含义：一是，国务院不作“被告”（被申请人），对国务院的行为不服的，不得申请行政复议；二是，对国务院部门或者省、自治区、直辖市人民政府的具体行政行为不服的，向原机关提出行政复议；三是，对行政复议决定不服的，由申请人选择向法院提起行政诉讼或者向国务院申请裁决，一旦申请国务院裁决，当国务院依照《行政复议法》所作出的裁决便是最终的裁决，不得再提起诉讼。因此，从本质上来判断，国务院的裁决，也是一种行政复议行为，其所依据的是《行政复议法》，也是在行使行政机关的内部监督功能。

按照本规定，在办理国务院裁决案件时，自然资源部作出被裁决行政行为的工作机构为裁决事项的承办机构，负责承办相应的裁决工作，其相应的工作流程与参加行政应诉并无二致。

但是，国务院裁决与行政复议在具体的操作层面还是有所不同，主要体现在以下几个方面：首先，目前并没有关于国务院裁决的程序规定，其受案范围、提交证据、答复意见、中止、补正等程序都尚无相应的具体规定，进入裁决程序之后，行政机关普遍是按照国务院的指令提供相关的材料，等待裁决结果。其次，国务院作出的裁决是终局的，对裁决结果不服不得再提起诉讼，裁决决定必须得到义务主体的履行，否则要承担相应法律责任。最后，没有审限。国务院裁决并不像行政诉讼、行政复议有明确的审理期限，由于国务院裁决是终局的，无须再进行救济，因此进入国务院裁决的案件目前也没有审理期限的具体规定。

案例链接

刘某不服自然资源部政府信息公开告知案

刘某不服自然资源部作出的《自然资源部政府信息公开告知书》（自然资公开告知〔2018〕485号），曾向其申请行政复议，经自然资源部作出维持的《行政复议决定书》（自然资复议〔2018〕704号（决））后，依照《行政复议法》第十四条的规定,向国务院申请裁决,请求撤销被自然资公开告知〔2018〕485号告知书并责令被申请人重新作出具体行政行为,同时撤销《行政复议决定书》(自然资复议〔2018〕704号(决))。裁决机关认为:2008年5月1日施行的《中华人民共和国政府信息公开条例》第二条规定,本条例所称政府信息,是指行政机关在履行职责过程中制作或者获取的,以一定形式记录、保存的信息。该条例第十七条规定,行政机关制作的政府信息,由制作该政府信息的行政机关负责公开;行政机关从公民、法人或者其他组织获取的政府信息,由保存该政府信息的行政机关负责公开。该条例第二十一条第三项规定,对申请公开的政府信息,依法不属于本机关公开或者该政府信息不存在的,应当告知申请人。本案中,申请人申请获取"安徽省阜阳市关于阜城三角洲东岸人居环境综合治理工程项目建设所涉及的2151亩土地征收和拆迁补偿、安置,包括安徽省政府或国土资源部(国务院)对土地征收的批复及阜阳市政府的补偿安置方案等所有信息材料,并对上述材料以邮寄方式寄给申请人"。被申请人将"阜城三角洲""环境综合"作为关键词在"建设用地审批系统"中进行了查询,未查询到相关审批信息。被申请人据此作出书面答复,告知申请人其不存在申请人申请公开的政府信息,符合上述规定。被申请人作出维持的行政复议决定,并无不当。据此,裁决维持自然资公开告知〔2018〕485号告知书和自然资复议〔2018〕704号(决)行政复议决定。

杨某等人不服自然资源部政府信息公开告知案

杨某对自然资源部作出的《政府信息公开告知书》(国土资公开告知〔2018〕240号)不服,向其申请行政复议,自然资源部作出了驳回申请人行政复议申请的行政复议决定(自然资复议〔2018〕154号(决))。杨某等向国务院申请裁决,请求撤销被申请人作出的国土资公开告知〔2018〕240号告知书以及自然资复议〔2018〕154号(决),责令被申请人对申请人举报事项重新立案处理,并将处理过程和结果书面告知申请人。经审理,裁决机关认为:2008年5月1日施行的《中华人民共和国政府信息公开条例》第二条规定,本条例所称政府信息,是指行政机关在履行职责过程中制作或者获取的,以一定形式记录、保存的信息。该条例第十七条规定,行政机关制作的政府信息,由制作该政府信息的行政机关负责公开;行政机关从公民、法人或者其他组织获取的政府信息,由保存该政府信息的行政机关负责公开。该条例第二十一条第三项规定，依法不属于本机关公开或者该政府信息不存在的，应当告知申请人，对能够确定该政府信息的公开机关的，应当告知申请人该行政机关的名称、联系方式。《信访条例》第十一条第一款规定，国家信访工作机构充分利用现有政务信息网络资源，建立全国信访信息系统，为信访人在当地提出信访事项、查询信访事项办理情况提供便利。该条例第十二条规定，县级以上各级人民政府的信访工作机构或者有关工作部门应当及时将信访人的投诉请求受理凭证到当地人民政府的信访工作机构或者有关工作部门的接待场所查询其所提出的投诉请求的办理情况。具体实施办法和步骤由省、自治区、直辖市人民政府规定。本案中，被申请人依照《国土资源行政处罚办法》的规定，将申请人举报的线索转有关地方处理，其并未制作或保存相关政府信息，被申请人的告知并无不妥。同时，《信访条例》已经规定了保障信访人获取信访事项办理信息的专门程序。申请人申请公开其信访举报事项的调查材料和处理结果，应当依照《信访条例》规定的程序处理，被申请人不负有适用《中华人民共和国政府信息公开条例》规定予以公开的法定职责。此外，申请人提出被申请人应当对相关违法行为直接查处的主张，与被申请人的政府信息公开答复行为无关，不属于本案审查范围。依照《中华人民共和国行政复议法》第十四条和《中华人民共和国行政复议法实施条例》第四十八条第一款第（一）项的规定，驳回申请人提出的行政复议裁决申请。

【相关条款】

1.《国家赔偿法》第 3 条、第 5 条

2.《行政复议法》第 14 条

第三十九条　本规定自 2019 年 9 月 1 日起施行。原自然资源部 2017 年 5 月 8 日发布的《国土资源行政应诉规定》（国土资源部令第 71 号）同时废止。

【释义】　本条是关于《应诉规定》生效日期的规定。

根据《规章制定程序条例》的规定，规章应当自公布之日起 30 日后施行；但是，涉及国家安全、外汇汇率、货币政策的确定以及公布后不立即施行将有碍规章施行的，可以自公布之日起施行。对于自公布之日起 30 日后施行的规章，其

具体的生效时间,公布该规章的命令应当载明。新的规章公布至发生效力的期限,取决于其所调整的对象按照新规章的规定运转所需要的过渡期、有关部门和单位实施新规章的准备工作、学习理解新规章的需要等方面。因此,经过综合考量,《应诉规定》的生效日期确定为2019年9月1日。

规章的废止是立法活动的组成部分,其目的是使原规章的有关规定失去效力,从而使法的体系更加完善。规章的废止主要有两种形式:一是由制定机关发布决定宣布废止。例如,《土地利用总体规划管理办法》(国土资源部令第72号)由2019年7月24日颁布的《自然资源部关于第一批废止和修改的部门规章的决定》(自然资源部令第5号)宣布废止。二是通过公布实施新规章废止旧规章。例如,《自然资源部立法工作程序规定》(自然资源部令第1号)第三十八条规定:"本规定自2019年1月1日起施行。原国土资源部2008年10月18日发布的《国土资源部立法工作程序规定》(国土资源部令第41号)同时废止。"

【相关条款】

《规章制定程序条例》第32条

附 录

自然资源行政复议规定

（2019年7月16日自然资源部第2次部务会议通过 2019年7月19日自然资源部令第3号公布 自2019年9月1日起施行）

第一条 为规范自然资源行政复议工作，及时高效化解自然资源行政争议，保护公民、法人和其他组织的合法权益，推进自然资源法治建设，根据《中华人民共和国行政复议法》和《中华人民共和国行政复议法实施条例》，制定本规定。

第二条 县级以上自然资源主管部门依法办理行政复议案件，履行行政复议决定，指导和监督行政复议工作，适用本规定。

第三条 自然资源部对全国自然资源行政复议工作进行指导和监督。

上级自然资源主管部门对下级自然资源主管部门的行政复议工作进行指导和监督。

第四条 本规定所称行政复议机关，是指依据法律法规规定履行行政复议职责的自然资源主管部门。

本规定所称行政复议机构，是指自然资源主管部门的法治工作机构。

行政复议机关可以委托所属事业单位承担有关行政复议的事务性工作。

第五条 行政复议机关可以根据工作需要设立行政复议委员会，审议重大、复杂、疑难的行政复议案件，研究行政复议工作中的重大问题。

第六条 行政复议工作人员应当具备与履行职责相适应的政治素质、法治素养和业务能力，忠于宪法和法律，清正廉洁，恪尽职守。

初次从事行政复议的人员，应当通过国家统一法律职业资格考试取得法律职业资格。

第七条 行政复议机关应当依照有关规定配备专职行政复议人员，并定期组织培训，保障其每年参加专业培训的时间不少于三十六个学时。

行政复议机关应当保障行政复议工作经费、装备和其他必要的工作条件。

第八条 行政复议机关应当定期对行政复议工作情况、行政复议决定履行情况以及典型案例等进行统计、分析、通报，并将有关情况向上一级自然资源主管部门报告。

行政复议机关应当建立行政复议信息管理系统，提高案件办理、卷宗管理、统计分析、便民服务的信息化水平。

第九条 县级以上自然资源主管部门应当将行政复议工作情况纳入本部门考核内容，考核结果作为评价领导班子、评先表彰、干部使用的重要依据。

第十条 行政复议机构统一受理行政复议申请。

行政复议机关的其他机构收到行政复议申请的，应当自收到之日起 1 个工作日内将申请材料转送行政复议机构。

行政复议机构应当对收到的行政复议申请进行登记。

第十一条 行政复议机构收到申请人提出的批评、意见、建议、控告、检举、投诉等信访请求的，应当将相关材料转交信访纪检等工作机构处理，告知申请人并做好记录。

第十二条 行政复议机构认为行政复议申请材料不齐全、表述不清楚或者不符合法定形式的，应当自收到该行政复议申请书之日起 5 个工作日内，一次性书面通知申请人补正。

补正通知书应当载明下列事项：

（一）需要更改、补充的具体内容；

（二）需要补正的材料、证据；

（三）合理的补正期限；

（四）无正当理由逾期未补正的法律后果。

无正当理由逾期未提交补正材料的，视为申请人放弃行政复议申请。补正申请材料所用时间不计入复议审理期限。

第十三条 有下列情形之一的，行政复议机关不予受理：

（一）未按照本规定第十二条规定的补正通知要求提供补正材料的；

（二）对下级自然资源主管部门作出的行政复议决定或者行政复议告知不服，申请行政复议的；

（三）其他不符合法定受理条件的。

对同一申请人以基本相同的事实和理由重复提出同一行政复议申请的，行政复议机关不再重复受理。

第十四条　对政府信息公开答复不服申请行政复议，有下列情形之一，被申请人已经履行法定告知义务或者说明理由的，行政复议机关可以驳回行政复议申请：

（一）要求提供已经主动公开的政府信息，或者要求公开申请人已经知晓的政府信息，自然资源主管部门依法作出处理、答复的；

（二）要求自然资源主管部门制作、搜集政府信息和对已有政府信息进行汇总、分析、加工等，自然资源主管部门依法作出处理、答复的；

（三）申请人以政府信息公开申请的形式进行信访、投诉、举报等活动，自然资源主管部门告知申请人不作为政府信息公开申请处理的；

（四）申请人的政府信息公开申请符合《中华人民共和国政府信息公开条例》第三十六条第三、五、六、七项规定，自然资源主管部门依法作出处理、答复的；

（五）法律法规规定的其他情形。

符合前款规定情形的，行政复议机关可以不要求被申请人提供书面答复及证据、依据。

第十五条　对投诉、举报、检举和反映问题等事项的处理不服申请行政复议的，属于下列情形之一，自然资源主管部门已经将处理情况予以告知，且告知行为未对申请人的实体权利义务产生不利影响的，行政复议机关可以不予受理或者受理审查后驳回行政复议申请：

（一）信访处理意见、复查意见、复核意见，或者未履行信访法定职责的行为；

（二）履行内部层级监督职责作出的处理、答复，或者未履行该职责的行为；

（三）对明显不具有事务、地域或者级别管辖权的投诉举报事项作出的处理、答复，或者未作处理、答复的行为；

（四）未设定申请人权利义务的重复处理行为、说明性告知行为及过程性行为。

第十六条　行政复议机构应当自受理行政复议申请之日起 7 个工作日内，向被申请人发出答复通知书，并将行政复议申请书副本或者申请笔录复印件一并发送被申请人。

第十七条 行政复议机构认为申请人以外的公民、法人或者其他组织与被复议的行政行为有利害关系的，可以通知其作为第三人参加行政复议。

申请人以外的公民、法人或者其他组织也可以向行政复议机构提出申请，并提交有利害关系的证明材料，经审查同意后作为第三人参加行政复议。

第十八条 自然资源部为被申请人的，由行政行为的承办机构提出书面答复，报分管部领导审定。

地方自然资源主管部门为被申请人的，由行政行为的承办机构提出书面答复，报本部门负责人签发，并加盖本部门印章。

难以确定行政复议答复承办机构的，由本部门行政复议机构确定。承办机构有异议的，由行政复议机构报本部门负责人确定。

行政行为的承办机构应当指定1至2名代理人参加行政复议。

第十九条 被申请人应当提交行政复议答复书及作出原行政行为的证据、依据和其他有关材料，并对其提交的证据材料分类编号，对证据材料的来源、证明对象和内容作简要说明。涉及国家秘密的，应当作出明确标识。

被申请人未按期提交行政复议答复书及证据材料的，视为原行政行为没有证据、依据，行政复议机关应当作出撤销该行政行为的行政复议决定。

第二十条 被申请人应当自收到答复通知书之日起10日内，提交行政复议答复书。

行政复议答复书应当载明下列事项：

（一）被申请人的名称、地址、法定代表人的姓名、职务；

（二）委托代理人的姓名、单位、职务、联系方式；

（三）作出行政行为的事实和有关证据；

（四）作出行政行为所依据的法律、法规、规章和规范性文件的具体条款和内容；

（五）对申请人复议请求的意见和理由；

（六）作出答复的日期。

第二十一条 行政复议机关应当为申请人、第三人及其代理人查阅行政复议案卷材料提供必要的便利条件。

申请人、第三人申请查阅行政复议案卷材料的，应当出示身份证件；代理人申请查阅行政复议案卷材料的,应当出示身份证件及授权委托书。申请人、第三人及其代理人查阅行政复议案卷材料时,行政复议机构工作人员应当在场。

第二十二条　对受理的行政复议案件,行政复议机构可以根据案件审理的需要,征求本行政复议机关相关机构的意见。

相关机构应当按照本机构职责范围,按期对行政复议案件提出明确意见,并说明理由。

第二十三条　行政复议案件以书面审理为主。必要时,行政复议机构可以采取实地调查、审查会、听证会、专家论证等方式审理行政复议案件。

重大、复杂、疑难的行政复议案件,行政复议机构应当提请行政复议委员会审议。

第二十四条　申请人对自然资源主管部门作出的同一行政行为或者内容基本相同的行政行为,提出多个行政复议申请的,行政复议机构可以合并审理。

已经作出过行政复议决定,其他申请人以基本相同的事实和理由,对同一行政行为再次提出行政复议申请的,行政复议机构可以简化审理程序。

第二十五条　行政复议期间有下列情形之一的,行政复议中止:

(一)双方当事人书面提出协商解决申请,行政复议机构认为有利于实质性解决纠纷,维护申请人合法权益的;

(二)申请人不以保护自身合法权益为目的,反复提起行政复议申请,扰乱复议机关行政管理秩序的;

(三)法律法规规定需要中止审理的其他情形。

属于前款第一项规定情形的,双方当事人应当明确协商解决的期限。期限届满未能协商解决的,案件恢复审理。

属于前款第二项规定情形,情节严重的,行政复议机关应当及时向有关国家机关通报。

行政复议机构中止行政复议案件审理的,应当书面通知当事人,并告知中止原因;行政复议中止的原因消除后,应当及时恢复行政复议案件的审理。

第二十六条　行政复议机关作出行政复议决定,应当制作行政复议决定书。

行政复议决定书应当符合法律法规的规定,并加盖行政复议机关的印章或者行政复议专用章。

行政复议决定书应当载明申请人不服行政复议决定的法律救济途径和期限。

第二十七条 被复议行政行为的处理结果正确，且不损害申请人的实体权利，但在事实认定、引用依据、证据提交方面有轻微错误的，行政复议机关可以作出驳回复议申请或者维持原行政行为的决定，但应当在行政复议决定书中对被申请人予以指正。

被申请人应当在收到行政复议决定书之日起60日内，向行政复议机关作出书面说明，并报告改正情况。

第二十八条 行政行为被行政复议机关撤销、变更、确认违法的，或者行政复议机关责令履行法定职责的，行政行为的承办机构应当适时制作行政复议决定分析报告，向本机关负责人报告，并抄送法治工作机构。

第二十九条 行政复议机关在行政复议过程中，发现被申请人相关行政行为的合法性存在问题，或者需要做好善后工作的，应当制发行政复议意见书，向被申请人指出存在的问题，提出整改要求。

被申请人应当责成行政行为的承办机构在收到行政复议意见书之日起60日内完成整改工作，并将整改情况书面报告行政复议机关。

被申请人拒不整改或者整改不符合要求，情节严重的，行政复议机关应当报请有关国家机关依法处理。

行政复议期间，行政复议机构发现法律、法规、规章实施中带有普遍性的问题，可以制作行政复议建议书，向有关机关提出完善制度和改进行政执法的建议。相关机关应当及时向行政复议机构反馈落实情况。

第三十条 有下列情形之一，在整改期限内拒不整改或整改不符合要求的，上级自然资源主管部门可以约谈下级自然资源主管部门负责人，通报有关地方人民政府：

（一）不依法履行行政复议职责，故意将行政复议案件上交的；

（二）反复发生群体性行政复议案件的；

（三）同类行政复议案件反复发生，未采取措施解决的；

（四）逾期不履行行政复议决定、不反馈行政复议意见书和建议书的；

（五）提交虚假证据材料的；

（六）其他事项需要约谈的。

第三十一条　行政复议机关应当将行政复议申请受理情况等信息在本机关门户网站、官方微信等媒体上向社会公开。

推行行政复议决定书网上公开，加强社会对行政复议决定履行情况的监督。

第三十二条　被申请人应当在法定期限内履行生效的行政复议决定，并在履行行政复议决定后30日内将履行情况及相关法律文书送达情况书面报告行政复议机关。

第三十三条　行政复议决定履行期满，被申请人不履行行政复议决定的，申请人可以向行政复议机关提出责令履行申请。

第三十四条　行政复议机关收到责令履行申请书，应当向被申请人进行调查或者核实，依照下列规定办理：

（一）被申请人已经履行行政复议决定，并将履行情况相关法律文书送达申请人的，应当联系申请人予以确认，并做好记录；

（二）被申请人已经履行行政复议决定，但尚未将履行情况相关法律文书送达申请人的，应当督促被申请人将相关法律文书送达申请人；

（三）被申请人逾期未履行行政复议决定的，应当责令被申请人在规定的期限内履行。被申请人拒不履行的，行政复议机关可以将有关材料移送纪检监察机关。

属于本条第一款第二项规定情形的，被申请人应当将相关法律文书送达情况及时报告行政复议机关。

属于本条第一款第三项规定情形的，被申请人应当在收到书面通知之日起30日内履行完毕，并书面报告行政复议机关。被申请人认为没有条件履行的，应当说明理由并提供相关证据、依据。

第三十五条　有下列情形之一，行政复议机关可以决定被申请人中止履行行政复议决定：

（一）有新的事实和证据，足以影响行政复议决定履行的；

（二）行政复议决定履行需要以其他案件的审理结果为依据，而其他案件尚未审结的；

（三）被申请人与申请人达成中止履行协议，双方提出中止履行申请的；

（四）因不可抗力等其他原因需要中止履行的。

本条前款第三项规定的中止履行协议不得损害国家利益、社会公共利益和他人的合法权益。

第三十六条 决定中止履行行政复议决定的，行政复议机关应当向当事人发出行政复议决定中止履行通知书。

行政复议决定中止履行通知书应当载明中止履行的理由和法律依据。中止履行期间，不计算在履行期限内。

中止履行的情形消除后，行政复议机关应当向当事人发出行政复议决定恢复履行通知书。

第三十七条 经审查，被申请人不履行行政复议决定的理由不成立的，行政复议机关应当作出责令履行行政复议决定通知书，并送达被申请人。

第三十八条 被责令重新作出行政行为的，被申请人不得以同一事实和理由作出与原行政行为相同或者基本相同的行为，因违反法定程序被责令重新作出行政行为的除外。

第三十九条 行政复议机关工作人员违反本规定，有下列情形之一，情节严重的，对直接负责的责任人员依法给予处分：

（一）未登记行政复议申请，导致记录不全或者遗漏的；

（二）未按时将行政复议申请转交行政复议机构的；

（三）未保障行政复议当事人、代理人阅卷权的；

（四）未妥善保管案卷材料，或者未按要求将行政复议案卷归档，导致案卷不全或者遗失的；

（五）未对收到的责令履行申请书进行调查核实的；

（六）未履行行政复议职责，导致矛盾上交或者激化的。

第四十条 被申请人及其工作人员违反本规定，有下列情形之一，情节严重的，对直接负责的责任人员依法给予处分：

（一）不提出行政复议答复或者无正当理由逾期答复的；

（二）不提交作出原行政行为的证据、依据和其他有关材料的；

（三）不配合行政复议机关开展行政复议案件审理工作的；

（四）不配合行政复议机关调查核实行政复议决定履行情况的；

（五）不履行或者无正当理由拖延履行行政复议决定的；

（六）不与行政复议机关在共同应诉工作中沟通、配合，导致不良后果的；

（七）对收到的行政复议意见书无正当理由，不予书面答复或者逾期作出答复的。

第四十一条　行政复议案件审结后，案件承办机构应当及时将案件材料立卷归档。

第四十二条　申请人对国家林业和草原局行政行为不服的，应当向国家林业和草原局提起行政复议。

申请人对地方林业和草原主管部门的行政行为不服，选择向其上一级主管部门申请行政复议的，应当向上一级林业和草原主管部门提起行政复议。

自然资源主管部门对不属于本机关受理的行政复议申请，能够明确属于同级林业和草原主管部门职责范围的，应当将该申请转送同级林业和草原主管部门，并告知申请人。

第四十三条　本规定自 2019 年 9 月 1 日起施行。原国土资源部 2017 年 11 月 21 日发布的《国土资源行政复议规定》（国土资源部令第 76 号）同时废止。

自然资源行政应诉规定

（2019 年 7 月 16 日自然资源部第 2 次部务会议通过　2019 年 7 月 19 日自然资源部令第 4 号公布　自 2019 年 9 月 1 日起施行）

第一条　为规范自然资源行政应诉工作，保护公民、法人和其他组织的合法权益，推进自然资源法治建设，根据《中华人民共和国行政诉讼法》和国务院有关规定，结合自然资源管理工作实际，制定本规定。

第二条　自然资源主管部门依法参加行政诉讼活动，适用本规定。

第三条　上级自然资源主管部门应当加强对下级自然资源主管部门行政应诉工作的指导和监督。

第四条　自然资源主管部门的法治工作机构负责组织、协调和指导本部门的行政应诉工作。

自然资源主管部门作出被诉行政行为的工作机构为应诉承办机构，负责承办相应的行政应诉工作。

第五条　自然资源主管部门应当积极支持人民法院依法受理和审理行政诉讼案件，依法履行出庭应诉职责，尊重并执行人民法院生效裁判，自觉接受司法监督。

第六条　自然资源主管部门应当根据行政应诉工作需要，配备、充实工作人员，保障工作经费、装备和其他必要的工作条件，保证行政应诉人员、机构和能力与工作任务相适应。

第七条　自然资源主管部门应当建立行政应诉学习培训制度，开展集中培训、旁听庭审和案例研讨等活动，提高工作人员的行政应诉能力。

第八条　自然资源主管部门应当定期统计和分析行政应诉情况，总结行政应诉中发现的普遍性问题和重点案件，并在本部门内部或者向下级自然资源主管部门通报，督促其改进管理、完善制度。

第九条　自然资源主管部门的法治工作机构负责统一登记人民法院行政

案件应诉通知书、裁判文书等。其他工作机构应当于收到的当日转交法治工作机构进行登记。

第十条　自然资源主管部门可以根据应诉工作的需要，聘请律师或者安排公职律师办理自然资源行政诉讼案件。

第十一条　自然资源主管部门应当积极配合检察机关开展公益诉讼工作。

第十二条　自然资源主管部门可以委托所属事业单位承担有关行政应诉的事务性工作。

第十三条　共同应诉案件中，自然资源主管部门可以通过人民法院远程在线应诉平台出庭应诉，也可以委托下一级自然资源主管部门出庭应诉。

第十四条　自然资源主管部门应当依照下列规定确定应诉承办机构，并将应诉通知书及相关材料转交应诉承办机构办理：

（一）被诉的行政行为未经复议的，作出该行政行为的业务工作机构为应诉承办机构；

（二）被诉的行政行为经复议维持的，作出该行政行为的业务工作机构和法治工作机构为应诉承办机构。业务工作机构负责对原行政行为的合法性进行举证和答辩，法治工作机构负责对复议决定的合法性进行举证和答辩；

（三）被诉的行政行为经复议改变的，办理行政复议事项的法治工作机构为应诉承办机构，业务工作机构协助办理。

经自然资源主管部门负责人同意，应诉承办机构可以通知与被诉行政行为有关的其他工作机构参与应诉工作。

确定应诉承办机构有争议的，由法治工作机构提出处理意见，报请自然资源主管部门负责人确定。

第十五条　因行政复议机关维持原行政行为被共同提起诉讼的，自然资源主管部门的应诉承办机构应当与立案的人民法院联系，并及时与行政复议机关的应诉承办机构沟通。

第十六条　应诉承办机构应当按照人民法院应诉通知书的要求，及时收集整理作出被诉行政行为的证据、依据以及其他有关材料，拟订答辩状，确定应诉承办人员，并制作法定代表人身份证明和授权委托书。

应诉承办机构根据需要，可以提请法治工作机构组织有关机构、单位、法律顾问等对复杂案件进行会商。

第十七条 应诉承办机构应当将答辩状及证据、依据等相关材料提交自然资源主管部门负责人审查批准。

答辩状、法定代表人身份证明、授权委托书应当加盖自然资源主管部门的印章，授权委托书还应当加盖法定代表人签名章或者由法定代表人签字。

第十八条 应诉承办机构应当自自然资源主管部门收到人民法院应诉通知书之日起15日内，按照人民法院的要求将答辩状、证据、依据等相关材料提交立案的人民法院。因不可抗力等正当事由导致证据不能按时提供的，应当向人民法院提出申请，经准许后可以延期提供。

证据、依据等相关材料涉及国家秘密、商业秘密或者个人隐私的，应诉承办机构应当作出明确标注和说明，安排工作人员当面提交给人民法院，由人民法院指定的人员签收。

第十九条 应诉承办机构认为需要向人民法院申请阅卷的，可以向人民法院提出申请，并按照规定查阅、复制卷宗材料。

第二十条 应诉承办机构收到应诉通知书后，认为能够采取解释说明、补充完善相关行政程序、积极履行法定职责等措施化解行政争议的，应当及时提出具体措施的建议，必要时应当经本部门负责人同意，与人民法院、原告沟通协商，但不得采取欺骗、胁迫等手段迫使原告撤诉。

应诉承办机构为化解行政争议所采取的措施，不得损害国家利益、社会公共利益和他人合法权益，不得违反法律法规的规定。

第二十一条 人民法院建议调解的行政争议，应诉承办机构应当提出协调解决方案，经自然资源主管部门负责人批准后，配合人民法院与当事人进行沟通协调。

第二十二条 符合下列情形之一的，自然资源主管部门负责人应当出庭应诉：

（一）涉及重大公共利益、社会高度关注或者可能引发群体性事件，负责人出庭更有利于化解争议的案件；

（二）上级自然资源主管部门建议或者同级人民政府要求负责人出庭应诉的案件；

（三）人民法院书面建议负责人出庭应诉的案件；

（四）其他对自然资源管理可能产生重大影响的案件。

符合前款规定的,应诉承办机构应当及时提出负责人出庭应诉的具体建议。自然资源主管部门负责人确实无法出庭的,应当指定其他工作人员出庭应诉,并按照人民法院的要求,在开庭审理前向人民法院作出书面说明。

第二十三条 符合下列情形之一的,应诉承办机构负责人应当出庭应诉:

(一)自然资源主管部门负责人要求应诉承办机构负责人出庭的案件;

(二)自然资源主管部门提起上诉或者申请再审的案件;

(三)其他对本机构业务执法标准可能产生重大影响的案件。

第二十四条 出庭应诉人员应当按时到庭。未经法庭许可,不得中途退庭。确因特殊情况不能按时出庭的,应当提前告知人民法院并说明事由,经法院许可申请延期。

第二十五条 出庭应诉人员应当根据人民法院的要求参加庭审活动,遵守司法程序和法庭纪律,尊重审判人员和其他诉讼参加人。

第二十六条 庭审结束后需要补充答辩意见和相关材料的,应诉承办机构应当在人民法院要求的期限内提供。

第二十七条 应诉承办机构应当对人民法院裁判文书进行认真研究,认为依法应当提起上诉、申请再审的,经自然资源主管部门负责人批准后,应当在法定期限内向有管辖权的人民法院提交上诉状或者再审申请书,并将上诉状或者再审申请书抄送法治工作机构。

行政复议决定维持原行政行为的,作出原行政行为的自然资源主管部门或者行政复议机关认为应当提起上诉、申请再审的,双方应当进行协商。

第二十八条 自然资源主管部门决定不提起上诉、申请再审的,应诉承办机构应当于人民法院裁判文书生效之日起10日内,将裁判结果及分析情况向本部门负责人报告,同时抄送法治工作机构。因同一原因导致多个案件收到相同裁判结果的,可以合并报告。

自然资源部作出原行政行为的业务工作机构和行政复议机构共同应诉的,由作出原行政行为的业务工作机构负责报告;因行政复议程序导致败诉的,由行政复议机构负责报告。

第二十九条 二审案件、再审案件由原承办一审案件、二审案件的应诉承办机构负责承办行政应诉工作。

第三十条 人民法院的裁判文书需要履行的,应诉承办机构应当按照法律规定的期限履行。重大、疑难、复杂案件应当自判决、裁定和调解书生效之日起10日内提出履行的意见，报经本部门负责人批准后组织实施，并在判决、裁定和调解书生效之日起30日内，向负责人报告履行情况，同时抄送法治工作机构。

依法提出再审申请的，应诉承办机构应当就履行的意见与相关人民法院进行沟通。

第三十一条 人民法院依法判决自然资源主管部门承担赔偿责任的，应诉承办机构应当会同相关机构依照法律法规和国家有关规定制定赔偿方案，经本部门负责人批准后，办理支付赔偿费用手续。

第三十二条 需要缴纳诉讼费用的，由应诉承办机构会同相关机构办理。

第三十三条 自然资源主管部门收到人民法院提出的司法建议后，应诉承办机构应当组织研究落实，提出具体措施、意见和建议，对存在的违法或者不当的行政行为进行整改，并将有关情况及时向人民法院反馈。涉及多个应诉承办机构的，由法治工作机构牵头，组织应诉承办机构研究落实。

第三十四条 自然资源主管部门收到人民法院对本部门制发的规范性文件的处理建议的，应当组织研究，并于60日内向人民法院反馈处理意见。发现该规范性文件与法律法规规章的规定相抵触的，应当及时废止该规范性文件，并向社会公开。

第三十五条 县级以上自然资源主管部门应当将行政应诉工作情况纳入本部门考核内容，考核结果作为评价领导班子、评先表彰、干部使用的重要依据。

应诉承办机构负责人和地方自然资源主管部门负责人进行年度述职时，应当报告履行出庭应诉职责情况。

第三十六条 自然资源主管部门工作人员违反本规定，有下列情形之一，情节严重的，对直接负责的责任人员依法予以处分：

（一）收到人民法院的法律文书后未及时处理或者转交的；

（二）不按照本规定提交证据、依据及其他相关材料，履行答辩、举证等法定义务的；

（三）无正当理由不出庭应诉，也不委托相应的工作人员出庭的；

（四）出庭应诉人员无正当理由未按时出庭或者未经法院许可中途退庭的；

（五）拒绝履行或者无正当理由拖延履行人民法院发生法律效力的判决、裁定和调解书，被人民法院强制执行的；

（六）无法定事由未全面履行人民法院发生法律效力的判决、裁定和调解书的；

（七）不依法及时处理司法机关司法建议，不整改本部门、本单位存在的违法行政问题的；

（八）应当提起上诉、申请再审的案件，拖延或者怠于履行提起上诉、申请再审职责，导致国家蒙受重大损失的；

（九）败诉后新作出的行政行为因相同原因导致再次败诉的，以及推卸责任导致败诉的；

（十）其他违反本规定的行为。

第三十七条 应诉承办机构应当在行政诉讼活动全部结束后，将案件材料进行收集整理装订，依照档案管理的有关规定归档、移交。

第三十八条 自然资源主管部门参加行政赔偿诉讼活动，自然资源部办理国务院裁决案件的答复事项，参照本规定执行。

第三十九条 本规定自 2019 年 9 月 1 日起施行。原国土资源部 2017 年 5 月 8 日发布的《国土资源行政应诉规定》（国土资源部令第 71 号）同时废止。

自然资源部关于进一步改进和加强行政复议行政应诉工作的通知

（2018年8月22日　自然资发〔2018〕78号）

各省、自治区、直辖市自然资源主管部门，新疆生产建设兵团自然资源主管部门，部有关直属单位，各派驻地方的国家土地督察局，部机关各司局：

近年来，自然资源系统不断加强法治建设，行政复议行政应诉在保障和监督行政机关依法行使职权、防止和纠正违法或不当行政行为方面发挥了重要作用。但当前部行政复议行政应诉案件仍处于量大多发态势，案件总量在国务院各部门中排名靠前，案件审理中也发现，自然资源系统内一些地方一些单位群众意识不强，对待群众的合法诉求存在“推拖绕”等问题；法治意识薄弱，行政行为不规范，不能满足新时代人民日益增长的法治需要。为从源头上预防和化解行政争议，现就进一步改进和加强行政复议行政应诉工作通知如下。

一、充分认识新时代做好自然资源行政复议行政应诉工作的重要意义

自然资源工作与群众利益密切相关，行政复议和行政诉讼是人民群众维护自身合法权益的法定途径，也是自然资源系统群众工作的重要组成部分。各级自然资源主管部门要深入学习贯彻习近平新时代中国特色社会主义思想，牢固树立以人民为中心的发展理念，从加强党的政治建设，业务工作与政治相融合的高度，深刻认识做好行政复议行政应诉工作对推进法治政府建设，密切行政机关与人民群众关系，维护人民群众合法权益的重要意义，采取有力措施改进和加强行政复议行政应诉工作。

各级自然资源主管部门要充分认识到新时代社会主要矛盾变化对行政复议行政应诉工作提出的新要求，强化全心全意为人民服务的宗旨意识，尊重人民群众对公平正义法治的诉求，努力保障人民群众的法定权利。要认真贯彻《法治政府建设实施纲要（2015－2020年）》部署，树立法治思维，养成法治习惯，规范行政行为，在人民群众的监督之下行使权力，确保自然资源各项管理工作在法治轨道上运行。要善于将自然资源领域的矛盾纠纷导入行政复议、行政诉讼等法定途径化解，运用法治手段加强自然资源产权保护，协调自然资源开发利用中的利益关系，让人民群众在办好每一件行政复议和行政应诉案件中感受到公平正义，不断增强获得感、幸福感。

二、坚持依法行政，自觉维护群众合法权益

（一）依法履行职责，规范行使权力。各级自然资源主管部门要严格依照法律法规赋予的职权、规定的程序履行职责，坚持“有权必有责、用权受监督”。在征地过程中，市县自然资源主管部门必须严格履行批前的告知、确认、听证和批后的公告、登记等法定程序，保障被征地农民的知情权、参与权、表达权和监督权，从源头上减少征地纠纷。在行政许可中，不得突破上位法规定，随意增设许可条件、增加审批要件、附加法律规定之外的程序，不得在法律法规规定之外违规收费，限制和减损行政相对人的权益。在行政处罚中，严格履行法定职责和程序，规范自由裁量权，保障当事人的听证权和申辩权。在作出的各类行政执法决定中，必须规范告知复议权、诉权，向群众释明权利救济的途径。

（二）牢固树立群众意识，着力解决群众关心的难题。自然资源行政复议行政应诉工作要始终坚持人民立场，以是否全面维护群众合法权益、规范行政行为、促进社会公平正义作为根本标尺，切实解决事关群众利益的矛盾纠纷。在行政复议行政应诉工作中，要坚持群众的事情无小事，尽心尽力、依法依规处理群众的诉求，对群众反映强烈的问题必须严肃认真对待，对损害群众合法权益的行为必须坚决纠正，同时要追根溯源查找问题症结，区分工作作风、工作能力、制度机制等原因，分类加以整改。

（三）勇于担当作为，努力将纠纷矛盾化解在初始和基层。要畅通行政复议渠道，对符合受理条件的，必须依法受理，并为群众申请行政复议提供便利。直辖市、其他设区的市自然资源主管部门应当受理其派出机构作出的政府信息公开、投诉举报处理等行政行为引发的行政复议案件，不得以任何理由推卸层级监督的法定职责。行政复议机关、行政复议行政应诉承办机构要主动与当事人沟通，找准行政争议纠纷的根源和症结，把实质性化解矛盾纠纷作为行政复议工作的最大价值追求。对依照法律法规可以调解、根据案情能够调解、调解处理效果更好的案件，要优先选择调解方式，努力实现案结事了。

三、完善自然资源管理制度，推动矛盾纠纷源头治理

（一）完善征地信息公开制度，不断扩大主动公开范围。认真贯彻《政府信息公开条例》和政务公开方面的规定，坚持“以公开为原则、不公开为例外”，能公开的征地信息要全部公开，不得以任何理由拒绝符合法定要求的信息公开申请。对申请量较大的依申请公开信息，经审查可以公开的，要及时转化为主动公开信息，不断扩大征地信息主动公开范围。省级自然资源主管部门要统筹指导本地区征地信息公开工作，指导督促市、县自然资源主管部门履行信息公开的主体责任，将矛盾解决在初始、化解在基层。总结基层征地补偿公开标准化规范化试点成果，制定市县自然资源主管部门征地信息公开标准、流程等工作规范并在全国推行。优化全国征地信息共享平台和省级征地信息公开平台功能，按时准确录入征地信息，加快征地历史信息的补录，增强信息查询的便捷性。各级自然资源主管部门要扩大对征地信息公开平台的宣传，引导群众通过平台查询获取主动公开的征地信息。加强行政复议与信息公开工作的衔接，申请人申请公开已主动公开的征地信息，自然资源主管部门告知其获取该信息的方式和途径的，行政复议机关可以对其提出的行政复议申请直接作出不予受理的决定或者受理后作出驳回申请的决定，不再要求承办机构答复。

（二）健全投诉举报办理制度，认真回应群众诉求。省级自然资源主管部门要结合本地区实际，明确划分省、市、县级自然资源主管部门办理投诉举报违法事项的职责，规范违法案件受理查处范围、工作程序并向社会公开。各级自然资源主管部门要依法履职，将违法问题投诉举报信件纳入 12336 违法举报平台、微信平台等处理，规范投诉举报事项转办答复工作，并以适当形式向投诉举报人反馈处理情况。加强信息化建设，运用“互联网 + 政务服务”、人工智能等手段，实现投诉举报事项处理上下联动，依法及时进行核查处理，具体承办投诉举报事项的自然资源主管部门要将处理结果告知投诉举报人。加强行政复议与投诉举报工作的衔接，投诉举报人要求不具有事务、地域或者级别管辖权的自然资源主管部门履行职责，该自然资源主管部门已将职责划分及转办等情况予以告知的，行政复议机关可以对其提出的行政复议申请直接作出不予受理的决定或者受理后作出驳回申请的决定，不再要求承办机构答复。

（三）分类处理不动产登记问题，积极化解不动产登记纠纷矛盾。地方各级自然资源主管部门要结合本地区实际，对不动产登记纠纷产生的根源进行分析，根据是否属于不动产登记职责范围依法区分处理，做到便民利民与依法行政有机统一，坚决维护群众合法权益。要妥善处理好前置条件与登记行为的关系，明确不同环节、不同主体的法律责任。认真研究不动产统一登记前历史遗留问题分类处理意见，合理界定与其他部门在处理不动产纠纷等方面的职责。准确区分不动产登记查询与政府信息公开申请的关系，对属于不动产登记资料查询范围的申请，要严格执行《不动产登记资料查询暂行办法》；对明显属于政府信息公开范围的信息，不得要求申请人通过申请不动产登记查询途径获取，人为限制知情范围。认真执行《国土资源部办公厅关于办理不动产登记类行政复议案件有关问题的通知（试行）》（国土资厅发〔2016〕39 号），统一行政复议审理标准，加强与司法机关的沟通协调，总结不动产登记行政诉讼案件、民事诉讼案件的特点，推动制定审理不动产登记案件若干问题的司法审查意见或者司法解释，明确处理不动产登记民事纠纷和行政纠纷的规则和边界。

（四）深入推进"放管服"改革，有效减少行政纠纷。深入推进"放管服"改革，围绕工程建设项目审批时间压减一半的改革目标，以"多规合一"为基础，以强化空间用途管制为核心，推进建设用地审批制度改革。结合矿业权出让制度改革等，继续推动矿业权审批权下放，实施减证便民，规范矿业权行政审批流程和要件。要及时修订行政审批指南和标准化流程，为群众做好服务指引；大力推行自然资源行政审批事项网上审批，实现"数据多跑路，群众少跑腿"；严格执行审批时限要求，依法按时办结审批事项。省级自然资源主管部门要结合本地实际，坚持依法规范、公正公平，指导分类处置本地区自然保护区内的矿业权，明确矿业权退出的处理办法和补偿范围、标准等。要按照权责对等的原则，切实加强对审批事项的监管，推行"双随机、一公开"检查，落实监管责任。

四、严格落实行政复议行政应诉责任，加强考核监督

（一）加强组织领导，分解落实责任。地方各级自然资源主管部门党政主要负责人要切实履行推进法治建设第一责任人职责，统筹谋划业务工作和行政复议行政应诉工作，做到同部署同检查同考核。要按照"谁行为、谁负责"的原则，全面落实业务承办机构行政复议答复和行政诉讼出庭应诉职责。发生群体性复议案件的，省级自然资源主管部门和案件所在地市、县自然资源主管部门要主动担当作为，协调处理的情况经主要负责人同意，逐级报告上级自然资源主管部门。对涉及重大公共利益、社会高度关注或者可能引发群体性事件等案件，以及人民法院书面建议行政机关负责人出庭的案件，行政机关负责人应当出庭，确实无法出庭的，业务承办机构负责人应当出庭。对检察机关提起的自然资源行政公益诉讼，被诉的地方自然资源主管部门负责人必须出庭应诉。

（二）强化问题整改，建立责任倒查制度。强化行政复议行政应诉反馈机制，对反映出的制度性问题，要通过制定修订或废止规范性文件等予以整改。要积极支持检察机关履行行政公益诉讼职责，对检察建议指出的违法案件查处不及时、移送不到位、处罚依据不准确等问题，要及时整改到位。落实行政诉讼败诉案件分析报告制度，由应诉承办机构对败诉的原因作出分析，提出整改措施，按照规定向本单位主要负责人报告。对同样问题一错再错导致"二次败诉"的，推卸责任导致败诉的，以及行政复议案件审理中发现具有滥用职权、徇私舞弊等渎职、失职行为的，应当依照规定实施追责问责。对逾期不履行行政复议决定、不反馈行政复议意见书和建议书、对行政复议行政应诉通报或复议意见书、司法建议书提出的问题拒不整改，情节严重的，依照规定向有关监察委员会移送处理。

（三）建立通报约谈制度，强化考核监督。部和省、市级自然资源主管部门应当定期向下一级自然资源管理部门通报行政复议行政应诉工作中发现的普遍性问题和重点案件，推动以案说法，实现"办理一案、带动一片"。建立行政复议行政应诉约谈制度，对不履行法定职责、故意上交矛盾，履职不力造成群体性复议诉讼问题，或者同类案件反复发生且未采取措施解决的，由上级自然资源主管部门对有关自然资源主管部门负责人进行约谈，提出限期整改要求，必要时向有关地方人民政府发函通报。各级自然资源主管部门要将行政复议行政应诉工作纳入年度综合考核评价，并将干部的法治素质作为干部考核和选拔使用的重要参考。

（四）加强队伍建设，提高行政复议行政应诉能力。针对机构改革后城乡规划、自然资源确权登记等类型案件量增加较快等新情况，充实行政复议行政应诉办案力量，保障工作经费，解决实地调查、出庭应诉用车等实际困难。地方各级自然资源主管部门要加强行政复议行政应诉机构队伍建设，配备专职行政复议工作人员，保证办案能力与工作任务相适应。加强事业单位、公职律师、法律顾问等支撑队伍建设，推行行政复议主办人员负责和考核制度。加强对行政执法、行政复议和行政应诉岗位人员的培训，整体提高干部队伍依法行政能力。

中华人民共和国行政复议法

（1999年4月29日第九届全国人民代表大会常务委员会第九次会议通过　根据2009年8月27日第十一届全国人民代表大会常务委员会第十次会议《关于修改部分法律的决定》第一次修正　根据2017年9月1日第十二届全国人民代表大会常务委员会第二十九次会议《关于修改〈中华人民共和国法官法〉等八部法律的决定》第二次修正）

目　　录

第一章　总　　则

第一条　为了防止和纠正违法的或者不当的具体行政行为，保护公民、法人和其他组织的合法权益，保障和监督行政机关依法行使职权，根据宪法，制定本法。

第二条　公民、法人或者其他组织认为具体行政行为侵犯其合法权益，向行政机关提出行政复议申请，行政机关受理行政复议申请、作出行政复议决定，适用本法。

第三条　依照本法履行行政复议职责的行政机关是行政复议机关。行政复议机关负责法制工作的机构具体办理行政复议事项，履行下列职责：

（一）受理行政复议申请；

（二）向有关组织和人员调查取证，查阅文件和资料；

（三）审查申请行政复议的具体行政行为是否合法与适当，拟订行政复议决定；

（四）处理或者转送对本法第七条所列有关规定的审查申请；

（五）对行政机关违反本法规定的行为依照规定的权限和程序提出处理建议；

（六）办理因不服行政复议决定提起行政诉讼的应诉事项；

（七）法律、法规规定的其他职责。

行政机关中初次从事行政复议的人员，应当通过国家统一法律职业资格考试取得法律职业资格。

第四条 行政复议机关履行行政复议职责，应当遵循合法、公正、公开、及时、便民的原则，坚持有错必纠，保障法律、法规的正确实施。

第五条 公民、法人或者其他组织对行政复议决定不服的，可以依照行政诉讼法的规定向人民法院提起行政诉讼，但是法律规定行政复议决定为最终裁决的除外。

第二章 行政复议范围

第六条 有下列情形之一的，公民、法人或者其他组织可以依照本法申请行政复议：

（一）对行政机关作出的警告、罚款、没收违法所得、没收非法财物、责令停产停业、暂扣或者吊销许可证、暂扣或者吊销执照、行政拘留等行政处罚决定不服的；

（二）对行政机关作出的限制人身自由或者查封、扣押、冻结财产等行政强制措施决定不服的；

（三）对行政机关作出的有关许可证、执照、资质证、资格证等证书变更、中止、撤销的决定不服的；

（四）对行政机关作出的关于确认土地、矿藏、水流、森林、山岭、草原、荒地、滩涂、海域等自然资源的所有权或者使用权的决定不服的；

（五）认为行政机关侵犯合法的经营自主权的；

（六）认为行政机关变更或者废止农业承包合同，侵犯其合法权益的；

（七）认为行政机关违法集资、征收财物、摊派费用或者违法要求履行其他义务的；

（八）认为符合法定条件，申请行政机关颁发许可证、执照、资质证、资格证等证书，或者申请行政机关审批、登记有关事项，行政机关没有依法办理的；

（九）申请行政机关履行保护人身权利、财产权利、受教育权利的法定职责，行政机关没有依法履行的；

（十）申请行政机关依法发放抚恤金、社会保险金或者最低生活保障费，行政机关没有依法发放的；

（十一）认为行政机关的其他具体行政行为侵犯其合法权益的。

第七条　公民、法人或者其他组织认为行政机关的具体行政行为所依据的下列规定不合法，在对具体行政行为申请行政复议时，可以一并向行政复议机关提出对该规定的审查申请：

（一）国务院部门的规定；

（二）县级以上地方各级人民政府及其工作部门的规定；

（三）乡、镇人民政府的规定。

前款所列规定不含国务院部、委员会规章和地方人民政府规章。规章的审查依照法律、行政法规办理。

第八条　不服行政机关作出的行政处分或者其他人事处理决定的，依照有关法律、行政法规的规定提出申诉。

不服行政机关对民事纠纷作出的调解或者其他处理，依法申请仲裁或者向人民法院提起诉讼。

第三章　行政复议申请

第九条　公民、法人或者其他组织认为具体行政行为侵犯其合法权益的，可以自知道该具体行政行为之日起六十日内提出行政复议申请；但是法律规定的申请期限超过六十日的除外。

因不可抗力或者其他正当理由耽误法定申请期限的，申请期限自障碍消除之日起继续计算。

第十条　依照本法申请行政复议的公民、法人或者其他组织是申请人。

有权申请行政复议的公民死亡的，其近亲属可以申请行政复议。有权申请行政复议的公民为无民事行为能力人或者限制民事行为能力人的，其法定代理人可以代为申请行政复议。有权申请行政复议的法人或者其他组织终止的，承受其权利的法人或者其他组织可以申请行政复议。

同申请行政复议的具体行政行为有利害关系的其他公民、法人或者其他组织，可以作为第三人参加行政复议。

公民、法人或者其他组织对行政机关的具体行政行为不服申请行政复议的，作出具体行政行为的行政机关是被申请人。

申请人、第三人可以委托代理人代为参加行政复议。

第十一条 申请人申请行政复议，可以书面申请，也可以口头申请；口头申请的，行政复议机关应当当场记录申请人的基本情况、行政复议请求、申请行政复议的主要事实、理由和时间。

第十二条 对县级以上地方各级人民政府工作部门的具体行政行为不服的，由申请人选择，可以向该部门的本级人民政府申请行政复议，也可以向上一级主管部门申请行政复议。

对海关、金融、国税、外汇管理等实行垂直领导的行政机关和国家安全机关的具体行政行为不服的，向上一级主管部门申请行政复议。

第十三条 对地方各级人民政府的具体行政行为不服的，向上一级地方人民政府申请行政复议。

对省、自治区人民政府依法设立的派出机关所属的县级地方人民政府的具体行政行为不服的，向该派出机关申请行政复议。

第十四条 对国务院部门或者省、自治区、直辖市人民政府的具体行政行为不服的，向作出该具体行政行为的国务院部门或者省、自治区、直辖市人民政府申请行政复议。对行政复议决定不服的，可以向人民法院提起行政诉讼；也可以向国务院申请裁决，国务院依照本法的规定作出最终裁决。

第十五条 对本法第十二条、第十三条、第十四条规定以外的其他行政机关、组织的具体行政行为不服的，按照下列规定申请行政复议：

（一）对县级以上地方人民政府依法设立的派出机关的具体行政行为不服的，向设立该派出机关的人民政府申请行政复议；

（二）对政府工作部门依法设立的派出机构依照法律、法规或者规章规定，

以自己的名义作出的具体行政行为不服的,向设立该派出机构的部门或者该部门的本级地方人民政府申请行政复议;

(三)对法律、法规授权的组织的具体行政行为不服的,分别向直接管理该组织的地方人民政府、地方人民政府工作部门或者国务院部门申请行政复议;

(四)对两个或者两个以上行政机关以共同的名义作出的具体行政行为不服的,向其共同上一级行政机关申请行政复议;

(五)对被撤销的行政机关在撤销前所作出的具体行政行为不服的,向继续行使其职权的行政机关的上一级行政机关申请行政复议。

有前款所列情形之一的,申请人也可以向具体行政行为发生地的县级地方人民政府提出行政复议申请,由接受申请的县级地方人民政府依照本法第十八条的规定办理。

第十六条 公民、法人或者其他组织申请行政复议,行政复议机关已经依法受理的,或者法律、法规规定应当先向行政复议机关申请行政复议、对行政复议决定不服再向人民法院提起行政诉讼的,在法定行政复议期限内不得向人民法院提起行政诉讼。

公民、法人或者其他组织向人民法院提起行政诉讼,人民法院已经依法受理的,不得申请行政复议。

第四章 行政复议受理

第十七条 行政复议机关收到行政复议申请后,应当在五日内进行审查,对不符合本法规定的行政复议申请,决定不予受理,并书面告知申请人;对符合本法规定,但是不属于本机关受理的行政复议申请,应当告知申请人向有关行政复议机关提出。

除前款规定外,行政复议申请自行政复议机关负责法制工作的机构收到之日起即为受理。

第十八条 依照本法第十五条第二款的规定接受行政复议申请的县级地方人民政府,对依照本法第十五条第一款的规定属于其他行政复议机关受理的行政复议申请,应当自接到该行政复议申请之日起七日内,转送有关行政复议机关,并告知申请人。接受转送的行政复议机关应当依照本法第十七条的规定办理。

第十九条 法律、法规规定应当先向行政复议机关申请行政复议、对行政复议决定不服再向人民法院提起行政诉讼的,行政复议机关决定不予受理或者受理后超过行政复议期限不作答复的,公民、法人或者其他组织可以自收到不予受理决定书之日起或者行政复议期满之日起十五日内,依法向人民法院提起行政诉讼。

第二十条 公民、法人或者其他组织依法提出行政复议申请,行政复议机关无正当理由不予受理的,上级行政机关应当责令其受理;必要时,上级行政机关也可以直接受理。

第二十一条 行政复议期间具体行政行为不停止执行;但是,有下列情形之一的,可以停止执行:

(一)被申请人认为需要停止执行的;

(二)行政复议机关认为需要停止执行的;

(三)申请人申请停止执行,行政复议机关认为其要求合理,决定停止执行的;

(四)法律规定停止执行的。

第五章 行政复议决定

第二十二条 行政复议原则上采取书面审查的办法,但是申请人提出要求或者行政复议机关负责法制工作的机构认为有必要时,可以向有关组织和人员调查情况,听取申请人、被申请人和第三人的意见。

第二十三条 行政复议机关负责法制工作的机构应当自行政复议申请受理之日起七日内,将行政复议申请书副本或者行政复议申请笔录复印件发送被申请人。被申请人应当自收到申请书副本或者申请笔录复印件之日起十日内,提出书面答复,并提交当初作出具体行政行为的证据、依据和其他有关材料。

申请人、第三人可以查阅被申请人提出的书面答复、作出具体行政行为的证据、依据和其他有关材料,除涉及国家秘密、商业秘密或者个人隐私外,行政复议机关不得拒绝。

第二十四条 在行政复议过程中,被申请人不得自行向申请人和其他有关组织或者个人收集证据。

第二十五条 行政复议决定作出前,申请人要求撤回行政复议申请的,经说明理由,可以撤回;撤回行政复议申请的,行政复议终止。

第二十六条 申请人在申请行政复议时,一并提出对本法第七条所列有关规定的审查申请的,行政复议机关对该规定有权处理的,应当在三十日内依法处理;无权处理的,应当在七日内按照法定程序转送有权处理的行政机关依法处理,有权处理的行政机关应当在六十日内依法处理。处理期间,中止对具体行政行为的审查。

第二十七条 行政复议机关在对被申请人作出的具体行政行为进行审查时,认为其依据不合法,本机关有权处理的,应当在三十日内依法处理;无权处理的,应当在七日内按照法定程序转送有权处理的国家机关依法处理。处理期间,中止对具体行政行为的审查。

第二十八条 行政复议机关负责法制工作的机构应当对被申请人作出的具体行政行为进行审查,提出意见,经行政复议机关的负责人同意或者集体讨论通过后,按照下列规定作出行政复议决定:

(一)具体行政行为认定事实清楚,证据确凿,适用依据正确,程序合法,内容适当的,决定维持;

(二)被申请人不履行法定职责的,决定其在一定期限内履行;

(三)具体行政行为有下列情形之一的,决定撤销、变更或者确认该具体行政行为违法;决定撤销或者确认该具体行政行为违法的,可以责令被申请人在一定期限内重新作出具体行政行为:

1. 主要事实不清、证据不足的;

2. 适用依据错误的;

3. 违反法定程序的;

4. 超越或者滥用职权的;

5. 具体行政行为明显不当的。

(四)被申请人不按照本法第二十三条的规定提出书面答复、提交当初作出具体行政行为的证据、依据和其他有关材料的,视为该具体行政行为没有证据、依据,决定撤销该具体行政行为。

行政复议机关责令被申请人重新作出具体行政行为的,被申请人不得以同一的事实和理由作出与原具体行政行为相同或者基本相同的具体行政行为。

第二十九条 申请人在申请行政复议时可以一并提出行政赔偿请求,行政复议机关对符合国家赔偿法的有关规定应当给予赔偿的，在决定撤销、变更具体行政行为或者确认具体行政行为违法时，应当同时决定被申请人依法给予赔偿。

申请人在申请行政复议时没有提出行政赔偿请求的，行政复议机关在依法决定撤销或者变更罚款，撤销违法集资、没收财物、征收财物、摊派费用以及对财产的查封、扣押、冻结等具体行政行为时，应当同时责令被申请人返还财产，解除对财产的查封、扣押、冻结措施，或者赔偿相应的价款。

第三十条 公民、法人或者其他组织认为行政机关的具体行政行为侵犯其已经依法取得的土地、矿藏、水流、森林、山岭、草原、荒地、滩涂、海域等自然资源的所有权或者使用权的，应当先申请行政复议；对行政复议决定不服的，可以依法向人民法院提起行政诉讼。

根据国务院或者省、自治区、直辖市人民政府对行政区划的勘定、调整或者征收土地的决定，省、自治区、直辖市人民政府确认土地、矿藏、水流、森林、山岭、草原、荒地、滩涂、海域等自然资源的所有权或者使用权的行政复议决定为最终裁决。

第三十一条 行政复议机关应当自受理申请之日起六十日内作出行政复议决定；但是法律规定的行政复议期限少于六十日的除外。情况复杂，不能在规定期限内作出行政复议决定的，经行政复议机关的负责人批准，可以适当延长，并告知申请人和被申请人；但是延长期限最多不超过三十日。

行政复议机关作出行政复议决定，应当制作行政复议决定书，并加盖印章。

行政复议决定书一经送达，即发生法律效力。

第三十二条 被申请人应当履行行政复议决定。

被申请人不履行或者无正当理由拖延履行行政复议决定的，行政复议机关或者有关上级行政机关应当责令其限期履行。

第三十三条 申请人逾期不起诉又不履行行政复议决定的，或者不履行最终裁决的行政复议决定的，按照下列规定分别处理：

（一）维持具体行政行为的行政复议决定，由作出具体行政行为的行政机关依法强制执行，或者申请人民法院强制执行；

（二）变更具体行政行为的行政复议决定，由行政复议机关依法强制执行，或者申请人民法院强制执行。

第六章 法律责任

第三十四条 行政复议机关违反本法规定，无正当理由不予受理依法提出的行政复议申请或者不按照规定转送行政复议申请的，或者在法定期限内不作出行政复议决定的，对直接负责的主管人员和其他直接责任人员依法给予警告、记过、记大过的行政处分；经责令受理仍不受理或者不按照规定转送行政复议申请，造成严重后果的，依法给予降级、撤职、开除的行政处分。

第三十五条 行政复议机关工作人员在行政复议活动中，徇私舞弊或者有其他渎职、失职行为的，依法给予警告、记过、记大过的行政处分；情节严重的，依法给予降级、撤职、开除的行政处分；构成犯罪的，依法追究刑事责任。

第三十六条 被申请人违反本法规定，不提出书面答复或者不提交作出具体行政行为的证据、依据和其他有关材料，或者阻挠、变相阻挠公民、法人或者其他组织依法申请行政复议的，对直接负责的主管人员和其他直接责任人员依法给予警告、记过、记大过的行政处分；进行报复陷害的，依法给予降级、撤职、开除的行政处分；构成犯罪的，依法追究刑事责任。

第三十七条 被申请人不履行或者无正当理由拖延履行行政复议决定的，对直接负责的主管人员和其他直接责任人员依法给予警告、记过、记大过的行政处分；经责令履行仍拒不履行的，依法给予降级、撤职、开除的行政处分。

第三十八条 行政复议机关负责法制工作的机构发现有无正当理由不予受理行政复议申请、不按照规定期限作出行政复议决定、徇私舞弊、对申请人打击报复或者不履行行政复议决定等情形的，应当向有关行政机关提出建议，有关行政机关应当依照本法和有关法律、行政法规的规定作出处理。

第七章 附 则

第三十九条 行政复议机关受理行政复议申请，不得向申请人收取任何费用。行政复议活动所需经费，应当列入本机关的行政经费，由本级财政予以保障。

第四十条 行政复议期间的计算和行政复议文书的送达，依照民事诉讼法关于期间、送达的规定执行。

本法关于行政复议期间有关“五日”、“七日”的规定是指工作日，不含节假日。

第四十一条 外国人、无国籍人、外国组织在中华人民共和国境内申请行政复议,适用本法。

第四十二条 本法施行前公布的法律有关行政复议的规定与本法的规定不一致的,以本法的规定为准。

第四十三条 本法自1999年10月1日起施行。1990年12月24日国务院发布、1994年10月9日国务院修订发布的《行政复议条例》同时废止。

中华人民共和国行政复议法实施条例

（2007 年 5 月 23 日国务院第 177 次常务会议通过　2007 年 5 月 29 日国务院令第 499 号公布　自 2007 年 8 月 1 日起施行）

第一章　总　　则

第一条　为了进一步发挥行政复议制度在解决行政争议、建设法治政府、构建社会主义和谐社会中的作用，根据《中华人民共和国行政复议法》（以下简称行政复议法），制定本条例。

第二条　各级行政复议机关应当认真履行行政复议职责，领导并支持本机关负责法制工作的机构（以下简称行政复议机构）依法办理行政复议事项，并依照有关规定配备、充实、调剂专职行政复议人员，保证行政复议机构的办案能力与工作任务相适应。

第三条　行政复议机构除应当依照行政复议法第三条的规定履行职责外，还应当履行下列职责：

（一）依照行政复议法第十八条的规定转送有关行政复议申请；

（二）办理行政复议法第二十九条规定的行政赔偿等事项；

（三）按照职责权限，督促行政复议申请的受理和行政复议决定的履行；

（四）办理行政复议、行政应诉案件统计和重大行政复议决定备案事项；

（五）办理或者组织办理未经行政复议直接提起行政诉讼的行政应诉事项；

（六）研究行政复议工作中发现的问题，及时向有关机关提出改进建议，重大问题及时向行政复议机关报告。

第四条　专职行政复议人员应当具备与履行行政复议职责相适应的品行、专业知识和业务能力，并取得相应资格。具体办法由国务院法制机构会同国务院有关部门规定。

第二章 行政复议申请

第一节 申 请 人

第五条 依照行政复议法和本条例的规定申请行政复议的公民、法人或者其他组织为申请人。

第六条 合伙企业申请行政复议的，应当以核准登记的企业为申请人，由执行合伙事务的合伙人代表该企业参加行政复议；其他合伙组织申请行政复议的，由合伙人共同申请行政复议。

前款规定以外的不具备法人资格的其他组织申请行政复议的，由该组织的主要负责人代表该组织参加行政复议；没有主要负责人的，由共同推选的其他成员代表该组织参加行政复议。

第七条 股份制企业的股东大会、股东代表大会、董事会认为行政机关作出的具体行政行为侵犯企业合法权益的，可以以企业的名义申请行政复议。

第八条 同一行政复议案件申请人超过5人的，推选1至5名代表参加行政复议。

第九条 行政复议期间，行政复议机构认为申请人以外的公民、法人或者其他组织与被审查的具体行政行为有利害关系的，可以通知其作为第三人参加行政复议。

行政复议期间，申请人以外的公民、法人或者其他组织与被审查的具体行政行为有利害关系的，可以向行政复议机构申请作为第三人参加行政复议。

第三人不参加行政复议，不影响行政复议案件的审理。

第十条 申请人、第三人可以委托1至2名代理人参加行政复议。申请人、第三人委托代理人的，应当向行政复议机构提交授权委托书。授权委托书应当载明委托事项、权限和期限。公民在特殊情况下无法书面委托的，可以口头委托。口头委托的，行政复议机构应当核实并记录在卷。申请人、第三人解除或者变更委托的，应当书面报告行政复议机构。

第二节 被申请人

第十一条 公民、法人或者其他组织对行政机关的具体行政行为不服，依照行政复议法和本条例的规定申请行政复议的，作出该具体行政行为的行政机关为被申请人。

第十二条 行政机关与法律、法规授权的组织以共同的名义作出具体行政行为的，行政机关和法律、法规授权的组织为共同被申请人。

行政机关与其他组织以共同名义作出具体行政行为的，行政机关为被申请人。

第十三条 下级行政机关依照法律、法规、规章规定，经上级行政机关批准作出具体行政行为的，批准机关为被申请人。

第十四条 行政机关设立的派出机构、内设机构或者其他组织，未经法律、法规授权，对外以自己名义作出具体行政行为的，该行政机关为被申请人。

第三节 行政复议申请期限

第十五条 行政复议法第九条第一款规定的行政复议申请期限的计算，依照下列规定办理：

（一）当场作出具体行政行为的，自具体行政行为作出之日起计算；

（二）载明具体行政行为的法律文书直接送达的，自受送达人签收之日起计算；

（三）载明具体行政行为的法律文书邮寄送达的，自受送达人在邮件签收单上签收之日起计算；没有邮件签收单的，自受送达人在送达回执上签名之日起计算；

（四）具体行政行为依法通过公告形式告知受送达人的，自公告规定的期限届满之日起计算；

（五）行政机关作出具体行政行为时未告知公民、法人或者其他组织，事后补充告知的，自该公民、法人或者其他组织收到行政机关补充告知的通知之日起计算；

（六）被申请人能够证明公民、法人或者其他组织知道具体行政行为的，自证据材料证明其知道具体行政行为之日起计算。

行政机关作出具体行政行为，依法应当向有关公民、法人或者其他组织送达法律文书而未送达的，视为该公民、法人或者其他组织不知道该具体行政行为。

第十六条 公民、法人或者其他组织依照行政复议法第六条第(八)项、第(九)项、第(十)项的规定申请行政机关履行法定职责,行政机关未履行的,行政复议申请期限依照下列规定计算:

(一)有履行期限规定的,自履行期限届满之日起计算;

(二)没有履行期限规定的,自行政机关收到申请满60日起计算。

公民、法人或者其他组织在紧急情况下请求行政机关履行保护人身权、财产权的法定职责,行政机关不履行的,行政复议申请期限不受前款规定的限制。

第十七条 行政机关作出的具体行政行为对公民、法人或者其他组织的权利、义务可能产生不利影响的,应当告知其申请行政复议的权利、行政复议机关和行政复议申请期限。

第四节 行政复议申请的提出

第十八条 申请人书面申请行政复议的,可以采取当面递交、邮寄或者传真等方式提出行政复议申请。

有条件的行政复议机构可以接受以电子邮件形式提出的行政复议申请。

第十九条 申请人书面申请行政复议的,应当在行政复议申请书中载明下列事项:

(一)申请人的基本情况,包括:公民的姓名、性别、年龄、身份证号码、工作单位、住所、邮政编码;法人或者其他组织的名称、住所、邮政编码和法定代表人或者主要负责人的姓名、职务;

(二)被申请人的名称;

(三)行政复议请求、申请行政复议的主要事实和理由;

(四)申请人的签名或者盖章;

(五)申请行政复议的日期。

第二十条 申请人口头申请行政复议的,行政复议机构应当依照本条例第十九条规定的事项,当场制作行政复议申请笔录交申请人核对或者向申请人宣读,并由申请人签字确认。

第二十一条 有下列情形之一的,申请人应当提供证明材料:

(一)认为被申请人不履行法定职责的,提供曾经要求被申请人履行法定职责而被申请人未履行的证明材料;

（二）申请行政复议时一并提出行政赔偿请求的，提供受具体行政行为侵害而造成损害的证明材料；

（三）法律、法规规定需要申请人提供证据材料的其他情形。

第二十二条　申请人提出行政复议申请时错列被申请人的，行政复议机构应当告知申请人变更被申请人。

第二十三条　申请人对两个以上国务院部门共同作出的具体行政行为不服的，依照行政复议法第十四条的规定，可以向其中任何一个国务院部门提出行政复议申请，由作出具体行政行为的国务院部门共同作出行政复议决定。

第二十四条　申请人对经国务院批准实行省以下垂直领导的部门作出的具体行政行为不服的，可以选择向该部门的本级人民政府或者上一级主管部门申请行政复议；省、自治区、直辖市另有规定的，依照省、自治区、直辖市的规定办理。

第二十五条　申请人依照行政复议法第三十条第二款的规定申请行政复议的，应当向省、自治区、直辖市人民政府提出行政复议申请。

第二十六条　依照行政复议法第七条的规定，申请人认为具体行政行为所依据的规定不合法的，可以在对具体行政行为申请行政复议的同时一并提出对该规定的审查申请；申请人在对具体行政行为提出行政复议申请时尚不知道该具体行政行为所依据的规定的，可以在行政复议机关作出行政复议决定前向行政复议机关提出对该规定的审查申请。

第三章　行政复议受理

第二十七条　公民、法人或者其他组织认为行政机关的具体行政行为侵犯其合法权益提出行政复议申请，除不符合行政复议法和本条例规定的申请条件的，行政复议机关必须受理。

第二十八条　行政复议申请符合下列规定的，应当予以受理：

（一）有明确的申请人和符合规定的被申请人；

（二）申请人与具体行政行为有利害关系；

（三）有具体的行政复议请求和理由；

（四）在法定申请期限内提出；

（五）属于行政复议法规定的行政复议范围；

（六）属于收到行政复议申请的行政复议机构的职责范围；

（七）其他行政复议机关尚未受理同一行政复议申请，人民法院尚未受理同一主体就同一事实提起的行政诉讼。

第二十九条 行政复议申请材料不齐全或者表述不清楚的，行政复议机构可以自收到该行政复议申请之日起5日内书面通知申请人补正。补正通知应当载明需要补正的事项和合理的补正期限。无正当理由逾期不补正的，视为申请人放弃行政复议申请。补正申请材料所用时间不计入行政复议审理期限。

第三十条 申请人就同一事项向两个或者两个以上有权受理的行政机关申请行政复议的，由最先收到行政复议申请的行政机关受理；同时收到行政复议申请的，由收到行政复议申请的行政机关在10日内协商确定；协商不成的，由其共同上一级行政机关在10日内指定受理机关。协商确定或者指定受理机关所用时间不计入行政复议审理期限。

第三十一条 依照行政复议法第二十条的规定，上级行政机关认为行政复议机关不予受理行政复议申请的理由不成立的，可以先行督促其受理；经督促仍不受理的，应当责令其限期受理，必要时也可以直接受理；认为行政复议申请不符合法定受理条件的，应当告知申请人。

第四章 行政复议决定

第三十二条 行政复议机构审理行政复议案件，应当由2名以上行政复议人员参加。

第三十三条 行政复议机构认为必要时，可以实地调查核实证据；对重大、复杂的案件，申请人提出要求或者行政复议机构认为必要时，可以采取听证的方式审理。

第三十四条 行政复议人员向有关组织和人员调查取证时，可以查阅、复制、调取有关文件和资料，向有关人员进行询问。

调查取证时，行政复议人员不得少于2人，并应当向当事人或者有关人员出示证件。被调查单位和人员应当配合行政复议人员的工作，不得拒绝或者阻挠。

需要现场勘验的，现场勘验所用时间不计入行政复议审理期限。

第三十五条 行政复议机关应当为申请人、第三人查阅有关材料提供必要条件。

第三十六条　依照行政复议法第十四条的规定申请原级行政复议的案件，由原承办具体行政行为有关事项的部门或者机构提出书面答复，并提交作出具体行政行为的证据、依据和其他有关材料。

第三十七条　行政复议期间涉及专门事项需要鉴定的，当事人可以自行委托鉴定机构进行鉴定，也可以申请行政复议机构委托鉴定机构进行鉴定。鉴定费用由当事人承担。鉴定所用时间不计入行政复议审理期限。

第三十八条　申请人在行政复议决定作出前自愿撤回行政复议申请的，经行政复议机构同意，可以撤回。

申请人撤回行政复议申请的，不得再以同一事实和理由提出行政复议申请。但是，申请人能够证明撤回行政复议申请违背其真实意思表示的除外。

第三十九条　行政复议期间被申请人改变原具体行政行为的，不影响行政复议案件的审理。但是，申请人依法撤回行政复议申请的除外。

第四十条　公民、法人或者其他组织对行政机关行使法律、法规规定的自由裁量权作出的具体行政行为不服申请行政复议，申请人与被申请人在行政复议决定作出前自愿达成和解的，应当向行政复议机构提交书面和解协议；和解内容不损害社会公共利益和他人合法权益的，行政复议机构应当准许。

第四十一条　行政复议期间有下列情形之一，影响行政复议案件审理的，行政复议中止：

（一）作为申请人的自然人死亡，其近亲属尚未确定是否参加行政复议的；

（二）作为申请人的自然人丧失参加行政复议的能力，尚未确定法定代理人参加行政复议的；

（三）作为申请人的法人或者其他组织终止，尚未确定权利义务承受人的；

（四）作为申请人的自然人下落不明或者被宣告失踪的；

（五）申请人、被申请人因不可抗力，不能参加行政复议的；

（六）案件涉及法律适用问题，需要有权机关作出解释或者确认的；

（七）案件审理需要以其他案件的审理结果为依据，而其他案件尚未审结的；

（八）其他需要中止行政复议的情形。

行政复议中止的原因消除后，应当及时恢复行政复议案件的审理。

行政复议机构中止、恢复行政复议案件的审理，应当告知有关当事人。

第四十二条 行政复议期间有下列情形之一的，行政复议终止：

（一）申请人要求撤回行政复议申请，行政复议机构准予撤回的；

（二）作为申请人的自然人死亡，没有近亲属或者其近亲属放弃行政复议权利的；

（三）作为申请人的法人或者其他组织终止，其权利义务的承受人放弃行政复议权利的；

（四）申请人与被申请人依照本条例第四十条的规定，经行政复议机构准许达成和解的；

（五）申请人对行政拘留或者限制人身自由的行政强制措施不服申请行政复议后，因申请人同一违法行为涉嫌犯罪，该行政拘留或者限制人身自由的行政强制措施变更为刑事拘留的。

依照本条例第四十一条第一款第（一）项、第（二）项、第（三）项规定中止行政复议，满60日行政复议中止的原因仍未消除的，行政复议终止。

第四十三条 依照行政复议法第二十八条第一款第（一）项规定，具体行政行为认定事实清楚，证据确凿，适用依据正确，程序合法，内容适当的，行政复议机关应当决定维持。

第四十四条 依照行政复议法第二十八条第一款第（二）项规定，被申请人不履行法定职责的，行政复议机关应当决定其在一定期限内履行法定职责。

第四十五条 具体行政行为有行政复议法第二十八条第一款第（三）项规定情形之一的，行政复议机关应当决定撤销、变更该具体行政行为或者确认该具体行政行为违法；决定撤销该具体行政行为或者确认该具体行政行为违法的，可以责令被申请人在一定期限内重新作出具体行政行为。

第四十六条 被申请人未依照行政复议法第二十三条的规定提出书面答复、提交当初作出具体行政行为的证据、依据和其他有关材料的，视为该具体行政行为没有证据、依据，行政复议机关应当决定撤销该具体行政行为。

第四十七条 具体行政行为有下列情形之一，行政复议机关可以决定变更：

（一）认定事实清楚，证据确凿，程序合法，但是明显不当或者适用依据错误的；

(二)认定事实不清,证据不足,但是经行政复议机关审理查明事实清楚,证据确凿的。

第四十八条　有下列情形之一的,行政复议机关应当决定驳回行政复议申请:

(一)申请人认为行政机关不履行法定职责申请行政复议,行政复议机关受理后发现该行政机关没有相应法定职责或者在受理前已经履行法定职责的;

(二)受理行政复议申请后,发现该行政复议申请不符合行政复议法和本条例规定的受理条件的。

上级行政机关认为行政复议机关驳回行政复议申请的理由不成立的,应当责令其恢复审理。

第四十九条　行政复议机关依照行政复议法第二十八条的规定责令被申请人重新作出具体行政行为的,被申请人应当在法律、法规、规章规定的期限内重新作出具体行政行为;法律、法规、规章未规定期限的,重新作出具体行政行为的期限为60日。

公民、法人或者其他组织对被申请人重新作出的具体行政行为不服,可以依法申请行政复议或者提起行政诉讼。

第五十条　有下列情形之一的,行政复议机关可以按照自愿、合法的原则进行调解:

(一)公民、法人或者其他组织对行政机关行使法律、法规规定的自由裁量权作出的具体行政行为不服申请行政复议的;

(二)当事人之间的行政赔偿或者行政补偿纠纷。

当事人经调解达成协议的,行政复议机关应当制作行政复议调解书。调解书应当载明行政复议请求、事实、理由和调解结果,并加盖行政复议机关印章。行政复议调解书经双方当事人签字,即具有法律效力。

调解未达成协议或者调解书生效前一方反悔的,行政复议机关应当及时作出行政复议决定。

第五十一条　行政复议机关在申请人的行政复议请求范围内,不得作出对申请人更为不利的行政复议决定。

第五十二条　第三人逾期不起诉又不履行行政复议决定的,依照行政复议法第三十三条的规定处理。

第五章 行政复议指导和监督

第五十三条 行政复议机关应当加强对行政复议工作的领导。

行政复议机构在本级行政复议机关的领导下，按照职责权限对行政复议工作进行督促、指导。

第五十四条 县级以上各级人民政府应当加强对所属工作部门和下级人民政府履行行政复议职责的监督。

行政复议机关应当加强对其行政复议机构履行行政复议职责的监督。

第五十五条 县级以上地方各级人民政府应当建立健全行政复议工作责任制，将行政复议工作纳入本级政府目标责任制。

第五十六条 县级以上地方各级人民政府应当按照职责权限，通过定期组织检查、抽查等方式，对所属工作部门和下级人民政府行政复议工作进行检查，并及时向有关方面反馈检查结果。

第五十七条 行政复议期间行政复议机关发现被申请人或者其他下级行政机关的相关行政行为违法或者需要做好善后工作的，可以制作行政复议意见书。有关机关应当自收到行政复议意见书之日起60日内将纠正相关行政违法行为或者做好善后工作的情况通报行政复议机构。

行政复议期间行政复议机构发现法律、法规、规章实施中带有普遍性的问题，可以制作行政复议建议书，向有关机关提出完善制度和改进行政执法的建议。

第五十八条 县级以上各级人民政府行政复议机构应当定期向本级人民政府提交行政复议工作状况分析报告。

第五十九条 下级行政复议机关应当及时将重大行政复议决定报上级行政复议机关备案。

第六十条 各级行政复议机构应当定期组织对行政复议人员进行业务培训，提高行政复议人员的专业素质。

第六十一条 各级行政复议机关应当定期总结行政复议工作，对在行政复议工作中做出显著成绩的单位和个人，依照有关规定给予表彰和奖励。

第六章 法律责任

第六十二条 被申请人在规定期限内未按照行政复议决定的要求重新作

出具体行政行为,或者违反规定重新作出具体行政行为的,依照行政复议法第三十七条的规定追究法律责任。

第六十三条　拒绝或者阻挠行政复议人员调查取证、查阅、复制、调取有关文件和资料的,对有关责任人员依法给予处分或者治安处罚;构成犯罪的,依法追究刑事责任。

第六十四条　行政复议机关或者行政复议机构不履行行政复议法和本条例规定的行政复议职责,经有权监督的行政机关督促仍不改正的,对直接负责的主管人员和其他直接责任人员依法给予警告、记过、记大过的处分;造成严重后果的,依法给予降级、撤职、开除的处分。

第六十五条　行政机关及其工作人员违反行政复议法和本条例规定的,行政复议机构可以向人事、监察部门提出对有关责任人员的处分建议,也可以将有关人员违法的事实材料直接转送人事、监察部门处理;接受转送的人事、监察部门应当依法处理,并将处理结果通报转送的行政复议机构。

第七章　附　则

第六十六条　本条例自 2007 年 8 月 1 日起施行。

国土资源部办公厅关于办理不动产登记类行政复议案件有关问题的通知(试行)

(2016年11月8日　国土资厅发〔2016〕39号)

各省、自治区、直辖市国土资源主管部门,新疆生产建设兵团国土资源局,各派驻地方的国家土地督察局,部机关各司局,不动产登记中心:

随着不动产统一登记制度全面实施,与国土资源主管部门相关的不动产登记类行政复议案件及行政诉讼案件类型和案件数量不断增多,出现了不少新情况、新问题。为统一不动产登记类行政复议案件办理标准,切实维护不动产权利人的合法权益,部在总结不动产登记复议应诉工作实践的基础上,根据《物权法》、《不动产登记暂行条例》、《政府信息公开条例》及其他有关法律、法规规定,对一些带有典型性且亟待解决的问题形成了共识,经征求最高人民法院和国务院法制办公室的意见后,明确了不动产登记类行政复议案件的审理思路和标准,供你们在审理不动产登记类行政复议案件时参考:

一、不动产登记资料查询属于特定行政管理领域的业务查询事项,其法律依据、办理程序、法律后果等与《政府信息公开条例》所调整的政府信息公开行为存在根本性差别。复议案件审查中,当事人或者其代理人依据《政府信息公开条例》申请查询特定的不动产登记资料的,如登记机构在法定期限内明确告知当事人或者其代理人按照《物权法》、《不动产登记暂行条例》和《不动产登记暂行条例实施细则》的有关规定办理的,复议机关应当维持该行政行为或者驳回申请人复议请求。

二、《不动产登记暂行条例》规定当事人或者其代理人应当到不动产登记机构办公场所申请不动产登记,并对申请不动产登记的情形、程序以及申请材料有严格要求。复议案件审查中,对于当事人或者其代理人通过书面或者其他不符合规定的形式和程序提出的不动产登记申请,国土资源主管部门如已主动向当事人或者其代理人释明其启动不动产登记申请的正确途径、形式、程序和要求，复议机关应当维持该行政行为或者驳回申请人复议请求。如国土资源主管部门对不符合要求的不动产登记申请不作处理，复议机关应当责令其限期履行法定职责。

三、国土资源主管部门作为行政复议机关审查登记行为时，主要看登记机构是否尽到了合理审慎的审查义务，并以此判定登记机构是否承担赔偿责任。如果登记机构未尽到合理审慎的审查义务，复议决定中应当对登记行为予以撤销或者确认违法。

四、因不动产登记行政复议案件一般牵涉申请人重大财产权益，复议机关不宜在基础民事法律关系没有明确的前提下直接作出行政复议决定。国土资源主管部门审理相关行政复议案件时，除当事人同意协调解决外，一般应先中止案件审理，待作为登记基础的民事关系和事实清楚后再恢复审理。

五、不动产登记职责整合后，当事人对其他登记部门的不动产登记行为不服，向国土资源主管部门提起行政复议的，国土资源主管部门应当负责办理。受理后，可以追加原登记部门为第三人参与行政复议程序。行政应诉过程中，可以建议人民法院追加原登记部门为第三人参与行政诉讼。

中华人民共和国行政诉讼法

（1989年4月4日第七届全国人民代表大会第二次会议通过　根据2014年11月1日第十二届全国人民代表大会常务委员会第十一次会议《关于修改〈中华人民共和国行政诉讼法〉的决定》第一次修正　根据2017年6月27日第十二届全国人民代表大会常务委员会第二十八次会议《关于修改〈中华人民共和国民事诉讼法〉和〈中华人民共和国行政诉讼法〉的决定》第二次修正）

目　　录

第一章　总　　则

第一条　为保证人民法院公正、及时审理行政案件，解决行政争议，保护公民、法人和其他组织的合法权益，监督行政机关依法行使职权，根据宪法，制定本法。

第二条　公民、法人或者其他组织认为行政机关和行政机关工作人员的行政行为侵犯其合法权益，有权依照本法向人民法院提起诉讼。

前款所称行政行为，包括法律、法规、规章授权的组织作出的行政行为。

第三条　人民法院应当保障公民、法人和其他组织的起诉权利，对应当受理的行政案件依法受理。

行政机关及其工作人员不得干预、阻碍人民法院受理行政案件。

被诉行政机关负责人应当出庭应诉。不能出庭的，应当委托行政机关相应的工作人员出庭。

第四条　人民法院依法对行政案件独立行使审判权，不受行政机关、社会团体和个人的干涉。

人民法院设行政审判庭，审理行政案件。

第五条　人民法院审理行政案件，以事实为根据，以法律为准绳。

第六条　人民法院审理行政案件，对行政行为是否合法进行审查。

第七条　人民法院审理行政案件，依法实行合议、回避、公开审判和两审终审制度。

第八条　当事人在行政诉讼中的法律地位平等。

第九条　各民族公民都有用本民族语言、文字进行行政诉讼的权利。

在少数民族聚居或者多民族共同居住的地区，人民法院应当用当地民族通用的语言、文字进行审理和发布法律文书。

人民法院应当对不通晓当地民族通用的语言、文字的诉讼参与人提供翻译。

第十条　当事人在行政诉讼中有权进行辩论。

第十一条　人民检察院有权对行政诉讼实行法律监督。

第二章　受 案 范 围

第十二条　人民法院受理公民、法人或者其他组织提起的下列诉讼：

（一）对行政拘留、暂扣或者吊销许可证和执照、责令停产停业、没收违法所得、没收非法财物、罚款、警告等行政处罚不服的；

（二）对限制人身自由或者对财产的查封、扣押、冻结等行政强制措施和行政强制执行不服的；

（三）申请行政许可，行政机关拒绝或者在法定期限内不予答复，或者对行政机关作出的有关行政许可的其他决定不服的；

（四）对行政机关作出的关于确认土地、矿藏、水流、森林、山岭、草原、荒地、滩涂、海域等自然资源的所有权或者使用权的决定不服的；

（五）对征收、征用决定及其补偿决定不服的；

（六）申请行政机关履行保护人身权、财产权等合法权益的法定职责，行政机关拒绝履行或者不予答复的；

（七）认为行政机关侵犯其经营自主权或者农村土地承包经营权、农村土地经营权的；

（八）认为行政机关滥用行政权力排除或者限制竞争的；

（九）认为行政机关违法集资、摊派费用或者违法要求履行其他义务的；

（十）认为行政机关没有依法支付抚恤金、最低生活保障待遇或者社会保险待遇的；

（十一）认为行政机关不依法履行、未按照约定履行或者违法变更、解除政府特许经营协议、土地房屋征收补偿协议等协议的；

（十二）认为行政机关侵犯其他人身权、财产权等合法权益的。

除前款规定外，人民法院受理法律、法规规定可以提起诉讼的其他行政案件。

第十三条 人民法院不受理公民、法人或者其他组织对下列事项提起的诉讼：

（一）国防、外交等国家行为；

（二）行政法规、规章或者行政机关制定、发布的具有普遍约束力的决定、命令；

（三）行政机关对行政机关工作人员的奖惩、任免等决定；

（四）法律规定由行政机关最终裁决的行政行为。

第三章 管 辖

第十四条 基层人民法院管辖第一审行政案件。

第十五条　中级人民法院管辖下列第一审行政案件：

（一）对国务院部门或者县级以上地方人民政府所作的行政行为提起诉讼的案件；

（二）海关处理的案件；

（三）本辖区内重大、复杂的案件；

（四）其他法律规定由中级人民法院管辖的案件。

第十六条　高级人民法院管辖本辖区内重大、复杂的第一审行政案件。

第十七条　最高人民法院管辖全国范围内重大、复杂的第一审行政案件。

第十八条　行政案件由最初作出行政行为的行政机关所在地人民法院管辖。经复议的案件，也可以由复议机关所在地人民法院管辖。

经最高人民法院批准，高级人民法院可以根据审判工作的实际情况，确定若干人民法院跨行政区域管辖行政案件。

第十九条　对限制人身自由的行政强制措施不服提起的诉讼，由被告所在地或者原告所在地人民法院管辖。

第二十条　因不动产提起的行政诉讼，由不动产所在地人民法院管辖。

第二十一条　两个以上人民法院都有管辖权的案件，原告可以选择其中一个人民法院提起诉讼。原告向两个以上有管辖权的人民法院提起诉讼的，由最先立案的人民法院管辖。

第二十二条　人民法院发现受理的案件不属于本院管辖的，应当移送有管辖权的人民法院，受移送的人民法院应当受理。受移送的人民法院认为受移送的案件按照规定不属于本院管辖的，应当报请上级人民法院指定管辖，不得再自行移送。

第二十三条　有管辖权的人民法院由于特殊原因不能行使管辖权的，由上级人民法院指定管辖。

人民法院对管辖权发生争议，由争议双方协商解决。协商不成的，报它们的共同上级人民法院指定管辖。

第二十四条　上级人民法院有权审理下级人民法院管辖的第一审行政案件。

下级人民法院对其管辖的第一审行政案件，认为需要由上级人民法院审理或者指定管辖的，可以报请上级人民法院决定。

第四章　诉讼参加人

第二十五条　行政行为的相对人以及其他与行政行为有利害关系的公民、法人或者其他组织，有权提起诉讼。

有权提起诉讼的公民死亡，其近亲属可以提起诉讼。

有权提起诉讼的法人或者其他组织终止，承受其权利的法人或者其他组织可以提起诉讼。

人民检察院在履行职责中发现生态环境和资源保护、食品药品安全、国有财产保护、国有土地使用权出让等领域负有监督管理职责的行政机关违法行使职权或者不作为，致使国家利益或者社会公共利益受到侵害的，应当向行政机关提出检察建议，督促其依法履行职责。行政机关不依法履行职责的，人民检察院依法向人民法院提起诉讼。

第二十六条　公民、法人或者其他组织直接向人民法院提起诉讼的，作出行政行为的行政机关是被告。

经复议的案件，复议机关决定维持原行政行为的，作出原行政行为的行政机关和复议机关是共同被告；复议机关改变原行政行为的，复议机关是被告。

复议机关在法定期限内未作出复议决定，公民、法人或者其他组织起诉原行政行为的，作出原行政行为的行政机关是被告；起诉复议机关不作为的，复议机关是被告。

两个以上行政机关作出同一行政行为的，共同作出行政行为的行政机关是共同被告。

行政机关委托的组织所作的行政行为，委托的行政机关是被告。

行政机关被撤销或者职权变更的，继续行使其职权的行政机关是被告。

第二十七条　当事人一方或者双方为二人以上，因同一行政行为发生的行政案件，或者因同类行政行为发生的行政案件、人民法院认为可以合并审理并经当事人同意的，为共同诉讼。

第二十八条　当事人一方人数众多的共同诉讼，可以由当事人推选代表人进行诉讼。代表人的诉讼行为对其所代表的当事人发生效力，但代表人变更、放弃诉讼请求或者承认对方当事人的诉讼请求，应当经被代表的当事人同意。

第二十九条　公民、法人或者其他组织同被诉行政行为有利害关系但没有提起诉讼，或者同案件处理结果有利害关系的，可以作为第三人申请参加诉讼，或者由人民法院通知参加诉讼。

人民法院判决第三人承担义务或者减损第三人权益的，第三人有权依法提起上诉。

第三十条　没有诉讼行为能力的公民，由其法定代理人代为诉讼。法定代理人互相推诿代理责任的，由人民法院指定其中一人代为诉讼。

第三十一条　当事人、法定代理人，可以委托一至二人作为诉讼代理人。

下列人员可以被委托为诉讼代理人：

（一）律师、基层法律服务工作者；

（二）当事人的近亲属或者工作人员；

（三）当事人所在社区、单位以及有关社会团体推荐的公民。

第三十二条　代理诉讼的律师，有权按照规定查阅、复制本案有关材料，有权向有关组织和公民调查，收集与本案有关的证据。对涉及国家秘密、商业秘密和个人隐私的材料，应当依照法律规定保密。

当事人和其他诉讼代理人有权按照规定查阅、复制本案庭审材料，但涉及国家秘密、商业秘密和个人隐私的内容除外。

第五章　证　　据

第三十三条　证据包括：

（一）书证；

（二）物证；

（三）视听资料；

（四）电子数据；

（五）证人证言；

（六）当事人的陈述；

（七）鉴定意见；

（八）勘验笔录、现场笔录。

以上证据经法庭审查属实，才能作为认定案件事实的根据。

第三十四条　被告对作出的行政行为负有举证责任，应当提供作出该行政行为的证据和所依据的规范性文件。

被告不提供或者无正当理由逾期提供证据，视为没有相应证据。但是，被诉行政行为涉及第三人合法权益，第三人提供证据的除外。

第三十五条 在诉讼过程中，被告及其诉讼代理人不得自行向原告、第三人和证人收集证据。

第三十六条 被告在作出行政行为时已经收集了证据，但因不可抗力等正当事由不能提供的，经人民法院准许，可以延期提供。

原告或者第三人提出了其在行政处理程序中没有提出的理由或者证据的，经人民法院准许，被告可以补充证据。

第三十七条 原告可以提供证明行政行为违法的证据。原告提供的证据不成立的，不免除被告的举证责任。

第三十八条 在起诉被告不履行法定职责的案件中，原告应当提供其向被告提出申请的证据。但有下列情形之一的除外：

（一）被告应当依职权主动履行法定职责的；

（二）原告因正当理由不能提供证据的。

在行政赔偿、补偿的案件中，原告应当对行政行为造成的损害提供证据。因被告的原因导致原告无法举证的，由被告承担举证责任。

第三十九条 人民法院有权要求当事人提供或者补充证据。

第四十条 人民法院有权向有关行政机关以及其他组织、公民调取证据。但是，不得为证明行政行为的合法性调取被告作出行政行为时未收集的证据。

第四十一条 与本案有关的下列证据，原告或者第三人不能自行收集的，可以申请人民法院调取：

（一）由国家机关保存而须由人民法院调取的证据；

（二）涉及国家秘密、商业秘密和个人隐私的证据；

（三）确因客观原因不能自行收集的其他证据。

第四十二条 在证据可能灭失或者以后难以取得的情况下，诉讼参加人可以向人民法院申请保全证据，人民法院也可以主动采取保全措施。

第四十三条 证据应当在法庭上出示，并由当事人互相质证。对涉及国家秘密、商业秘密和个人隐私的证据，不得在公开开庭时出示。

人民法院应当按照法定程序，全面、客观地审查核实证据。对未采纳的证据应当在裁判文书中说明理由。

以非法手段取得的证据，不得作为认定案件事实的根据。

第六章　起诉和受理

第四十四条　对属于人民法院受案范围的行政案件，公民、法人或者其他组织可以先向行政机关申请复议，对复议决定不服的，再向人民法院提起诉讼；也可以直接向人民法院提起诉讼。

法律、法规规定应当先向行政机关申请复议，对复议决定不服再向人民法院提起诉讼的，依照法律、法规的规定。

第四十五条　公民、法人或者其他组织不服复议决定的，可以在收到复议决定书之日起十五日内向人民法院提起诉讼。复议机关逾期不作决定的，申请人可以在复议期满之日起十五日内向人民法院提起诉讼。法律另有规定的除外。

第四十六条　公民、法人或者其他组织直接向人民法院提起诉讼的，应当自知道或者应当知道作出行政行为之日起六个月内提出。法律另有规定的除外。

因不动产提起诉讼的案件自行政行为作出之日起超过二十年，其他案件自行政行为作出之日起超过五年提起诉讼的，人民法院不予受理。

第四十七条　公民、法人或者其他组织申请行政机关履行保护其人身权、财产权等合法权益的法定职责，行政机关在接到申请之日起两个月内不履行的，公民、法人或者其他组织可以向人民法院提起诉讼。法律、法规对行政机关履行职责的期限另有规定的，从其规定。

公民、法人或者其他组织在紧急情况下请求行政机关履行保护其人身权、财产权等合法权益的法定职责，行政机关不履行的，提起诉讼不受前款规定期限的限制。

第四十八条　公民、法人或者其他组织因不可抗力或者其他不属于其自身的原因耽误起诉期限的，被耽误的时间不计算在起诉期限内。

公民、法人或者其他组织因前款规定以外的其他特殊情况耽误起诉期限的，在障碍消除后十日内，可以申请延长期限，是否准许由人民法院决定。

第四十九条　提起诉讼应当符合下列条件：

（一）原告是符合本法第二十五条规定的公民、法人或者其他组织；

（二）有明确的被告；

（三）有具体的诉讼请求和事实根据；

（四）属于人民法院受案范围和受诉人民法院管辖。

第五十条 起诉应当向人民法院递交起诉状，并按照被告人数提出副本。

书写起诉状确有困难的，可以口头起诉，由人民法院记入笔录，出具注明日期的书面凭证，并告知对方当事人。

第五十一条 人民法院在接到起诉状时对符合本法规定的起诉条件的，应当登记立案。

对当场不能判定是否符合本法规定的起诉条件的，应当接收起诉状，出具注明收到日期的书面凭证，并在七日内决定是否立案。不符合起诉条件的，作出不予立案的裁定。裁定书应当载明不予立案的理由。原告对裁定不服的，可以提起上诉。

起诉状内容欠缺或者有其他错误的，应当给予指导和释明，并一次性告知当事人需要补正的内容。不得未经指导和释明即以起诉不符合条件为由不接收起诉状。

对于不接收起诉状、接收起诉状后不出具书面凭证，以及不一次性告知当事人需要补正的起诉状内容的，当事人可以向上级人民法院投诉，上级人民法院应当责令改正，并对直接负责的主管人员和其他直接责任人员依法给予处分。

第五十二条 人民法院既不立案，又不作出不予立案裁定的，当事人可以向上一级人民法院起诉。上一级人民法院认为符合起诉条件的，应当立案、审理，也可以指定其他下级人民法院立案、审理。

第五十三条 公民、法人或者其他组织认为行政行为所依据的国务院部门和地方人民政府及其部门制定的规范性文件不合法，在对行政行为提起诉讼时，可以一并请求对该规范性文件进行审查。

前款规定的规范性文件不含规章。

第七章 审理和判决

第一节 一般规定

第五十四条 人民法院公开审理行政案件，但涉及国家秘密、个人隐私和法律另有规定的除外。

涉及商业秘密的案件,当事人申请不公开审理的,可以不公开审理。

第五十五条　当事人认为审判人员与本案有利害关系或者有其他关系可能影响公正审判,有权申请审判人员回避。

审判人员认为自己与本案有利害关系或者有其他关系,应当申请回避。

前两款规定,适用于书记员、翻译人员、鉴定人、勘验人。

院长担任审判长时的回避,由审判委员会决定;审判人员的回避,由院长决定;其他人员的回避,由审判长决定。当事人对决定不服的,可以申请复议一次。

第五十六条　诉讼期间,不停止行政行为的执行。但有下列情形之一的,裁定停止执行:

(一)被告认为需要停止执行的;

(二)原告或者利害关系人申请停止执行,人民法院认为该行政行为的执行会造成难以弥补的损失,并且停止执行不损害国家利益、社会公共利益的;

(三)人民法院认为该行政行为的执行会给国家利益、社会公共利益造成重大损害的;

(四)法律、法规规定停止执行的。

当事人对停止执行或者不停止执行的裁定不服的,可以申请复议一次。

第五十七条　人民法院对起诉行政机关没有依法支付抚恤金、最低生活保障金和工伤、医疗社会保险金的案件,权利义务关系明确、不先予执行将严重影响原告生活的,可以根据原告的申请,裁定先予执行。

当事人对先予执行裁定不服的,可以申请复议一次。复议期间不停止裁定的执行。

第五十八条　经人民法院传票传唤,原告无正当理由拒不到庭,或者未经法庭许可中途退庭的,可以按照撤诉处理;被告无正当理由拒不到庭,或者未经法庭许可中途退庭的,可以缺席判决。

第五十九条　诉讼参与人或者其他人有下列行为之一的,人民法院可以根据情节轻重,予以训诫、责令具结悔过或者处一万元以下的罚款、十五日以下的拘留;构成犯罪的,依法追究刑事责任:

(一)有义务协助调查、执行的人,对人民法院的协助调查决定、协助执行通

知书,无故推拖、拒绝或者妨碍调查、执行的;

(二)伪造、隐藏、毁灭证据或者提供虚假证明材料,妨碍人民法院审理案件的;

(三)指使、贿买、胁迫他人作伪证或者威胁、阻止证人作证的;

(四)隐藏、转移、变卖、毁损已被查封、扣押、冻结的财产的;

(五)以欺骗、胁迫等非法手段使原告撤诉的;

(六)以暴力、威胁或者其他方法阻碍人民法院工作人员执行职务,或者以哄闹、冲击法庭等方法扰乱人民法院工作秩序的;

(七)对人民法院审判人员或者其他工作人员、诉讼参与人、协助调查和执行的人员恐吓、侮辱、诽谤、诬陷、殴打、围攻或者打击报复的。

人民法院对有前款规定的行为之一的单位,可以对其主要负责人或者直接责任人员依照前款规定予以罚款、拘留;构成犯罪的,依法追究刑事责任。

罚款、拘留须经人民法院院长批准。当事人不服的,可以向上一级人民法院申请复议一次。复议期间不停止执行。

第六十条 人民法院审理行政案件,不适用调解。但是,行政赔偿、补偿以及行政机关行使法律、法规规定的自由裁量权的案件可以调解。

调解应当遵循自愿、合法原则,不得损害国家利益、社会公共利益和他人合法权益。

第六十一条 在涉及行政许可、登记、征收、征用和行政机关对民事争议所作的裁决的行政诉讼中,当事人申请一并解决相关民事争议的,人民法院可以一并审理。

在行政诉讼中,人民法院认为行政案件的审理需以民事诉讼的裁判为依据的,可以裁定中止行政诉讼。

第六十二条 人民法院对行政案件宣告判决或者裁定前,原告申请撤诉的,或者被告改变其所作的行政行为,原告同意并申请撤诉的,是否准许,由人民法院裁定。

第六十三条 人民法院审理行政案件,以法律和行政法规、地方性法规为依据。地方性法规适用于本行政区域内发生的行政案件。

人民法院审理民族自治地方的行政案件,并以该民族自治地方的自治条例和单行条例为依据。

人民法院审理行政案件，参照规章。

第六十四条　人民法院在审理行政案件中，经审查认为本法第五十三条规定的规范性文件不合法的，不作为认定行政行为合法的依据，并向制定机关提出处理建议。

第六十五条　人民法院应当公开发生法律效力的判决书、裁定书，供公众查阅，但涉及国家秘密、商业秘密和个人隐私的内容除外。

第六十六条　人民法院在审理行政案件中，认为行政机关的主管人员、直接责任人员违法违纪的，应当将有关材料移送监察机关、该行政机关或者其上一级行政机关；认为有犯罪行为的，应当将有关材料移送公安、检察机关。

人民法院对被告经传票传唤无正当理由拒不到庭，或者未经法庭许可中途退庭的，可以将被告拒不到庭或者中途退庭的情况予以公告，并可以向监察机关或者被告的上一级行政机关提出依法给予其主要负责人或者直接责任人员处分的司法建议。

第二节　第一审普通程序

第六十七条　人民法院应当在立案之日起五日内，将起诉状副本发送被告。被告应当在收到起诉状副本之日起十五日内向人民法院提交作出行政行为的证据和所依据的规范性文件，并提出答辩状。人民法院应当在收到答辩状之日起五日内，将答辩状副本发送原告。

被告不提出答辩状的，不影响人民法院审理。

第六十八条　人民法院审理行政案件，由审判员组成合议庭，或者由审判员、陪审员组成合议庭。合议庭的成员，应当是三人以上的单数。

第六十九条　行政行为证据确凿，适用法律、法规正确，符合法定程序的，或者原告申请被告履行法定职责或者给付义务理由不成立的，人民法院判决驳回原告的诉讼请求。

第七十条　行政行为有下列情形之一的，人民法院判决撤销或者部分撤销，并可以判决被告重新作出行政行为：

（一）主要证据不足的；

（二）适用法律、法规错误的；

（三）违反法定程序的；

（四）超越职权的；

（五）滥用职权的；

（六）明显不当的。

第七十一条 人民法院判决被告重新作出行政行为的，被告不得以同一的事实和理由作出与原行政行为基本相同的行政行为。

第七十二条 人民法院经过审理，查明被告不履行法定职责的，判决被告在一定期限内履行。

第七十三条 人民法院经过审理，查明被告依法负有给付义务的，判决被告履行给付义务。

第七十四条 行政行为有下列情形之一的，人民法院判决确认违法，但不撤销行政行为：

（一）行政行为依法应当撤销，但撤销会给国家利益、社会公共利益造成重大损害的；

（二）行政行为程序轻微违法，但对原告权利不产生实际影响的。

行政行为有下列情形之一，不需要撤销或者判决履行的，人民法院判决确认违法：

（一）行政行为违法，但不具有可撤销内容的；

（二）被告改变原违法行政行为，原告仍要求确认原行政行为违法的；

（三）被告不履行或者拖延履行法定职责，判决履行没有意义的。

第七十五条 行政行为有实施主体不具有行政主体资格或者没有依据等重大且明显违法情形，原告申请确认行政行为无效的，人民法院判决确认无效。

第七十六条 人民法院判决确认违法或者无效的，可以同时判决责令被告采取补救措施；给原告造成损失的，依法判决被告承担赔偿责任。

第七十七条 行政处罚明显不当，或者其他行政行为涉及对款额的确定、认定确有错误的，人民法院可以判决变更。

人民法院判决变更，不得加重原告的义务或者减损原告的权益。但利害关系人同为原告，且诉讼请求相反的除外。

第七十八条 被告不依法履行、未按照约定履行或者违法变更、解除本法第十二条第一款第十一项规定的协议的，人民法院判决被告承担继续履行、采取补救措施或者赔偿损失等责任。

被告变更、解除本法第十二条第一款第十一项规定的协议合法，但未依法给予补偿的，人民法院判决给予补偿。

第七十九条　复议机关与作出原行政行为的行政机关为共同被告的案件，人民法院应当对复议决定和原行政行为一并作出裁判。

第八十条　人民法院对公开审理和不公开审理的案件，一律公开宣告判决。

当庭宣判的，应当在十日内发送判决书；定期宣判的，宣判后立即发给判决书。

宣告判决时，必须告知当事人上诉权利、上诉期限和上诉的人民法院。

第八十一条　人民法院应当在立案之日起六个月内作出第一审判决。有特殊情况需要延长的，由高级人民法院批准，高级人民法院审理第一审案件需要延长的，由最高人民法院批准。

第三节　简 易 程 序

第八十二条　人民法院审理下列第一审行政案件，认为事实清楚、权利义务关系明确、争议不大的，可以适用简易程序：

（一）被诉行政行为是依法当场作出的；

（二）案件涉及款额二千元以下的；

（三）属于政府信息公开案件的。

除前款规定以外的第一审行政案件，当事人各方同意适用简易程序的，可以适用简易程序。

发回重审、按照审判监督程序再审的案件不适用简易程序。

第八十三条　适用简易程序审理的行政案件，由审判员一人独任审理，并应当在立案之日起四十五日内审结。

第八十四条　人民法院在审理过程中，发现案件不宜适用简易程序的，裁定转为普通程序。

第四节　第二审程序

第八十五条　当事人不服人民法院第一审判决的，有权在判决书送达之日起十五日内向上一级人民法院提起上诉。当事人不服人民法院第一审裁定的，有权在裁定书送达之日起十日内向上一级人民法院提起上诉。逾期不提起上诉的，人民法院的第一审判决或者裁定发生法律效力。

第八十六条 人民法院对上诉案件，应当组成合议庭，开庭审理。经过阅卷、调查和询问当事人，对没有提出新的事实、证据或者理由，合议庭认为不需要开庭审理的，也可以不开庭审理。

第八十七条 人民法院审理上诉案件，应当对原审人民法院的判决、裁定和被诉行政行为进行全面审查。

第八十八条 人民法院审理上诉案件，应当在收到上诉状之日起三个月内作出终审判决。有特殊情况需要延长的，由高级人民法院批准，高级人民法院审理上诉案件需要延长的，由最高人民法院批准。

第八十九条 人民法院审理上诉案件，按照下列情形，分别处理：

（一）原判决、裁定认定事实清楚，适用法律、法规正确的，判决或者裁定驳回上诉，维持原判决、裁定；

（二）原判决、裁定认定事实错误或者适用法律、法规错误的，依法改判、撤销或者变更；

（三）原判决认定基本事实不清、证据不足的，发回原审人民法院重审，或者查清事实后改判；

（四）原判决遗漏当事人或者违法缺席判决等严重违反法定程序的，裁定撤销原判决，发回原审人民法院重审。

原审人民法院对发回重审的案件作出判决后，当事人提起上诉的，第二审人民法院不得再次发回重审。

人民法院审理上诉案件，需要改变原审判决的，应当同时对被诉行政行为作出判决。

第五节 审判监督程序

第九十条 当事人对已经发生法律效力的判决、裁定，认为确有错误的，可以向上一级人民法院申请再审，但判决、裁定不停止执行。

第九十一条 当事人的申请符合下列情形之一的，人民法院应当再审：

（一）不予立案或者驳回起诉确有错误的；

（二）有新的证据，足以推翻原判决、裁定的；

（三）原判决、裁定认定事实的主要证据不足、未经质证或者系伪造的；

（四）原判决、裁定适用法律、法规确有错误的；

（五）违反法律规定的诉讼程序，可能影响公正审判的；

（六）原判决、裁定遗漏诉讼请求的；

（七）据以作出原判决、裁定的法律文书被撤销或者变更的；

（八）审判人员在审理该案件时有贪污受贿、徇私舞弊、枉法裁判行为的。

第九十二条 各级人民法院院长对本院已经发生法律效力的判决、裁定，发现有本法第九十一条规定情形之一，或者发现调解违反自愿原则或者调解书内容违法，认为需要再审的，应当提交审判委员会讨论决定。

最高人民法院对地方各级人民法院已经发生法律效力的判决、裁定，上级人民法院对下级人民法院已经发生法律效力的判决、裁定，发现有本法第九十一条规定情形之一，或者发现调解违反自愿原则或者调解书内容违法的，有权提审或者指令下级人民法院再审。

第九十三条 最高人民检察院对各级人民法院已经发生法律效力的判决、裁定，上级人民检察院对下级人民法院已经发生法律效力的判决、裁定，发现有本法第九十一条规定情形之一，或者发现调解书损害国家利益、社会公共利益的，应当提出抗诉。

地方各级人民检察院对同级人民法院已经发生法律效力的判决、裁定，发现有本法第九十一条规定情形之一，或者发现调解书损害国家利益、社会公共利益的，可以向同级人民法院提出检察建议，并报上级人民检察院备案；也可以提请上级人民检察院向同级人民法院提出抗诉。

各级人民检察院对审判监督程序以外的其他审判程序中审判人员的违法行为，有权向同级人民法院提出检察建议。

第八章 执 行

第九十四条 当事人必须履行人民法院发生法律效力的判决、裁定、调解书。

第九十五条 公民、法人或者其他组织拒绝履行判决、裁定、调解书的，行政机关或者第三人可以向第一审人民法院申请强制执行，或者由行政机关依法强制执行。

第九十六条 行政机关拒绝履行判决、裁定、调解书的，第一审人民法院可以采取下列措施：

（一）对应当归还的罚款或者应当给付的款额，通知银行从该行政机关的账户内划拨；

（二）在规定期限内不履行的，从期满之日起，对该行政机关负责人按日处五十元至一百元的罚款；

（三）将行政机关拒绝履行的情况予以公告；

（四）向监察机关或者该行政机关的上一级行政机关提出司法建议。接受司法建议的机关，根据有关规定进行处理，并将处理情况告知人民法院；

（五）拒不履行判决、裁定、调解书，社会影响恶劣的，可以对该行政机关直接负责的主管人员和其他直接责任人员予以拘留；情节严重，构成犯罪的，依法追究刑事责任。

第九十七条 公民、法人或者其他组织对行政行为在法定期限内不提起诉讼又不履行的，行政机关可以申请人民法院强制执行，或者依法强制执行。

第九章 涉外行政诉讼

第九十八条 外国人、无国籍人、外国组织在中华人民共和国进行行政诉讼，适用本法。法律另有规定的除外。

第九十九条 外国人、无国籍人、外国组织在中华人民共和国进行行政诉讼，同中华人民共和国公民、组织有同等的诉讼权利和义务。

外国法院对中华人民共和国公民、组织的行政诉讼权利加以限制的，人民法院对该国公民、组织的行政诉讼权利，实行对等原则。

第一百条 外国人、无国籍人、外国组织在中华人民共和国进行行政诉讼，委托律师代理诉讼的，应当委托中华人民共和国律师机构的律师。

第十章 附 则

第一百零一条 人民法院审理行政案件，关于期间、送达、财产保全、开庭审理、调解、中止诉讼、终结诉讼、简易程序、执行等，以及人民检察院对行政案件受理、审理、裁判、执行的监督，本法没有规定的，适用《中华人民共和国民事诉讼法》的相关规定。

第一百零二条　人民法院审理行政案件,应当收取诉讼费用。诉讼费用由败诉方承担,双方都有责任的由双方分担。收取诉讼费用的具体办法另行规定。

第一百零三条　本法自 1990 年 10 月 1 日起施行。

国务院办公厅关于加强和改进行政应诉工作的意见

（2016年6月27日　国办发〔2016〕54号）

各省、自治区、直辖市人民政府，国务院各部委、各直属机构：

为贯彻落实《中共中央关于全面推进依法治国若干重大问题的决定》关于“健全行政机关依法出庭应诉、支持法院受理行政案件、尊重并执行法院生效裁判的制度”的要求，保障行政诉讼法有效实施，全面推进依法行政，加快建设法治政府，经国务院同意，现就加强和改进行政应诉工作提出以下意见。

一、高度重视行政应诉工作。行政诉讼是解决行政争议，保护公民、法人和其他组织合法权益，监督行政机关依法行使职权的重要法律制度，做好行政应诉工作是行政机关的法定职责。行政诉讼法施行以来，各地区、各部门依法履行行政应诉职责，取得了积极成效。但消极对待行政应诉、干预人民法院受理和审理行政案件、执行人民法院生效裁判不到位、行政应诉能力不强等问题依然存在，有的还较为突出。各地区、各部门要从协调推进“四个全面”战略布局的高度，充分认识做好行政应诉工作对于依法及时有效化解社会矛盾纠纷、规范行政行为、加强政府自身建设的重要意义，把加强和改进行政应诉工作提上重要议事日程，切实抓紧抓好。

二、支持人民法院依法受理和审理行政案件。行政机关要尊重人民法院依法登记立案，积极支持人民法院保障公民、法人和其他组织的起诉权利，接受人民法院依照行政诉讼法的规定对行政机关依法行使职权的监督，不得借促进经济发展、维护社会稳定等名义，以开协调会、发文件或者口头要求等任何形式，明示或者暗示人民法院不受理依法应当受理的行政案件，或者对依法应当判决行政机关败诉的行政案件不判决行政机关败诉。

三、认真做好答辩举证工作。被诉行政机关要严格按照行政诉讼法的规定，向人民法院提交答辩状，提供作出行政行为的证据和依据。要提高答辩举证工作质量，做到答辩形式规范、说理充分，提供证据全面、准确、及时，不得拒绝或者无正当理由迟延答辩举证。

四、依法履行出庭应诉职责。被诉行政机关负责人要带头履行行政应诉职责，积极出庭应诉。不能出庭的，应当委托相应的工作人员出庭，不得仅委托律师出庭。对涉及重大公共利益、社会高度关注或者可能引发群体性事件等案件以及人民法院书面建议行政机关负责人出庭的案件，被诉行政机关负责人应当出庭。经人民法院依法传唤的，行政机关负责人或者其委托的工作人员不得无正当理由拒不到庭，或者未经法庭许可中途退庭。

五、配合人民法院做好开庭审理工作。被诉行政机关出庭应诉人员要熟悉法律规定、了解案件事实和证据，配合人民法院查明案情。要积极协助人民法院依法开展调解工作，促进案结事了，不得以欺骗、胁迫等非法手段使原告撤诉。要严格遵守法庭纪律，自觉维护司法权威。

六、积极履行人民法院生效裁判。被诉行政机关要依法自觉履行人民法院生效判决、裁定和调解书。对人民法院作出的责令重新作出行政行为的判决，除原行政行为因程序违法或者法律适用问题被人民法院判决撤销的情形外，不得以同一事实和理由作出与原行政行为基本相同的行政行为。对人民法院作出的行政机关继续履行、采取补救措施或者赔偿、补偿损失的判决，要积极履行义务。

七、明确行政应诉工作职责分工。要强化被诉行政行为承办机关或者机构的行政应诉责任，同时发挥法制工作机构或者负责法制工作的机构在行政应诉工作中的组织、协调、指导作用。行政复议机关和作出原行政行为的行政机关为共同被告的，应当共同做好原行政行为的应诉举证工作，可以根据具体情况确定由一个机关实施。

八、加强行政应诉能力建设。各地区、各部门要加强行政应诉工作力量，合理安排工作人员，积极发挥政府法律顾问和公职律师作用，确保行政应诉工作力量与工作任务相适应。要切实保障行政应诉工作经费、装备和其他必要的工作条件。要建立行政应诉培训制度，每年开展一到两次集中培训、旁听庭审和案例研讨等活动，提高行政机关负责人、行政执法人员等相关人员的行政应诉能力。

九、有效预防和化解行政争议。行政机关要不断规范行政行为，认真研究落实人民法院提出的司法建议,提高依法行政水平,从源头上预防和化解行政争议。要进一步加强行政复议工作,提高行政复议办案质量,努力把行政争议化解在基层,化解在初发阶段,化解在行政程序中。

十、强化行政应诉工作监督管理。要加强行政应诉工作考核,将行政机关出庭应诉、支持人民法院受理和审理行政案件、执行人民法院生效裁判以及行政应诉能力建设情况纳入依法行政考核体系。要严格落实行政应诉责任追究制度,对于行政机关干预、阻碍人民法院依法受理和审理行政案件,无正当理由拒不到庭或者未经法庭许可中途退庭,被诉行政机关负责人不出庭应诉也不委托相应的工作人员出庭,拒不履行人民法院对行政案件的判决、裁定或者调解书的,由任免机关或者监察机关依照行政诉讼法、《行政机关公务员处分条例》、《领导干部干预司法活动、插手具体案件处理的记录、通报和责任追究规定》等规定,对相关责任人员严肃处理。各级政府应当加强对本意见执行情况的监督检查。

各省、自治区、直辖市人民政府和国务院各部门要根据本意见,结合本地区、本部门实际,制定加强和改进行政应诉工作的具体实施办法。

最高人民法院关于适用《中华人民共和国行政诉讼法》的解释

（2017 年 11 月 13 日最高人民法院审判委员会第 1726 次会议通过
2018 年 2 月 6 日公布　自 2018 年 2 月 8 日起施行　法释〔2018〕1 号）

为正确适用《中华人民共和国行政诉讼法》（以下简称行政诉讼法），结合人民法院行政审判工作实际，制定本解释。

一、受 案 范 围

第一条　公民、法人或者其他组织对行政机关及其工作人员的行政行为不服，依法提起诉讼的，属于人民法院行政诉讼的受案范围。

下列行为不属于人民法院行政诉讼的受案范围：

（一）公安、国家安全等机关依照刑事诉讼法的明确授权实施的行为；

（二）调解行为以及法律规定的仲裁行为；

（三）行政指导行为；

（四）驳回当事人对行政行为提起申诉的重复处理行为；

（五）行政机关作出的不产生外部法律效力的行为；

（六）行政机关为作出行政行为而实施的准备、论证、研究、层报、咨询等过程性行为；

（七）行政机关根据人民法院的生效裁判、协助执行通知书作出的执行行为，但行政机关扩大执行范围或者采取违法方式实施的除外；

（八）上级行政机关基于内部层级监督关系对下级行政机关作出的听取报告、执法检查、督促履责等行为；

（九）行政机关针对信访事项作出的登记、受理、交办、转送、复查、复核意见等行为；

（十）对公民、法人或者其他组织权利义务不产生实际影响的行为。

第二条 行政诉讼法第十三条第一项规定的“国家行为”，是指国务院、中央军事委员会、国防部、外交部等根据宪法和法律的授权，以国家的名义实施的有关国防和外交事务的行为，以及经宪法和法律授权的国家机关宣布紧急状态等行为。

行政诉讼法第十三条第二项规定的“具有普遍约束力的决定、命令”，是指行政机关针对不特定对象发布的能反复适用的规范性文件。

行政诉讼法第十三条第三项规定的“对行政机关工作人员的奖惩、任免等决定”，是指行政机关作出的涉及行政机关工作人员公务员权利义务的决定。

行政诉讼法第十三条第四项规定的“法律规定由行政机关最终裁决的行政行为”中的“法律”，是指全国人民代表大会及其常务委员会制定、通过的规范性文件。

二、管　辖

第三条 各级人民法院行政审判庭审理行政案件和审查行政机关申请执行其行政行为的案件。

专门人民法院、人民法庭不审理行政案件，也不审查和执行行政机关申请执行其行政行为的案件。铁路运输法院等专门人民法院审理行政案件，应当执行行政诉讼法第十八条第二款的规定。

第四条 立案后，受诉人民法院的管辖权不受当事人住所地改变、追加被告等事实和法律状态变更的影响。

第五条 有下列情形之一的，属于行政诉讼法第十五条第三项规定的“本辖区内重大、复杂的案件”：

（一）社会影响重大的共同诉讼案件；

（二）涉外或者涉及香港特别行政区、澳门特别行政区、台湾地区的案件；

（三）其他重大、复杂案件。

第六条 当事人以案件重大复杂为由，认为有管辖权的基层人民法院不宜行使管辖权或者根据行政诉讼法第五十二条的规定，向中级人民法院起诉，中级人民法院应当根据不同情况在七日内分别作出以下处理：

（一）决定自行审理；

（二）指定本辖区其他基层人民法院管辖；

（三）书面告知当事人向有管辖权的基层人民法院起诉。

第七条 基层人民法院对其管辖的第一审行政案件，认为需要由中级人民法院审理或者指定管辖的，可以报请中级人民法院决定。中级人民法院应当根据不同情况在七日内分别作出以下处理：

（一）决定自行审理；

（二）指定本辖区其他基层人民法院管辖；

（三）决定由报请的人民法院审理。

第八条 行政诉讼法第十九条规定的“原告所在地”，包括原告的户籍所在地、经常居住地和被限制人身自由地。

对行政机关基于同一事实，既采取限制公民人身自由的行政强制措施，又采取其他行政强制措施或者行政处罚不服的，由被告所在地或者原告所在地的人民法院管辖。

第九条 行政诉讼法第二十条规定的“因不动产提起的行政诉讼”是指因行政行为导致不动产物权变动而提起的诉讼。

不动产已登记的，以不动产登记簿记载的所在地为不动产所在地；不动产未登记的，以不动产实际所在地为不动产所在地。

第十条 人民法院受理案件后，被告提出管辖异议的，应当在收到起诉状副本之日起十五日内提出。

对当事人提出的管辖异议，人民法院应当进行审查。异议成立的，裁定将案件移送有管辖权的人民法院；异议不成立的，裁定驳回。

人民法院对管辖异议审查后确定有管辖权的，不因当事人增加或者变更诉讼请求等改变管辖，但违反级别管辖、专属管辖规定的除外。

第十一条 有下列情形之一的，人民法院不予审查：

（一）人民法院发回重审或者按第一审程序再审的案件，当事人提出管辖异议的；

（二）当事人在第一审程序中未按照法律规定的期限和形式提出管辖异议，在第二审程序中提出的。

三、诉讼参加人

第十二条 有下列情形之一的，属于行政诉讼法第二十五条第一款规定的

“与行政行为有利害关系”：

（一）被诉的行政行为涉及其相邻权或者公平竞争权的；

（二）在行政复议等行政程序中被追加为第三人的；

（三）要求行政机关依法追究加害人法律责任的；

（四）撤销或者变更行政行为涉及其合法权益的；

（五）为维护自身合法权益向行政机关投诉，具有处理投诉职责的行政机关作出或者未作出处理的；

（六）其他与行政行为有利害关系的情形。

第十三条 债权人以行政机关对债务人所作的行政行为损害债权实现为由提起行政诉讼的，人民法院应当告知其就民事争议提起民事诉讼，但行政机关作出行政行为时依法应予保护或者应予考虑的除外。

第十四条 行政诉讼法第二十五条第二款规定的“近亲属”，包括配偶、父母、子女、兄弟姐妹、祖父母、外祖父母、孙子女、外孙子女和其他具有扶养、赡养关系的亲属。

公民因被限制人身自由而不能提起诉讼的，其近亲属可以依其口头或者书面委托以该公民的名义提起诉讼。近亲属起诉时无法与被限制人身自由的公民取得联系，近亲属可以先行起诉，并在诉讼中补充提交委托证明。

第十五条 合伙企业向人民法院提起诉讼的，应当以核准登记的字号为原告。未依法登记领取营业执照的个人合伙的全体合伙人为共同原告；全体合伙人可以推选代表人，被推选的代表人，应当由全体合伙人出具推选书。

个体工商户向人民法院提起诉讼的，以营业执照上登记的经营者为原告。有字号的，以营业执照上登记的字号为原告，并应当注明该字号经营者的基本信息。

第十六条 股份制企业的股东大会、股东会、董事会等认为行政机关作出的行政行为侵犯企业经营自主权的，可以企业名义提起诉讼。

联营企业、中外合资或者合作企业的联营、合资、合作各方，认为联营、合资、合作企业权益或者自己一方合法权益受行政行为侵害的，可以自己的名义提起诉讼。

非国有企业被行政机关注销、撤销、合并、强令兼并、出售、分立或者改变企业隶属关系的，该企业或者其法定代表人可以提起诉讼。

第十七条　事业单位、社会团体、基金会、社会服务机构等非营利法人的出资人、设立人认为行政行为损害法人合法权益的,可以自己的名义提起诉讼。

第十八条　业主委员会对于行政机关作出的涉及业主共有利益的行政行为,可以自己的名义提起诉讼。

业主委员会不起诉的,专有部分占建筑物总面积过半数或者占总户数过半数的业主可以提起诉讼。

第十九条　当事人不服经上级行政机关批准的行政行为,向人民法院提起诉讼的,以在对外发生法律效力的文书上署名的机关为被告。

第二十条　行政机关组建并赋予行政管理职能但不具有独立承担法律责任能力的机构,以自己的名义作出行政行为,当事人不服提起诉讼的,应当以组建该机构的行政机关为被告。

法律、法规或者规章授权行使行政职权的行政机关内设机构、派出机构或者其他组织,超出法定授权范围实施行政行为,当事人不服提起诉讼的,应当以实施该行为的机构或者组织为被告。

没有法律、法规或者规章规定,行政机关授权其内设机构、派出机构或者其他组织行使行政职权的,属于行政诉讼法第二十六条规定的委托。当事人不服提起诉讼的,应当以该行政机关为被告。

第二十一条　当事人对由国务院、省级人民政府批准设立的开发区管理机构作出的行政行为不服提起诉讼的,以该开发区管理机构为被告;对由国务院、省级人民政府批准设立的开发区管理机构所属职能部门作出的行政行为不服提起诉讼的,以其职能部门为被告;对其他开发区管理机构所属职能部门作出的行政行为不服提起诉讼的,以开发区管理机构为被告;开发区管理机构没有行政主体资格的,以设立该机构的地方人民政府为被告。

第二十二条　行政诉讼法第二十六条第二款规定的"复议机关改变原行政行为",是指复议机关改变原行政行为的处理结果。复议机关改变原行政行为所认定的主要事实和证据、改变原行政行为所适用的规范依据,但未改变原行政行为处理结果的,视为复议机关维持原行政行为。

复议机关确认原行政行为无效,属于改变原行政行为。

复议机关确认原行政行为违法,属于改变原行政行为,但复议机关以违反法定程序为由确认原行政行为违法的除外。

第二十三条 行政机关被撤销或者职权变更，没有继续行使其职权的行政机关的，以其所属的人民政府为被告；实行垂直领导的，以垂直领导的上一级行政机关为被告。

第二十四条 当事人对村民委员会或者居民委员会依据法律、法规、规章的授权履行行政管理职责的行为不服提起诉讼的，以村民委员会或者居民委员会为被告。

当事人对村民委员会、居民委员会受行政机关委托作出的行为不服提起诉讼的，以委托的行政机关为被告。

当事人对高等学校等事业单位以及律师协会、注册会计师协会等行业协会依据法律、法规、规章的授权实施的行政行为不服提起诉讼的，以该事业单位、行业协会为被告。

当事人对高等学校等事业单位以及律师协会、注册会计师协会等行业协会受行政机关委托作出的行为不服提起诉讼的，以委托的行政机关为被告。

第二十五条 市、县级人民政府确定的房屋征收部门组织实施房屋征收与补偿工作过程中作出行政行为，被征收人不服提起诉讼的，以房屋征收部门为被告。

征收实施单位受房屋征收部门委托，在委托范围内从事的行为，被征收人不服提起诉讼的，应当以房屋征收部门为被告。

第二十六条 原告所起诉的被告不适格，人民法院应当告知原告变更被告；原告不同意变更的，裁定驳回起诉。

应当追加被告而原告不同意追加的，人民法院应当通知其以第三人的身份参加诉讼，但行政复议机关作共同被告的除外。

第二十七条 必须共同进行诉讼的当事人没有参加诉讼的，人民法院应当依法通知其参加；当事人也可以向人民法院申请参加。

人民法院应当对当事人提出的申请进行审查，申请理由不成立的，裁定驳回；申请理由成立的，书面通知其参加诉讼。

前款所称的必须共同进行诉讼，是指按照行政诉讼法第二十七条的规定，当事人一方或者双方为两人以上，因同一行政行为发生行政争议，人民法院必须合并审理的诉讼。

第二十八条 人民法院追加共同诉讼的当事人时，应当通知其他当事人。

应当追加的原告,已明确表示放弃实体权利的,可不予追加;既不愿意参加诉讼,又不放弃实体权利的,应追加为第三人,其不参加诉讼,不能阻碍人民法院对案件的审理和裁判。

第二十九条　行政诉讼法第二十八条规定的“人数众多”,一般指十人以上。

根据行政诉讼法第二十八条的规定,当事人一方人数众多的,由当事人推选代表人。当事人推选不出的,可以由人民法院在起诉的当事人中指定代表人。

行政诉讼法第二十八条规定的代表人为二至五人。代表人可以委托一至二人作为诉讼代理人。

第三十条　行政机关的同一行政行为涉及两个以上利害关系人,其中一部分利害关系人对行政行为不服提起诉讼,人民法院应当通知没有起诉的其他利害关系人作为第三人参加诉讼。

与行政案件处理结果有利害关系的第三人,可以申请参加诉讼,或者由人民法院通知其参加诉讼。人民法院判决其承担义务或者减损其权益的第三人,有权提出上诉或者申请再审。

行政诉讼法第二十九条规定的第三人,因不能归责于本人的事由未参加诉讼,但有证据证明发生法律效力的判决、裁定、调解书损害其合法权益的,可以依照行政诉讼法第九十条的规定,自知道或者应当知道其合法权益受到损害之日起六个月内,向上一级人民法院申请再审。

第三十一条　当事人委托诉讼代理人,应当向人民法院提交由委托人签名或者盖章的授权委托书。委托书应当载明委托事项和具体权限。公民在特殊情况下无法书面委托的,也可以由他人代书,并由自己捺印等方式确认,人民法院应当核实并记录在卷;被诉行政机关或者其他有义务协助的机关拒绝人民法院向被限制人身自由的公民核实的,视为委托成立。当事人解除或者变更委托的,应当书面报告人民法院。

第三十二条　依照行政诉讼法第三十一条第二款第二项规定,与当事人有合法劳动人事关系的职工,可以当事人工作人员的名义作为诉讼代理人。以当事人的工作人员身份参加诉讼活动,应当提交以下证据之一加以证明:

(一)缴纳社会保险记录凭证;

（二）领取工资凭证；

（三）其他能够证明其为当事人工作人员身份的证据。

第三十三条 根据行政诉讼法第三十一条第二款第三项规定，有关社会团体推荐公民担任诉讼代理人的，应当符合下列条件：

（一）社会团体属于依法登记设立或者依法免予登记设立的非营利性法人组织；

（二）被代理人属于该社会团体的成员，或者当事人一方住所地位于该社会团体的活动地域；

（三）代理事务属于该社会团体章程载明的业务范围；

（四）被推荐的公民是该社会团体的负责人或者与该社会团体有合法劳动人事关系的工作人员。

专利代理人经中华全国专利代理人协会推荐，可以在专利行政案件中担任诉讼代理人。

四、证　　据

第三十四条 根据行政诉讼法第三十六条第一款的规定，被告申请延期提供证据的，应当在收到起诉状副本之日起十五日内以书面方式向人民法院提出。人民法院准许延期提供的，被告应当在正当事由消除后十五日内提供证据。逾期提供的，视为被诉行政行为没有相应的证据。

第三十五条 原告或者第三人应当在开庭审理前或者人民法院指定的交换证据清单之日提供证据。因正当事由申请延期提供证据的，经人民法院准许，可以在法庭调查中提供。逾期提供证据的，人民法院应当责令其说明理由；拒不说明理由或者理由不成立的，视为放弃举证权利。

原告或者第三人在第一审程序中无正当事由未提供而在第二审程序中提供的证据，人民法院不予接纳。

第三十六条 当事人申请延长举证期限，应当在举证期限届满前向人民法院提出书面申请。

申请理由成立的，人民法院应当准许，适当延长举证期限，并通知其他当事人。申请理由不成立的，人民法院不予准许，并通知申请人。

第三十七条 根据行政诉讼法第三十九条的规定，对当事人无争议，但涉及国家利益、公共利益或者他人合法权益的事实，人民法院可以责令当事人提供或者补充有关证据。

第三十八条　对于案情比较复杂或者证据数量较多的案件，人民法院可以组织当事人在开庭前向对方出示或者交换证据，并将交换证据清单的情况记录在卷。

当事人在庭前证据交换过程中没有争议并记录在卷的证据，经审判人员在庭审中说明后，可以作为认定案件事实的依据。

第三十九条　当事人申请调查收集证据，但该证据与待证事实无关联、对证明待证事实无意义或者其他无调查收集必要的，人民法院不予准许。

第四十条　人民法院在证人出庭作证前应当告知其如实作证的义务以及作伪证的法律后果。

证人因履行出庭作证义务而支出的交通、住宿、就餐等必要费用以及误工损失，由败诉一方当事人承担。

第四十一条　有下列情形之一，原告或者第三人要求相关行政执法人员出庭说明的，人民法院可以准许：

（一）对现场笔录的合法性或者真实性有异议的；

（二）对扣押财产的品种或者数量有异议的；

（三）对检验的物品取样或者保管有异议的；

（四）对行政执法人员身份的合法性有异议的；

（五）需要出庭说明的其他情形。

第四十二条　能够反映案件真实情况、与待证事实相关联、来源和形式符合法律规定的证据，应当作为认定案件事实的根据。

第四十三条　有下列情形之一的，属于行政诉讼法第四十三条第三款规定的“以非法手段取得的证据”：

（一）严重违反法定程序收集的证据材料；

（二）以违反法律强制性规定的手段获取且侵害他人合法权益的证据材料；

（三）以利诱、欺诈、胁迫、暴力等手段获取的证据材料。

第四十四条　人民法院认为有必要的，可以要求当事人本人或者行政机关执法人员到庭，就案件有关事实接受询问。在询问之前，可以要求其签署保证书。

保证书应当载明据实陈述、如有虚假陈述愿意接受处罚等内容。当事人或者行政机关执法人员应当在保证书上签名或者捺印。

负有举证责任的当事人拒绝到庭、拒绝接受询问或者拒绝签署保证书，待证事实又欠缺其他证据加以佐证的，人民法院对其主张的事实不予认定。

第四十五条 被告有证据证明其在行政程序中依照法定程序要求原告或者第三人提供证据，原告或者第三人依法应当提供而没有提供，在诉讼程序中提供的证据，人民法院一般不予采纳。

第四十六条 原告或者第三人确有证据证明被告持有的证据对原告或者第三人有利的，可以在开庭审理前书面申请人民法院责令行政机关提交。

申请理由成立的，人民法院应当责令行政机关提交，因提交证据所产生的费用，由申请人预付。行政机关无正当理由拒不提交的，人民法院可以推定原告或者第三人基于该证据主张的事实成立。

持有证据的当事人以妨碍对方当事人使用为目的，毁灭有关证据或者实施其他致使证据不能使用行为的，人民法院可以推定对方当事人基于该证据主张的事实成立，并可依照行政诉讼法第五十九条规定处理。

第四十七条 根据行政诉讼法第三十八条第二款的规定，在行政赔偿、补偿案件中，因被告的原因导致原告无法就损害情况举证的，应当由被告就该损害情况承担举证责任。

对于各方主张损失的价值无法认定的，应当由负有举证责任的一方当事人申请鉴定，但法律、法规、规章规定行政机关在作出行政行为时依法应当评估或者鉴定的除外；负有举证责任的当事人拒绝申请鉴定的，由其承担不利的法律后果。

当事人的损失因客观原因无法鉴定的，人民法院应当结合当事人的主张和在案证据，遵循法官职业道德，运用逻辑推理和生活经验、生活常识等，酌情确定赔偿数额。

五、期间、送达

第四十八条 期间包括法定期间和人民法院指定的期间。

期间以时、日、月、年计算。期间开始的时和日，不计算在期间内。

期间届满的最后一日是节假日的，以节假日后的第一日为期间届满的日期。

期间不包括在途时间,诉讼文书在期满前交邮的,视为在期限内发送。

第四十九条　行政诉讼法第五十一条第二款规定的立案期限,因起诉状内容欠缺或者有其他错误通知原告限期补正的,从补正后递交人民法院的次日起算。由上级人民法院转交下级人民法院立案的案件,从受诉人民法院收到起诉状的次日起算。

第五十条　行政诉讼法第八十一条、第八十三条、第八十八条规定的审理期限,是指从立案之日起至裁判宣告、调解书送达之日止的期间,但公告期间、鉴定期间、调解期间、中止诉讼期间、审理当事人提出的管辖异议以及处理人民法院之间的管辖争议期间不应计算在内。

再审案件按照第一审程序或者第二审程序审理的,适用行政诉讼法第八十一条、第八十八条规定的审理期限。审理期限自再审立案的次日起算。

基层人民法院申请延长审理期限,应当直接报请高级人民法院批准,同时报中级人民法院备案。

第五十一条　人民法院可以要求当事人签署送达地址确认书,当事人确认的送达地址为人民法院法律文书的送达地址。

当事人同意电子送达的,应当提供并确认传真号、电子信箱等电子送达地址。

当事人送达地址发生变更的,应当及时书面告知受理案件的人民法院;未及时告知的,人民法院按原地址送达,视为依法送达。

人民法院可以通过国家邮政机构以法院专递方式进行送达。

第五十二条　人民法院可以在当事人住所地以外向当事人直接送达诉讼文书。当事人拒绝签署送达回证的,采用拍照、录像等方式记录送达过程即视为送达。审判人员、书记员应当在送达回证上注明送达情况并签名。

六、起诉与受理

第五十三条　人民法院对符合起诉条件的案件应当立案,依法保障当事人行使诉讼权利。

对当事人依法提起的诉讼,人民法院应当根据行政诉讼法第五十一条的规定接收起诉状。能够判断符合起诉条件的,应当当场登记立案;当场不能判断是否符合起诉条件的，应当在接收起诉状后七日内决定是否立案；七日内仍不能作出判断的，应当先予立案。

第五十四条 依照行政诉讼法第四十九条的规定，公民、法人或者其他组织提起诉讼时应当提交以下起诉材料：

（一）原告的身份证明材料以及有效联系方式；

（二）被诉行政行为或者不作为存在的材料；

（三）原告与被诉行政行为具有利害关系的材料；

（四）人民法院认为需要提交的其他材料。

由法定代理人或者委托代理人代为起诉的，还应当在起诉状中写明或者在口头起诉时向人民法院说明法定代理人或者委托代理人的基本情况，并提交法定代理人或者委托代理人的身份证明和代理权限证明等材料。

第五十五条 依照行政诉讼法第五十一条的规定，人民法院应当就起诉状内容和材料是否完备以及是否符合行政诉讼法规定的起诉条件进行审查。

起诉状内容或者材料欠缺的，人民法院应当给予指导和释明，并一次性全面告知当事人需要补正的内容、补充的材料及期限。在指定期限内补正并符合起诉条件的，应当登记立案。当事人拒绝补正或者经补正仍不符合起诉条件的，退回诉状并记录在册；坚持起诉的，裁定不予立案，并载明不予立案的理由。

第五十六条 法律、法规规定应当先申请复议，公民、法人或者其他组织未申请复议直接提起诉讼的，人民法院裁定不予立案。

依照行政诉讼法第四十五条的规定，复议机关不受理复议申请或者在法定期限内不作出复议决定，公民、法人或者其他组织不服，依法向人民法院提起诉讼的，人民法院应当依法立案。

第五十七条 法律、法规未规定行政复议为提起行政诉讼必经程序，公民、法人或者其他组织既提起诉讼又申请行政复议的，由先立案的机关管辖；同时立案的，由公民、法人或者其他组织选择。公民、法人或者其他组织已经申请行政复议，在法定复议期间内又向人民法院提起诉讼的，人民法院裁定不予立案。

第五十八条 法律、法规未规定行政复议为提起行政诉讼必经程序，公民、法人或者其他组织向复议机关申请行政复议后，又经复议机关同意撤回复议申请，在法定起诉期限内对原行政行为提起诉讼的，人民法院应当依法立案。

第五十九条 公民、法人或者其他组织向复议机关申请行政复议后，复议机关作出维持决定的，应当以复议机关和原行为机关为共同被告，并以复议决定送达时间确定起诉期限。

第六十条　人民法院裁定准许原告撤诉后，原告以同一事实和理由重新起诉的，人民法院不予立案。

准予撤诉的裁定确有错误，原告申请再审的，人民法院应当通过审判监督程序撤销原准予撤诉的裁定，重新对案件进行审理。

第六十一条　原告或者上诉人未按规定的期限预交案件受理费，又不提出缓交、减交、免交申请，或者提出申请未获批准的，按自动撤诉处理。在按撤诉处理后，原告或者上诉人在法定期限内再次起诉或者上诉，并依法解决诉讼费预交问题的，人民法院应予立案。

第六十二条　人民法院判决撤销行政机关的行政行为后，公民、法人或者其他组织对行政机关重新作出的行政行为不服向人民法院起诉的，人民法院应当依法立案。

第六十三条　行政机关作出行政行为时，没有制作或者没有送达法律文书，公民、法人或者其他组织只要能证明行政行为存在，并在法定期限内起诉的，人民法院应当依法立案。

第六十四条　行政机关作出行政行为时，未告知公民、法人或者其他组织起诉期限的，起诉期限从公民、法人或者其他组织知道或者应当知道起诉期限之日起计算，但从知道或者应当知道行政行为内容之日起最长不得超过一年。

复议决定未告知公民、法人或者其他组织起诉期限的，适用前款规定。

第六十五条　公民、法人或者其他组织不知道行政机关作出的行政行为内容的，其起诉期限从知道或者应当知道该行政行为内容之日起计算，但最长不得超过行政诉讼法第四十六条第二款规定的起诉期限。

第六十六条　公民、法人或者其他组织依照行政诉讼法第四十七条第一款的规定，对行政机关不履行法定职责提起诉讼的，应当在行政机关履行法定职责期限届满之日起六个月内提出。

第六十七条　原告提供被告的名称等信息足以使被告与其他行政机关相区别的，可以认定为行政诉讼法第四十九条第二项规定的“有明确的被告”。

起诉状列写被告信息不足以认定明确的被告的，人民法院可以告知原告补正；原告补正后仍不能确定明确的被告的，人民法院裁定不予立案。

第六十八条 行政诉讼法第四十九条第三项规定的“有具体的诉讼请求”是指：

（一）请求判决撤销或者变更行政行为；

（二）请求判决行政机关履行特定法定职责或者给付义务；

（三）请求判决确认行政行为违法；

（四）请求判决确认行政行为无效；

（五）请求判决行政机关予以赔偿或者补偿；

（六）请求解决行政协议争议；

（七）请求一并审查规章以下规范性文件；

（八）请求一并解决相关民事争议；

（九）其他诉讼请求。

当事人单独或者一并提起行政赔偿、补偿诉讼的，应当有具体的赔偿、补偿事项以及数额；请求一并审查规章以下规范性文件的，应当提供明确的文件名称或者审查对象；请求一并解决相关民事争议的，应当有具体的民事诉讼请求。

当事人未能正确表达诉讼请求的，人民法院应当要求其明确诉讼请求。

第六十九条 有下列情形之一，已经立案的，应当裁定驳回起诉：

（一）不符合行政诉讼法第四十九条规定的；

（二）超过法定起诉期限且无行政诉讼法第四十八条规定情形的；

（三）错列被告且拒绝变更的；

（四）未按照法律规定由法定代理人、指定代理人、代表人为诉讼行为的；

（五）未按照法律、法规规定先向行政机关申请复议的；

（六）重复起诉的；

（七）撤回起诉后无正当理由再行起诉的；

（八）行政行为对其合法权益明显不产生实际影响的；

（九）诉讼标的已为生效裁判或者调解书所羁束的；

（十）其他不符合法定起诉条件的情形。

前款所列情形可以补正或者更正的，人民法院应当指定期间责令补正或者更正；在指定期间已经补正或者更正的，应当依法审理。

人民法院经过阅卷、调查或者询问当事人，认为不需要开庭审理的，可以迳行裁定驳回起诉。

第七十条　起诉状副本送达被告后，原告提出新的诉讼请求的，人民法院不予准许，但有正当理由的除外。

七、审理与判决

第七十一条　人民法院适用普通程序审理案件，应当在开庭三日前用传票传唤当事人。对证人、鉴定人、勘验人、翻译人员，应当用通知书通知其到庭。当事人或者其他诉讼参与人在外地的，应当留有必要的在途时间。

第七十二条　有下列情形之一的，可以延期开庭审理：

（一）应当到庭的当事人和其他诉讼参与人有正当理由没有到庭的；

（二）当事人临时提出回避申请且无法及时作出决定的；

（三）需要通知新的证人到庭，调取新的证据，重新鉴定、勘验，或者需要补充调查的；

（四）其他应当延期的情形。

第七十三条　根据行政诉讼法第二十七条的规定，有下列情形之一的，人民法院可以决定合并审理：

（一）两个以上行政机关分别对同一事实作出行政行为，公民、法人或者其他组织不服向同一人民法院起诉的；

（二）行政机关就同一事实对若干公民、法人或者其他组织分别作出行政行为，公民、法人或者其他组织不服分别向同一人民法院起诉的；

（三）在诉讼过程中，被告对原告作出新的行政行为，原告不服向同一人民法院起诉的；

（四）人民法院认为可以合并审理的其他情形。

第七十四条　当事人申请回避，应当说明理由，在案件开始审理时提出；回避事由在案件开始审理后知道的，应当在法庭辩论终结前提出。

被申请回避的人员，在人民法院作出是否回避的决定前，应当暂停参与本案的工作，但案件需要采取紧急措施的除外。

对当事人提出的回避申请，人民法院应当在三日内以口头或者书面形式作出决定。对当事人提出的明显不属于法定回避事由的申请，法庭可以依法当庭驳回。

申请人对驳回回避申请决定不服的，可以向作出决定的人民法院申请复议一次。复议期间，被申请回避的人员不停止参与本案的工作。对申请人的复议申请，人民法院应当在三日内作出复议决定，并通知复议申请人。

第七十五条 在一个审判程序中参与过本案审判工作的审判人员，不得再参与该案其他程序的审判。

发回重审的案件，在一审法院作出裁判后又进入第二审程序的，原第二审程序中合议庭组成人员不受前款规定的限制。

第七十六条 人民法院对于因一方当事人的行为或者其他原因，可能使行政行为或者人民法院生效裁判不能或者难以执行的案件，根据对方当事人的申请，可以裁定对其财产进行保全、责令其作出一定行为或者禁止其作出一定行为；当事人没有提出申请的，人民法院在必要时也可以裁定采取上述保全措施。

人民法院采取保全措施，可以责令申请人提供担保；申请人不提供担保的，裁定驳回申请。

人民法院接受申请后，对情况紧急的，必须在四十八小时内作出裁定；裁定采取保全措施的，应当立即开始执行。

当事人对保全的裁定不服的，可以申请复议；复议期间不停止裁定的执行。

第七十七条 利害关系人因情况紧急，不立即申请保全将会使其合法权益受到难以弥补的损害的，可以在提起诉讼前向被保全财产所在地、被申请人住所地或者对案件有管辖权的人民法院申请采取保全措施。申请人应当提供担保，不提供担保的，裁定驳回申请。

人民法院接受申请后，必须在四十八小时内作出裁定；裁定采取保全措施的，应当立即开始执行。

申请人在人民法院采取保全措施后三十日内不依法提起诉讼的，人民法院应当解除保全。

当事人对保全的裁定不服的，可以申请复议；复议期间不停止裁定的执行。

第七十八条 保全限于请求的范围，或者与本案有关的财物。

财产保全采取查封、扣押、冻结或者法律规定的其他方法。人民法院保全财产后，应当立即通知被保全人。

财产已被查封、冻结的，不得重复查封、冻结。

涉及财产的案件，被申请人提供担保的，人民法院应当裁定解除保全。

申请有错误的，申请人应当赔偿被申请人因保全所遭受的损失。

第七十九条 原告或者上诉人申请撤诉，人民法院裁定不予准许的，原告或者上诉人经传票传唤无正当理由拒不到庭，或者未经法庭许可中途退庭的，人民法院可以缺席判决。

第三人经传票传唤无正当理由拒不到庭，或者未经法庭许可中途退庭的，不发生阻止案件审理的效果。

根据行政诉讼法第五十八条的规定，被告经传票传唤无正当理由拒不到庭，或者未经法庭许可中途退庭的，人民法院可以按期开庭或者继续开庭审理，对到庭的当事人诉讼请求、双方的诉辩理由以及已经提交的证据及其他诉讼材料进行审理后，依法缺席判决。

第八十条 原告或者上诉人在庭审中明确拒绝陈述或者以其他方式拒绝陈述，导致庭审无法进行，经法庭释明法律后果后仍不陈述意见的，视为放弃陈述权利，由其承担不利的法律后果。

当事人申请撤诉或者依法可以按撤诉处理的案件，当事人有违反法律的行为需要依法处理的，人民法院可以不准许撤诉或者不按撤诉处理。

法庭辩论终结后原告申请撤诉，人民法院可以准许，但涉及到国家利益和社会公共利益的除外。

第八十一条 被告在一审期间改变被诉行政行为的，应当书面告知人民法院。

原告或者第三人对改变后的行政行为不服提起诉讼的，人民法院应当就改变后的行政行为进行审理。

被告改变原违法行政行为，原告仍要求确认原行政行为违法的，人民法院应当依法作出确认判决。

原告起诉被告不作为，在诉讼中被告作出行政行为，原告不撤诉的，人民法院应当就不作为依法作出确认判决。

第八十二条 当事人之间恶意串通，企图通过诉讼等方式侵害国家利益、社会公共利益或者他人合法权益的，人民法院应当裁定驳回起诉或者判决驳回其请求，并根据情节轻重予以罚款、拘留；构成犯罪的，依法追究刑事责任。

第八十三条 行政诉讼法第五十九条规定的罚款、拘留可以单独适用，也可以合并适用。

对同一妨害行政诉讼行为的罚款、拘留不得连续适用。发生新的妨害行政诉讼行为的,人民法院可以重新予以罚款、拘留。

第八十四条 人民法院审理行政诉讼法第六十条第一款规定的行政案件,认为法律关系明确、事实清楚,在征得当事人双方同意后,可以迳行调解。

第八十五条 调解达成协议,人民法院应当制作调解书。调解书应当写明诉讼请求、案件的事实和调解结果。

调解书由审判人员、书记员署名,加盖人民法院印章,送达双方当事人。

调解书经双方当事人签收后,即具有法律效力。调解书生效日期根据最后收到调解书的当事人签收的日期确定。

第八十六条 人民法院审理行政案件,调解过程不公开,但当事人同意公开的除外。

经人民法院准许,第三人可以参加调解。人民法院认为有必要的,可以通知第三人参加调解。

调解协议内容不公开,但为保护国家利益、社会公共利益、他人合法权益,人民法院认为确有必要公开的除外。

当事人一方或者双方不愿调解、调解未达成协议的,人民法院应当及时判决。

当事人自行和解或者调解达成协议后,请求人民法院按照和解协议或者调解协议的内容制作判决书的,人民法院不予准许。

第八十七条 在诉讼过程中,有下列情形之一的,中止诉讼:

(一)原告死亡,须等待其近亲属表明是否参加诉讼的;

(二)原告丧失诉讼行为能力,尚未确定法定代理人的;

(三)作为一方当事人的行政机关、法人或者其他组织终止,尚未确定权利义务承受人的;

(四)一方当事人因不可抗力的事由不能参加诉讼的;

(五)案件涉及法律适用问题,需要送请有权机关作出解释或者确认的;

(六)案件的审判须以相关民事、刑事或者其他行政案件的审理结果为依据,而相关案件尚未审结的;

(七)其他应当中止诉讼的情形。

中止诉讼的原因消除后,恢复诉讼。

第八十八条 在诉讼过程中,有下列情形之一的,终结诉讼:

（一）原告死亡，没有近亲属或者近亲属放弃诉讼权利的；

（二）作为原告的法人或者其他组织终止后，其权利义务的承受人放弃诉讼权利的。

因本解释第八十七条第一款第一、二、三项原因中止诉讼满九十日仍无人继续诉讼的，裁定终结诉讼，但有特殊情况的除外。

第八十九条　复议决定改变原行政行为错误，人民法院判决撤销复议决定时，可以一并责令复议机关重新作出复议决定或者判决恢复原行政行为的法律效力。

第九十条　人民法院判决被告重新作出行政行为，被告重新作出的行政行为与原行政行为的结果相同，但主要事实或者主要理由有改变的，不属于行政诉讼法第七十一条规定的情形。

人民法院以违反法定程序为由，判决撤销被诉行政行为的，行政机关重新作出行政行为不受行政诉讼法第七十一条规定的限制。

行政机关以同一事实和理由重新作出与原行政行为基本相同的行政行为，人民法院应当根据行政诉讼法第七十条、第七十一条的规定判决撤销或者部分撤销，并根据行政诉讼法第九十六条的规定处理。

第九十一条　原告请求被告履行法定职责的理由成立，被告违法拒绝履行或者无正当理由逾期不予答复的，人民法院可以根据行政诉讼法第七十二条的规定，判决被告在一定期限内依法履行原告请求的法定职责；尚需被告调查或者裁量的，应当判决被告针对原告的请求重新作出处理。

第九十二条　原告申请被告依法履行支付抚恤金、最低生活保障待遇或者社会保险待遇等给付义务的理由成立，被告依法负有给付义务而拒绝或者拖延履行义务的，人民法院可以根据行政诉讼法第七十三条的规定，判决被告在一定期限内履行相应的给付义务。

第九十三条　原告请求被告履行法定职责或者依法履行支付抚恤金、最低生活保障待遇或者社会保险待遇等给付义务，原告未先向行政机关提出申请的，人民法院裁定驳回起诉。

人民法院经审理认为原告所请求履行的法定职责或者给付义务明显不属于行政机关权限范围的，可以裁定驳回起诉。

第九十四条　公民、法人或者其他组织起诉请求撤销行政行为，人民法院经审查认为行政行为无效的，应当作出确认无效的判决。

公民、法人或者其他组织起诉请求确认行政行为无效，人民法院审查认为行政行为不属于无效情形，经释明，原告请求撤销行政行为的，应当继续审理并依法作出相应判决；原告请求撤销行政行为但超过法定起诉期限的，裁定驳回起诉；原告拒绝变更诉讼请求的，判决驳回其诉讼请求。

第九十五条 人民法院经审理认为被诉行政行为违法或者无效，可能给原告造成损失，经释明，原告请求一并解决行政赔偿争议的，人民法院可以就赔偿事项进行调解；调解不成的，应当一并判决。人民法院也可以告知其就赔偿事项另行提起诉讼。

第九十六条 有下列情形之一，且对原告依法享有的听证、陈述、申辩等重要程序性权利不产生实质损害的，属于行政诉讼法第七十四条第一款第二项规定的"程序轻微违法"：

（一）处理期限轻微违法；

（二）通知、送达等程序轻微违法；

（三）其他程序轻微违法的情形。

第九十七条 原告或者第三人的损失系由其自身过错和行政机关的违法行政行为共同造成的，人民法院应当依据各方行为与损害结果之间有无因果关系以及在损害发生和结果中作用力的大小，确定行政机关相应的赔偿责任。

第九十八条 因行政机关不履行、拖延履行法定职责，致使公民、法人或者其他组织的合法权益遭受损害的，人民法院应当判决行政机关承担行政赔偿责任。在确定赔偿数额时，应当考虑该不履行、拖延履行法定职责的行为在损害发生过程和结果中所起的作用等因素。

第九十九条 有下列情形之一的，属于行政诉讼法第七十五条规定的"重大且明显违法"：

（一）行政行为实施主体不具有行政主体资格；

（二）减损权利或者增加义务的行政行为没有法律规范依据；

（三）行政行为的内容客观上不可能实施；

（四）其他重大且明显违法的情形。

第一百条 人民法院审理行政案件，适用最高人民法院司法解释的，应当在裁判文书中援引。

人民法院审理行政案件,可以在裁判文书中引用合法有效的规章及其他规范性文件。

第一百零一条 裁定适用于下列范围:

(一)不予立案;

(二)驳回起诉;

(三)管辖异议;

(四)终结诉讼;

(五)中止诉讼;

(六)移送或者指定管辖;

(七)诉讼期间停止行政行为的执行或者驳回停止执行的申请;

(八)财产保全;

(九)先予执行;

(十)准许或者不准许撤诉;

(十一)补正裁判文书中的笔误;

(十二)中止或者终结执行;

(十三)提审、指令再审或者发回重审;

(十四)准许或者不准许执行行政机关的行政行为;

(十五)其他需要裁定的事项。

对第一、二、三项裁定,当事人可以上诉。

裁定书应当写明裁定结果和作出该裁定的理由。裁定书由审判人员、书记员署名,加盖人民法院印章。口头裁定的,记入笔录。

第一百零二条 行政诉讼法第八十二条规定的行政案件中的"事实清楚",是指当事人对争议的事实陈述基本一致,并能提供相应的证据,无须人民法院调查收集证据即可查明事实;"权利义务关系明确",是指行政法律关系中权利和义务能够明确区分;"争议不大",是指当事人对行政行为的合法性、责任承担等没有实质分歧。

第一百零三条 适用简易程序审理的行政案件,人民法院可以用口头通知、电话、短信、传真、电子邮件等简便方式传唤当事人、通知证人、送达裁判文书以外的诉讼文书。

以简便方式送达的开庭通知,未经当事人确认或者没有其他证据证明当事人已经收到的,人民法院不得缺席判决。

第一百零四条 适用简易程序案件的举证期限由人民法院确定,也可以由当事人协商一致并经人民法院准许,但不得超过十五日。被告要求书面答辩的,人民法院可以确定合理的答辩期间。

人民法院应当将举证期限和开庭日期告知双方当事人,并向当事人说明逾期举证以及拒不到庭的法律后果,由双方当事人在笔录和开庭传票的送达回证上签名或者捺印。

当事人双方均表示同意立即开庭或者缩短举证期限、答辩期间的,人民法院可以立即开庭审理或者确定近期开庭。

第一百零五条 人民法院发现案情复杂,需要转为普通程序审理的,应当在审理期限届满前作出裁定并将合议庭组成人员及相关事项书面通知双方当事人。

案件转为普通程序审理的,审理期限自人民法院立案之日起计算。

第一百零六条 当事人就已经提起诉讼的事项在诉讼过程中或者裁判生效后再次起诉,同时具有下列情形的,构成重复起诉:

(一)后诉与前诉的当事人相同;

(二)后诉与前诉的诉讼标的相同;

(三)后诉与前诉的诉讼请求相同,或者后诉的诉讼请求被前诉裁判所包含。

第一百零七条 第一审人民法院作出判决和裁定后,当事人均提起上诉的,上诉各方均为上诉人。

诉讼当事人中的一部分人提出上诉,没有提出上诉的对方当事人为被上诉人,其他当事人依原审诉讼地位列明。

第一百零八条 当事人提出上诉,应当按照其他当事人或者诉讼代表人的人数提出上诉状副本。

原审人民法院收到上诉状,应当在五日内将上诉状副本发送其他当事人,对方当事人应当在收到上诉状副本之日起十五日内提出答辩状。

原审人民法院应当在收到答辩状之日起五日内将副本发送上诉人。对方当事人不提出答辩状的,不影响人民法院审理。

原审人民法院收到上诉状、答辩状,应当在五日内连同全部案卷和证据,报送第二审人民法院；已经预收的诉讼费用，一并报送。

第一百零九条　第二审人民法院经审理认为原审人民法院不予立案或者驳回起诉的裁定确有错误且当事人的起诉符合起诉条件的，应当裁定撤销原审人民法院的裁定，指令原审人民法院依法立案或者继续审理。

第二审人民法院裁定发回原审人民法院重新审理的行政案件，原审人民法院应当另行组成合议庭进行审理。

原审判决遗漏了必须参加诉讼的当事人或者诉讼请求的，第二审人民法院应当裁定撤销原审判决，发回重审。

原审判决遗漏行政赔偿请求，第二审人民法院经审查认为依法不应当予以赔偿的，应当判决驳回行政赔偿请求。

原审判决遗漏行政赔偿请求，第二审人民法院经审理认为依法应当予以赔偿的，在确认被诉行政行为违法的同时，可以就行政赔偿问题进行调解；调解不成的，应当就行政赔偿部分发回重审。

当事人在第二审期间提出行政赔偿请求的，第二审人民法院可以进行调解；调解不成的，应当告知当事人另行起诉。

第一百一十条　当事人向上一级人民法院申请再审，应当在判决、裁定或者调解书发生法律效力后六个月内提出。有下列情形之一的，自知道或者应当知道之日起六个月内提出：

（一）有新的证据，足以推翻原判决、裁定的；

（二）原判决、裁定认定事实的主要证据是伪造的；

（三）据以作出原判决、裁定的法律文书被撤销或者变更的；

（四）审判人员审理该案件时有贪污受贿、徇私舞弊、枉法裁判行为的。

第一百一十一条　当事人申请再审的，应当提交再审申请书等材料。人民法院认为有必要的，可以自收到再审申请书之日起五日内将再审申请书副本发送对方当事人。对方当事人应当自收到再审申请书副本之日起十五日内提交书面意见。人民法院可以要求申请人和对方当事人补充有关材料，询问有关事项。

第一百一十二条　人民法院应当自再审申请案件立案之日起六个月内审查，有特殊情况需要延长的，由本院院长批准。

第一百一十三条　人民法院根据审查再审申请案件的需要决定是否询问

当事人;新的证据可能推翻原判决、裁定的,人民法院应当询问当事人。

第一百一十四条 审查再审申请期间,被申请人及原审其他当事人依法提出再审申请的,人民法院应当将其列为再审申请人,对其再审事由一并审查,审查期限重新计算。经审查,其中一方再审申请人主张的再审事由成立的,应当裁定再审。各方再审申请人主张的再审事由均不成立的,一并裁定驳回再审申请。

第一百一十五条 审查再审申请期间,再审申请人申请人民法院委托鉴定、勘验的,人民法院不予准许。

审查再审申请期间,再审申请人撤回再审申请的,是否准许,由人民法院裁定。

再审申请人经传票传唤,无正当理由拒不接受询问的,按撤回再审申请处理。

人民法院准许撤回再审申请或者按撤回再审申请处理后,再审申请人再次申请再审的,不予立案,但有行政诉讼法第九十一条第二项、第三项、第七项、第八项规定情形,自知道或者应当知道之日起六个月内提出的除外。

第一百一十六条 当事人主张的再审事由成立,且符合行政诉讼法和本解释规定的申请再审条件的,人民法院应当裁定再审。

当事人主张的再审事由不成立,或者当事人申请再审超过法定申请再审期限、超出法定再审事由范围等不符合行政诉讼法和本解释规定的申请再审条件的,人民法院应当裁定驳回再审申请。

第一百一十七条 有下列情形之一的,当事人可以向人民检察院申请抗诉或者检察建议:

(一)人民法院驳回再审申请的;

(二)人民法院逾期未对再审申请作出裁定的;

(三)再审判决、裁定有明显错误的。

人民法院基于抗诉或者检察建议作出再审判决、裁定后,当事人申请再审的,人民法院不予立案。

第一百一十八条 按照审判监督程序决定再审的案件,裁定中止原判决、裁定、调解书的执行,但支付抚恤金、最低生活保障费或者社会保险待遇的案件,可以不中止执行。

上级人民法院决定提审或者指令下级人民法院再审的，应当作出裁定，裁定应当写明中止原判决的执行；情况紧急的，可以将中止执行的裁定口头通知负责执行的人民法院或者作出生效判决、裁定的人民法院，但应当在口头通知后十日内发出裁定书。

第一百一十九条　人民法院按照审判监督程序再审的案件，发生法律效力的判决、裁定是由第一审法院作出的，按照第一审程序审理，所作的判决、裁定，当事人可以上诉；发生法律效力的判决、裁定是由第二审法院作出的，按照第二审程序审理，所作的判决、裁定，是发生法律效力的判决、裁定；上级人民法院按照审判监督程序提审的，按照第二审程序审理，所作的判决、裁定是发生法律效力的判决、裁定。

人民法院审理再审案件，应当另行组成合议庭。

第一百二十条　人民法院审理再审案件应当围绕再审请求和被诉行政行为合法性进行。当事人的再审请求超出原审诉讼请求，符合另案诉讼条件的，告知当事人可以另行起诉。

被申请人及原审其他当事人在庭审辩论结束前提出的再审请求，符合本解释规定的申请期限的，人民法院应当一并审理。

人民法院经再审，发现已经发生法律效力的判决、裁定损害国家利益、社会公共利益、他人合法权益的，应当一并审理。

第一百二十一条　再审审理期间，有下列情形之一的，裁定终结再审程序：

（一）再审申请人在再审期间撤回再审请求，人民法院准许的；

（二）再审申请人经传票传唤，无正当理由拒不到庭的，或者未经法庭许可中途退庭，按撤回再审请求处理的；

（三）人民检察院撤回抗诉的；

（四）其他应当终结再审程序的情形。

因人民检察院提出抗诉裁定再审的案件，申请抗诉的当事人有前款规定的情形，且不损害国家利益、社会公共利益或者他人合法权益的，人民法院裁定终结再审程序。

再审程序终结后，人民法院裁定中止执行的原生效判决自动恢复执行。

第一百二十二条　人民法院审理再审案件，认为原生效判决、裁定确有错误，在撤销原生效判决或者裁定的同时，可以对生效判决、裁定的内容作出相应裁判，也可以裁定撤销生效判决或者裁定，发回作出生效判决、裁定的人民法院重新审理。

第一百二十三条 人民法院审理二审案件和再审案件，对原审法院立案、不予立案或者驳回起诉错误的，应当分别情况作如下处理：

（一）第一审人民法院作出实体判决后，第二审人民法院认为不应当立案的，在撤销第一审人民法院判决的同时，可以迳行驳回起诉；

（二）第二审人民法院维持第一审人民法院不予立案裁定错误的，再审法院应当撤销第一审、第二审人民法院裁定，指令第一审人民法院受理；

（三）第二审人民法院维持第一审人民法院驳回起诉裁定错误的，再审法院应当撤销第一审、第二审人民法院裁定，指令第一审人民法院审理。

第一百二十四条 人民检察院提出抗诉的案件，接受抗诉的人民法院应当自收到抗诉书之日起三十日内作出再审的裁定；有行政诉讼法第九十一条第二、三项规定情形之一的，可以指令下一级人民法院再审，但经该下一级人民法院再审过的除外。

人民法院在审查抗诉材料期间，当事人之间已经达成和解协议的，人民法院可以建议人民检察院撤回抗诉。

第一百二十五条 人民检察院提出抗诉的案件，人民法院再审开庭时，应当在开庭三日前通知人民检察院派员出庭。

第一百二十六条 人民法院收到再审检察建议后，应当组成合议庭，在三个月内进行审查，发现原判决、裁定、调解书确有错误，需要再审的，依照行政诉讼法第九十二条规定裁定再审，并通知当事人；经审查，决定不予再审的，应当书面回复人民检察院。

第一百二十七条 人民法院审理因人民检察院抗诉或者检察建议裁定再审的案件，不受此前已经作出的驳回当事人再审申请裁定的限制。

八、行政机关负责人出庭应诉

第一百二十八条 行政诉讼法第三条第三款规定的行政机关负责人，包括行政机关的正职、副职负责人以及其他参与分管的负责人。

行政机关负责人出庭应诉的，可以另行委托一至二名诉讼代理人。行政机关负责人不能出庭的，应当委托行政机关相应的工作人员出庭，不得仅委托律师出庭。

第一百二十九条　涉及重大公共利益、社会高度关注或者可能引发群体性事件等案件以及人民法院书面建议行政机关负责人出庭的案件，被诉行政机关负责人应当出庭。

被诉行政机关负责人出庭应诉的，应当在当事人及其诉讼代理人基本情况、案件由来部分予以列明。

行政机关负责人有正当理由不能出庭应诉的，应当向人民法院提交情况说明，并加盖行政机关印章或者由该机关主要负责人签字认可。

行政机关拒绝说明理由的，不发生阻止案件审理的效果，人民法院可以向监察机关、上一级行政机关提出司法建议。

第一百三十条　行政诉讼法第三条第三款规定的“行政机关相应的工作人员”，包括该行政机关具有国家行政编制身份的工作人员以及其他依法履行公职的人员。

被诉行政行为是地方人民政府作出的，地方人民政府法制工作机构的工作人员，以及被诉行政行为具体承办机关工作人员，可以视为被诉人民政府相应的工作人员。

第一百三十一条　行政机关负责人出庭应诉的，应当向人民法院提交能够证明该行政机关负责人职务的材料。

行政机关委托相应的工作人员出庭应诉的，应当向人民法院提交加盖行政机关印章的授权委托书，并载明工作人员的姓名、职务和代理权限。

第一百三十二条　行政机关负责人和行政机关相应的工作人员均不出庭，仅委托律师出庭的或者人民法院书面建议行政机关负责人出庭应诉，行政机关负责人不出庭应诉的，人民法院应当记录在案和在裁判文书中载明，并可以建议有关机关依法作出处理。

九、复议机关作共同被告

第一百三十三条　行政诉讼法第二十六条第二款规定的“复议机关决定维持原行政行为”，包括复议机关驳回复议申请或者复议请求的情形，但以复议申请不符合受理条件为由驳回的除外。

第一百三十四条　复议机关决定维持原行政行为的，作出原行政行为的行政机关和复议机关是共同被告。原告只起诉作出原行政行为的行政机关或者复议机关的，人民法院应当告知原告追加被告。原告不同意追加的，人民法院应当将另一机关列为共同被告。

行政复议决定既有维持原行政行为内容，又有改变原行政行为内容或者不予受理申请内容的，作出原行政行为的行政机关和复议机关为共同被告。

复议机关作共同被告的案件，以作出原行政行为的行政机关确定案件的级别管辖。

第一百三十五条 复议机关决定维持原行政行为的，人民法院应当在审查原行政行为合法性的同时，一并审查复议决定的合法性。

作出原行政行为的行政机关和复议机关对原行政行为合法性共同承担举证责任，可以由其中一个机关实施举证行为。复议机关对复议决定的合法性承担举证责任。

复议机关作共同被告的案件，复议机关在复议程序中依法收集和补充的证据，可以作为人民法院认定复议决定和原行政行为合法的依据。

第一百三十六条 人民法院对原行政行为作出判决的同时，应当对复议决定一并作出相应判决。

人民法院依职权追加作出原行政行为的行政机关或者复议机关为共同被告的，对原行政行为或者复议决定可以作出相应判决。

人民法院判决撤销原行政行为和复议决定的，可以判决作出原行政行为的行政机关重新作出行政行为。

人民法院判决作出原行政行为的行政机关履行法定职责或者给付义务的，应当同时判决撤销复议决定。

原行政行为合法、复议决定违法的，人民法院可以判决撤销复议决定或者确认复议决定违法，同时判决驳回原告针对原行政行为的诉讼请求。

原行政行为被撤销、确认违法或者无效，给原告造成损失的，应当由作出原行政行为的行政机关承担赔偿责任；因复议决定加重损害的，由复议机关对加重部分承担赔偿责任。

原行政行为不符合复议或者诉讼受案范围等受理条件，复议机关作出维持决定的，人民法院应当裁定一并驳回对原行政行为和复议决定的起诉。

十、相关民事争议的一并审理

第一百三十七条 公民、法人或者其他组织请求一并审理行政诉讼法第六十一条规定的相关民事争议,应当在第一审开庭审理前提出;有正当理由的,也可以在法庭调查中提出。

第一百三十八条 人民法院决定在行政诉讼中一并审理相关民事争议,或者案件当事人一致同意相关民事争议在行政诉讼中一并解决,人民法院准许的,由受理行政案件的人民法院管辖。

公民、法人或者其他组织请求一并审理相关民事争议,人民法院经审查发现行政案件已经超过起诉期限,民事案件尚未立案的,告知当事人另行提起民事诉讼;民事案件已经立案的,由原审判组织继续审理。

人民法院在审理行政案件中发现民事争议为解决行政争议的基础,当事人没有请求人民法院一并审理相关民事争议的,人民法院应当告知当事人依法申请一并解决民事争议。当事人就民事争议另行提起民事诉讼并已立案的,人民法院应当中止行政诉讼的审理。民事争议处理期间不计算在行政诉讼审理期限内。

第一百三十九条 有下列情形之一的,人民法院应当作出不予准许一并审理民事争议的决定,并告知当事人可以依法通过其他渠道主张权利:

(一)法律规定应当由行政机关先行处理的;

(二)违反民事诉讼法专属管辖规定或者协议管辖约定的;

(三)约定仲裁或者已经提起民事诉讼的;

(四)其他不宜一并审理民事争议的情形。

对不予准许的决定可以申请复议一次。

第一百四十条 人民法院在行政诉讼中一并审理相关民事争议的,民事争议应当单独立案,由同一审判组织审理。

人民法院审理行政机关对民事争议所作裁决的案件,一并审理民事争议的,不另行立案。

第一百四十一条 人民法院一并审理相关民事争议,适用民事法律规范的相关规定,法律另有规定的除外。

当事人在调解中对民事权益的处分,不能作为审查被诉行政行为合法性的根据。

第一百四十二条 对行政争议和民事争议应当分别裁判。

当事人仅对行政裁判或者民事裁判提出上诉的，未上诉的裁判在上诉期满后即发生法律效力。第一审人民法院应当将全部案卷一并移送第二审人民法院，由行政审判庭审理。第二审人民法院发现未上诉的生效裁判确有错误的，应当按照审判监督程序再审。

第一百四十三条 行政诉讼原告在宣判前申请撤诉的，是否准许由人民法院裁定。人民法院裁定准许行政诉讼原告撤诉，但其对已经提起的一并审理相关民事争议不撤诉的，人民法院应当继续审理。

第一百四十四条 人民法院一并审理相关民事争议，应当按行政案件、民事案件的标准分别收取诉讼费用。

十一、规范性文件的一并审查

第一百四十五条 公民、法人或者其他组织在对行政行为提起诉讼时一并请求对所依据的规范性文件审查的，由行政行为案件管辖法院一并审查。

第一百四十六条 公民、法人或者其他组织请求人民法院一并审查行政诉讼法第五十三条规定的规范性文件，应当在第一审开庭审理前提出；有正当理由的，也可以在法庭调查中提出。

第一百四十七条 人民法院在对规范性文件审查过程中，发现规范性文件可能不合法的，应当听取规范性文件制定机关的意见。

制定机关申请出庭陈述意见的，人民法院应当准许。

行政机关未陈述意见或者未提供相关证明材料的，不能阻止人民法院对规范性文件进行审查。

第一百四十八条 人民法院对规范性文件进行一并审查时，可以从规范性文件制定机关是否超越权限或者违反法定程序、作出行政行为所依据的条款以及相关条款等方面进行。

有下列情形之一的，属于行政诉讼法第六十四条规定的“规范性文件不合法”：

（一）超越制定机关的法定职权或者超越法律、法规、规章的授权范围的；

（二）与法律、法规、规章等上位法的规定相抵触的；

（三）没有法律、法规、规章依据，违法增加公民、法人和其他组织义务或者减损公民、法人和其他组织合法权益的；

（四）未履行法定批准程序、公开发布程序，严重违反制定程序的；

（五）其他违反法律、法规以及规章规定的情形。

第一百四十九条　人民法院经审查认为行政行为所依据的规范性文件合法的，应当作为认定行政行为合法的依据；经审查认为规范性文件不合法的，不作为人民法院认定行政行为合法的依据，并在裁判理由中予以阐明。作出生效裁判的人民法院应当向规范性文件的制定机关提出处理建议，并可以抄送制定机关的同级人民政府、上一级行政机关、监察机关以及规范性文件的备案机关。

规范性文件不合法的，人民法院可以在裁判生效之日起三个月内，向规范性文件制定机关提出修改或者废止该规范性文件的司法建议。

规范性文件由多个部门联合制定的，人民法院可以向该规范性文件的主办机关或者共同上一级行政机关发送司法建议。

接收司法建议的行政机关应当在收到司法建议之日起六十日内予以书面答复。情况紧急的，人民法院可以建议制定机关或者其上一级行政机关立即停止执行该规范性文件。

第一百五十条　人民法院认为规范性文件不合法的，应当在裁判生效后报送上一级人民法院进行备案。涉及国务院部门、省级行政机关制定的规范性文件，司法建议还应当分别层报最高人民法院、高级人民法院备案。

第一百五十一条　各级人民法院院长对本院已经发生法律效力的判决、裁定，发现规范性文件合法性认定错误，认为需要再审的，应当提交审判委员会讨论。

最高人民法院对地方各级人民法院已经发生法律效力的判决、裁定，上级人民法院对下级人民法院已经发生法律效力的判决、裁定，发现规范性文件合法性认定错误的，有权提审或者指令下级人民法院再审。

十二、执　　行

第一百五十二条　对发生法律效力的行政判决书、行政裁定书、行政赔偿判决书和行政调解书，负有义务的一方当事人拒绝履行的，对方当事人可以依法申请人民法院强制执行。

人民法院判决行政机关履行行政赔偿、行政补偿或者其他行政给付义务，行政机关拒不履行的，对方当事人可以依法向法院申请强制执行。

第一百五十三条 申请执行的期限为二年。申请执行时效的中止、中断，适用法律有关规定。

申请执行的期限从法律文书规定的履行期间最后一日起计算；法律文书规定分期履行的，从规定的每次履行期间的最后一日起计算；法律文书中没有规定履行期限的，从该法律文书送达当事人之日起计算。

逾期申请的，除有正当理由外，人民法院不予受理。

第一百五十四条 发生法律效力的行政判决书、行政裁定书、行政赔偿判决书和行政调解书，由第一审人民法院执行。

第一审人民法院认为情况特殊，需要由第二审人民法院执行的，可以报请第二审人民法院执行；第二审人民法院可以决定由其执行，也可以决定由第一审人民法院执行。

第一百五十五条 行政机关根据行政诉讼法第九十七条的规定申请执行其行政行为，应当具备以下条件：

（一）行政行为依法可以由人民法院执行；

（二）行政行为已经生效并具有可执行内容；

（三）申请人是作出该行政行为的行政机关或者法律、法规、规章授权的组织；

（四）被申请人是该行政行为所确定的义务人；

（五）被申请人在行政行为确定的期限内或者行政机关催告期限内未履行义务；

（六）申请人在法定期限内提出申请；

（七）被申请执行的行政案件属于受理执行申请的人民法院管辖。

行政机关申请人民法院执行，应当提交行政强制法第五十五条规定的相关材料。

人民法院对符合条件的申请，应当在五日内立案受理，并通知申请人；对不符合条件的申请，应当裁定不予受理。行政机关对不予受理裁定有异议，在十五日内向上一级人民法院申请复议的，上一级人民法院应当在收到复议申请之日起十五日内作出裁定。

第一百五十六条　没有强制执行权的行政机关申请人民法院强制执行其行政行为，应当自被执行人的法定起诉期限届满之日起三个月内提出。逾期申请的，除有正当理由外，人民法院不予受理。

第一百五十七条　行政机关申请人民法院强制执行其行政行为的，由申请人所在地的基层人民法院受理；执行对象为不动产的，由不动产所在地的基层人民法院受理。

基层人民法院认为执行确有困难的，可以报请上级人民法院执行；上级人民法院可以决定由其执行，也可以决定由下级人民法院执行。

第一百五十八条　行政机关根据法律的授权对平等主体之间民事争议作出裁决后，当事人在法定期限内不起诉又不履行，作出裁决的行政机关在申请执行的期限内未申请人民法院强制执行的，生效行政裁决确定的权利人或者其继承人、权利承受人在六个月内可以申请人民法院强制执行。

享有权利的公民、法人或者其他组织申请人民法院强制执行生效行政裁决，参照行政机关申请人民法院强制执行行政行为的规定。

第一百五十九条　行政机关或者行政行为确定的权利人申请人民法院强制执行前，有充分理由认为被执行人可能逃避执行的，可以申请人民法院采取财产保全措施。后者申请强制执行的，应当提供相应的财产担保。

第一百六十条　人民法院受理行政机关申请执行其行政行为的案件后，应当在七日内由行政审判庭对行政行为的合法性进行审查，并作出是否准予执行的裁定。

人民法院在作出裁定前发现行政行为明显违法并损害被执行人合法权益的，应当听取被执行人和行政机关的意见，并自受理之日起三十日内作出是否准予执行的裁定。

需要采取强制执行措施的，由本院负责强制执行非诉行政行为的机构执行。

第一百六十一条　被申请执行的行政行为有下列情形之一的，人民法院应当裁定不准予执行：

（一）实施主体不具有行政主体资格的；

（二）明显缺乏事实根据的；

（三）明显缺乏法律、法规依据的；

（四）其他明显违法并损害被执行人合法权益的情形。

行政机关对不准予执行的裁定有异议，在十五日内向上一级人民法院申请复议的，上一级人民法院应当在收到复议申请之日起三十日内作出裁定。

十三、附　　则

第一百六十二条　公民、法人或者其他组织对2015年5月1日之前作出的行政行为提起诉讼，请求确认行政行为无效的，人民法院不予立案。

第一百六十三条　本解释自2018年2月8日起施行。

本解释施行后，《最高人民法院关于执行〈中华人民共和国行政诉讼法〉若干问题的解释》（法释〔2000〕8号）、《最高人民法院关于适用〈中华人民共和国行政诉讼法〉若干问题的解释》（法释〔2015〕9号）同时废止。最高人民法院以前发布的司法解释与本解释不一致的，不再适用。

最高人民法院
关于行政诉讼证据若干问题的规定

（2002年6月4日最高人民法院审判委员会第1224次会议通过
2002年7月24日公布　自2002年10月1日起施行　法释〔2002〕21号）

为准确认定案件事实，公正、及时地审理行政案件，根据《中华人民共和国行政诉讼法》（以下简称行政诉讼法）等有关法律规定，结合行政审判实际，制定本规定。

一、举证责任分配和举证期限

第一条　根据行政诉讼法第三十二条和第四十三条的规定，被告对作出的具体行政行为负有举证责任，应当在收到起诉状副本之日起十日内，提供据以作出被诉具体行政行为的全部证据和所依据的规范性文件。被告不提供或者无正当理由逾期提供证据的，视为被诉具体行政行为没有相应的证据。

被告因不可抗力或者客观上不能控制的其他正当事由，不能在前款规定的期限内提供证据的，应当在收到起诉状副本之日起十日内向人民法院提出延期提供证据的书面申请。人民法院准许延期提供的，被告应当在正当事由消除后十日内提供证据。逾期提供的，视为被诉具体行政行为没有相应的证据。

第二条　原告或者第三人提出其在行政程序中没有提出的反驳理由或者证据的，经人民法院准许，被告可以在第一审程序中补充相应的证据。

第三条　根据行政诉讼法第三十三条的规定，在诉讼过程中，被告及其诉讼代理人不得自行向原告和证人收集证据。

第四条　公民、法人或者其他组织向人民法院起诉时，应当提供其符合起诉条件的相应的证据材料。

在起诉被告不作为的案件中，原告应当提供其在行政程序中曾经提出申请的证据材料。但有下列情形的除外：

（一）被告应当依职权主动履行法定职责的；

（二）原告因被告受理申请的登记制度不完备等正当事由不能提供相关证据材料并能够作出合理说明的。

被告认为原告起诉超过法定期限的，由被告承担举证责任。

第五条 在行政赔偿诉讼中，原告应当对被诉具体行政行为造成损害的事实提供证据。

第六条 原告可以提供证明被诉具体行政行为违法的证据。原告提供的证据不成立的，不免除被告对被诉具体行政行为合法性的举证责任。

第七条 原告或者第三人应当在开庭审理前或者人民法院指定的交换证据之日提供证据。因正当事由申请延期提供证据的，经人民法院准许，可以在法庭调查中提供。逾期提供证据的，视为放弃举证权利。

原告或者第三人在第一审程序中无正当事由未提供而在第二审程序中提供的证据，人民法院不予接纳。

第八条 人民法院向当事人送达受理案件通知书或者应诉通知书时，应当告知其举证范围、举证期限和逾期提供证据的法律后果，并告知因正当事由不能按期提供证据时应当提出延期提供证据的申请。

第九条 根据行政诉讼法第三十四条第一款的规定，人民法院有权要求当事人提供或者补充证据。

对当事人无争议，但涉及国家利益、公共利益或者他人合法权益的事实，人民法院可以责令当事人提供或者补充有关证据。

二、提供证据的要求

第十条 根据行政诉讼法第三十一条第一款第（一）项的规定，当事人向人民法院提供书证的，应当符合下列要求：

（一）提供书证的原件，原本、正本和副本均属于书证的原件。提供原件确有困难的，可以提供与原件核对无误的复印件、照本、节录本；

（二）提供由有关部门保管的书证原件的复制件、影印件或者抄录件的，应当注明出处，经该部门核对无异后加盖其印章；

（三）提供报表、图纸、会计账册、专业技术资料、科技文献等书证的，应当附有说明材料；

(四)被告提供的被诉具体行政行为所依据的询问、陈述、谈话类笔录,应当有行政执法人员、被询问人、陈述人、谈话人签名或者盖章。

法律、法规、司法解释和规章对书证的制作形式另有规定的,从其规定。

第十一条　根据行政诉讼法第三十一条第一款第(二)项的规定,当事人向人民法院提供物证的,应当符合下列要求:

(一)提供原物。提供原物确有困难的,可以提供与原物核对无误的复制件或者证明该物证的照片、录像等其他证据;

(二)原物为数量较多的种类物的,提供其中的一部分。

第十二条　根据行政诉讼法第三十一条第一款第(三)项的规定,当事人向人民法院提供计算机数据或者录音、录像等视听资料的,应当符合下列要求:

(一)提供有关资料的原始载体。提供原始载体确有困难的,可以提供复制件;

(二)注明制作方法、制作时间、制作人和证明对象等;

(三)声音资料应当附有该声音内容的文字记录。

第十三条　根据行政诉讼法第三十一条第一款第(四)项的规定,当事人向人民法院提供证人证言的,应当符合下列要求:

(一)写明证人的姓名、年龄、性别、职业、住址等基本情况;

(二)有证人的签名,不能签名的,应当以盖章等方式证明;

(三)注明出具日期;

(四)附有居民身份证复印件等证明证人身份的文件。

第十四条　根据行政诉讼法第三十一条第一款第(六)项的规定,被告向人民法院提供的在行政程序中采用的鉴定结论,应当载明委托人和委托鉴定的事项、向鉴定部门提交的相关材料、鉴定的依据和使用的科学技术手段、鉴定部门和鉴定人鉴定资格的说明,并应有鉴定人的签名和鉴定部门的盖章。通过分析获得的鉴定结论,应当说明分析过程。

第十五条　根据行政诉讼法第三十一条第一款第(七)项的规定,被告向人民法院提供的现场笔录,应当载明时间、地点和事件等内容,并由执法人员和当事人签名。当事人拒绝签名或者不能签名的,应当注明原因。有其他人在现场的,可由其他人签名。

法律、法规和规章对现场笔录的制作形式另有规定的,从其规定。

第十六条 当事人向人民法院提供的在中华人民共和国领域外形成的证据，应当说明来源，经所在国公证机关证明，并经中华人民共和国驻该国使领馆认证，或者履行中华人民共和国与证据所在国订立的有关条约中规定的证明手续。

当事人提供的在中华人民共和国香港特别行政区、澳门特别行政区和台湾地区内形成的证据，应当具有按照有关规定办理的证明手续。

第十七条 当事人向人民法院提供外文书证或者外国语视听资料的，应当附有由具有翻译资质的机构翻译的或者其他翻译准确的中文译本，由翻译机构盖章或者翻译人员签名。

第十八条 证据涉及国家秘密、商业秘密或者个人隐私的，提供人应当作出明确标注，并向法庭说明，法庭予以审查确认。

第十九条 当事人应当对其提交的证据材料分类编号，对证据材料的来源、证明对象和内容作简要说明，签名或者盖章，注明提交日期。

第二十条 人民法院收到当事人提交的证据材料，应当出具收据，注明证据的名称、份数、页数、件数、种类等以及收到的时间，由经办人员签名或者盖章。

第二十一条 对于案情比较复杂或者证据数量较多的案件，人民法院可以组织当事人在开庭前向对方出示或者交换证据，并将交换证据的情况记录在卷。

三、调取和保全证据

第二十二条 根据行政诉讼法第三十四条第二款的规定，有下列情形之一的，人民法院有权向有关行政机关以及其他组织、公民调取证据：

（一）涉及国家利益、公共利益或者他人合法权益的事实认定的；

（二）涉及依职权追加当事人、中止诉讼、终结诉讼、回避等程序性事项的。

第二十三条 原告或者第三人不能自行收集，但能够提供确切线索的，可以申请人民法院调取下列证据材料：

（一）由国家有关部门保存而须由人民法院调取的证据材料；

（二）涉及国家秘密、商业秘密、个人隐私的证据材料；

（三）确因客观原因不能自行收集的其他证据材料。

人民法院不得为证明被诉具体行政行为的合法性，调取被告在作出具体行政行为时未收集的证据。

第二十四条　当事人申请人民法院调取证据的，应当在举证期限内提交调取证据申请书。

调取证据申请书应当写明下列内容：

（一）证据持有人的姓名或者名称、住址等基本情况；

（二）拟调取证据的内容；

（三）申请调取证据的原因及其要证明的案件事实。

第二十五条　人民法院对当事人调取证据的申请，经审查符合调取证据条件的，应当及时决定调取；不符合调取证据条件的，应当向当事人或者其诉讼代理人送达通知书，说明不准许调取的理由。当事人及其诉讼代理人可以在收到通知书之日起三日内向受理申请的人民法院书面申请复议一次。人民法院应当在收到复议申请之日起五日内作出答复。

人民法院根据当事人申请，经调取未能取得相应证据的，应当告知申请人并说明原因。

第二十六条　人民法院需要调取的证据在异地的，可以书面委托证据所在地人民法院调取。受托人民法院应当在收到委托书后，按照委托要求及时完成调取证据工作，送交委托人民法院。受托人民法院不能完成委托内容的，应当告知委托的人民法院并说明原因。

第二十七条　当事人根据行政诉讼法第三十六条的规定向人民法院申请保全证据的，应当在举证期限届满前以书面形式提出，并说明证据的名称和地点、保全的内容和范围、申请保全的理由等事项。

当事人申请保全证据的，人民法院可以要求其提供相应的担保。

法律、司法解释规定诉前保全证据的，依照其规定办理。

第二十八条　人民法院依照行政诉讼法第三十六条规定保全证据的，可以根据具体情况，采取查封、扣押、拍照、录音、录像、复制、鉴定、勘验、制作询问笔录等保全措施。

人民法院保全证据时，可以要求当事人或者其诉讼代理人到场。

第二十九条　原告或者第三人有证据或者有正当理由表明被告据以认定案件事实的鉴定结论可能有错误，在举证期限内书面申请重新鉴定的，人民法院应予准许。

第三十条 当事人对人民法院委托的鉴定部门作出的鉴定结论有异议申请重新鉴定，提出证据证明存在下列情形之一的，人民法院应予准许：

（一）鉴定部门或者鉴定人不具有相应的鉴定资格的；

（二）鉴定程序严重违法的；

（三）鉴定结论明显依据不足的；

（四）经过质证不能作为证据使用的其他情形。

对有缺陷的鉴定结论，可以通过补充鉴定、重新质证或者补充质证等方式解决。

第三十一条 对需要鉴定的事项负有举证责任的当事人，在举证期限内无正当理由不提出鉴定申请、不预交鉴定费用或者拒不提供相关材料，致使对案件争议的事实无法通过定结论予以认定的，应当对该事实承担举证不能的法律后果。

第三十二条 人民法院对委托或者指定的鉴定部门出具的鉴定书，应当审查是否具有下列内容：

（一）鉴定的内容；

（二）鉴定时提交的相关材料；

（三）鉴定的依据和使用的科学技术手段；

（四）鉴定的过程；

（五）明确的鉴定结论；

（六）鉴定部门和鉴定人鉴定资格的说明；

（七）鉴定人及鉴定部门签名盖章。

前款内容欠缺或者鉴定结论不明确的，人民法院可以要求鉴定部门予以说明、补充鉴定或者重新鉴定。

第三十三条 人民法院可以依当事人申请或者依职权勘验现场。

勘验现场时，勘验人必须出示人民法院的证件，并邀请当地基层组织或者当事人所在单位派人参加。当事人或其成年亲属应当到场，拒不到场的，不影响勘验的进行，但应当在勘验笔录中说明情况。

第三十四条 审判人员应当制作勘验笔录，记载勘验的时间、地点、勘验人、在场人、勘验的经过和结果，由勘验人、当事人、在场人签名。

勘验现场时绘制的现场图，应当注明绘制的时间、方位、绘制人姓名和身份等内容。

当事人对勘验结论有异议的，可以在举证期限内申请重新勘验，是否准许由人民法院决定。

四、证据的对质辨认和核实

第三十五条　证据应当在法庭上出示，并经庭审质证。未经庭审质证的证据，不能作为定案的依据。

当事人在庭前证据交换过程中没有争议并记录在卷的证据，经审判人员在庭审中说明后，可以作为认定案件事实的依据。

第三十六条　经合法传唤，因被告无正当理由拒不到庭而需要依法缺席判决的，被告提供的证据不能作为定案的依据，但当事人在庭前交换证据中没有争议的证据除外。

第三十七条　涉及国家秘密、商业秘密和个人隐私或者法律规定的其他应当保密的证据，不得在开庭时公开质证。

第三十八条　当事人申请人民法院调取的证据，由申请调取证据的当事人在庭审中出示，并由当事人质证。

人民法院依职权调取的证据，由法庭出示，并可就调取该证据的情况进行说明，听取当事人意见。

第三十九条　当事人应当围绕证据的关联性、合法性和真实性，针对证据有无证明效力以及证明效力大小，进行质证。

经法庭准许，当事人及其代理人可以就证据问题相互发问，也可以向证人、鉴定人或者勘验人发问。

当事人及其代理人相互发问，或者向证人、鉴定人、勘验人发问时，发问的内容应当与案件事实有关联，不得采用引诱、威胁、侮辱等语言或者方式。

第四十条　对书证、物证和视听资料进行质证时，当事人应当出示证据的原件或者原物。但有下列情况之一的除外：

（一）出示原件或者原物确有困难并经法庭准许可以出示复制件或者复制品；

（二）原件或者原物已不存在，可以出示证明复制件、复制品与原件、原物一致的其他证据。

视听资料应当当庭播放或者显示，并由当事人进行质证。

第四十一条 凡是知道案件事实的人，都有出庭作证的义务。有下列情形之一的，经人民法院准许，当事人可以提交书面证言：

（一）当事人在行政程序或者庭前证据交换中对证人证言无异议的；

（二）证人因年迈体弱或者行动不便无法出庭的；

（三）证人因路途遥远、交通不便无法出庭的；

（四）证人因自然灾害等不可抗力或者其他意外事件无法出庭的；

（五）证人因其他特殊原因确实无法出庭的。

第四十二条 不能正确表达意志的人不能作证。

根据当事人申请，人民法院可以就证人能否正确表达意志进行审查或者交由有关部门鉴定。必要时，人民法院也可以依职权交由有关部门鉴定。

第四十三条 当事人申请证人出庭作证的，应当在举证期限届满前提出，并经人民法院许可。人民法院准许证人出庭作证的，应当在开庭审理前通知证人出庭作证。

当事人在庭审过程中要求证人出庭作证的，法庭可以根据审理案件的具体情况，决定是否准许以及是否延期审理。

第四十四条 有下列情形之一，原告或者第三人可以要求相关行政执法人员作为证人出庭作证：

（一）对现场笔录的合法性或者真实性有异议的；

（二）对扣押财产的品种或者数量有异议的；

（三）对检验的物品取样或者保管有异议的；

（四）对行政执法人员的身份的合法性有异议的；

（五）需要出庭作证的其他情形。

第四十五条 证人出庭作证时，应当出示证明其身份的证件。法庭应当告知其诚实作证的法律义务和作伪证的法律责任。

出庭作证的证人不得旁听案件的审理。法庭询问证人时，其他证人不得在场，但组织证人对质的除外。

第四十六条 证人应当陈述其亲历的具体事实。证人根据其经历所作的判断、推测或者评论，不能作为定案的依据。

第四十七条　当事人要求鉴定人出庭接受询问的，鉴定人应当出庭。鉴定人因正当事由不能出庭的，经法庭准许，可以不出庭，由当事人对其书面鉴定结论进行质证。

鉴定人不能出庭的正当事由，参照本规定第四十一条的规定。

对于出庭接受询问的鉴定人，法庭应当核实其身份、与当事人及案件的关系，并告知鉴定人如实说明鉴定情况的法律义务和故意作虚假说明的法律责任。

第四十八条　对被诉具体行政行为涉及的专门性问题，当事人可以向法庭申请由专业人员出庭进行说明，法庭也可以通知专业人员出庭说明。必要时，法庭可以组织专业人员进行对质。

当事人对出庭的专业人员是否具备相应专业知识、学历、资历等专业资格等有异议的，可以进行询问。由法庭决定其是否可以作为专业人员出庭。

专业人员可以对鉴定人进行询问。

第四十九条　法庭在质证过程中，对与案件没有关联的证据材料，应予排除并说明理由。

法庭在质证过程中，准许当事人补充证据的，对补充的证据仍应进行质证。

法庭对经过庭审质证的证据，除确有必要外，一般不再进行质证。

第五十条　在第二审程序中，对当事人依法提供的新的证据，法庭应当进行质证；当事人对第一审认定的证据仍有争议的，法庭也应当进行质证。

第五十一条　按照审判监督程序审理的案件，对当事人依法提供的新的证据，法庭应当进行质证；因原判决、裁定认定事实的证据不足而提起再审所涉及的主要证据，法庭也应当进行质证。

第五十二条　本规定第五十条和第五十一条中的“新的证据”是指以下证据：

（一）在一审程序中应当准予延期提供而未获准许的证据；

（二）当事人在一审程序中依法申请调取而未获准许或者未取得，人民法院在第二审程序中调取的证据；

（三）原告或者第三人提供的在举证期限届满后发现的证据。

五、证据的审核认定

第五十三条　人民法院裁判行政案件，应当以证据证明的案件事实为依据。

第五十四条 法庭应当对经过庭审质证的证据和无需质证的证据进行逐一审查和对全部证据综合审查,遵循法官职业道德,运用逻辑推理和生活经验,进行全面、客观和公正地分析判断,确定证据材料与案件事实之间的证明关系,排除不具有关联性的证据材料,准确认定案件事实。

第五十五条 法庭应当根据案件的具体情况,从以下方面审查证据的合法性:

(一)证据是否符合法定形式;

(二)证据的取得是否符合法律、法规、司法解释和规章的要求;

(三)是否有影响证据效力的其他违法情形。

第五十六条 法庭应当根据案件的具体情况,从以下方面审查证据的真实性:

(一)证据形成的原因;

(二)发现证据时的客观环境;

(三)证据是否为原件、原物,复制件、复制品与原件、原物是否相符;

(四)提供证据的人或者证人与当事人是否具有利害关系;

(五)影响证据真实性的其他因素。

第五十七条 下列证据材料不能作为定案依据:

(一)严重违反法定程序收集的证据材料;

(二)以偷拍、偷录、窃听等手段获取侵害他人合法权益的证据材料;

(三)以利诱、欺诈、胁迫、暴力等不正当手段获取的证据材料;

(四)当事人无正当事由超出举证期限提供的证据材料;

(五)在中华人民共和国领域以外或者在中华人民共和国香港特别行政区、澳门特别行政区和台湾地区形成的未办理法定证明手续的证据材料;

(六)当事人无正当理由拒不提供原件、原物,又无其他证据印证,且对方当事人不予认可的证据的复制件或者复制品;

(七)被当事人或者他人进行技术处理而无法辨明真伪的证据材料;

(八)不能正确表达意志的证人提供的证言;

(九)不具备合法性和真实性的其他证据材料。

第五十八条 以违反法律禁止性规定或者侵犯他人合法权益的方法取得

的证据，不能作为认定案件事实的依据。

第五十九条　被告在行政程序中依照法定程序要求原告提供证据，原告依法应当提供而拒不提供，在诉讼程序中提供的证据，人民法院一般不予采纳。

第六十条　下列证据不能作为认定被诉具体行政行为合法的依据：

（一）被告及其诉讼代理人在作出具体行政行为后或者在诉讼程序中自行收集的证据；

（二）被告在行政程序中非法剥夺公民、法人或者其他组织依法享有的陈述、申辩或者听证权利所采用的证据；

（三）原告或者第三人在诉讼程序中提供的、被告在行政程序中未作为具体行政行为依据的证据。

第六十一条　复议机关在复议程序中收集和补充的证据，或者作出原具体行政行为的行政机关在复议程序中未向复议机关提交的证据，不能作为人民法院认定原具体行政行为合法的依据。

第六十二条　对被告在行政程序中采纳的鉴定结论，原告或者第三人提出证据证明有下列情形之一的，人民法院不予采纳：

（一）鉴定人不具备鉴定资格；

（二）鉴定程序严重违法；

（三）鉴定结论错误、不明确或者内容不完整。

第六十三条　证明同一事实的数个证据，其证明效力一般可以按照下列情形分别认定：

（一）国家机关以及其他职能部门依职权制作的公文文书优于其他书证；

（二）鉴定结论、现场笔录、勘验笔录、档案材料以及经过公证或者登记的书证优于其他书证、视听资料和证人证言；

（三）原件、原物优于复制件、复制品；

（四）法定鉴定部门的鉴定结论优于其他鉴定部门的鉴定结论；

（五）法庭主持勘验所制作的勘验笔录优于其他部门主持勘验所制作的勘验笔录；

（六）原始证据优于传来证据；

（七）其他证人证言优于与当事人有亲属关系或者其他密切关系的证人提供的对该当事人有利的证言；

（八）出庭作证的证人证言优于未出庭作证的证人证言；

（九）数个种类不同、内容一致的证据优于一个孤立的证据。

第六十四条 以有形载体固定或者显示的电子数据交换、电子邮件以及其他数据资料，其制作情况和真实性经对方当事人确认，或者以公证等其他有效方式予以证明的，与原件具有同等的证明效力。

第六十五条 在庭审中一方当事人或者其代理人在代理权限范围内对另一方当事人陈述的案件事实明确表示认可的，人民法院可以对该事实予以认定。但有相反证据足以推翻的除外。

第六十六条 在行政赔偿诉讼中，人民法院主持调解时当事人为达成调解协议而对案件事实的认可，不得在其后的诉讼中作为对其不利的证据。

第六十七条 在不受外力影响的情况下，一方当事人提供的证据，对方当事人明确表示认可的，可以认定该证据的证明效力；对方当事人予以否认，但不能提供充分的证据进行反驳的，可以综合全案情况审查认定该证据的证明效力。

第六十八条 下列事实法庭可以直接认定：

（一）众所周知的事实；

（二）自然规律及定理；

（三）按照法律规定推定的事实；

（四）已经依法证明的事实；

（五）根据日常生活经验法则推定的事实。

前款（一）、（三）、（四）、（五）项，当事人有相反证据足以推翻的除外。

第六十九条 原告确有证据证明被告持有的证据对原告有利，被告无正当事由拒不提供的，可以推定原告的主张成立。

第七十条 生效的人民法院裁判文书或者仲裁机构裁决文书确认的事实，可以作为定案依据。但是如果发现裁判文书或者裁决文书认定的事实有重大问题的，应当中止诉讼，通过法定程序予以纠正后恢复诉讼。

第七十一条 下列证据不能单独作为定案依据：

（一）未成年人所作的与其年龄和智力状况不相适应的证言；

（二）与一方当事人有亲属关系或者其他密切关系的证人所作的对该当事人有利的证言，或者与一方当事人有不利关系的证人所作的对该当事人不利的证言；

（三）应当出庭作证而无正当理由不出庭作证的证人证言；

（四）难以识别是否经过修改的视听资料；

（五）无法与原件、原物核对的复制件或者复制品；

（六）经一方当事人或者他人改动，对方当事人不予认可的证据材料；

（七）其他不能单独作为定案依据的证据材料。

第七十二条　庭审中经过质证的证据，能够当庭认定的，应当当庭认定；不能当庭认定的，应当在合议庭合议时认定。

人民法院应当在裁判文书中阐明证据是否采纳的理由。

第七十三条　法庭发现当庭认定的证据有误，可以按照下列方式纠正：

（一）庭审结束前发现错误的，应当重新进行认定；

（二）庭审结束后宣判前发现错误的，在裁判文书中予以更正并说明理由，也可以再次开庭予以认定；

（三）有新的证据材料可能推翻已认定的证据的，应当再次开庭予以认定。

六、附　　则

第七十四条　证人、鉴定人及其近亲属的人身和财产安全受法律保护。

人民法院应当对证人、鉴定人的住址和联系方式予以保密。

第七十五条　证人、鉴定人因出庭作证或者接受询问而支出的合理费用，由提供证人、鉴定人的一方当事人先行支付，由败诉一方当事人承担。

第七十六条　证人、鉴定人作伪证的，依照行政诉讼法第四十九条第一款第（二）项的规定追究其法律责任。

第七十七条　诉讼参与人或者其他人有对审判人员或者证人、鉴定人、勘验人及其近亲属实施威胁、侮辱、殴打、骚扰或者打击报复等妨碍行政诉讼行为的，依照行政诉讼法第四十九条第一款第（三）项、第（五）项或者第（六）项的规定追究其法律责任。

第七十八条　对应当协助调取证据的单位和个人，无正当理由拒不履行协助义务的，依照行政诉讼法第四十九条第一款第（五）项的规定追究其法律责任。

第七十九条　本院以前有关行政诉讼的司法解释与本规定不一致的，以本规定为准。

第八十条 本规定自2002年10月1日起施行。2002年10月1日尚未审结的一审、二审和再审行政案件不适用本规定。

本规定施行前已经审结的行政案件,当事人以违反本规定为由申请再审的,人民法院不予支持。

本规定施行后按照审判监督程序决定再审的行政案件,适用本规定。

最高人民法院
关于行政诉讼应诉若干问题的通知

（2016年7月28日　法〔2016〕260号）

各省、自治区、直辖市高级人民法院，解放军军事法院，新疆维吾尔自治区高级人民法院生产建设兵团分院：

中央全面深化改革领导小组于2015年10月13日讨论通过了《关于加强和改进行政应诉工作的意见》（以下简称《意见》），明确提出行政机关要支持人民法院受理和审理行政案件，保障公民、法人和其他组织的起诉权利，认真做好答辩举证工作，依法履行出庭应诉职责，配合人民法院做好开庭审理工作。2016年6月27日，国务院办公厅以国办发〔2016〕54号文形式正式发布了《意见》。《意见》的出台，对于人民法院进一步做好行政案件的受理、审理和执行工作，全面发挥行政审判职能，有效监督行政机关依法行政，提高领导干部学法用法的能力，具有重大意义。根据行政诉讼法的相关规定，为进一步规范和促进行政应诉工作，现就有关问题通知如下：

一、充分认识规范行政诉讼应诉的重大意义

推动行政机关负责人出庭应诉，是贯彻落实修改后的行政诉讼法的重要举措；规范行政诉讼应诉，是保障行政诉讼法有效实施，全面推进依法行政，加快建设法治政府的重要举措。为贯彻落实《中共中央关于全面推进依法治国若干重大问题的决定》关于“健全行政机关依法出庭应诉、支持法院受理行政案件、尊重并执行法院生效裁判的制度”的要求，《意见》从“高度重视行政应诉工作”“支持人民法院依法受理和审理行政案件”“认真做好答辩举证工作”“依法履行出庭应诉职责”“积极履行人民法院生效裁判”等十个方面对加强和改进行政应诉工作提出明确要求，作出具体部署。《意见》是我国首个全面规范行政应诉工作的专门性文件，各级人民法院要结合行政诉讼法的规定精神，全面把握《意见》内容，深刻领会精神实质，充分认识《意见》出台的重大意义，确保《意见》在人民法院行政审判领域落地生根。要及时向当地党委、人大汇报《意见》贯彻落实情况，加强与政府的沟通联系，支持地方党委政府出台本地区的具体实施办法，细化完善相关工作制度，促进行政机关做好出庭应诉工作。

二、依法做好行政案件受理和审理工作

严格执行行政诉讼法和《最高人民法院关于人民法院登记立案若干问题的规定》，进一步强化行政诉讼中的诉权保护，不得违法限缩受案范围、违法增设起诉条件，严禁以反复要求起诉人补正起诉材料的方式变相拖延、拒绝立案。对于不接收起诉状、接收起诉状后不出具书面凭证，以及不一次性告知当事人需要补正的起诉状内容的，要依照《人民法院审判人员违法审判责任追究办法（试行）》《人民法院工作人员处分条例》等相关规定，对直接负责的主管人员和其他直接责任人员依法依纪作出处理。坚决抵制干扰、阻碍人民法院依法受理和审理行政案件的各种违法行为，对领导干部或者行政机关以开协调会、发文件或者口头要求等任何形式明示或者暗示人民法院不受理案件、不判决行政机关败诉、不履行人民法院生效裁判的，要严格贯彻落实《领导干部干预司法活动、插手具体案件处理的记录、通报和责任追究规定》《司法机关内部人员过问案件的记录和责任追究规定》，全面、如实做好记录工作，做到全程留痕，有据可查。

三、依法推进行政机关负责人出庭应诉

准确理解行政诉讼法和相关司法解释的有关规定，正确把握行政机关负责人出庭应诉的基本要求，依法推进行政机关负责人出庭应诉工作。一是出庭应诉的行政机关负责人，既包括正职负责人，也包括副职负责人以及其他参与分管的负责人。二是行政机关负责人不能出庭的，应当委托行政机关相应的工作人员出庭，不得仅委托律师出庭。三是涉及重大公共利益、社会高度关注或者可能引发群体性事件等案件以及人民法院书面建议行政机关负责人出庭的案件，被诉行政机关负责人应当出庭。四是行政诉讼法第三条第三款规定的“行政机关相应的工作人员”，包括该行政机关具有国家行政编制身份的工作人员以及其他依法履行公职的人员。被诉行政行为是人民政府作出的，人民政府所属法制工作机构的工作人员，以及被诉行政行为具体承办机关的工作人员，也可以视为被诉人民政府相应的工作人员。

行政机关负责人和行政机关相应的工作人员均不出庭，仅委托律师出庭的;或者人民法院书面建议行政机关负责人出庭应诉,行政机关负责人不出庭应诉的,人民法院应当记录在案并在裁判文书中载明,可以依照行政诉讼法第六十六条第二款的规定予以公告,建议任免机关、监察机关或者上一级行政机关对相关责任人员严肃处理。

四、为行政机关依法履行出庭应诉职责提供必要条件

各级人民法院要在坚持依法独立公正行使审判权、平等保护各方当事人诉讼权利的前提下,加强与政府法制部门和行政执法机关的联系,探索建立行政审判和行政应诉联络工作机制,及时沟通、协调行政机关负责人出庭建议书发送和庭审时间等具体事宜,切实贯彻行政诉讼法和《意见》规定的精神,稳步推进行政机关出庭应诉工作。要为行政机关负责人、工作人员、政府法律顾问和公职律师依法履行出庭应诉职责提供必要的保障和相应的便利。要正确理解行政行为合法性审查原则,行政复议机关和作出原行政行为的行政机关为共同被告的,可以根据具体情况确定由一个机关实施举证行为,确保庭审的针对性,提高庭审效率。改革案件审理模式,推广繁简分流,实现简案快审、繁案精审,减轻当事人的诉讼负担。对符合《最高人民法院关于适用〈中华人民共和国行政诉讼法〉若干问题的解释》第三条第二款规定的案件,人民法院认为不需要开庭审理的,可以迳行裁定驳回起诉。要及时就行政机关出庭应诉和行政执法工作中的问题和不足提出司法建议,及时向政府法制部门通报司法建议落实和反馈情况,从源头上预防和化解争议。要积极参与行政应诉教育培训工作,提高行政机关负责人、行政执法人员等相关人员的行政应诉能力。

五、支持行政机关建立健全依法行政考核体系

人民法院要支持当地党委政府建立和完善依法行政考核体系,结合行政审判工作实际提出加强和改进行政应诉工作的意见和建议。对本地区行政机关出庭应诉工作和依法行政考核指标的实施情况、运行成效等,人民法院可以通过司法建议、白皮书等适当形式,及时向行政机关作出反馈、评价,并可以适当方式将本地区行政机关出庭应诉情况向社会公布,促进发挥考核指标的倒逼作用。

地方各级人民法院要及时总结本通知贯彻实施过程中形成的好经验好做法;对贯彻实施中遇到的困难和问题,要及时层报最高人民法院。

中华人民共和国人民法院法庭规则

（1993年11月26日最高人民法院审判委员会第617次会议通过　根据2015年12月21日最高人民法院审判委员会第1673次会议通过、2016年4月13日公布的《最高人民法院关于修改〈中华人民共和国人民法院法庭规则〉的决定》（法释〔2016〕7号）修正）

第一条　为了维护法庭安全和秩序，保障庭审活动正常进行，保障诉讼参与人依法行使诉讼权利，方便公众旁听，促进司法公正，彰显司法权威，根据《中华人民共和国人民法院组织法》《中华人民共和国刑事诉讼法》《中华人民共和国民事诉讼法》《中华人民共和国行政诉讼法》等有关法律规定，制定本规则。

第二条　法庭是人民法院代表国家依法审判各类案件的专门场所。

法庭正面上方应当悬挂国徽。

第三条　法庭分设审判活动区和旁听区，两区以栏杆等进行隔离。

审理未成年人案件的法庭应当根据未成年人身心发展特点设置区域和席位。

有新闻媒体旁听或报道庭审活动时，旁听区可以设置专门的媒体记者席。

第四条　刑事法庭可以配置同步视频作证室，供依法应当保护或其他确有保护必要的证人、鉴定人、被害人在庭审作证时使用。

第五条　法庭应当设置残疾人无障碍设施；根据需要配备合议庭合议室，检察人员、律师及其他诉讼参与人休息室，被告人羁押室等附属场所。

第六条　进入法庭的人员应当出示有效身份证件，并接受人身及携带物品的安全检查。

持有效工作证件和出庭通知履行职务的检察人员、律师可以通过专门通道进入法庭。需要安全检查的，人民法院对检察人员和律师平等对待。

第七条　除经人民法院许可，需要在法庭上出示的证据外，下列物品不得携带进入法庭：

（一）枪支、弹药、管制刀具以及其他具有杀伤力的器具；

（二）易燃易爆物、疑似爆炸物；

（三）放射性、毒害性、腐蚀性、强气味性物质以及传染病病原体；

（四）液体及胶状、粉末状物品；

（五）标语、条幅、传单；

（六）其他可能危害法庭安全或妨害法庭秩序的物品。

第八条　人民法院应当通过官方网站、电子显示屏、公告栏等向公众公开各法庭的编号、具体位置以及旁听席位数量等信息。

第九条　公开的庭审活动，公民可以旁听。

旁听席位不能满足需要时，人民法院可以根据申请的先后顺序或者通过抽签、摇号等方式发放旁听证，但应当优先安排当事人的近亲属或其他与案件有利害关系的人旁听。

下列人员不得旁听：

（一）证人、鉴定人以及准备出庭提出意见的有专门知识的人；

（二）未获得人民法院批准的未成年人；

（三）拒绝接受安全检查的人；

（四）醉酒的人、精神病人或其他精神状态异常的人；

（五）其他有可能危害法庭安全或妨害法庭秩序的人。

依法有可能封存犯罪记录的公开庭审活动，任何单位或个人不得组织人员旁听。

依法不公开的庭审活动，除法律另有规定外，任何人不得旁听。

第十条　人民法院应当对庭审活动进行全程录像或录音。

第十一条　依法公开进行的庭审活动，具有下列情形之一的，人民法院可以通过电视、互联网或其他公共媒体进行图文、音频、视频直播或录播：

（一）公众关注度较高；

（二）社会影响较大；

（三）法治宣传教育意义较强。

第十二条　出庭履行职务的人员，按照职业着装规定着装。但是，具有下列情形之一的，着正装：

（一）没有职业着装规定；

（二）侦查人员出庭作证；

（三）所在单位系案件当事人。

非履行职务的出庭人员及旁听人员，应当文明着装。

第十三条 刑事在押被告人或上诉人出庭受审时，着正装或便装，不着监管机构的识别服。

人民法院在庭审活动中不得对被告人或上诉人使用戒具，但认为其人身危险性大，可能危害法庭安全的除外。

第十四条 庭审活动开始前，书记员应当宣布本规则第十七条规定的法庭纪律。

第十五条 审判人员进入法庭以及审判长或独任审判员宣告判决、裁定、决定时，全体人员应当起立。

第十六条 人民法院开庭审判案件应当严格按照法律规定的诉讼程序进行。

审判人员在庭审活动中应当平等对待诉讼各方。

第十七条 全体人员在庭审活动中应当服从审判长或独任审判员的指挥，尊重司法礼仪，遵守法庭纪律，不得实施下列行为：

（一）鼓掌、喧哗；

（二）吸烟、进食；

（三）拨打或接听电话；

（四）对庭审活动进行录音、录像、拍照或使用移动通信工具等传播庭审活动；

（五）其他危害法庭安全或妨害法庭秩序的行为。

检察人员、诉讼参与人发言或提问，应当经审判长或独任审判员许可。

旁听人员不得进入审判活动区，不得随意站立、走动，不得发言和提问。

媒体记者经许可实施第一款第四项规定的行为，应当在指定的时间及区域进行，不得影响或干扰庭审活动。

第十八条 审判长或独任审判员主持庭审活动时，依照规定使用法槌。

第十九条 审判长或独任审判员对违反法庭纪律的人员应当予以警告；对不听警告的，予以训诫；对训诫无效的，责令其退出法庭；对拒不退出法庭的，指令司法警察将其强行带出法庭。

行为人违反本规则第十七条第一款第四项规定的,人民法院可以暂扣其使用的设备及存储介质,删除相关内容。

第二十条 行为人实施下列行为之一,危及法庭安全或扰乱法庭秩序的,根据相关法律规定,予以罚款、拘留;构成犯罪的,依法追究其刑事责任:

(一)非法携带枪支、弹药、管制刀具或者爆炸性、易燃性、放射性、毒害性、腐蚀性物品以及传染病病原体进入法庭;

(二)哄闹、冲击法庭;

(三)侮辱、诽谤、威胁、殴打司法工作人员或诉讼参与人;

(四)毁坏法庭设施,抢夺、损毁诉讼文书、证据;

(五)其他危害法庭安全或扰乱法庭秩序的行为。

第二十一条 司法警察依照审判长或独任审判员的指令维持法庭秩序。

出现危及法庭内人员人身安全或者严重扰乱法庭秩序等紧急情况时,司法警察可以直接采取必要的处置措施。

人民法院依法对违反法庭纪律的人采取的扣押物品、强行带出法庭以及罚款、拘留等强制措施,由司法警察执行。

第二十二条 人民检察院认为审判人员违反本规则的,可以在庭审活动结束后向人民法院提出处理建议。

诉讼参与人、旁听人员认为审判人员、书记员、司法警察违反本规则的,可以在庭审活动结束后向人民法院反映。

第二十三条 检察人员违反本规则的,人民法院可以向人民检察院通报情况并提出处理建议。

第二十四条 律师违反本规则的,人民法院可以向司法行政机关及律师协会通报情况并提出处理建议。

第二十五条 人民法院进行案件听证、国家赔偿案件质证、网络视频远程审理以及在法院以外的场所巡回审判等,参照适用本规则。

第二十六条 外国人、无国籍人旁听庭审活动,外国媒体记者报道庭审活动,应当遵守本规则。

第二十七条 本规则自2016年5月1日起施行;最高人民法院此前发布的司法解释及规范性文件与本规则不一致的,以本规则为准。

中华人民共和国国家赔偿法

（1994 年 5 月 12 日第八届全国人民代表大会常务委员会第七次会议通过　根据 2010 年 4 月 29 日第十一届全国人民代表大会常务委员会第十四次会议《关于修改〈中华人民共和国国家赔偿法〉的决定》第一次修正　根据 2012 年 10 月 26 日第十一届全国人民代表大会常务委员会第二十九次会议《关于修改〈中华人民共和国国家赔偿法〉的决定》第二次修正）

目　　录

第一章　总　　则

第一条　为保障公民、法人和其他组织享有依法取得国家赔偿的权利，促进国家机关依法行使职权，根据宪法，制定本法。

第二条　国家机关和国家机关工作人员行使职权，有本法规定的侵犯公民、法人和其他组织合法权益的情形,造成损害的,受害人有依照本法取得国家赔偿的权利。

本法规定的赔偿义务机关,应当依照本法及时履行赔偿义务。

第二章　行 政 赔 偿

第一节　赔 偿 范 围

第三条　行政机关及其工作人员在行使行政职权时有下列侵犯人身权情形之一的,受害人有取得赔偿的权利:

(一)违法拘留或者违法采取限制公民人身自由的行政强制措施的;

(二)非法拘禁或者以其他方法非法剥夺公民人身自由的;

(三)以殴打、虐待等行为或者唆使、放纵他人以殴打、虐待等行为造成公民身体伤害或者死亡的;

(四)违法使用武器、警械造成公民身体伤害或者死亡的;

(五)造成公民身体伤害或者死亡的其他违法行为。

第四条　行政机关及其工作人员在行使行政职权时有下列侵犯财产权情形之一的,受害人有取得赔偿的权利:

(一)违法实施罚款、吊销许可证和执照、责令停产停业、没收财物等行政处罚的;

(二)违法对财产采取查封、扣押、冻结等行政强制措施的;

(三)违法征收、征用财产的;

(四)造成财产损害的其他违法行为。

第五条　属于下列情形之一的,国家不承担赔偿责任:

(一)行政机关工作人员与行使职权无关的个人行为;

(二)因公民、法人和其他组织自己的行为致使损害发生的;

(三)法律规定的其他情形。

第二节　赔偿请求人和赔偿义务机关

第六条　受害的公民、法人和其他组织有权要求赔偿。

受害的公民死亡,其继承人和其他有扶养关系的亲属有权要求赔偿。

受害的法人或者其他组织终止的，其权利承受人有权要求赔偿。

第七条 行政机关及其工作人员行使行政职权侵犯公民、法人和其他组织的合法权益造成损害的，该行政机关为赔偿义务机关。

两个以上行政机关共同行使行政职权时侵犯公民、法人和其他组织的合法权益造成损害的，共同行使行政职权的行政机关为共同赔偿义务机关。

法律、法规授权的组织在行使授予的行政权力时侵犯公民、法人和其他组织的合法权益造成损害的，被授权的组织为赔偿义务机关。

受行政机关委托的组织或者个人在行使受委托的行政权力时侵犯公民、法人和其他组织的合法权益造成损害的，委托的行政机关为赔偿义务机关。

赔偿义务机关被撤销的，继续行使其职权的行政机关为赔偿义务机关；没有继续行使其职权的行政机关的，撤销该赔偿义务机关的行政机关为赔偿义务机关。

第八条 经复议机关复议的，最初造成侵权行为的行政机关为赔偿义务机关，但复议机关的复议决定加重损害的，复议机关对加重的部分履行赔偿义务。

第三节 赔偿程序

第九条 赔偿义务机关有本法第三条、第四条规定情形之一的，应当给予赔偿。

赔偿请求人要求赔偿，应当先向赔偿义务机关提出，也可以在申请行政复议或者提起行政诉讼时一并提出。

第十条 赔偿请求人可以向共同赔偿义务机关中的任何一个赔偿义务机关要求赔偿，该赔偿义务机关应当先予赔偿。

第十一条 赔偿请求人根据受到的不同损害，可以同时提出数项赔偿要求。

第十二条 要求赔偿应当递交申请书，申请书应当载明下列事项：

（一）受害人的姓名、性别、年龄、工作单位和住所，法人或者其他组织的名称、住所和法定代表人或者主要负责人的姓名、职务；

（二）具体的要求、事实根据和理由；

（三）申请的年、月、日。

赔偿请求人书写申请书确有困难的，可以委托他人代书；也可以口头申请，由赔偿义务机关记入笔录。

赔偿请求人不是受害人本人的，应当说明与受害人的关系，并提供相应证明。

赔偿请求人当面递交申请书的，赔偿义务机关应当当场出具加盖本行政机关专用印章并注明收讫日期的书面凭证。申请材料不齐全的，赔偿义务机关应当当场或者在五日内一次性告知赔偿请求人需要补正的全部内容。

第十三条　赔偿义务机关应当自收到申请之日起两个月内，作出是否赔偿的决定。赔偿义务机关作出赔偿决定，应当充分听取赔偿请求人的意见，并可以与赔偿请求人就赔偿方式、赔偿项目和赔偿数额依照本法第四章的规定进行协商。

赔偿义务机关决定赔偿的，应当制作赔偿决定书，并自作出决定之日起十日内送达赔偿请求人。

赔偿义务机关决定不予赔偿的，应当自作出决定之日起十日内书面通知赔偿请求人，并说明不予赔偿的理由。

第十四条　赔偿义务机关在规定期限内未作出是否赔偿的决定，赔偿请求人可以自期限届满之日起三个月内，向人民法院提起诉讼。

赔偿请求人对赔偿的方式、项目、数额有异议的，或者赔偿义务机关作出不予赔偿决定的，赔偿请求人可以自赔偿义务机关作出赔偿或者不予赔偿决定之日起三个月内，向人民法院提起诉讼。

第十五条　人民法院审理行政赔偿案件，赔偿请求人和赔偿义务机关对自己提出的主张，应当提供证据。

赔偿义务机关采取行政拘留或者限制人身自由的强制措施期间，被限制人身自由的人死亡或者丧失行为能力的，赔偿义务机关的行为与被限制人身自由的人的死亡或者丧失行为能力是否存在因果关系，赔偿义务机关应当提供证据。

第十六条　赔偿义务机关赔偿损失后，应当责令有故意或者重大过失的工作人员或者受委托的组织或者个人承担部分或者全部赔偿费用。

对有故意或者重大过失的责任人员，有关机关应当依法给予处分；构成犯罪的，应当依法追究刑事责任。

第三章 刑事赔偿

第一节 赔偿范围

第十七条 行使侦查、检察、审判职权的机关以及看守所、监狱管理机关及其工作人员在行使职权时有下列侵犯人身权情形之一的，受害人有取得赔偿的权利：

（一）违反刑事诉讼法的规定对公民采取拘留措施的，或者依照刑事诉讼法规定的条件和程序对公民采取拘留措施，但是拘留时间超过刑事诉讼法规定的时限，其后决定撤销案件、不起诉或者判决宣告无罪终止追究刑事责任的；

（二）对公民采取逮捕措施后，决定撤销案件、不起诉或者判决宣告无罪终止追究刑事责任的；

（三）依照审判监督程序再审改判无罪，原判刑罚已经执行的；

（四）刑讯逼供或者以殴打、虐待等行为或者唆使、放纵他人以殴打、虐待等行为造成公民身体伤害或者死亡的；

（五）违法使用武器、警械造成公民身体伤害或者死亡的。

第十八条 行使侦查、检察、审判职权的机关以及看守所、监狱管理机关及其工作人员在行使职权时有下列侵犯财产权情形之一的，受害人有取得赔偿的权利：

（一）违法对财产采取查封、扣押、冻结、追缴等措施的；

（二）依照审判监督程序再审改判无罪，原判罚金、没收财产已经执行的。

第十九条 属于下列情形之一的，国家不承担赔偿责任：

（一）因公民自己故意作虚伪供述，或者伪造其他有罪证据被羁押或者被判处刑罚的；

（二）依照刑法第十七条、第十八条规定不负刑事责任的人被羁押的；

（三）依照刑事诉讼法第十五条、第一百七十三条第二款、第二百七十三条第二款、第二百七十九条规定不追究刑事责任的人被羁押的；

（四）行使侦查、检察、审判职权的机关以及看守所、监狱管理机关的工作人员与行使职权无关的个人行为；

（五）因公民自伤、自残等故意行为致使损害发生的；

（六）法律规定的其他情形。

第二节 赔偿请求人和赔偿义务机关

第二十条 赔偿请求人的确定依照本法第六条的规定。

第二十一条 行使侦查、检察、审判职权的机关以及看守所、监狱管理机关及其工作人员在行使职权时侵犯公民、法人和其他组织的合法权益造成损害的，该机关为赔偿义务机关。

对公民采取拘留措施，依照本法的规定应当给予国家赔偿的，作出拘留决定的机关为赔偿义务机关。

对公民采取逮捕措施后决定撤销案件、不起诉或者判决宣告无罪的，作出逮捕决定的机关为赔偿义务机关。

再审改判无罪的，作出原生效判决的人民法院为赔偿义务机关。二审改判无罪，以及二审发回重审后作无罪处理的，作出一审有罪判决的人民法院为赔偿义务机关。

第三节 赔偿程序

第二十二条 赔偿义务机关有本法第十七条、第十八条规定情形之一的，应当给予赔偿。

赔偿请求人要求赔偿，应当先向赔偿义务机关提出。

赔偿请求人提出赔偿请求，适用本法第十一条、第十二条的规定。

第二十三条 赔偿义务机关应当自收到申请之日起两个月内，作出是否赔偿的决定。赔偿义务机关作出赔偿决定，应当充分听取赔偿请求人的意见，并可以与赔偿请求人就赔偿方式、赔偿项目和赔偿数额依照本法第四章的规定进行协商。

赔偿义务机关决定赔偿的，应当制作赔偿决定书，并自作出决定之日起十日内送达赔偿请求人。

赔偿义务机关决定不予赔偿的，应当自作出决定之日起十日内书面通知赔偿请求人，并说明不予赔偿的理由。

第二十四条 赔偿义务机关在规定期限内未作出是否赔偿的决定，赔偿请求人可以自期限届满之日起三十日内向赔偿义务机关的上一级机关申请复议。

赔偿请求人对赔偿的方式、项目、数额有异议的，或者赔偿义务机关作出不予赔偿决定的，赔偿请求人可以自赔偿义务机关作出赔偿或者不予赔偿决定之日起三十日内，向赔偿义务机关的上一级机关申请复议。

赔偿义务机关是人民法院的，赔偿请求人可以依照本条规定向其上一级人民法院赔偿委员会申请作出赔偿决定。

第二十五条 复议机关应当自收到申请之日起两个月内作出决定。

赔偿请求人不服复议决定的，可以在收到复议决定之日起三十日内向复议机关所在地的同级人民法院赔偿委员会申请作出赔偿决定；复议机关逾期不作决定的，赔偿请求人可以自期限届满之日起三十日内向复议机关所在地的同级人民法院赔偿委员会申请作出赔偿决定。

第二十六条 人民法院赔偿委员会处理赔偿请求，赔偿请求人和赔偿义务机关对自己提出的主张，应当提供证据。

被羁押人在羁押期间死亡或者丧失行为能力的，赔偿义务机关的行为与被羁押人的死亡或者丧失行为能力是否存在因果关系，赔偿义务机关应当提供证据。

第二十七条 人民法院赔偿委员会处理赔偿请求，采取书面审查的办法。必要时，可以向有关单位和人员调查情况、收集证据。赔偿请求人与赔偿义务机关对损害事实及因果关系有争议的，赔偿委员会可以听取赔偿请求人和赔偿义务机关的陈述和申辩，并可以进行质证。

第二十八条 人民法院赔偿委员会应当自收到赔偿申请之日起三个月内作出决定；属于疑难、复杂、重大案件的，经本院院长批准，可以延长三个月。

第二十九条 中级以上的人民法院设立赔偿委员会，由人民法院三名以上审判员组成，组成人员的人数应当为单数。

赔偿委员会作赔偿决定，实行少数服从多数的原则。

赔偿委员会作出的赔偿决定，是发生法律效力的决定，必须执行。

第三十条 赔偿请求人或者赔偿义务机关对赔偿委员会作出的决定，认为确有错误的，可以向上一级人民法院赔偿委员会提出申诉。

赔偿委员会作出的赔偿决定生效后，如发现赔偿决定违反本法规定的，经本院院长决定或者上级人民法院指令，赔偿委员会应当在两个月内重新审查并依法作出决定，上一级人民法院赔偿委员会也可以直接审查并作出决定。

最高人民检察院对各级人民法院赔偿委员会作出的决定，上级人民检察院对下级人民法院赔偿委员会作出的决定，发现违反本法规定的，应当向同级人民法院赔偿委员会提出意见，同级人民法院赔偿委员会应当在两个月内重新审查并依法作出决定。

第三十一条　赔偿义务机关赔偿后，应当向有下列情形之一的工作人员追偿部分或者全部赔偿费用：

（一）有本法第十七条第四项、第五项规定情形的；

（二）在处理案件中有贪污受贿，徇私舞弊，枉法裁判行为的。

对有前款规定情形的责任人员，有关机关应当依法给予处分；构成犯罪的，应当依法追究刑事责任。

第四章　赔偿方式和计算标准

第三十二条　国家赔偿以支付赔偿金为主要方式。

能够返还财产或者恢复原状的，予以返还财产或者恢复原状。

第三十三条　侵犯公民人身自由的，每日赔偿金按照国家上年度职工日平均工资计算。

第三十四条　侵犯公民生命健康权的，赔偿金按照下列规定计算：

（一）造成身体伤害的，应当支付医疗费、护理费，以及赔偿因误工减少的收入。减少的收入每日的赔偿金按照国家上年度职工日平均工资计算，最高额为国家上年度职工年平均工资的五倍；

（二）造成部分或者全部丧失劳动能力的，应当支付医疗费、护理费、残疾生活辅助具费、康复费等因残疾而增加的必要支出和继续治疗所必需的费用，以及残疾赔偿金。残疾赔偿金根据丧失劳动能力的程度，按照国家规定的伤残等级确定，最高不超过国家上年度职工年平均工资的二十倍。造成全部丧失劳动能力的，对其扶养的无劳动能力的人，还应当支付生活费；

（三）造成死亡的，应当支付死亡赔偿金、丧葬费，总额为国家上年度职工年平均工资的二十倍。对死者生前扶养的无劳动能力的人，还应当支付生活费。

前款第二项、第三项规定的生活费的发放标准，参照当地最低生活保障标准执行。被扶养的人是未成年人的，生活费给付至十八周岁止；其他无劳动能力的人，生活费给付至死亡时止。

第三十五条 有本法第三条或者第十七条规定情形之一，致人精神损害的，应当在侵权行为影响的范围内，为受害人消除影响，恢复名誉，赔礼道歉；造成严重后果的，应当支付相应的精神损害抚慰金。

第三十六条 侵犯公民、法人和其他组织的财产权造成损害的，按照下列规定处理：

（一）处罚款、罚金、追缴、没收财产或者违法征收、征用财产的，返还财产；

（二）查封、扣押、冻结财产的，解除对财产的查封、扣押、冻结，造成财产损坏或者灭失的，依照本条第三项、第四项的规定赔偿；

（三）应当返还的财产损坏的，能够恢复原状的恢复原状，不能恢复原状的，按照损害程度给付相应的赔偿金；

（四）应当返还的财产灭失的，给付相应的赔偿金；

（五）财产已经拍卖或者变卖的，给付拍卖或者变卖所得的价款；变卖的价款明显低于财产价值的，应当支付相应的赔偿金；

（六）吊销许可证和执照、责令停产停业的，赔偿停产停业期间必要的经常性费用开支；

（七）返还执行的罚款或者罚金、追缴或者没收的金钱，解除冻结的存款或者汇款的，应当支付银行同期存款利息；

（八）对财产权造成其他损害的，按照直接损失给予赔偿。

第三十七条 赔偿费用列入各级财政预算。

赔偿请求人凭生效的判决书、复议决定书、赔偿决定书或者调解书，向赔偿义务机关申请支付赔偿金。

赔偿义务机关应当自收到支付赔偿金申请之日起七日内，依照预算管理权限向有关的财政部门提出支付申请。财政部门应当自收到支付申请之日起十五日内支付赔偿金。

赔偿费用预算与支付管理的具体办法由国务院规定。

第五章 其他规定

第三十八条 人民法院在民事诉讼、行政诉讼过程中，违法采取对妨害诉讼的强制措施、保全措施或者对判决、裁定及其他生效法律文书执行错误，造成损害的，赔偿请求人要求赔偿的程序，适用本法刑事赔偿程序的规定。

第三十九条　赔偿请求人请求国家赔偿的时效为两年，自其知道或者应当知道国家机关及其工作人员行使职权时的行为侵犯其人身权、财产权之日起计算，但被羁押等限制人身自由期间不计算在内。在申请行政复议或者提起行政诉讼时一并提出赔偿请求的，适用行政复议法、行政诉讼法有关时效的规定。

赔偿请求人在赔偿请求时效的最后六个月内，因不可抗力或者其他障碍不能行使请求权的，时效中止。从中止时效的原因消除之日起，赔偿请求时效期间继续计算。

第四十条　外国人、外国企业和组织在中华人民共和国领域内要求中华人民共和国国家赔偿的，适用本法。

外国人、外国企业和组织的所属国对中华人民共和国公民、法人和其他组织要求该国国家赔偿的权利不予保护或者限制的，中华人民共和国与该外国人、外国企业和组织的所属国实行对等原则。

第六章　附　　则

第四十一条　赔偿请求人要求国家赔偿的，赔偿义务机关、复议机关和人民法院不得向赔偿请求人收取任何费用。

对赔偿请求人取得的赔偿金不予征税。

第四十二条　本法自 1995 年 1 月 1 日起施行。

国家赔偿费用管理条例

（2010年12月29日国务院第138次常务会议通过
2011年1月17日国务院令第589号公布施行）

第一条 为了加强国家赔偿费用管理，保障公民、法人和其他组织享有依法取得国家赔偿的权利，促进国家机关依法行使职权，根据《中华人民共和国国家赔偿法》（以下简称国家赔偿法），制定本条例。

第二条 本条例所称国家赔偿费用，是指依照国家赔偿法的规定，应当向赔偿请求人赔偿的费用。

第三条 国家赔偿费用由各级人民政府按照财政管理体制分级负担。

各级人民政府应当根据实际情况，安排一定数额的国家赔偿费用，列入本级年度财政预算。当年需要支付的国家赔偿费用超过本级年度财政预算安排的，应当按照规定及时安排资金。

第四条 国家赔偿费用由各级人民政府财政部门统一管理。

国家赔偿费用的管理应当依法接受监督。

第五条 赔偿请求人申请支付国家赔偿费用的，应当向赔偿义务机关提出书面申请，并提交与申请有关的生效判决书、复议决定书、赔偿决定书或者调解书以及赔偿请求人的身份证明。

赔偿请求人书写申请书确有困难的，可以委托他人代书；也可以口头申请，由赔偿义务机关如实记录，交赔偿请求人核对或者向赔偿请求人宣读，并由赔偿请求人签字确认。

第六条 申请材料真实、有效、完整的，赔偿义务机关收到申请材料即为受理。赔偿义务机关受理申请的，应当书面通知赔偿请求人。

申请材料不完整的，赔偿义务机关应当当场或者在3个工作日内一次告知赔偿请求人需要补正的全部材料。赔偿请求人按照赔偿义务机关的要求提交补正材料的，赔偿义务机关收到补正材料即为受理。未告知需要补正材料的，赔偿义务机关收到申请材料即为受理。

申请材料虚假、无效，赔偿义务机关决定不予受理的，应当书面通知赔偿请求人并说明理由。

第七条　赔偿请求人对赔偿义务机关不予受理决定有异议的，可以自收到书面通知之日起10日内向赔偿义务机关的上一级机关申请复核。上一级机关应当自收到复核申请之日起5个工作日内依法作出决定。

上一级机关认为不予受理决定错误的，应当自作出复核决定之日起3个工作日内通知赔偿义务机关受理，并告知赔偿请求人。赔偿义务机关应当在收到通知后立即受理。

上一级机关维持不予受理决定的，应当自作出复核决定之日起3个工作日内书面通知赔偿请求人并说明理由。

第八条　赔偿义务机关应当自受理赔偿请求人支付申请之日起7日内，依照预算管理权限向有关财政部门提出书面支付申请，并提交下列材料：

（一）赔偿请求人请求支付国家赔偿费用的申请；

（二）生效的判决书、复议决定书、赔偿决定书或者调解书；

（三）赔偿请求人的身份证明。

第九条　财政部门收到赔偿义务机关申请材料后，应当根据下列情况分别作出处理：

（一）申请的国家赔偿费用依照预算管理权限不属于本财政部门支付的，应当在3个工作日内退回申请材料并书面通知赔偿义务机关向有管理权限的财政部门申请；

（二）申请材料符合要求的，收到申请即为受理，并书面通知赔偿义务机关；

（三）申请材料不符合要求的，应当在3个工作日内一次告知赔偿义务机关需要补正的全部材料。赔偿义务机关应当在5个工作日内按照要求提交全部补正材料，财政部门收到补正材料即为受理。

第十条　财政部门应当自受理申请之日起15日内，按照预算和财政国库管理的有关规定支付国家赔偿费用。

财政部门发现赔偿项目、计算标准违反国家赔偿法规定的，应当提交作出赔偿决定的机关或者其上级机关依法处理、追究有关人员的责任。

第十一条　财政部门自支付国家赔偿费用之日起3个工作日内告知赔偿

义务机关、赔偿请求人。

第十二条 赔偿义务机关应当依照国家赔偿法第十六条、第三十一条的规定，责令有关工作人员、受委托的组织或者个人承担或者向有关工作人员追偿部分或者全部国家赔偿费用。

赔偿义务机关依照前款规定作出决定后，应当书面通知有关财政部门。

有关工作人员、受委托的组织或者个人应当依照财政收入收缴的规定上缴应当承担或者被追偿的国家赔偿费用。

第十三条 赔偿义务机关、财政部门及其工作人员有下列行为之一，根据《财政违法行为处罚处分条例》的规定处理、处分；构成犯罪的，依法追究刑事责任：

（一）以虚报、冒领等手段骗取国家赔偿费用的；

（二）违反国家赔偿法规定的范围和计算标准实施国家赔偿造成财政资金损失的；

（三）不依法支付国家赔偿费用的；

（四）截留、滞留、挪用、侵占国家赔偿费用的；

（五）未依照规定责令有关工作人员、受委托的组织或者个人承担国家赔偿费用或者向有关工作人员追偿国家赔偿费用的；

（六）未依照规定将应当承担或者被追偿的国家赔偿费用及时上缴财政的。

第十四条 本条例自公布之日起施行。1995 年 1 月 25 日国务院发布的《国家赔偿费用管理办法》同时废止。

最高人民法院
关于审理行政赔偿案件若干问题的规定

（1997年4月29日　法发〔1997〕10号）

为正确审理行政赔偿案件，根据《中华人民共和国国家赔偿法》和《中华人民共和国行政诉讼法》的规定，对审理行政赔偿案件的若干问题作以下规定：

一、受案范围

第一条　《中华人民共和国国家赔偿法》第三条、第四条规定的其他违法行为，包括具体行政行为和与行政机关及其工作人员行使行政职权有关的，给公民、法人或者其他组织造成损害的，违反行政职责的行为。

第二条　赔偿请求人对行政机关确认具体行政行为违法但又决定不予赔偿，或者对确定的赔偿数额有异议提起行政赔偿诉讼的，人民法院应予受理。

第三条　赔偿请求人认为行政机关及其工作人员实施了国家赔偿法第三条第（三）、（四）、（五）项和第四条第（四）项规定的非具体行政行为的行为侵犯其人身权、财产权并造成损失，赔偿义务机关拒不确认致害行为违法，赔偿请求人可直接向人民法院提起行政赔偿诉讼。

第四条　公民、法人或者其他组织在提起行政诉讼的同时一并提出行政赔偿请求的，人民法院应一并受理。

赔偿请求人单独提起行政赔偿诉讼，须以赔偿义务机关先行处理为前提。赔偿请求人对赔偿义务机关确定的赔偿数额有异议或者赔偿义务机关逾期不予赔偿，赔偿请求人有权向人民法院提起行政赔偿诉讼。

第五条　法律规定由行政机关最终裁决的具体行政行为，被作出最终裁决的行政机关确认违法，赔偿请求人以赔偿义务机关应当赔偿而不予赔偿或逾期不予赔偿或者对赔偿数额有异议提起行政赔偿诉讼，人民法院应依法受理。

第六条　公民、法人或者其他组织以国防、外交等国家行为或者行政机关制定发布行政法规、规章或者具有普遍约束力的决定、命令侵犯其合法权益造成损害为由，向人民法院提起行政赔偿诉讼的，人民法院不予受理。

二、管　　辖

第七条　公民、法人或者其他组织在提起行政诉讼的同时一并提出行政赔偿请求的，人民法院依照行政诉讼法第十七条、第十八条、第二十条的规定管辖。

第八条　赔偿请求人提起行政赔偿诉讼的请求涉及不动产的，由不动产所在地的人民法院管辖。

第九条　单独提起的行政赔偿诉讼案件由被告住所地的基层人民法院管辖。

中级人民法院管辖下列第一审行政赔偿案件：

(1)被告为海关、专利管理机关的；

(2)被告为国务院各部门或者省、自治区、直辖市人民政府的；

(3)本辖区内其他重大影响和复杂的行政赔偿案件。

高级人民法院管辖本辖区内有重大影响和复杂的第一审行政赔偿案件。

最高人民法院管辖全国范围内有重大影响和复杂的第一审行政赔偿案件。

第十条　赔偿请求人因同一事实对两个以上行政机关提起行政赔偿诉讼的，可以向其中任何一个行政机关住所地的人民法院提起。赔偿请求人向两个以上有管辖权的人民法院提起行政赔偿诉讼的，由最先收到起诉状的人民法院管辖。

第十一条　公民对限制人身自由的行政强制措施不服，或者对行政机关基于同一事实对同一当事人作出限制人身自由和对财产采取强制措施的具体行政行为不服，在提起行政诉讼的同时一并提出行政赔偿请求的，由受理该行政案件的人民法院管辖；单独提起行政赔偿诉讼的，由被告住所地或原告住所地或不动产所在地的人民法院管辖。

第十二条　人民法院发现受理的案件不属于自己管辖，应当移送有管辖权的人民法院；受移送的人民法院不得再行移送。

第十三条　人民法院对管辖权发生争议的，由争议双方协商解决，协商不成的，报请他们的共同上级人民法院指定管辖。如双方为跨省、自治区、直辖市的人民法院,高级人民法院协商不成的,由最高人民法院及时指定管辖。

依前款规定报请上级人民法院指定管辖时,应当逐级进行。

三、诉讼当事人

第十四条 与行政赔偿案件处理结果有法律上的利害关系的其他公民、法人或者其他组织有权作为第三人参加行政赔偿诉讼。

第十五条 受害的公民死亡,其继承人和其他有抚养关系的亲属以及死者生前抚养的无劳动能力的人有权提起行政赔偿诉讼。

第十六条 企业法人或者其他组织被行政机关撤销、变更、兼并、注销,认为经营自主权受到侵害,依法提起行政赔偿诉讼,原企业法人或其他组织,或者对其享有权利的法人或其他组织均具有原告资格。

第十七条 两个以上行政机关共同侵权,赔偿请求人对其中一个或者数个侵权机关提起行政赔偿诉讼,若诉讼请求系可分之诉,被诉的一个或者数个侵权机关为被告;若诉讼请求系不可分之诉,由人民法院依法追加其他侵权机关为共同被告。

第十八条 复议机关的复议决定加重损害的,赔偿请求人只对作出原决定的行政机关提起行政赔偿诉讼,作出原决定的行政机关为被告;赔偿请求人只对复议机关提起行政赔偿诉讼的,复议机关为被告。

第十九条 行政机关依据行政诉讼法第六十六条的规定申请人民法院强制执行具体行政行为,由于据以强制执行的根据错误而发生行政赔偿诉讼的,申请强制执行的行政机关为被告。

第二十条 人民法院审理行政赔偿案件,需要变更被告而原告不同意变更的,裁定驳回起诉。

四、起诉与受理

第二十一条 赔偿请求人单独提起行政赔偿诉讼,应当符合下列条件:

(1)原告具有请求资格;

(2)有明确的被告;

(3)有具体的赔偿请求和受损害的事实根据;

(4)加害行为为具体行政行为的,该行为已被确认为违法;

(5)赔偿义务机关已先行处理或超过法定期限不予处理;

(6)属于人民法院行政赔偿诉讼的受案范围和受诉人民法院管辖;

(7)符合法律规定的起诉期限。

第二十二条 赔偿请求人单独提起行政赔偿诉讼,可以在向赔偿义务机关递交赔偿申请后的两个月届满之日起三个月内提出。

第二十三条 公民、法人或者其他组织在提起行政诉讼的同时一并提出行政赔偿请求的,其起诉期限按照行政诉讼起诉期限的规定执行。

行政案件的原告可以在提起行政诉讼后至人民法院一审庭审结束前,提出行政赔偿请求。

第二十四条 赔偿义务机关作出赔偿决定时,未告知赔偿请求人的诉权或者起诉期限,致使赔偿请求人逾期向人民法院起诉的,其起诉期限从赔偿请求人实际知道诉权或者起诉期限时计算,但逾期的期间自赔偿请求人收到赔偿决定之日起不得超过一年。

第二十五条 受害的公民死亡,其继承人和有抚养关系的人提起行政赔偿诉讼,应当提供该公民死亡的证明及赔偿请求人与死亡公民之间的关系证明。

第二十六条 当事人先后被采取限制人身自由的行政强制措施和刑事拘留等强制措施,因强制措施被确认为违法而请求赔偿的,人民法院按其行为性质分别适用行政赔偿程序和刑事赔偿程序立案受理。

第二十七条 人民法院接到原告单独提起的行政赔偿起诉状,应当进行审查,并在七日内立案或者作出不予受理的裁定。

人民法院接到行政赔偿起诉状后,在七日内不能确定可否受理的,应当先予受理。审理中发现不符合受理条件的,裁定驳回起诉。

当事人对不予受理或者驳回起诉的裁定不服的,可以在裁定书送达之日起十日内向上一级人民法院提起上诉。

五、审理和判决

第二十八条 当事人在提起行政诉讼的同时一并提出行政赔偿请求,或者因具体行政行为和与行使行政职权有关的其他行为侵权造成损害一并提出行政赔偿请求的,人民法院应当分别立案,根据具体情况可以合并审理,也可以单独审理。

第二十九条　人民法院审理行政赔偿案件，就当事人之间的行政赔偿争议进行审理与裁判。

第三十条　人民法院审理行政赔偿案件在坚持合法、自愿的前提下，可以就赔偿范围、赔偿方式和赔偿数额进行调解。调解成立的，应当制作行政赔偿调解书。

第三十一条　被告在一审判决前同原告达成赔偿协议，原告申请撤诉的，人民法院应当依法予以审查并裁定是否准许。

第三十二条　原告在行政赔偿诉讼中对自己的主张承担举证责任。被告有权提供不予赔偿或者减少赔偿数额方面的证据。

第三十三条　被告的具体行政行为违法但尚未对原告合法权益造成损害的，或者原告的请求没有事实根据或法律根据的，人民法院应当判决驳回原告的赔偿请求。

第三十四条　人民法院对赔偿请求人未经确认程序而直接提起行政赔偿诉讼的案件，在判决时应当对赔偿义务机关致害行为是否违法予以确认。

第三十五条　人民法院对单独提起行政赔偿案件作出判决的法律文书的名称为行政赔偿判决书、行政赔偿裁定书或者行政赔偿调解书。

六、执行与期间

第三十六条　发生法律效力的行政赔偿判决、裁定或调解协议，当事人必须履行。一方拒绝履行的，对方当事人可以向第一审人民法院申请执行。

申请执行的期限，申请人是公民的为一年，申请人是法人或者其他组织的为六个月。

第三十七条　单独受理的第一审行政赔偿案件的审理期限为三个月，第二审为两个月；一并受理行政赔偿请求案件的审理期限与该行政案件的审理期限相同。如因特殊情况不能按期结案，需要延长审限的，应按照行政诉讼法的有关规定报请批准。

七、其　　他

第三十八条　人民法院审理行政赔偿案件，除依照国家赔偿法行政赔偿程序的规定外，对本规定没有规定的，在不与国家赔偿法相抵触的情况下，可以适用行政诉讼的有关规定。

第三十九条 赔偿请求人要求人民法院确认致害行为违法涉及的鉴定、勘验、审计等费用,由申请人预付,最后由败诉方承担。

第四十条 最高人民法院以前所作的有关司法解释与本规定不一致的,按本规定执行。

最高人民法院关于进一步保护和规范当事人依法行使行政诉权的若干意见

（2017 年 8 月 31 日　法发〔2017〕25 号）

新行政诉讼法和立案登记制同步实施以来，各级人民法院坚持司法为民的工作宗旨，进一步强化诉权保护意识，着力从制度上、源头上、根本上解决人民群众反映强烈的“立案难”问题，对依法应当受理的案件有案必立、有诉必理，人民群众的行政诉权得到了充分保护，立案渠道全面畅通，新行政诉讼法实施和立案登记制改革取得了重大成果。但与此同时，阻碍当事人依法行使诉权的现象尚未完全消除；一些当事人滥用诉权，浪费司法资源的现象日益增多。为了更好地保护和规范当事人依法行使诉权，引导当事人合理表达诉求，促进行政争议实质化解，结合行政审判工作实际，提出如下意见：

一、进一步强化诉权保护意识，积极回应人民群众合理期待，有力保障当事人依法合理行使诉权

1. 各级人民法院要高度重视诉权保护，坚持以宪法和法律为依据，以满足人民群众需求为导向，以实质化解行政争议为目标，对于依法应当受理的行政案件，一律登记立案，做到有案必立、有诉必理，切实维护和保障公民、法人和其他组织依法提起行政诉讼的权利。

2. 要切实转变观念，严格贯彻新行政诉讼法的规定，坚决落实立案登记制度，对于符合法定起诉条件的，应当当场登记立案。严禁在法律规定之外，以案件疑难复杂、部门利益权衡、影响年底结案等为由，不接收诉状或者接收诉状后不出具书面凭证。

3. 要不断提高保护公民、法人和其他组织依法行使诉权的意识，对于需要当事人补充起诉材料的，应当一次性全面告知当事人需要补正的内容、补充的材料及补正期限等；对于当事人欠缺法律知识的，人民法院必须做好诉讼引导和法律释明工作。

4. 要坚决清理限制当事人诉权的“土政策”，避免在立案环节进行过度审查，违法将当事人提起诉讼的依据是否充分、事实是否清楚、证据是否确凿、法律关系是否明确等作为立案条件。对于不能当场作出立案决定的，应当严格按照行政诉讼法和司法解释的规定，在七日内决定是否立案。人民法院在七日内既不立案、又不作出不予立案裁定，也未要求当事人补正起诉材料的，当事人可以向上一级人民法院起诉，上一级人民法院认为符合起诉条件的，应当立案、审理或指定其他下级人民法院立案、审理。

5. 对于属于人民法院受案范围的行政案件，人民法院发现没有管辖权的，应当告知当事人向有管辖权的人民法院起诉；已经立案的，应当移送有管辖权的人民法院。对于不属于复议前置的案件，人民法院不得以当事人的起诉未经行政机关复议为由不予立案或者不接收起诉材料。当事人的起诉可能超过起诉期限的，人民法院应当进行认真审查，确因不可抗力或者不可归责于当事人自身原因耽误起诉期限的，人民法院不得以超过起诉期限为由不予立案。

6. 要进一步提高诉讼服务能力，充分利用“大数据”“互联网 +”“人工智能”等现代技术，继续推进诉讼服务大厅、诉讼服务网络、12368 热线、智能服务平台等建设，不断创新工作理念，完善服务举措，为人民群众递交材料、办理手续、领取文书以及立案指导、咨询解答、信息查询等提供一站式、立体化服务，为人民群众依法行使诉权提供优质、便捷、高效的诉讼引导和服务。

7. 要依法保障经济困难和诉讼实施能力较差的当事人的诉权。通过法律援助、司法救助等方式，让行使诉权确有困难的当事人能够顺利进入法院参与诉讼。要积极建立与律师协会、法律援助中心等单位的沟通交流和联动机制，为当事人提供及时有效的法律援助，提高当事人的诉讼实施能力。

8. 要严格执行中共中央办公厅、国务院办公厅印发的《领导干部干预司法活动、插手具体案件处理的记录、通报和责任追究规定》和中央政法委印发的《司法机关内部人员过问案件的记录和责任追究规定》，及时制止和纠正干扰依法立案、故意拖延立案、人为控制立案等违法违规行为。对于阻碍和限制当事人依法行使诉权、干预人民法院依法受理和审理行政案件的机关和个人，人民法院应当如实记录，并按规定报送同级党委政法委，同时可以向其上级机关或监察机关进行通报、提出处理建议。

二、正确引导当事人依法行使诉权，严格规制恶意诉讼和无理缠诉等滥诉行为

9. 要正确理解立案登记制的精神实质，在防止过度审查的同时，也要注意坚持必要审查。人民法院除对新行政诉讼法第四十九条规定的起诉条件依法进行审查外，对于起诉事项没有经过法定复议前置程序处理、起诉确已超过法定起诉期限、起诉人与行政行为之间确实没有利害关系等明显不符合法定起诉条件的，人民法院依法不予立案，但应当向当事人说明不予立案的理由。

10. 要引导当事人依法行使诉权，对于没有新的事实和理由，针对同一事项重复、反复提起诉讼，或者反复提起行政复议继而提起诉讼等违反“一事不再理”原则的起诉，人民法院依法不予立案，并向当事人说明不予立案的理由。当事人针对行政机关未设定其权利义务的重复处理行为、说明性告知行为及过程性行为提起诉讼的，人民法院依法不予立案，并向当事人做好释明工作，避免给当事人造成不必要的诉累。

11. 要准确把握新行政诉讼法第二十五条第一款规定的“利害关系”的法律内涵，依法审查行政机关的行政行为是否确与当事人权利义务的增减得失密切相关，当事人在诉讼中是否确实具有值得保护的实际权益，不得虚化、弱化利害关系的起诉条件。对于确与行政行为有利害关系的起诉，人民法院应当予以立案。

12. 当事人因请求上级行政机关监督和纠正下级行政机关的行政行为，不服上级行政机关作出的处理、答复或者未作处理等层级监督行为提起诉讼，或者不服上级行政机关对下级行政机关作出的通知、命令、答复、回函等内部指示行为提起诉讼的，人民法院在裁定不予立案的同时，可以告知当事人可以依法直接对下级行政机关的行政行为提起诉讼。上述行为如果设定了当事人的权利义务或者对当事人权利义务产生了实际影响，人民法院应当予以立案。

13. 当事人因投诉、举报、检举或者反映问题等事项不服行政机关作出的行政行为而提起诉讼的，人民法院应当认真审查当事人与其投诉、举报、检举或者反映问题等事项之间是否具有利害关系，对于确有利害关系的，应当依法予以立案，不得一概不予受理。对于明显不具有诉讼利益、无法或者没有必要通过司法渠道进行保护的起诉，比如当事人向明显不具有事务、地域或者级别管辖权的行政机关投诉、举报、检举或者反映问题，不服行政机关作出的处理、答复或者未作处理等行为提起诉讼的，人民法院依法不予立案。

14. 要正确区分当事人请求保护合法权益和进行信访之间的区别，防止将当事人请求行政机关履行法定职责当作信访行为对待。当事人因不服信访工作机构依据《信访条例》作出的处理意见、复查意见、复核意见或者不履行《信访条例》规定的职责提起诉讼的，人民法院依法不予立案。但信访答复行为重新设定了当事人的权利义务或者对当事人权利义务产生实际影响的，人民法院应当予以立案。

15. 要依法制止滥用诉权、恶意诉讼等行为。滥用诉权、恶意诉讼消耗行政资源，挤占司法资源，影响公民、法人和其他组织诉权的正常行使，损害司法权威，阻碍法治进步。对于以危害国家主权和领土完整、危害国家安全、破坏国家统一和民族团结、破坏国家宗教政策为目的的起诉，人民法院依法不予立案；对于极个别当事人不以保护合法权益为目的，长期、反复提起大量诉讼，滋扰行政机关，扰乱诉讼秩序的，人民法院依法不予立案。

16. 要充分尊重和保护公民、法人或者其他组织的知情权，依法及时审理当事人提起的涉及申请政府信息公开的案件。但对于当事人明显违反《中华人民共和国政府信息公开条例》立法目的，反复、大量提出政府信息公开申请进而提起行政诉讼，或者当事人提起的诉讼明显没有值得保护的与其自身合法权益相关的实际利益，人民法院依法不予立案。公民、法人或者其他组织申请公开已经公布或其已经知晓的政府信息，或者请求行政机关制作、搜集政府信息或对已有政府信息进行汇总、分析、加工等，不服行政机关作出的处理、答复或者未作处理等行为提起诉讼的，人民法院依法不予立案。

17. 在认定滥用诉权、恶意诉讼的情形时，应当从严掌握标准，要从当事人提起诉讼的数量、周期、目的以及是否具有正当利益等角度，审查其是否具有滥用诉权、恶意诉讼的主观故意。对于属于滥用诉权、恶意诉讼的当事人，要探索建立有效机制，依法及时有效制止。

参考资料

规范复议程序　维护群众权益

——自然资源部法规司司长魏莉华解读《自然资源行政复议规定》

2019年7月19日，自然资源部部长陆昊签署自然资源部第3号令，公布《自然资源行政复议规定》，自2019年9月1日起施行。为什么要制定《自然资源行政复议规定》？针对自然资源领域行政复议案件持续高发多发的态势，《自然资源行政复议规定》作出了哪些创新性的制度安排？自然资源部法规司司长魏莉华对此做了详细解读。

坚持刀刃向内　规范复议程序

行政复议制度是行政机关内部自我纠错的重要法律制度。自然资源管理关系国家生态文明建设，关系人民群众重大财产权益。近年来，自然资源领域行政复议案件的数量持续高位运行，2019年上半年，部本级行政复议案件的数量高达928件，同比增长67.5%。机构改革前，原国土资源部、原国家海洋局和原国家测绘地理信息局分别制定了《国土资源行政复议规定》《海洋行政复议办法》《国家测绘局行政复议和行政应诉办法》等，在规范行政复议案件的办理程序、合理划分行政复议职权职责、强化内部层级监督、维护群众合法权益等方面发挥了重要作用。但是，这些规定也存在相关要求不统一、程序不一致等问题，已不能满足新部组建后行政复议工作需要，亟需进行重构和优化。此外，2018年部本级行政复议案件的纠错率达22%，高于全国平均水平6.9个百分点，2019年上半年行政复议案件纠错率更高达44%，再创历史新高。这在一定程度上反映出自然资源管理系统存在的一些突出问题，如：有的群众意识不强，对群众的合理诉求“推拖绕”；有的不履行法定职责，故意上交矛盾；有的不重视法定程序，行政执法不规范；有的对新形势新情况缺乏有效的应对，群体性复议案件不断发生。要解决这些问题，必须坚持刀刃向内，加强和完善制度建设，推进行政争议实质性化解，充分发挥行政复议公正高效、便民为民的制度优势，不断提升自然资源的法治化水平，努力让人民群众在每一起行政复议案件中都感受到公平正义，这就是制定《自然资源行政复议规定》的背景和目的。

遵循三个原则　体现五大亮点

《自然资源行政复议规定》对行政复议案件的受理、登记、办理、决定及履行监督和法律责任进行了全面规范，通篇遵循了三个原则：一是坚持以人民为中心，将增强群众意识、维护群众权益作为行政复议工作的首要目标；二是坚持问题导向，加强源头治理，把化解行政争议作为行政复议工作的最大价值追求；三是坚持高效便民，优化复议流程，最大限度地为群众释明正确的权利救济渠道。

从内容看，突出了五大亮点：一是对自然资源系统行政复议工作人员的专业性提出要求，明确规定：自然资源管理系统初次从事行政复议工作的人员应当通过国家统一法律职业资格考试取得法律职业资格。二是简化信息公开和投诉举报类复议案件的审理标准。依据《最高人民法院关于适用〈中华人民共和国行政诉讼法〉的解释》和新修订的《政府信息公开条例》，并结合多年来自然资源行政复议案件的审理实践，对信息公开和投诉举报类行政复议案件的审理标准进行了规范，即信息公开和投诉举报类案件在符合《自然资源行政复议规定》列举的情形时，行政复议机构可以作出不予受理或者驳回的行政复议决定，简化行政复议程序，免除被申请人的答复义务。三是建立不利行政复议决定的分析报告制度。行政复议案件反映的问题只有反馈到行政管理过程中，从末端治理变为源头治理，才能“举一反三”，促进依法行政，避免同类问题一错再错。针对实践中部分地方自然资源主管部门因害怕被批评或者被追责，而将不利的行政复议决定“藏起来”，不利于暴露问题、改正错误，《自然资源行政复议规定》明确：自然资源主管部门的行政行为被行政复议机关撤销、变更、确认违法的，或者行政复议机关责令履行法定职责的，行政行为的原承办机构应当适时制作行政复议决定分析报告，向本机关负责人报告，并抄送法治工作机构。四是压实地方责任。针对部分地方长期反复出现群体性行政复议案件，或者不积极履行行政复议决定导致矛盾纠纷没有实质性化解，或者不担当不作为将矛盾纠纷统统推给上级自然资源主管部门，严重损害了群众权益，影响了自然资源管理秩序和部门形象等突出问题，《自然资源行政复议规定》压实地方责任，建立了行政复议约谈制度，明确对不履行行政复议职责、故意将行政复议案件上交，逾期不履行行政复议决定、不反馈行政复议意见书建议书等六种情形，上级自然资源主管部门可以约谈下级自然资源主管部门的负责人，通报有关地方人民政府，以督促地方切实解决行政复议中反映的突出问题。五是服务机构改革，释明林草类案件的权利救济途径。适应自然资源管理体制后出现的新情况，理顺部与国家林业和草原局行政复议职责，《自然资源行政复议规定》明确：申请人对国家林业和草原局行政行为不服的，应当向国家林业和草原局提起行政复议。申请人对地方林业和草原主管部门的行政行为不服，选择向其上一级主管部门申请行政复议的，应当向上一级林业和草原主管部门提起行政复议。同时，为便利申请人，还明确了此类情形下，自然资源主管部门的转办和告知程序。

加强学习培训　全面贯彻落实

《自然资源行政复议规定》于2019年9月1日起开始施行。部将重点做好三方面工作：一是认真开展组织培训。《自然资源行政复议规定》是各级自然资源主管部门开展行政复议工作的“工具书”，具有很强的指导性和可操作性。部将抓紧开展学习培训工作，一级培训一级，一级指导一级，为全面落实奠定良好的基础。二是全面严格贯彻落实。要对行政复议工作开展流程再造和源头治理，进一步提高自然资源行政复议质量和水平。要注重行政复议的反馈和监督功能，及时反映通报行政复议过程中发现的自然资源管理的普遍性问题和制度性问题，推动自然资源管理法治化。三是切实加强考核评价。各级自然资源主管部门要高度重视行政复议，将其作为一项常态性工作，更要作为一项政治性工作，作为自然资源管理系统一场刀刃向内的自我革命。加强内部监督和层级监督，将履行行政复议职责情况、行政复议决定履行与监督情况等作为考核评价的重要内容，作为人民群众对自然资源主管部门满意程度的重要依据，进一步加强和改进自然资源管理。

依法落实好行政应诉的法定职责

——自然资源部法规司司长魏莉华解读《自然资源行政应诉规定》

2019年7月19日，自然资源部部长陆昊签署自然资源部第4号令，公布《自然资源行政应诉规定》，自2019年9月1日起施行。就制定《自然资源行政应诉规定》的背景和主要内容，自然资源部法规司司长魏莉华做了详细解读。

规范应诉程序　强化应诉责任

行政应诉是《行政诉讼法》规定的行政机关的法定义务。近年来，自然资源管理系统行政应诉案件量大幅增加。2018年，部本级收到行政诉讼案件1059件，同比增长43.3%，在国务院各部门中位居第三。2019年上半年，部本级收到行政应诉案件656件，同比增长44.7%。地方自然资源主管部门行政应诉案件也持续高位运行。行政应诉已经成为各级自然资源主管部门的一项常态性工作。机构改革前，原国土资源部、原国家海洋局、原国家测绘地理信息局均出台了行政应诉方面的规定，在规范行政应诉程序、明确应诉职责等方面发挥了重要作用，但也存在相关规定不一致、要求不统一的问题，已不能满足新部组建后行政应诉工作需要，亟需进行重构和优化。最高人民法院也就行政诉讼法出台了最新的司法解释和一系列文件，亟需将有关规定和要求在自然资源行政应诉工作中予以落实。此外，2018年，部本级行政诉讼案件败诉率为4.5%，低于全国行政机关平均败诉率，2019年上半年，败诉率不到1%，创历史新低。但自然资源管理系统行政应诉工作仍然存在一些问题，如，有的不重视行政应诉工作，推卸责任；有的依法行政意识不强、群众意识差，作出行政行为时较为随意、程序不规范，引发不必要的矛盾冲突；有的尚未掌握行政应诉的规律和要求，答辩、举证、质证、履行生效判决的能力不足等。制定出台《自然资源行政应诉规定》，就是要规范应诉程序，落实应诉职责，不断提升自然资源管理的法治化水平。

坚持问题导向　突出四大亮点

《自然资源行政应诉规定》坚持问题导向，对症下药健全工作制度机制，突出体现了“四大亮点”：

一是按照“谁作为、谁应诉”的原则落实应诉职责。实践中，各级自然资源主管部门普遍存在行政应诉职责不清、相互推诿扯皮的现象，部分业务机构的同志不愿出庭、不敢出庭，导致“办事人员不出庭、出庭人员说不清”的现象。根据《国务院办公厅关于加强和改进行政应诉工作的意见》（国办发〔2016〕54号，以下简称“国办发54号文件”）关于“要强化被诉行政行为承办机关或者机构的行政应诉责任，同时发挥法制工作机构在行政应诉工作中的组织、协调、指导作用”的要求，《自然资源行政应诉规定》按照“谁作为、谁应诉”的原则，明确自然资源主管部门作出被诉行政行为的工作机构为应诉承办机构，负责承办相应的行政应诉工作，自然资源主管部门的法治工作机构负责组织、协调和指导本部门行政应诉工作。

二是探索出庭方式多元化。根据《最高人民法院关于认真贯彻行政诉讼法完善国务院部门出庭应诉工作的通知》（法〔2018〕361号）精神，自2019年1月1日起，国务院部门作为单独被告、共同被告的行政案件，可以选择通过最高人民法院远程在线应诉平台出庭应诉。同时，为化解系统案件数量多、应诉压力大的问题，我部自2018年6月起，积极探索共同被告异地应诉委托出庭制度，在共同被告案件量大并且法治工作基础比较好的4个省开展试点，委托其在与部共同应诉的案件中以部名义出庭应诉，取得了较好的效果。为此，总结试点经验并结合工作实际，《自然资源行政应诉规定》明确：共同应诉案件中，自然资源主管部门可以通过人民法院远程在线应诉平台出庭应诉，也可以委托下一级自然资源主管部门出庭应诉。

三是建立应诉承办机构负责人出庭应诉机制。行政机关负责人出庭应诉是新《行政诉讼法》确立的一项法定制度。国办发54号文件明确要求，被诉行政机关负责人要带头履行行政应诉职责，积极出庭应诉，明确了行政机关负责人应当出庭应诉的具体情形。根据这个要求，同时参考一些地方的做法，结合自然资源管理实际，《自然资源行政应诉规定》创造性地列举了应诉承办机构负责人应当出庭应诉的具体情形。主要考虑是，业务机构负责人不同于一般的工作人员，尽管其不是行政机关负责人，但业务机构负责人出庭应诉，有利于促使业务机构及时完善制度、改进工作。实践证明应诉承办机构负责人出庭效果很好，部机关有关业务司局负责同志出庭后均表示很受触动。

四是细化执行法院生效裁判方式方法。《自然资源行政应诉规定》重点强化了对人民法院裁判文书处置和执行生效裁判方面的制度设计，细化了上诉、履行等不同情形的处置要求，明确了缴纳诉讼费用、支付赔偿费用等相关程序的办理职责等。特别是为了发挥行政诉讼案件的发现、反馈、纠错和监督功能，杜绝"一错再错"的现象，《自然资源行政应诉规定》要求：对于败诉案件，应诉承办机构应当对裁判结果进行分析，并对裁判结果分析和履行情况作出书面报告。同时，《自然资源行政应诉规定》强调尊重法院意见，重视司法建议，要求应诉承办机构对人民法院提出的司法建议积极研究落实，提出整改措施。

《自然资源行政应诉规定》将于 2019 年 9 月 1 日起开始施行。部将适时组织培训，抓好贯彻落实，确保落到实处，充分发挥好司法审判对自然资源管理的监督制约作用，提升自然资源管理依法行政能力和水平。

国土资源部行政复议十大典型案例

一、李某不服湖南省国土资源厅建设用地预审案

【典型意义】建设用地预审是发展改革部门审批、核准项目前对用地的预先把关，是有关部门审批项目可行性研究报告、核准项目申请报告的必备文件，但并不是批准项目用地的直接依据，尚未对被征地农民的权利义务产生直接影响。本案的意义在于，向群众释明法律，引导群众采取更加直接、有效的方式，依法维护自身的合法权益。同时，避免程序空转，降低不必要的社会成本。

（一）基本案情

2009 年，湖南省国土资源厅（以下简称湖南省厅）根据泸溪县白武公路改造工程有限责任公司提交的申请材料，作出《湖南省建设用地预审报告书》（湘国土预审字〔2009〕第 75 号，以下简称 75 号预审报告书），认为该项目用地符合法律法规规定，通过预审。2017 年 10 月，李某经向湖南省厅申请信息公开，获知 75 号预审报告书，并得知其房屋在 75 号预审报告书的拟用地范围内。2017 年 11 月 20 日，李某不服 75 号预审报告书，提起行政复议，请求撤销该预审报告书。

（二）处理结果

复议机关认为，预审报告书是依据《土地管理法》的规定，在建设项目可行性研究论证时，国土资源主管部门根据土地利用总体规划、土地利用年度计划和建设用地标准，对建设用地有关事项进行审查后作出的意见，李某不是 75 号预审报告书的相对人，与 75 号预审报告书无行政法律上的利害关系，其就 75 号预审报告书提出的行政复议申请不符合行政复议受理条件，复议机关依法作出不予受理的行政复议决定。

（三）案例评析

本案的焦点是，建设用地预审意见与拟用地范围内的居民是否具有行政法律上的利害关系。

根据《土地管理法》、《土地管理法实施条例》和国家相关法律法规的规定，建设项目用地预审是国土资源主管部门对建设项目涉及土地利用有关事项进行的审查，审查的主要内容是建设项目选址是否符合土地利用总体规划，是否符合国家供地政策，项目用地规模是否符合工程建设用地指标的规定，项目占用耕地的，补偿耕地初步方案是否可行，征地补偿安置标准是否符合当地制定的标准等，并根据审查情况出具建设用地预审意见。

从制度设计上看，用地预审实际上是发展改革部门审批、核准项目前对用地的预先把关，是有关部门审批项目可行性研究报告、核准项目申请报告的必备文件，但并不是项目用地的直接依据，不产生外化的法律效力，对预审意见所涉地块范围内的居民而言，其与预审意见没有行政法律上的利害关系，预审意见对其权利义务不产生直接影响。如其认为自身合法权益受到侵害，应当直接就对外发生法律效力的土地征收或房屋拆迁等行为提起行政复议，切实有效维护其合法权益。

【专家点评】

建设用地预审报告与其所涉地块范围内的居民是否具有利害关系？这是判断复议申请能否被受理的关键因素之一。根据《行政复议法实施条例》第二十八条第二项的规定，“申请人与具体行政行为有利害关系”是行政复议申请被受理的条件之一。在利害关系的认定上，理论界与实务界通常所采用的标准是“行政法律上的利害关系说”，即复议申请人之合法权益有受具体行政行为直接侵害之虞，并不包括具体行政行为所产生之一般事实上的影响。判断构成行政法律上利害关系的要素有二：一是申请人的权益受到损害或有受到损害的现实可能性；二是权益损害与具体行政行为具有因果关系，即具体行政行为是因，权益损害是果。建设用地预审报告是国土资源主管部门在项目审批、核准前对用地的预先把关，并不是土地征收或房屋拆迁的直接依据，对被征地农民的权利义务不产生直接影响，公民不能直接就预审报告申请行政复议。

本案的典型意义在于本决定是针对行政复议申请人资格问题所作的判断，确立了申请行政复议上利害关系的判断基准，这为国土资源领域类似复议案件的申请与受理做出了指引。

二、白某、成某不服北京市规划和国土资源管理委员会信息公开答复案

【典型意义】本案明确了不动产登记查询与政府信息公开的关系。不动产登记资料查询属于特定行政管理领域的业务查询事项，只有权利人、利害关系人和有关国家机关有权获取相关信息，其他人员不能通过政府信息公开的途径申请公开。本案的典型意义在于，通过释明法律规定，形成有效的示范效应，保护权利人不动产登记信息的安全。

（一）基本案情

2016年7月7日，白某、成某向北京市规划和国土资源管理委员会（以下简称北京市规土委）申请公开"按照《在京中央国家机关用地土地登记办法》第八条北京市局收到在京中央国家机关用地土地申请后按照《土地登记规则》颁发土地证书规定，国家轻工业局机关服务中心2000年7月11日递交宣武区右安门内大街28号院《北京市国有土地地籍调查表》的土地证书复印件"的政府信息。7月27日，北京市规土委告知其所需信息属于不动产登记信息，不能通过政府信息公开方式提供，建议其到各区不动产登记部门申请查询。白某、成某不服该告知书，提起行政复议，请求予以撤销。

（二）处理结果

复议机关认为，依据《政府信息公开条例》第十七条和第二十一条、《物权法》第十八条、《不动产登记暂行条例》第二十七条、《不动产登记暂行条例实施细则》第九十四条和第九十七条、国务院办公厅政府信息与政务公开办公室的复函（国办公开办函〔2016〕206号）等规定，白某、成某申请公开的信息属于不动产登记资料，不能通过政府信息公开方式予以提供。复议机关维持了北京市规土委作出的信息公开答复。

（三）案例评析

本案的争议焦点是，非不动产权利人、利害关系人，能否通过政府信息公开途径查询或获取不动产登记资料。

不动产登记资料查询，属于特定行政管理领域的业务查询事项，其法律依据、办理程序、法律后果等，与《政府信息公开条例》所调整的政府信息公开行为存在根本性差别，当事人依据《政府信息公开条例》申请这类业务查询的，行政机关应当告知其依据相应的法律法规规定办理。因此，申请人不能通过申请政府信息公开的方式申请获取不动产登记资料。

值得注意的是，行政机关在适用国务院办公厅政府信息与政务公开办公室的复函（国办公开办函〔2016〕206号）的规定时，切不可任意扩大适用范围，并非所有不动产登记资料中的信息都不能通过政府信息公开途径获取。不动产登记资料包括不动产登记簿等不动产登记结果和不动产登记原始资料，通常只能通过不动产登记查询途径获得，但是作为不动产权利来源的各类信息是否免于公开，需要进行具体甄别，例如，土地出让合同可能包含在不动产登记资料中，但不能简单以此为由而拒绝信息公开。

【专家点评】

信息公开，内涵十分丰富，领域十分宽泛。我国法律体系中，有接近一半的法律、约三分之一的行政法规包含有关信息公开的规定。如何正确处理这些规定与《政府信息公开条例》之间的关系，是个重大的理论、制度和现实问题。

信息公开存在不同的类型。比如，有作为业务查询事项的信息公开，如户籍信息查询、工商登记资料查询等；有作为行政程序环节的信息公开，包括各类公示、公告等；有作为监管手段的信息公开，如强制性信息披露制度；有作为行政处罚方式的信息公开，如药品安全监管"黑名单"等。不同类型的信息公开，其法律依据、公开主体、公开客体、公开对象、公开方式、法律后果等都内在不同。

本案涉及的不动产登记信息查询，就是典型的作为业务查询事项的信息公开。为确保物权安全和交易秩序，有关法律法规规章对不动产登记信息的查询主体范围、查询条件、办理程序等，都作了限制性规定。申请人可以依据《政府信息公开条例》申请不动产登记信息，行政机关可以拒绝公开，但是，不能将不公开的理由归结为不属于《政府信息公开条例》调整范围，而应按照《政府信息公开条例》规定的程序、期限等要求，告知其按照相应的法律法规规章办理。

三、肖某不服湖南省国土资源厅拒收政府信息公开申请表案

【典型意义】政府信息公开申请接收，是政府信息公开程序起点，直接关系到政府信息公开法定义务的履行及后续责任归属，必须严格予以规范，既要保护申请人权利，又要注意避免由此引发不必要的争议。

（一）基本案情

2017年4月10日，肖某向湖南省国土资源厅（以下简称"湖南省厅"）通过

顺丰速运公司寄交《国土资源政府信息公开申请表》(以下简称《申请表》),申请公开"省人民政府〔2015〕政国土字第 1125 号《农用地转用、土地征收审批单》所呈报的用地报批资料"。2017 年 4 月 13 日,湖南省厅拒收肖某寄交的《申请表》。肖某以湖南省厅拒收《申请表》为由向国土资源部提起行政复议,请求责令湖南省厅对其申请的政府信息进行公开。

(二)处理结果

复议机关认为,依据《政府信息公开条例》第二十一条、第二十四条和《邮政法》第五十五条"快递企业不得经营由邮政企业专营的信件寄递业务,不得寄递国家机关公文"、第五十六条"快递企业经营邮政企业专营业务范围以外的信件快递业务,应当在信件封套的显著位置标注信件字样。快递企业不得将信件打包后作为包裹寄递"的规定,肖某向湖南省厅寄交的《申请表》不属于国家机关公文范围,不能认定《申请表》属于邮政企业专营范围。湖南省厅以肖某委托的是不具有信件寄递业务的顺丰速运公司为由拒收《申请表》,属于认定事实不清,适用依据错误。并且,湖南省厅应当对肖某的政府信息公开申请履行答复的义务,湖南省厅拒收《申请表》,应当认定为不作为。据此,复议决定要求湖南省厅在法定时限内答复肖某的信息公开申请。

目前,湖南省厅在收到复议决定后,已经根据法律规定作出了信息公开告知。

(三)案例评析

本案的争议焦点是,行政机关能否拒收申请人委托快递企业投递的信息公开申请。

实践中,有的行政机关认为,邮寄给行政机关的信件,只能由邮政企业来投递。实际上,并没有法律法规对公民、法人和其他组织邮寄信件的方式进行规定,也未禁止其通过快递企业投递信息公开申请。同时,根据《邮政法》规定,机关、企业事业单位应当设置接收邮件的场所。湖南省厅以申请人委托的顺丰速运公司不具有经营信件邮寄业务的资质、其没有接收邮政企业以外的快递企业信件义务为由拒收信件,缺乏法律依据,客观上阻碍了申请人的信息公开申请权,构成了不作为。复议机关经调查了解到,根据当地规定,快递公司投递的信件不能进入办公区域,而湖南省厅距离办公区大门的直线距离较远,信息公开工作机构在人手少、工作量大的情况下,确实存在接收快递的实际困难,但并不能因此拒绝接收信息公开申请。为避免产生争议,行政机关应当设置专门的场所或者开通多种渠道,并将其开通的接收渠道向社会公告,为申请人申请信息公开提供指引和便利。本案对于规范各级国土资源主管部门接收群众信件的程序,具有启示意义。

【专家点评】

本案涉及的政府信息公开申请接收问题,看似小问题,实则是个大问题。不少行政争议就是由这个不起眼的接收环节引发。全国政府信息公开工作主管部门所做的6个法规解释中,有2个都与这个问题有关,由此可见,这是个十分重大的问题。

按照这2个法规解释,行政机关应当在政府信息公开指南中向社会逐一说明本机关接收政府信息公开申请的渠道,并在其说明的范围内承担相应法律责任。如果行政机关没有按要求在政府信息公开指南中进行详细说明并向社会明示的,应当尊重申请人的选择。普通快递,不像国家邮政企业那样具备寄递国家公文的资质,实际运行过程中确实存在不规范的隐患。对于普通快递这一渠道,行政机关应当根据实际情况向社会明示,其是否接收普通快递渠道提交的政府信息公开申请。如果其明示不予接收,则不承担相应责任;如果其明示予以接收,就应当加强规范管理,确保渠道畅通有效;如果其没有在政府信息公开工作指南中进行明示,就应当尊重申请人的选择,也就是不得拒收通过普通快递渠道提交的政府信息公开申请。

本案的普遍性警示意义就在于,政府信息公开行为是规范的法律行为,必须以法治思维、法治方式严格规范各个环节,特别是在当前纠纷高发多发的大环境下,更应重视行为规范。

四、长某不服内蒙古自治区国土资源厅信息公开答复案

【典型意义】能否对申请人提出的公开申请作出准确全面的答复,是检验行政机关对政府信息公开重视程度和工作态度的重要标志。从法治政府和服务型政府的要求看,主动公开是大势所趋,让当事人更加便捷地获取相关信息,是各级国土资源主管部门的努力方向。本案涉及争议较大的征地信息公开问题,复议机关从规范提升国土资源主管部门的服务水平、预防和化解行政争议的角度,提出了更高的目标和要求。

（一）基本案情

2015年12月2日，长某向内蒙古自治区国土资源厅（以下简称内蒙古区厅）申请公开“1. 位于通辽市扎鲁特旗鲁北镇宝楞嘎查东220M、西距304国道3.0KM范围内的毛都水库工程项目征地批复及报批文件，包括但不限于一书四方案、勘测定界图等全部征地报批文件；2. 毛都水库工程项目依附土地的利用规划登记情况，包括土地利用总体规划和控制性详细规划等；3. 2014、2015年扎鲁特旗地区征地区片综合价；4. 毛都水库工程项目用地预审意见”。2016年1月20日，内蒙古区厅作出信息公开答复及《内蒙古自治区国土资源厅信息公开申请转办单》，答复如下：“根据您的申请内容及提供的相关信息，我厅无法核实并确认该地块的具体报批情况，因此无法直接提取相关信息。依据《国土资源部办公厅关于进一步做好市县征地信息公开工作有关问题的通知》（国土资厅发〔2014〕29号，以下简称29号文）及有关法律法规规定，市、县人民政府组织用地报批和征地实施，征地补偿安置等信息由市、县人民政府及其国土资源主管部门产生；市、县人民政府是实施征地的主体，同时也是征地信息公开的主体。按照‘谁制作、谁公开’和‘就近、便民’的原则，请您持我厅信息公开申请转办单，到扎鲁特旗国土资源局申请公开相关内容”。长某对内蒙古区厅作出的信息公开答复不服提起行政复议，请求撤销并责令重作。

（二）处理结果

复议机关认为，依据《政府信息公开条例》第十七条、第二十一条的规定，对于长某申请公开的四项政府信息，从这些政府信息制作或者保存机关而言，有的属于内蒙古区厅制作范围，有的可能不存在或指向不明，有的应属于其他行政机关制作，但内蒙古区厅没有向长某明确告知所需信息是否属于其公开范围、是否不存在或是否需要补正，而是笼统指向到扎鲁特旗国土资源局申请公开，属于认定事实不清、适用依据错误，复议机关依法作出了撤销内蒙古区厅的信息公开答复并责令其重新作出答复的决定。

内蒙区古厅在接到复议决定后，已经按期重新作出了信息公开告知。

（三）案例评析

本案的争议焦点是，对于申请人的信息公开申请，行政机关是否应当进行准确判断和全面回应。

如果申请人申请内容存在多重含义，行政机关仅凭工作人员主观理解作出信息公开告知,或者申请人申请多项信息,行政机关没有逐项答复,而是笼统答复或者答复漏项,导致信息答复不全面的,都应认定为事实不清、依据错误,或者行政机关没有全面履行政府信息公开法定职责。

本案还涉及征地信息公开的义务主体问题。土地征收事关被征地农民的重大财产权益和长远生计,一直以来备受关注。征地信息是各级国土资源主管部门信息公开工作中,依申请公开比重最大的一类政府信息,相应地,也是引发争议最多的领域之一。本案涉及两类征地信息:一是征地批复,如该宗土地的征收是由省级人民政府批准的,省级国土资源管理部门作为征地批复文件的制作机关,无疑具有公开义务;如该宗土地的征收是由国务院批准的,则省级国土资源主管部门作为征地批复的实施主体,也应由其负责公开。本案中,内蒙古区厅在信息公开答复中,让申请人到所在的县级国土资源主管部门申请公开,依据不足;二是征地报批材料,包括"一书四方案"、勘测定界图等,涉及《政府信息公开条例》第十七条关于制作机关与保存机关的理解问题,实践中争议很大。复议机关认为,29 号文指出,市、县人民政府是实施征地的主体,应当主动公开征地信息,但没有免除省级国土资源主管部门对征地信息公开的义务。实际上,征地报批材料是省级国土资源主管部门在履行初审、审查及办理建设用地批复等职责的过程中获取的必要信息,是征地批复指向的具体内容,也是证明征地批复合法性的重要材料,仅由制作机关公开相关信息,不利于展现对外执法过程全貌,也不利于征地批复内容的实施。为减少争议,尽最大努力维护被征地农民知情权,国土资源部在部署推进市县国土资源主管部门主动公开征地信息的基础上,进一步推进省级国土资源主管部门征地信息公开。2017 年部署开展的省级征地信息公开平台建设取得重要进展,各省区市基本实现了 2017 年 1 月 1 日以来征地信息的全面公开,下一步还将建立全国统一的征地信息网上虚拟平台,除年代久远的历史信息外,逐步实现新批准土地征收信息的全国联网查询,进一步畅通征地信息公开渠道,更好地满足人民群众的需要。

【专家点评】

本案的核心是如何处理行政机关从其他行政机关获取的信息的问题。

对于从其他行政机关获取的信息,世界各国高度一致的做法是:第一,坚持"谁持有、谁处理"的基本原则;第二,设置必要的协商程序环节,在需要时由行政机关相互协商,所需时间不计算在处理期限内。没有任何国家规定"谁制作谁公开”。我国《政府信息公开条例》第十七条的规定，似应理解为主动公开的规则，因为主动公开存在一个准确性的问题，如果将其适用于依申请公开，一方面明显不同于其他所有国家；另一方面，仅从逻辑上讲，它只是从正面明确制作机关的公开义务，而不必然排除获取机关的公开义务。

本案也涉及对豁免条款的理解问题。豁免条款是授权性规定，而不是禁止性约束，是“可以”不公开，而不是“不得”公开。即便立法明确从其他行政机关获取的信息可以不公开，这也只是一个授权。是否公开，要综合考虑。征地信息直接关系到相对人的重大利益，《土地管理法》及其实施条例将征地信息的公告作为征地的必经程序，国务院也再三部署推进征地信息公开，没有任何正当理由不公开，更不应当在行政机关之间推诿扯皮。

综上，本案的处理真正达到了法律效果和社会效果的高度统一。

五、灵石县梁家焉乡圪塔硫铁矿不服山西省国土资源厅采矿权延续不作为案

【典型意义】矿业权受到法律的保护，根据信赖保护原则，行政机关不得因矿产资源开发整合政策的调整，通过规范性文件随意撤销、改变、限制已经生效的行政许可。本案对于处理好法律和政策的关系，具有启示作用。本案的典型意义还在于，通过行政法基本原则的适用，严格监督国土资源主管部门依法履行职责，依法保障了当事人的合法权益。

（一）基本案情

2007 年 4 月，灵石县梁家焉乡圪塔硫铁矿持有的《采矿许可证》到期。因山西省开展非煤矿产资源开发整合工作，该硫铁矿作为拟保留的矿山企业，按照省、市、县三级人民政府及其矿产资源主管部门的要求，开展非煤矿山企业整合和换证工作。2011 年 11 月，山西省非煤矿产资源开发整合工作领导小组核准其为整合矿山企业。

2012 年 6 月，圪塔硫铁矿所在地、灵石县人民政府因未能在规定时间内完成采矿登记资料的初审和上报工作，向山西省国土资源厅（以下简称山西省厅）请示，山西省厅复函要求灵石县人民政府积极推进相关工作。

2013 年 10 月，山西省非煤矿产资源开发整合工作领导小组办公室在向该领导小组提交的《关于召开省非煤矿产资源开发整合工作领导小组会议的请

示》中称:“鉴于涉煤非煤企业情况复杂,省政府正在制定共伴生资源综合开采的相关政策,建议待省政府相关政策出台后再进行研究解决”,并将该硫铁矿包含在涉及煤炭资源非煤矿山范围内。

其间,灵石县人民政府完成了产权明晰等工作,并将该硫铁矿的申请材料提交晋中市交易事务中心办理交易鉴证手续,由于此时该硫铁矿的采矿许可证已过期,2012 年 12 月、2014 年 10 月,当地矿产资源主管部门晋中市国土资源局两次请求山西省厅就“采矿许可证过期是否可以进场交易,办理转让手续的问题”给予批复,但山西省厅均未予回复。灵石县梁家焉乡圪塔硫铁矿不服山西省厅未对其申请作出处理,提起行政复议,请求责令延续并换发新的《采矿许可证》。

(二)处理结果

复议机关认为,灵石县梁家焉乡圪塔硫铁矿按要求完成了换证手续,但由于矿产资源整合政策,以及当地政府未在规定期限内完成相关工作,导致其采矿许可证到期未能及时申请延续,山西省厅对该硫铁矿采矿证延续申请,未给予处理,属于未履行法定职责。复议机关作出决定,要求山西省厅限期履行法定职责,对该硫铁矿采矿权延期申请,依法作出处理。

目前,山西省厅已按照行政复议决定,函告申请人,按照规定组织申报采矿许可证延续相关材料。

(三)案例评析

本案争议的焦点问题有三个方面:第一,灵石县梁家焉乡圪塔硫铁矿未能换发采矿许可证的法律后果应该由谁来承担;第二,无法律、法规、规章依据,仅以规范性文件形式限制申请人许可权利或者增加其义务是否可行;第三,行政相对人合法的行政许可,应当如何进行保护。

首先,本案因涉及矿产资源开发整合政策的调整,从 2007 年 4 月开始,时间跨度大,且一直未能妥善解决,对该硫铁矿的合法权利产生重大影响。本案中,该硫铁矿未能换发采矿许可证,是行政机关在矿产资源开发整合政策调整原因造成。在此之前,山西省非煤矿产资源开发整合工作领导小组已核准该硫铁矿为整合保留矿山企业,其合法权益应当受到法律的保护。

其次,山西省厅认为应当在山西省人民政府出台共伴生资源综合开采的相关政策文件后再行研究解决的做法,损害了矿山企业的信赖利益,即行政机关不得通过规范性文件随意撤销、改变、限制已经生效的行政许可。

第三，通过对本案的审理，国土资源部针对涉及矿产资源开发整合政策提出的行政复议申请，总结了以下审理思路：一是对已经明确纳入整合范围的矿山企业，非自身原因（系矿产资源整合政策原因以及政府原因）导致申请人采矿许可证到期未能及时申请延续的，国土资源主管部门以整合完成之前不符合相关条件为由拒绝办理的，在复议决定中，责令在法定期限内履行职责；二是对在整合过程中无法律、法规、规章依据，以其他规范性文件形式限制申请人许可权利或者增加其义务的规定的，在复议决定中对相关规范性文件不予适用，但符合《行政许可法》第八条第二款“行政许可所依据的法律、法规、规章修改或者废止，或者准予行政许可所依据的客观情况发生重大变化的，为了公共利益的需要，行政机关可以依法变更或者撤回已经生效的行政许可的。由此给公民、法人或者其他组织造成财产损失的，行政机关应当依法给予补偿”规定的情形除外。

【专家点评】

《行政许可法》确立了信赖保护原则，即行政机关不得通过规范性文件随意撤销、改变、限制已经生效的行政许可。行政许可所依据的法律、法规、规章修改或者废止，或者准予行政许可所依据的客观情况发生重大变化的，为了公共利益的需要，行政机关可以依法变更或者撤回已经生效的行政许可。由此给公民、法人或者其他组织造成财产损失的，行政机关应当依法给予补偿。对于矿产资源整合政策以及政府等客观原因导致的采矿许可证未能及时申请延续，国土资源主管部门应以实质正义为衡量标准，妥善处理相关矿业权延续问题，不能以其整合之前不符合相关条件为由拒绝办理，以保护行政相对人的信赖利益和合法权益。对申请人采矿许可证的延续申请应当及时审核处理，避免长期拖延而给当事人造成经济、时间等方面的损失。

六、河南汇商实业有限公司不服河南省国土资源厅信息公开答复案

【典型意义】申请公开的政府信息涉及第三方利益的，行政机关应当准确把握法律规定，综合考量各方面因素，妥善处理好相关各方的利益平衡问题。本案的典型意义在于，严格监督国土资源主管部门履行法定职责，依法保障申请人获取政府信息的权利。

（一）基本案情

2016年6月6日，河南汇商实业有限公司（以下简称汇商公司）向河南省国土资源厅（以下简称河南省厅）申请公开“东方希望三门峡矿业有限公司的采矿许可证（证号：C4100002012043110l255854）包含的矿区范围及邻区图”。同年6月23日，河南省厅作出告知书，告知汇商公司：根据《政府信息公开条例》第二十三条规定，其所申请公开的信息涉及第三方权益，需征求第三方同意。经征求矿业权人意见，矿业权人不同意公开，因此不能公开所申请的相关信息。汇商公司不服该告知书，提起行政复议，请求撤销并责令河南省厅重新作出信息公开告知。

（二）处理结果

复议机关认为，依据《政府信息公开条例》和《国土资源部关于建立健全矿业权有形市场的通知》（国土资发〔2010〕145号）的规定，汇商公司所申请的信息应该为主动公开信息，不涉及商业秘密、个人隐私，应属于公开范围，但河南省厅告知涉及第三方权益，经征求第三方意见后不能公开，属于认定事实不清、适用依据错误，复议机关作出了撤销并责令重作的决定。河南省厅在接到复议决定后，已经按期重新作出了信息公开告知。

（三）案例评析

本案的争议焦点是，行政机关能否因政府信息涉及第三方权益、第三方不同意公开就认定涉及商业秘密而不予公开。

《政府信息公开条例》第二十三条规定，行政机关认为申请公开的政府信息涉及商业秘密、个人隐私，公开后可能损害第三方合法权益的，应当书面征求第三方的意见；第三方不同意公开的，不得公开。

但是，行政机关认为不公开可能对公共利益造成重大影响的，应当予以公开，并将决定公开的政府信息内容和理由书面通知第三方。这意味着，行政机关在处理涉及商业秘密的政府信息公开申请时需要“三个判断”：第一，判断与第三方权益有关的政府信息是否有可能涉及商业秘密，并非所有涉及第三方的信息公开都要履行征求意见程序；第二，判断第三方认为该信息是商业秘密而不同意公开的理由是否成立，是否可以通过区分处理的方式予以公开；第三，判断保护第三方商业秘密不予公开政府信息是否侵害社会利益。但是，在政府信息公开实践中，行政机关经常忽视这“三个判断”，简单以第三方不同意公开为由作出不予公开的答复。实际上,商业秘密的概念具有严格内涵,依据《反不正当竞争法》的规定,商业秘密是指不为公众知悉、能为权利人带来经济利益、具有实用性并经权利人采取保密措施的技术信息和经营信息。行政机关对于有明确依据应该主动公开,或者没有充分说明理由以及依据的,不能直接适用国家秘密、商业秘密,或第三方权益的规定不予公开政府信息。具体到本案,依据《国土资源部关于建立健全矿业权有形市场的通知》(国土资发〔2010〕145 号)规定,采矿许可证包含的矿区范围及邻区图应该是主动公开的内容,并不符合商业秘密"不为公众知悉"的特征,不属于商业秘密。河南省厅无须征求汇商公司的意见,即可直接作出信息公开答复。

【专家点评】

征求第三方意见问题,是信息公开实践中的一个大问题。本案的处理决定,既体现了行政复议机关对相关法律制度的准确把握,又确立了一个较好的导向和示范。

就征求第三方意见问题,实践中存在两种截然不同的看法和做法。一种是将征求第三方意见视为"铁枷锁",认为凡是涉及第三方的信息,都有征求第三方意见的法定义务。另一种是把征求第三方意见作为"挡箭牌",对于一些不愿意公开的信息,想方设法启动征求第三方意见程序,并将第三方不同意公开的意见作为拒绝公开的理由。这是典型的认识误区和不当行为。

世界各国信息公开法有关征求第三方意见程序的规定大体一致,核心内容是两条。第一,是否征求第三方意见,属于行政机关的自由裁量事项,而不是强制性约束。我国现行《政府信息公开条例》规定的就是"行政机关认为……的,应当书面征求第三方意见"。第二,第三方的意见,无论明示还是默示、同意还是拒绝,都只是行政机关的综合裁量因素之一,而不是法定的拒绝理由,当然,信息公开法中将"第三方不同意公开"列为法定豁免事项的除外,但就目前所见,尚无此类立法例。我国现行《政府信息公开条例》的规定也是原则上不公开,但可以基于公共利益的衡量而公开。

七、成都金珏地矿业公司不服四川省国土资源厅探矿权不予受理通知案

【典型意义】行政复议案件审理过程中,双方当事人都有意愿通过协商解决行政争议时,行政复议机关可以在不违背法律原则、不损害国家利益和社会公

共利益及他人合法权益的前提下，协调双方当事人的利益关系，促进实质性化解矛盾纠纷，做到案结事了。本案还体现了新修订的《国土资源行政复议规定》关于允许双方当事人提出申请、协商解决行政争议的精神。本案中，省厅积极主动作为，在协商解决期限届满前，圆满地化解了行政争议。鼓励和提倡通过多元化的解决手段维护当事人的合法权利，充分发挥行政机关的主观能动性，做到主动作为、依法维权。

（一）基本案情

2008 年 10 月，成都金珏地矿业有限公司通过申请在先方式取得四川省南江县吴家湾铅锌多金属矿预查探矿权。2013 年，成都金珏地矿业有限公司将上述探矿权勘查矿种变更为金矿，同时勘查项目名称变更为四川省南江县吴家湾金矿详查。2014 年 10 月，成都金珏地矿业有限公司向四川省国土资源厅（以下简称四川省厅）申请对金矿详查探矿权增加石墨矿勘查矿种，并申请颁发勘查许可证。四川省厅向成都金珏地矿业有限公司作出《探矿权申请不予受理通知书》，告知其变更申请不予受理，依据是《四川省人民政府关于印发〈进一步加强矿产资源开发管理规定〉的通知》（川府发〔2014〕59 号，以下简称 59 号文）第三条规定，已申请在先取得的探矿权，不得申请变更或增加低风险矿种勘查。成都金珏地矿业有限公司不服该不予受理通知书，提起行政复议，请求撤销并责令受理其申请。

（二）处理结果

案件审理过程中，复议机关发现 59 号文在成都金珏地矿业有限公司向四川省厅申请申请颁发勘查许可证时，虽已印发，但尚未正式实施。了解到上述情况，双方当事人都表达了希望通过协调解决行政争议的愿望，经复议机关同意，四川省厅与成都金珏地矿业有限公司进行协商并达成一致，四川省厅同意受理成都金珏地矿业有限公司提交的变更申请，并经依法审查颁发了新的勘查许可证。成都金珏地矿业有限公司撤回了行政复议申请，该行政复议终止。

（三）案件评析

本案的焦点有两个：一是四川省厅是否应当适用 59 号文作出不予受理决定；二是在行政复议过程中，可否通过双方当事人的协商，解决行政争议。

本案中，成都金珏地矿业有限公司提出变更矿种并颁发勘查许可证申请时，59 号文已经印发。但根据《四川省行政规范性文件制定和备案规定》（四川省政府令第188－1号）第十八条的规定，规范性文件应当自发布之日起30日以后施行，但因保障国家安全、公共利益的需要，或者发布后不立即施行将有碍法律、法规、规章和国家的方针、政策执行的除外。四川省政府规章对于新的规定是否施行作出了原则性规定，四川省厅出于国家安全、公共利益的需要，适用59号文件作出不予受理的行政许可并无不妥，但在不违背法律原则、不损害国家利益和社会公共利益的前提下，最终选择不适用59号文件，体现了对行政相对人财产权的保护。

《行政复议法实施条例》第四十条、第五十条规定，行政复议案件可以通过调解、和解的方式进行处理，但调解、和解方式一般适用于自由裁量权行为或者行政赔偿、行政补偿纠纷。实践中，在不违背法律原则，不损害国家利益和社会公共利益和他人合法权益的前提下，鼓励双方当事人通过沟通协商化解行政争议，实现案结事了。一方面简化了程序，节约了行政成本，提高了行政效率；另一方面实质性化解矛盾，避免诉讼，取得了良好的社会效果。目前，这一有效化解行政争议的方式，已写入了新修订的《国土资源行政复议规定》之中。

【专家点评】

对于行政争议是否可以通过和解或者调解的方式进行解决的认识是逐渐深化的。传统观点认为，行政机关行使的是国家职权，不能随意处分；而行政争议所涉及的行政行为只有合法与违法两种结果，因此不存在和解和调解的可能。近年来，观念和法律制度均有所改变。虽然行政机关不得放弃或任意处分自己的权力，但行政机关的职权中存在大量的裁量空间。行政争议的解决目的在于实质性解决行政争议，化解矛盾，并非简单的违法与合法的判断。实践中，很多行政争议，是通过直接或间接的和解和调解结案的。《行政诉讼法》也进行了相应的修改。《行政复议法实施条例》也规定了行政复议中的和解。国土资源部在本案中很好地运用了协调的方式，促使行政复议被申请机关认识到处理的偏误，改变了原行政行为，申请人的诉求得到满足，促使案件得以圆满解决。为了使这种做法可以更好地发挥纠错和预防功能，可以考虑通过复议建议或者规范性文件附带审查的方式，指导下级机关纠正违反国家制度的地方制度，从而更好地发挥行政复议的预防功能。

八、梁某不服内蒙古自治区国土资源厅采矿权注销公告案

【典型意义】涉案采矿许可证取得时提供的矿产资源储量报告已经《刑事判决书》认定为伪造，鉴于行政许可是以欺骗、贿赂等不正当手段取得的，该采矿许可证已不具有合法性，应予撤销，但行政机关仅作出注销涉案采矿许可证公告，以注销代替撤销，未依法履行监督职责。本案的典型意义在于，督促国土资源行政主管部门正确实施法律法规，准确理解适用勘查许可证、采矿许可证撤销和注销的规定。

（一）基本案情

2010年4月20日，兴和县兴隆石墨矿取得内蒙古自治区兴和县白红沟铁矿采矿许可证。2011年7月25日，梁某与兴和县兴隆石墨矿法定代表人谢某签订《兴和县兴隆石墨矿股权转让合同》，约定兴和县兴隆石墨矿股权经营权及财产所有权全部一次性转让给梁某。2015年9月11日，内蒙古自治区鄂温克族自治旗人民法院作出的《刑事判决书》[（2015）鄂温克刑初字第00085号]认定，杜某伪造印章，为兴和县白红沟铁矿等多个矿权编写了详查报告、详查合同书及详查设计书等，已构成伪造事业单位印章罪。2015年10月14日，内蒙古自治区国土资源厅（以下简称内蒙古区厅）作出注销过期采矿许可证的公告，注销了兴和县白红沟铁矿采矿许可证。2017年1月22日，梁某不服此注销公告，提起行政复议，请求撤销该注销公告，责令内蒙古区厅重新作出行政行为。

（二）处理结果

本案中，原矿权人兴和县兴隆石墨矿以欺骗等不正当手段取得采矿许可证，按照《行政许可法》第六十九条的规定应予以撤销，并且自始无效。但是，内蒙古区厅作出采矿权公告注销，仅对该矿权已经废止的自然状态进行了认定，属于事实不清、依据错误。据此，国土资源部作出行政复议决定，撤销了内蒙古厅注销兴和县白红沟铁矿采矿权公告行为，并责令重新作出决定。

（三）案例评析

本案争议的焦点在于勘查许可证、采矿许可证撤销和注销的区别及适用。

根据《行政许可法》第六十九条的规定，被许可人以欺骗、贿赂等不正当手段取得行政许可的，行政许可应当予以撤销。由于兴和县白红沟铁矿采矿许可证取得时提供的有关文件和材料已经被司法机关认定为伪造，该采矿许可证自始无效。内蒙古区厅应当主动撤销该采矿权许可证，但是，内蒙古区厅仅作出

采矿权注销公告，没有对其法律状态进行认定，未充分体现国土资源主管部门对于行政许可实施的监管职责。具体到本案，注销和撤销的法律后果存在本质区别，决定了梁某能否追究造假者法律责任、维护其自身合法权益。

【专家点评】

行政许可的撤销和注销，是针对不同情形作出的具体行政行为。根据《行政许可法》第六十九条、第七十条的规定，矿业权的撤销是带有惩戒性质的行政行为，其指向的是非法取得之矿业权，具有溯及力，被撤销的矿业权自始无效；而矿业权的注销是一种不含价值判断的行政行为，与矿业权的合法性无关，只是一种法定的权利消灭程序，不具有溯及力。本案中，内蒙古区厅仅作出采矿权注销公告，未对采矿许可证合法性问题进行认定，没有履行监管职责。那么在法律意义上，注销之前该采矿许可证依然有效，其转让交易合法有效，受让人梁某合法取得的矿业权因为出让人的违法行为而消灭，遭受巨大损失，而出让人兴和县兴隆石墨矿却没有因其虚假申报的违法行为受到惩罚和遭受损失，则违反了法律的公平原则。

对于行政机关工作人员滥用职权、玩忽职守以及申请人以欺骗、贿赂等不正当手段取得矿业权等情形，国土资源主管部门应当及时撤销涉案矿业权，给予违法者相应的行政处罚，当然同时应保护善意受让人的信赖利益，妥善解决撤销原矿业权的后续事宜。

九、贵德县都秀台铜业有限公司不服青海省国土资源厅矿产资源储量评审备案证明案

【典型意义】矿产资源储量评审备案，是行政机关对矿产资源储量评审报告以及储量评审意见进行审核，并予以确认的具体行政行为，发现矿产资源储量评审备案过程中存在不符合法律规定情形的，行政机关应当予以撤销，不能以没有法律及政策具体规定为由拒绝履职。本案集中体现了国务院“放管服”改革的要求，落实了“谁审批，谁监管”的原则，对于促进国土资源主管部门履行监管职责具有典型示范意义。

（一）基本案情

2012年10月16日，青海省国土规划研究院为深圳市南方国际技术交易市场有限公司（以下简称南方公司）出具了《〈青海省贵德县都秀台铜砷矿普查报

告〉矿产资源储量评审意见书》[青国土规储评字(2012)39号,以下简称39号意见书]。2012年10月26日,青海省国土资源厅(以下简称青海省厅)作出《关于〈青海省贵德县都秀台铜砷矿普查报告〉矿产资源储量评审备案证明》(青国土资储审备字〔2012〕030号,以下简称30号备案证明),同意备案。2013年3月,贵德县都秀台铜业有限公司与南方公司签订转让协议,取得青海省贵德县都秀台铜砷矿探矿权。2016年1月,贵德县都秀台铜业有限公司向青海省厅提交申请,指出39号意见书系南方公司借用他人资质编写的虚假地质报告,并出具了认定南方公司借用他人资质从事地质勘查活动等违规行为,被行政处罚和行政处分的相关证据。贵德县都秀台铜业有限公司据此认为,青海省厅据此所作出的评审及备案不具合法性,请求撤销39号意见书、30号备案证明,但是青海省厅未作任何处理。2016年5月3日,都秀台铜业有限公司不服,向国土资源部申请行政复议。经过审理,国土资源部作出行政复议决定,要求青海省厅就都秀台铜业公司请求撤销39号意见书、30号备案证明的申请,履行法定职责。2016年11月24日,青海省厅向贵德县都秀台铜业有限公司发出《复函》,告知其因缺乏相关法律法规及政策依据,决定不撤销39号意见书和30号备案证明。2016年12月1日,贵德县都秀台铜业有限公司不服该《复函》,再次提起行政复议申请,请求复议机关撤销《复函》。

(二)处理结果

复议机关认为,在已经有明确证据证明南方公司借用他人资质编写地质报告的情形下,青海省厅却告知贵德县都秀台铜业有限公司,因缺乏相关法律法规及政策依据,决定不撤销39号意见书和30号备案证明,明显不当。复议机关作出行政复议决定,撤销《复函》,要求青海省厅在法定期限内,对贵德县都秀台铜业有限公司提出的申请事项重新作出书面答复。目前,青海省厅已履行行政复议决定,撤销了30号备案证明。

(三)案例评析

本案争议的焦点问题有两个:一是,矿产资源储量普查报告备案行为的性质;二是,国土资源主管部门对于评审备案的储量报告,是否具有监管职责。

实践中,矿产资源储量评审意见书仅仅是有关单位作出的技术性审查报告,需要行政机关予以确认,并出具备案证明之后才能完成备案,并产生法律效力。国土资源主管部门作出的储量评审备案证明,国务院审改办将其统一规范为“矿产资源储量评审备案和储量登记核准”，作为行政确认行为，纳入国土资源部其他权力清单，正式予以公布。是否完成备案将直接决定了相对人能否申请划定矿区范围、矿山建设或水源地建设能否立项、矿业权能否转让、变更、延续登记等，对其权利和义务产生直接影响。国土资源主管部门，应当对储量评审意见书及储量评审备案负有审慎的审查及监管职责。

本案中，在已经有确凿证据证明，南方公司系借用他人资质编写地质报告的情形下，青海省厅应主动履行监管职责，对其评审意见书做出实体判断，并就贵德县都秀台铜业有限公司的请求作出符合法律规定的处理。

复议机关经认真研究后认为，涉及矿产资源储量评审备案监管法定职责的复议案件应当从三个方面进行把握和处理：一是，矿产资源储量评审备案证明，是行政机关对矿产资源储量评审报告进行的审核认定，属于行政确认性质的具体行政行为。二是，根据“谁审批、谁监管”的原则，评审备案机关经审查发现备案过程中确实存在不符合法律规定情形的，应当依法予以撤销，不能以缺乏相关法律法规及政策依据为由，怠于履行监管职责。三是，矿产资源储量评审意见书是有关技术单位作出的一项技术性审查报告，不属于行政机关作出的具体行政行为，评审备案机关应当加强对技术单位加强行业监管。

【专家点评】

矿产资源储量评审是政府掌握我国矿产资源情况的基本手段之一。矿产资源储量评审备案行为从性质来看，是行政机关对评审机构报送的矿产资源储量评审意见书和相关备案资料的合规性进行审核认定的行政确认行为，鉴于其事关申请人的切身利益，将直接影响申请人实体权利的实现，故才须经过国土资源主管部门的审查和监管。

既然国土资源主管部门审核储量评审意见书等报批材料后进行备案，故对储量评审意见书及储量评审备案的真实性与合法性均负有法定监管职责，发现违法情形的，应当作出处理，以维护国土资源主管部门的公信力，避免善意第三人因备案的合法外观而参与交易产生信赖利益损失。

尽管对审核储量评审意见书等报批材料时究竟为实质审查，还是形式审查，缺乏相关法律法规及政策明文规定，但在办理矿产资源储量评审备案相关案件中，经查发现备案过程中确实存在不符合法律规定的情形的，根据《行政复议法》和《行政诉讼法》的规定，行政复议机关可以依法作出撤销、确认违法、限期履行法定职责等复议决定；行政机关也可以依法自行撤销或改变原行政行为。当然，有些具体行政行为的撤销或变更给相对人造成损失的，应当依法赔偿。

正因如此，本案中在已有确切证据证明系借用资质编写地质报告的情形下，行政机关未履行监管职责，未对其履行备案职责的评审意见书作出判断并就当事人的请求作出符合法律规定的处理，实质上就是行政不作为。

十、张某等2人不服河南省国土资源厅违法查处不作为案

【典型意义】行政机关对于明显不具有事务、地域、级别管辖权的投诉举报事项没有查处的法定职责，该投诉举报不构成行政法意义上的履责申请。但本着对群众负责的态度和合理行政的原则，为避免群众误解，复议机关从回应群众关切、化解行政争议的角度，要求收到举报的行政机关或者受转办的行政机关将转办和处理情况告知举报人，以便更好地贯彻以人民为中心的发展理念，实现政治效果、法律效果与社会效果的统一。

（一）基本案情

2017年1月13日，张某等2人向河南省国土资源厅（以下简称河南省厅）邮寄《查处土地违法行为申请书》（以下简称申请书），请求河南省厅对郾城区人民政府违法批准征收集体土地的行为进行查处。1月22日，河南省厅签收。2月7日，河南省厅作出《关于调查处理土地问题的函》，将张某等2人反映的问题转交漯河市国土资源局调查核实，要求漯河市国土资源局要依法依规处理，并通过适当方式与申请人进行情况反馈及沟通解释。因未收到任何回复，张某等2人以河南省厅未履行法定查处职责为由向国土资源部提起行政复议，请求责令河南省厅就其举报事项履行查处职责。

（二）处理结果

复议机关认为，依据《土地管理法》第六十六条“县级以上人民政府土地行政主管部门对违反土地管理法律、法规的行为进行监督检查……”《国土资源行政处罚办法》第五条“国土资源违法案件由土地、矿产资源所在地的县级国土资源主管部门管辖，但法律法规以及本办法另有规定的除外”和《河南省土地监察条例》第十三条“省土地管理部门管辖下列土地违法案件：（一）市人民政府、地区行政公署超越批准权限非法批准占用土地或非法改变基本农田用途的；

（二）跨市、地行政区域的；（三）在全省范围内有重大影响的；（四）上级交办的”的规定，张某等2人请求河南省厅查处郾城区人民政府违法批准征收集体土地行为的申请不属于河南省厅的管辖范围，河南省厅没有直接查处的法定职责，已经将申请书转送漯河市国土资源局办理。但河南省厅作为接到申请书的行政机关，将申请书作转交处理的，应当及时将相关情况告知张某等2人，对于没有及时将相关情况告知张某等2人的这一瑕疵，应当予以重视并加以规范完善。据此，复议机关作出驳回申请人复议申请的决定，并在行政复议决定书中，将未予告知的问题予以指正。

考虑到此类问题具有一定的普遍性，复议机关向河南省厅等省级国土资源主管部门下发行政复议意见书，要求省级国土资源主管部门完善违法查处案件的答复程序，切实维护人民群众合法权利，从源头上避免和减少行政争议。

（三）案例评析

本案的争议焦点是，行政机关对接到的投诉举报信件如何处理才算履职到位，对于没有查处职责的投诉举报事项，是否需要告知举报人。

国土资源主管部门应当依法及时处理群众投诉举报，切实履行国土资源违法查处法定职责，促进国土资源的保护和合理利用。根据相关法律法规的规定，各级国土资源主管部门在国土资源违法案件的查处过程中，接到投诉举报的国土资源主管部门，应当先根据举报内容，从地域、事务、级别管辖的角度，判断自身是否具有直接的管辖权。如有明确规定的，应当负责查处。没有明确规定投诉举报事项为本级查处职责的情况下，可以按照“属地管辖”原则，转交具有直接管辖权的国土资源主管部门办理，同时将转办情况告知举报人。简言之，即按照“有职责、要办理、须告知”“无职责、可转办、须告知”的原则办理。复议机关根据合理行政的原则，要求收到举报的国土资源主管部门或者最终接受转办的国土资源主管部门将转办和处理情况告知举报人，虽然在一定程度上增加了行政机关在前期处理阶段的工作量，但及时回应群众关切，防止群众诉求“泥牛入海”，可以有效避免群众产生行政机关互相推诿或者不作为的误解，从而有效减少行政机关后期应对行政复议和行政诉讼的工作量，从总体上看，并没有给行政机关增加过多的“负担”。更为重要的是，对群众投诉举报作出回应，是贯彻十九大精神、坚持以人民为中心的具体体现。

【专家点评】

本案的意义在于区分了行政活动中的"政治原则"和"法律原则"。所谓"政治原则",是指那些依据中国政治的一般精神品格而形成的原则,如"全心全意为人民服务""密切联系群众""对群众负责"等原则;这些原则构成了行政活动中的政治伦理或职业伦理。它们属于"软"原则。而"法律原则"则是具有法律效力、规范权力运作的原则,它们属于"硬"原则。这些"软"原则虽然不一定会发生法律效力,但对于完善社会治理体系、预防和化解矛盾纠纷,具有重要意义。本案给我们的一个启示是:行政机关在行政活动过程中,对于"政治原则"的部分,应当积极作为,为群众排忧解难;但是,它的行为不能逾越法律的强制性规定。政治上的积极态度和法律上的严格守法共同构成了现代行政的内在要求,二者不可混淆、不可偏废。

魏莉华司长在首批国土资源行政复议十大典型案例新闻发布会上的讲话

首先，我代表国土资源部政策法规司向今天出席新闻发布会的各位表示热烈欢迎，也感谢各位媒体对我们国土资源法治工作长期的关注。我就十大典型案例主要通报三个方面的情况。

一、发布典型案例的背景

国土资源管理工作，关系着老百姓的重大财产权利，社会关注度非常高。近几年来，受新行政诉讼法实施、信访纳入法治化轨道、公益诉讼试点等多重因素的影响，行政复议和行政诉讼案件大幅攀升。据统计，2012 年至 2016 年的五年间，整个国土资源系统受理行政复议申请 13863 件，其中部本级受理 3724 件。各级国土资源部门按照部党组提出的深入贯彻依法治国方略，全面推进法治国土建设的要求，在大局中找准行政复议的工作定位，认真履职尽责，有效化解纠纷，取得了显著成效。

以习近平同志为核心的党中央高度重视法治建设。行政复议制度是一项重要的法律制度，在全面依法治国战略布局和完善社会治理格局中，发挥着越来越重要的作用。党的十九大召开后，国土资源部党组深入学习贯彻党的十九大精神，以习近平新时代中国特色社会主义思想为指引，坚持以人民为中心，切实加强对行政复议和行政应诉工作的领导，坚持问题导向，强化工作措施，对做好新时代行政复议和行政应诉工作提出了新的要求，这就是：建设精干高效的国土资源法制机构和高素质专业化的干部队伍，发挥好行政复议定分止争的主渠道作用，积极主动地履行法定行政应诉职责，使人民群众在办好每一件行政复议和行政应诉案件中感受到公平正义。

人民群众对法治、公平、正义的获得感，实实在在地体现在一次次具体的行政执法活动中，也体现在一件件行政复议案件中。我们对 2016 年以来国土资源行政复议案件进行了梳理和归纳，筛选出 10 件与人民群众利益密切相关、在国土资源管理重点领域具有示范指导意义的案件，作为典型案例予以发布和解读，希望通过采取公开发布行政复议典型案例的形式，明确疑难案件的办理标准，示范法律适用，统一审理尺度，引导和服务人民群众采取更加有效的方式维护自身合法权益，充分发挥行政复议制度在化解行政争议，推动法治国土建设中的重要作用。

二、典型案例筛选的标准和过程

在这次入选的十大典型案例中，我们是按照什么样的标准来进行筛选的呢？我们是遵循了四条标准：第一，紧紧围绕法治国土建设的目标，对提高国土资源法治化水平有明显促进作用的案例。第二，对国土资源行政复议中有争议的问题做出明确的处理意见，并得到司法机关和国务院裁决支持的案件。第三，现行法律法规规章规定不明确，我们通过行政复议案件，确立了办案标准，进而影响到相关的执法标准和原则的案件。第四，在筛选过程中我们也兼顾了国土资源行政复议案件的主要类型。

发布典型案例，有什么重大意义？我们可以从三个维度来评价这十大案件。第一，从提高行政复议办案质量的角度，明确了一些疑难案件的审理思路和标准，有利于加强对行政复议工作的指导。第二，从规范地方国土资源主管部门的角度，指出了一些带有普遍性的问题，并予以纠正，有利于促进国土资源管理系统依法行政，切实维护人民群众的合法权益。第三，从服务行政管理相对人的角度，解决了一些官民纠纷，对于依法通过向我部申请行政复议途径难以解决的，我们通过案例向群众示明了法定维权的渠道，有利于回应群众关切，免除群众辗转奔波之苦，节约社会资源。

筛选的过程中，我们按照"筛选典型要精心，要经得起推敲"的要求，经过了严格的筛选程序。第一，由办案人员自荐和单位推荐。第二，由国土资源部行政复议委员会，在自荐和推荐的基础上，初评选出 20 个候选案例。第三，我们组织第三方专家进行评议和论证，我们也是请了非常有名的行政法的专家。在 20 个案件基础上，评选了 12 个作为候选。最后在这 12 个案例中，我们部行政复议委员会综合考虑各个方面的意见，确定了这十大典型案例。

三、十大典型案例的特点和亮点

我们今天发布的这十大典型案例，是以纠错类的案件为主，涵盖了信息公、举报投诉、不动产登记、建设用地预审、矿业权管理等我部行政复议案件的主要类型。主要有以下三个方面的特点和亮点：

第一，传递了我们以人民为中心，坚持法治、追求公平正义的坚定信念。这次我们发布的十大典型案例也是国务院各部委首次向国务院公开发布典型案例，集中体现了国土资源主管部门在推进法治国土建设的过程中，“刀刃向内、自我革命”的勇气和担当，我们认为阳光是最好的防腐剂。国土资源部门在土地、矿产资源领域拥有大量的行政审批权和其他的权利，我们要用好行政复议这个带有准司法性质的工具，在整个行政复议案件的办理过程中，进行自我监督、自我纠错，同时要将工作程序、工作结果，包括我们在工作中的一些不足和瑕疵，公布出来，主动接受全社会的监督。

所以，这次我们筛选的十大典型案例，可以说是通过复议机关督促行政机关主动履责，纠正行政机关在适应相关法律条款中的偏差，保证我们在每一个具体行政行为中都体现规范公权力行使，维护人民利益的追求。

第二，彰显了国土资源主管部门依法办案、有错必究，建设法治国土的坚定信心。对于行政机关而言，通过发布纠错类的典型案例，可以体现行政机关内部层级监督的功能，更为重要的是，可以通过纠错的反馈机制，提示遇到同类问题的行政机关避免执法风险，促进相关制度的完善，起到“办理一案、规范一片”的效果，为加强自身建设、规范行政行为提供新的动能。我们这次发布的十大典型案例，明确到了具体的省级国土资源主管部门。当然这些案例涉及的这些省，并不是说这些地方问题最多，而是因为这些地方出现的纠纷更具有代表性和说服力。所以，我们各级国土资源主管部门在信息公开、举报投诉、不动产登记、矿业权管理等工作中，通过这些典型案例，我们树立了更加严格的行政行为标准，积极从源头上预防和减少国土资源行政争议。

比如，我们这次有一个征地信息公开的案件入围，征地信息公开是行政复议过程中数量较大的案件。对于征地信息，部里面一直在大力推进相关政府信息主动公开，但是老百姓对市县两级政府信息公开仍然感觉到不过瘾，所以最近我们也在推进省级和部一级政府征地信息的公开。经过政府信息的主动公开，从源头上来化解征地信息公开复议案件比较大的这样一个矛盾。同时我们在行政复议案件办理的过程中，将“有权必有责，用权受监督，侵权要赔偿”等法治理念落到实处，不断提高国土资源管理的工作水平和能力。

第三，展现了行政复议机关在引导示范、定分止争，完善社会治理新格局中的积极作为。对于广大人民群众而言，我们也特别选了一些案例，让老百姓通过这些案例可以看到，如果想维权，通过什么样的途径来进行。所以，这次我们在这十大案例中选了一个白某等人不服北京市规土委的信息公开答复案，这个案件主要是告知当事人你如果想要查询不动产登记信息，不要通过政府信息公开的方式，而是要通过不动产登记查询制度，这样一个特定的针对权利人、利害关系人和有关国家机关的途径，来获得不动产登记信息。这个案例可以向老百姓释放一个信号，怎样通过法律途径保护好自身的合法权益。

这次我们发布的十大典型案例是国土资源部的首次探索，今后我们也将在总结经验的基础上，采取分年度或者分专题的方式，陆续发布一些典型案例，回应社会的关切，以化解国土资源行政争议，维护群众权益，充分发挥行政复议定分止争的主渠道作用，更好地维护群众权益，为深化法治国土事业做出不懈的努力。